영원한 진리를 찾아서

영원한 진리를 찾아서

맥도널드 베인 지음 ✦ 강형규 옮김

정신세계사

일러두기 ✦ 이 책은 아래에 표기된 두 권의 원서를 합본한 것입니다. 이 두 권은 이어지는 내용으로
        함께 읽어야 온전한 감상이 가능하나, 국내에서는《티벳의 성자를 찾아서》(박영철 옮김,
        1987)라는 제목으로 첫 권《Beyond the Himalayas》만 소개된 바 있습니다.

BEYOND THE HIMALAYAS
by Murdo MacDonald-Bayne, 1954

THE YOGA OF THE CHRIST
by Murdo MacDonald-Bayne, 1956

영원한 진리를 찾아서

맥도널드 베인 짓고, 강형규 옮긴 것을 정신세계사 김우종이 2022년 10월 28일 처음 펴내다.
이현율과 배민경이 다듬고, 변영옥이 꾸미고, 한서지업사에서 종이를, 영신사에서 인쇄와 제본을,
하지혜가 책의 관리를 맡다. 정신세계사의 등록일자는 1978년 4월 25일(제2021-000333호),
주소는 03965 서울시 마포구 성산로4길 6 2층, 전화는 02-733-3134, 팩스는 02-733-3144이다.

2022년 10월 28일 펴낸 책(초판 제1쇄)

ISBN   978-89-357-0459-0 03290

✦ 홈페이지 mindbook.co.kr   ✦ 인터넷 카페 cafe.naver.com/mindbooky
✦ 유튜브 youtube.com/innerworld   ✦ 인스타그램 instagram.com/inner_world_publisher

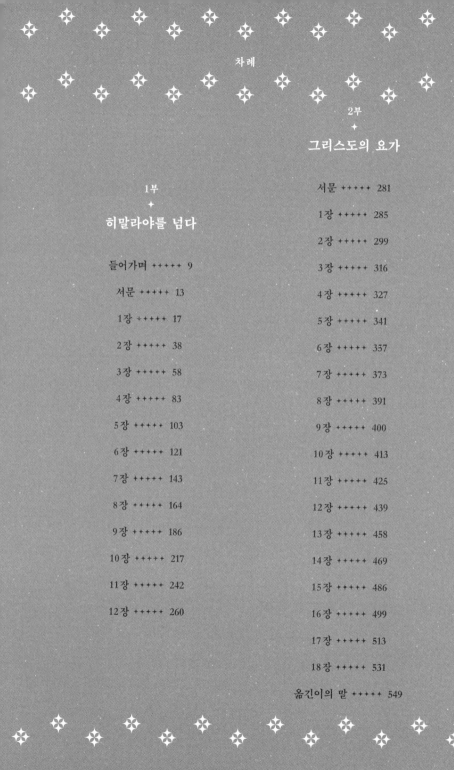

차 례

1부

히말라야를 넘다

✤

들어가며

독자에게 말하건대, 이 책은 단순한 티베트 여행기가 아니다. 진리를 드러내려 말잔치를 벌이는 것도 아니고, 정신적 쾌락을 주려는 것도 아니므로 지성의 관점으로 다가서지 말기를. 또 새로운 종교나 권위나 믿음의 멍에를 씌우려는 것 역시 아니다.

이 책의 목적은 다만 갇혀 잠들어 있던 내적 존재를 풀어주고 깨우려는 것이다. 참자아의 권능과 가능성을 자각하게 하고, 당신이 제한된 삶에 갇힌 왜소한 인격체가 아니라 온 우주 활동의 중심이며 우주의 힘들과 직접 연결되어 있음을 일깨우려는 것이다. 이것이 당신이 더 이상 운명의 바람에 나부끼는 낙엽이 아니라 자연의 지배자로 각성해 조악한 신체가 규정하는 왜소함과 괴로움에서 벗어나는 길이다.

이 책은 당신을 관념과 이상의 모든 정신적 구조물 너머로 데려갈 것이다. 마음이 현재 취하고 있는 이런 것들은 반쪽짜리 진실에 불과하다.

이 책은 신적 의식의 초월적 힘을 무지한 마음으로 가져가 몸과 마음을 변형하고 그 결과로 신적 생명을 물질 안에 창조하는 법을 보여준다.

비평가들에게 말하건대, 자신이 아무것도 모르는 것에 대해 함부로 비평하지 말라. 당신이 고수하는 신념으로 인해 내가 말하는 내용이 귀에 들어오지 않더라도, 마음을 열고 이 책을 읽는다면 그 이유를 알게 될 것이다.

교리를 철석같이 믿는 자에게 말하건대, 교리란 대체 무엇이고 자신이 그 교리를 어떻게 받아들이게 되었는지 이해할 때 비로소 이 책은 도움이 될 것이다.

이 책의 서평을 작성하고 싶은 자들에게 말하건대, 스스로를 이해하지 못했다면 이 책에 대한 비평을 작성하지 말기를. 그 상태에서 작성하는 비평에는 무지가 묻어날 뿐이다.

진지한 구도자에게 말하건대, 내가 말하는 것을 무턱대고 수용하지 말기를. 이해 없는 수용은 또 다른 신념을 더할 뿐이다. 신념은 진리가 드러나는 것을 방해할 따름이다. 믿든 믿지 않든, 받아들이든 받아들이지 않든, 그런 태세가 곧 이해로 이어지는 것은 아니다. 이제껏 자신이 읽고 들은 모든 것을 객관적으로 식별해서 먼저 마음을 깨끗이 비우라. 그러면 시간에 속하지 않은 침묵이 찾아올 것이고, 그 침묵 안에서 진리가 당신에게 드러날 것이다.

무신론자들에게 말하건대, 당신은 자신이 아무것도 믿지 않는다고 여길 것이다. 그러나 그것은 또 다른 신념을 품고 있는 것에 불과하고, 그 신념은 당신의 이해를 방해할 뿐이다. 자신이 마음속에서 만들어낸 공식들을 제대로 들여다보라. 그제야 자신이 진정한 진리에 대해 완전히 무지하다는 사실을 깨닫게 될 것이다.

다양한 철학과 종교 단체에 빠진 자들에게 말하건대, 이 책을 읽기에 앞서 자신이 따르고 있는 것들을 제대로 살펴보라. 그러지 않는다면 마음속에 이미 자리한 관점을 되풀이하게 될 뿐이다. 마음을 모든 두려움과 미신과 신념에서 해방하라. 그러면 즉각적인 변혁이 일어날 것이다. 진리는 지금 이 순간 영원하고 항상 현존하기 때문이다.

자신이 규정하고 모방하고 있는 것들의 실체를 알아차리고 그것들이 생겨난 방식을 이해함으로써 그것들을 제거하라. 그 즉시 진리가 드러날 것이다. 진리는 시간에 종속되거나 '되어가는' 무엇이 아니다.

되어감은 항상 내일의 일이다. 실재, 진리에서 달아나는 일이다. 지금에 존재함이 곧 진리이다. 지금 있지 않다면, 내일에도 결코 없다. 순간순간 지금을 살아가는 것, 이것이 진리다.

지금을 살아갈 때 어떤 기억도, 옳고 그름도, 과거도 현재도 있을 수 없다. 거기에는 오직 진리의 다른 이름인 사랑과 애정만이 있다.

지금에 존재함이 진짜 현실이다. 지금에 존재함이 참으로 사랑하며 살아가는 길이니. 지금에 존재함이 곧 그 어떤 죽음도 없는 '영원한 생명'이다. 다른 모든 것은 당신 마음에서 날조된 것이다.

당신이 나타내는 반응은 당신 마음이 어떻게 지어졌는지를 보여줄 것이다. 왜냐하면 진리는 지어진 것이 아니며 아무런 반응도 하지 않기 때문이다. 스스로 설정한 조건에 따라 반응하고 있는 것은 바로 마음이다. 그러니 당신 자신의 반응을 주시하라. 당신이 어떻게 사로잡혀 있는지를 이해하게 될 것이니.

모든 이는 자신의 정신적 구조에 따라 저마다 다르게 반응한다.

그런데 당신이 뭔가를 믿거나 믿지 않거나, 뭔가를 수용하거나 거절하거나, 그로 인해 자신의 초라한 관념과 종교적 신념이 뒤흔들리거나 어떤 식으로든 마음에 동요가 일어난다면, 그것은 당신은 자유롭지 않다는 뜻이다. 자동적으로 반응한다는 것은 자유롭지 않고 감금되어 있다는 뜻이다.

자신의 반응에 주목하라. 온갖 이론과 공식과 호불호와 신념과 관념과 증오와 질투와 적개심과 욕망의 다발을 잔뜩 끌어안고 있는 자아를 이해하게 될 것이니. 그러면 자신이 진리에서 얼마나 멀리 떨어져 있는지도 알게 될 것이다.

이 책에 등장하는 게쉬* 린포체는 이미 육신을 내려놓았지만 그 이후로도 나는 그분과 계속 대화를 나눴다. 이는 곧 사람의 마음속을 제외하고는 분리란 절대 없음을 증명한다.

책에서 '내 벗'이라고 칭하는 그분은 지금도 몸을 입은 채 티베트에서 살고 있다. 내 일을 돕기 시작한 이후로 그분은 아스트랄체를 이용해 많이 여행을 다녔지만, 그분의 뜻에 따라 이름은 밝히지 않았다. 아시아 안팎에서 호기심으로 몰려들 사람들의 방해를 받지 않기 위함이다.

---

* Geshi: 티베트 불교에서 철학박사 학위에 해당하는 자격을 얻은 학승에게 붙이는 호칭(Geshe)을 익명성을 위해 마치 이름처럼 사용한 듯하다. 요즘은 '게셰'로 표기하는 것이 일반적이다. 이하 모든 각주는 역자가 단 것이다.

✦

서문

예전에 나는 내 저서 《당신이 사용할 수 있는 높은 차원의 힘》
(The Higher Power You Can Use) 서문에서 이렇게 말했다.

"이 메시지를 세상에 전하는 역할을 맡게 된 것을 큰 영광으로 여
긴다. 그렇다고 나에게 별다른 특권이 있는 것은 아니고, 다른 사람
들과 구별되는 자질이 있는 것도 결코 아니다.

나는 꽤 여러 해 동안 내적 가르침을 공부하면서 실천하는 일꾼
이었다. 온 세계를 돌아다니며 진리에 대해 아는 바를 가르쳤고 병자
들도 고쳤다. 대개는 크게 성공을 거두었다. 이제야 알게 되었지만,
이 성공을 나 혼자만의 힘으로 이룬 것은 아니었다. 그 수습기간 동
안 영적인 도움과 안내를 받았기 때문에 가능한 일이었다.

어느 밤 누군가 내 앞에 신비롭게 나타나기 전까지 나는 무엇이
내 진정한 사명인지 몰랐다. 그는 내게 이렇게 말했다. '나는 오랫동
안 너와 함께 있었지만 너는 이를 몰랐다. 이제 너에게 나를 알릴 때
가 되었다. 너를 티베트 히말라야 산맥으로 인도해 진짜 사명을 수행
하기 위한 가르침을 받게 할 것이다. 부르심을 받은 이는 많으나 선
택받은 이는 적다. 모든 것을 뒤로하고 나를 따를 준비가 되었는가?
두려워 말라. 세상이 기뻐할 것이다. 네가 전할 메시지는 사람들 마
음에서 혼동을 걷어낼 것이다. 네 말을 듣는 자는 내 사람들이다. 내
가 네 옆에 있으니 네 힘이 달리는 일은 없을 것이다. 신께서 택하신

자는 신께서 몸소 붙들어주신다.' 그런 다음 그는 나타났을 때처럼 조용히 떠났다.

그 이후로 나는 티베트의 웅장한 히말라야 산맥과 눈 덮인 산들 깊숙한 곳에 자리한 장소들로 한 걸음씩 인도되었다. 그곳은 대기와 기운이 너무나 맑고 순수해 마치 하늘과 땅이 그대로 이어진 듯한 영광스러운 장소였다. 거기서 나는 무엇을 해야 할지, 어디로 가야 할지 가르침을 받았다. 그곳에 머무르는 동안 영적인 현현을 수차례 목격했고, 그것은 말로는 도무지 표현할 길이 없을 만큼 경이로운 모습이었다. 여기까지 오며 겪은 여행기와 내가 보고 들은 영적인 현현에 대해서는 나중에 또 다른 책으로 자세히 전하겠다. 아울러 웅장한 티베트 히말라야 산맥 중 접근하기 정말 어려운 곳들까지 가면서 겪었던 일에 대해서도 다루겠다. 그곳에서 큰 스승님들을 만날 때마다 느꼈던 기쁨과 황홀함에 대해서도 밝히겠다. 스승님들은 진정 사랑과 연민으로 가득했고 매우 소박했다. 바로 이것이 그들이 지닌 강력한 권능의 비밀이다. 사랑이 곧 신이요, 신이 곧 사랑이시기 때문이다. '하느님은 이 세상을 극진히 사랑하셔서 외아들을 보내주시어 그를 믿는 사람은 누구든지 멸망하지 않고 영원한 생명을 얻게 하여주셨다.'[*] 영혼이 준비되면 스승[**]은 나타나기 마련이다. 준비된 자들은 모든 나라가 한 나라요 모든 민족이 한 민족이며 모든 생명이 한 생명이라고 선포하는 스승의 음성을 듣고 알 것이다. 한 나무에 수많은 가지가 달려 있어도 모두 안에는 똑같은 한 생명만이 흐르고 있

---

[*] 요한복음 3:16

[**] the Master: 저자가 이 책에서 서술하는 진리를 온전히 깨닫고 체화한 자들을 일컫는 호칭이다. 문맥에 따라서, 스승, 주, 대가 등으로 바꿔서 번역하였다.

다. 모두 안에 있는 하나, 하나 안에 있는 모두.

나 스스로는 아무것도 할 수 없다. 나는 한갓 광야의 음성에 지나지 않는다. 신의 자녀들에게 진리에 귀 기울이라고 부르는 음성에 불과하다. 나는 내가 이 일을 위해 태어났다고 들었다."

나는 이제껏 총 아홉 권***의 책을 썼는데, 드디어 그중 첫 책의 서문에서 내가 약속했던 책을 발표할 때가 되었다.

먼저 나는 간단히 자기소개를 마친 뒤, 이 엄청난 모험을 감행하겠다는 열망이 어떻게 내 인생의 최우선 순위가 되었는지 들려주려 한다.

그 전에 분명히 짚고 넘어갈 것이 있는데, 이것은 자서전이 아니다. 자서전을 쓰고 싶은 마음은 전혀 없다. 그 일은 다른 누군가에게 맡기련다.

내가 왜 티베트에 가게 되었는지 많은 사람들이 물어봤다. 그 배경에는 아주 매혹적인 이야기가 있는데, 최대한 간단하게 풀어보겠다.

대부분 사람들의 인생을 가만히 들여다보면, 자신이 결코 생각지도 못했던 어떤 목적을 향해 나아가도록 떠미는 살아 있는 힘이 있는데 이를 알아채는 일은 드물다. 나 역시 그랬다.

이 책을 통해 나는 입담을 늘어놓으려는 것도 아니고 동화처럼 없는 이야기를 지어내려는 것도 아니다. 진리를 드러내려는 것은 더더욱 아니다. 그런 책은 세상에 존재하지 않는다. 나는 마음에 떠오

***   154쪽 참고.

르는 대로 생각과 사건을 그대로 기술할 뿐이다.

이 책을 소리 내어 읽는다면 본인에게 훨씬 더 도움이 될 것이다. 오직 영(the Spirit)만이 목소리를 갖고 있기 때문이다.

1장

✧ ✧ ✧

나는 스코틀랜드 고지대(Highland)에서 태어나 자랐다. 일곱 살 어린 나이 때부터 숱하게 일어났던 심령 현상들이 지금도 생생하게 기억난다.

나에게 눈에 보이지 않는 세계는 이 세상처럼 생생했다. 사람들이 말하듯, 내가 어떤 재능을 타고난 덕분이다. 그러나 그들이 몰라서 그렇지 나는 모두가 이 능력을 갖고 있다고 확신한다. 얇은 베일이 사람들의 눈을 덮어 가렸을 뿐이다.

나는 부모님께 이런 경험과 당시 내가 알고 있던 것을 말씀드리곤 했는데, 딱히 반기지는 않으셨다. 내가 하는 말이 가감 없이 정곡을 찌르다 보니 대부분의 사람들은 달갑지 않아 했다.

어릴 적 학교에 막 다니기 시작할 무렵 우연히 책 몇 권, 그것도 고대 요가 책들이 수중에 들어왔다. 지금도 어찌 된 영문인지 모르겠다. 기이하게 들릴 수도 있겠지만, 나는 그 책들을 제대로 이해했던 것 같고 그런 나를 보고 어른들은 놀라워했다.

그러나 그 책들도 나에게 알려줄 수 없는 무엇이 있었다. 당시에는 딱 꼬집어 말할 수 없었지만, 말로 표현할 수 없었을 뿐 나는 그것이 무엇인지 알고 있었다. 책에 담긴 것은 관념뿐이고, 관념은 존재 그 자체가 아니다. 나는 그때 이후로 이 점을 제대로 인지해왔다.

'생명'이라는 말이나 관념이 생명 자체일 리 없다. '신'이라는 말이 곧 신일 수도 없다. 설교자들이 저마다 생명을 규정하고 가르치려 들지만, 실제로는 생명에 대한 관념을 던져줄 뿐이다. 하지만 그것이 곧 생명은 아니다. 오늘날 세계 종교와 단체와 국가들이 그토록 갈라지고 반목하는 것은 우리가 그토록 다른 생각들을 품고 있기 때문이다.

일곱 살 무렵 주 예수의 얼굴을 본 적이 있다. 그런데 그 모습은 책이나 미술 작품에서 보던 모습과 완전히 달랐다. 그분 얼굴은 생명으로 활기차고, 여느 사람들처럼 생생하게 살아 있는 모습이었다.

그때의 충격은 어마어마했다. 나는 한동안 침대에 누워 우유와 럼주에 날달걀을 마구 휘저어 넣은 음료만 먹으며 지내야 했다. 당시 의사 말로는 내 심장이 본래 위치에서 5센티미터 정도 벗어났다고 했다.

투병 생활에 진절머리가 날 무렵 어느 아침에 "일어나! 밖으로 나가 뛰어놀아!"라는 음성이 들렸다. 그래서 그렇게 했다. 그랬더니 몸이 괜찮아졌다. 이 일을 계기로 나는 죽음이란 없다는 사실과 육신을 입은 자들 말고도 살아 있는 존재들이 있다는 사실을 확신했다. 나는 이 주제를 깊이 파고들겠노라 결심했다. 바로 그때부터 건강이 100퍼센트 회복되어 의사들을 놀라게 했다.

그 일이 있고 나서, 높은 곳에서 떨어지는 도중에 몸을 허공에 거의 정지시킨 뒤 발끝으로 사뿐히 착지할 수 있는 능력이 나에게 있음을 알게 되었다. 당시 이 현상의 의미를 전부 이해할 수는 없었지만, 내 애장품이었던 여러 요가 책에서 이런 능력에 대해 읽어본 적이 있었다.

요가 수행자들이 자기 몸을 부양하는 방법에 관한 내용이었는데, 책에 나온 방법을 다 이해한 것은 아니었지만 어쨌든 비슷하게 해냈음이 틀림없다.

나의 겁 없는 행동으로 부모님 심장이 철렁 내려앉은 순간이 수도 없이 많았다. 부모님께서는 내가 다른 애들과 다르다는 점을 알고 계셨지만 그래도 항상 나를 걱정하셨다. 나도 이 사실을 매우 잘 인지하고 있었다.

겨울밤은 내게 크나큰 기쁨이었다. 벽난로에 커다란 통나무를 넣어 불을 지피면 나는 그 앞에 앉아 있곤 했다. 재킷은 의자에 걸쳤고, 오른발은 항상 벽난로 앞 난간에 올려놓았다. 어릴 때부터 열다섯 살에 이를 때까지 나는 스코틀랜드 전통 의상인 편안한 킬트를 항상 입고 지냈다. 그 뒤로도 하일랜드 게임*에 참가할 기회가 생길 때마다 킬트를 입곤 했다.

우리 집은 조상 대대로 살아온 곳이었다. 벽난로 위쪽으로는 컬로든 전투(the battle of Culloden Moor)를 포함한 수많은 전투에서 선조들이 사용했던 양날 검이 걸려 있었다.

그리고 벽난로 양옆으로는 맥도날드 가문이 잉글랜드와 맞닿은 경계와 스코틀랜드 저지대(Lowland)에서 수차례 일어난 습격에서 대대로 사용했던 단검과 권총이 여러 개 걸려 있었다.

맥도날드 가문 선조들의 무용담을 아버지께서 들려주실 때 나는 귀를 쫑긋 세워 듣곤 했다. 아버지 자신도 수많은 지역을 다녔기 때문에 당신 모험담을 함께 이야기해주었고, 나는 이 이야기를 수도 없이 반복해서 들었다. 그래도 나는 질리는 법이 없이 귀를 쫑긋 세우곤 했다. 여기에 지적 욕망과 방랑벽까지 가세하면서 나 또한 세계 곳곳을 누비게 되었다. 나이를 먹을수록 이 열정은 더욱 활활 타올랐

---

* Highland Games: 스코틀랜드와 주변 국가에서 개최되는 전통적인 축제. 백파이프 연주와 하일랜드 댄스를 겨루는 경기, 각종 스포츠 게임 등으로 구성되어 있다. (체육학사전, 스포츠북스 체육학연구회)

고, 머나먼 곳들을 향한 나래가 더욱 활짝 펼쳐졌다.

스코틀랜드인들은 자녀들이 좋은 교육을 받아야 한다고 굳게 믿는다. 그래서 나도 대학에 진학하여 의학을 공부하게 되었지만, 막상 의학은 별다른 매력이 없었다. 생명만이 생동하는 유일한 힘이라는 것을 알고 있었기에 내게 의학은 마치 무정물을 다루는 일 같았다. 그래도 의학 공부는 훗날 내가 세계 방방곡곡을 다니면서 치유 작업을 할 때 큰 도움이 되었다. 그중 몇몇 기적적인 성과는 나중에 다른 책에서 소개하겠다.

나는 인도에 가겠다고 마음을 먹었다. 나는 거기서 요가의 대가를 만나 크게 배우며 지식과 지혜를 쌓았다. 갈증이 다 해소된 것은 아니었으나 내가 갈망하던 목표를 향해 한 걸음 더 나아갈 수 있었다. 그 뒤로도 인도에 여러 차례 방문했으나 갈증은 여전했다.

나는 배를 타고 페르시아 만을 거슬러 올라 바스라Basra 항구에 도착했다. 바스라부터는 걸어서 티그리스 강줄기를 따라 올라갔고, 이어 사막을 가로질러 유프라테스 강에 다다랐다. 당시 나는 아랍인들과 함께 지내며 회교 사원으로 장식된 고대도시 바그다드를 누볐다. 바그다드의 회교 사원은 둥그런 돔과 첨탑이 기막히게 어우러져 있었다. 또 바빌론의 고대 유적지도 탐험했고, 구약에 등장하는 유적을 찾기 위해 고대 페르시아와 팔레스타인 지역도 탐색했다.

1914년 제1차 세계대전이 일어났을 때 나는 하일랜드 연대에 입대하여 장교로 활약했다. 포화가 쏟아지는 전장에서 사람들의 목숨을 구하며 네 차례의 부상을 입었다. 그 공로를 인정받아 밀리터리 크로스Military Cross 훈장과 외국인 대상 훈장을 받았다. 전쟁이 끝난 뒤 나는 중국과 일본을 거쳐 다시 인도로 갔다. 도중에 인도차이나에 들러 캄보디아 고대 문명의 유적을 탐험했다. 그 문명은 하룻밤 사이 폐허로 사라진 듯했고, 장대한 유적들만이 한때 이곳에 문명이 있었다는 사실을 전했다.

그다음 나는 캐나다를 서에서 동으로, 다시 동에서 서로 횡단했다. 미국에서는 9,600킬로미터 이상을 차를 타고 이동했고 멕시코, 남아메리카도 방문했다. 도보로 아프리카를 여행하면서 4,000년 전에 존재했다는 로디지아Rhodesia 소재 짐바브웨 고대 문명도 탐험했다. 라이더 해거드Rider Haggard는 이것을 소재로《그녀》(She)와《솔로몬 왕의 광산》(King Solomon's Mines)이라는 소설을 쓰기도 했다. 비슷한 유적이 브라질에서도 발견되었는데, 나는 이 유적들이 공통된 한 방향을 가리키고 있다고 본다. 어쩌면 훗날 고고학자들이 이 고대 문명의 기원을 밝혀낼지도 모르겠다.

탐험가 리빙스턴과 스탠리의 발자취를 따라 가보기도 했고, 잠베지Zambezi 강과 거대한 빅토리아 폭포도 탐험했다. 나는 고대 이집트 유적을 연구했고 유럽의 대부분 장소에 다 가보았으며 호주와 뉴질랜드와 남태평양 제도도 방문했다. 이렇듯 나는 오대양 육대주를 누볐다. 세계를 돌아다니며 치유와 설교를 행했고, 네 개 대륙에서 유명인사가 되었다. 그러나 내 인생의 가장 큰 모험은 아직 미완의 상태였다. 금단의 땅이자 세계의 지붕이라 불리는 신비로운 티베트 여행이 남아 있었다.

당시에 겪은 신비로운 사건이 있다. 아무래도 티베트 여행은 어렵겠다 싶어서 단념한 상태였는데, 사람의 형상을 한 무언가가 홀연히 나타나 일단 아프리카로 간 다음 인도로 다시 돌아가라고 말했던 것이다. 그는 내가 어떤 경로로 가야 할지 낱낱이 알려주었고, 히말라야 산맥을 지나면 나를 몸소 안내해줄 누군가를 만나게 될 것이라고도 했다.

(이 말을 하다 보니 흥미롭고 신기한 다른 사건이 하나 생각난다. 이 사건은 뒤에서 기술할 일들과 관련이 있기 때문에 꼭 말해야겠다. 티베트에서 돌아온 직후 캐나다 몬트리올에서 첫 강연을 하던 중에 벌어진 일이다. 당시 상황은 이랬다. 나는 30분 정도 강연을 하고 있었고 청중은 모두 착석한 상태였으며 강연장 문은 모두 닫혀 있었다. 치즘Chisholm 부인과 행사 요원들은 강연장 바깥에 있었는데, 그곳에 난데없이 사람 형상이 나타나더니 "내가 부탁한 일을 잘 해내서 아주 흡족하다고 그에게 말을 전해주세요"라는 말을 마치기 무섭게 사라졌다. 여러 명이 이 일을 목격했다. 나는 그 말의 뜻을 파악했지만 그들은 몰랐다. 지금도 몇몇은 이 경험을 두고 계속 이야기하는데, 마침 얼마 전에 그 일이 벌어졌을 당시 현장에 있었던 한 부인에게 편지를 받았다. 몬트리올에서 발송된 편지였는데, 거기에도 그 일이 언급되어 있었다.)

남아프리카 더반Durban에서 출발한 인창가Inchanga 호가 마침내 후글리Hooghly 강을 거슬러 캘커타로 들어설 때 내 심장이 마구 뛰면서 얼마나 기뻤는지 모른다.

내가 인도에 온 것만 해도 이번까지 해서 다섯 번이 되었지만 이번 방문은 뭔가 색다른 느낌이었다. 직접 본 적이 없는 누군가를 이제 곧 만난다는 생각에 상당히 설렜다.

배가 항구에 가까워질수록 수백 명의 일꾼이 왁자지껄 주고받는 소리가 커졌다. 주변 사람들과 나누던 대화 소리가 묻힐 정도였다.

나는 지체 없이 배에서 내렸다. 그 지역 통용 화폐인 루피와 아나anna를 구걸하는 사람들의 손이 곧바로 나를 에워쌌다. 인도에 한두 번 온 것이 아니었기에 이런 상황이 낯설지 않았다. 게다가 나는 현

22

지어도 구사할 수 있었다.

누가 나를 알아보지 않을까 하는 마음에 계속 두리번거렸지만 그런 일이 일어나지 않아서 나는 의기소침해졌다. 내가 혹시 속은 건가? 대부분의 승객이 항구를 떠난 뒤 나는 짐을 찾아 캘커타 도메인Calcutta Domain 맞은 편 초우링기Chowringhee에 자리한 그랜드 호텔로 향했다.

거기서 며칠 묵으면서 내 오랜 벗들인 스와미 요가난다Yogananda와 스와미 라마나Ramana를 비롯해서 전에 알고 지내던 여러 요가 수행자들을 찾아갔다. 내 고민을 털어놓자 친구들은 포기하지 말고 히말라야로 꼭 가라고, 필요하다면 그 너머까지도 가보라고 조언했다. 그러자 나는 내게 계시된 그 사람을 꼭 만나게 될 것이라는 확신이 생겼다.

그러던 어느 날 오후 나는 벵골 북부에 있는 실리구리Siliguri까지 가는 기차표를 알아보러 역으로 향했다. 실리구리는 히말라야 산맥 쪽으로 이어지는 주요 철로가 닿는 최북단이었다.

역으로 가는 길에 택시를 탔는데, 운전사는 나를 처음 온 관광객으로 여겼는지 역 반대 방향으로 차를 몰면서 천사 같은 표정을 유지했다. 어디 두고 보자는 마음으로 일단 내버려뒀다. 돌고 돌아 마침내 역에 도착해 운전사는 "선생님, 5루피 되겠습니다"라고 말했지만 나는 2루피만 건넸다. 사실 그것도 평균보다는 후하게 쳐준 것이다. 나는 신고하지 않는 것을 다행으로 여기라고 현지어로 말했다. 그때 그 사람 얼굴을 봤어야 한다. 그는 얼굴에서 웃음기가 싹 가시더니 아무 말도 못 하고 굳은 표정으로 떠났다.

저녁에는 내가 인도 부대에 속했을 때 같이 근무했던 대령 친구를 찾아갔다. 그는 생명에 관해 깊이 탐구하는 사람이었고, 그가 육신을 내려놓고 생명의 높은 차원으로 건너갈 때까지 우리는 두터운 우정을 쌓았다. 그는 육신을 내려놓은 후로 분명 더 많은 지혜와 지식을 향한 자신의 갈망을 한껏 충족시켰을 것이다.

대령 친구는 사복 차림으로 나와 보디 협회(Bhodi Institute)를 찾아갔다. 이곳은 힌두 교수들이나 의사나 요가 수행자 같은 사람들이 모인 단체로서 입회 조건이 까다롭다.

내 친구이자 캘커타 대학에 재직 중이던 샤스트라Shastra 교수가 마침 협회에서 고대 산스크리트어 강의를 하던 중이었다. 그는 이 분야에서 세계 최고의 권위자다. 고대 산스크리트어는 고대 인도 문명에서 사용하던 언어인데, 당시 인도 문화는 오늘날 현대 사회를 포함해서 모든 서양 문화보다 앞서 있었던 것으로 보인다.

샤스트라는 나를 곧 알아봤고 강의가 끝나자 곧바로 나를 강단 위로 불러 세워 그동안 어떻게 지냈는지 알려달라고 했다. 그래서 내 이야기를 풀어놓았는데 다들 관심이 대단했다.

그중에는 인도의 위대한 정신들도 자리에 있었다. 내가《영과 마음의 치유》(Spiritual and Mental Healing)라는 책에서 언급했던 스리 오로빈도Aurobindo, 스와미 요가난다, 위대한 과학자 스와미 라마나, 인도의 국민 시인 타고르, 마하트마 간디는 물론이고 그 밖에도 인도를 이끌고 있는 정신적 지도자들이 여럿 있었다.

대령 친구는 내 쪽으로 몸을 돌려서 이런 말을 했다. "나는 우리 인도 사람들 중 일부가 우월감에 도취된 모습을 보면 넌더리가 나. 이런 자만은 생명의 높은 차원을 이해하는 데 걸림돌로 작용하잖아. 모임이 끝나고 돌아갈 즈음에는 더욱 기고만장해지는데, 사실 자신의 무지를 고스란히 되갖고 갈 뿐이지. 이런 모습이야말로 정신이 미숙하다는 증거인데 말이야. 이 세상에 위대한 것이 있다면 그것은 바로 겸손이야. 지혜를 얻기 시작할 때 비로소 우리는 겸허해지기 시작하고, 지혜를 체득할수록 더더욱 겸허해질 수밖에 없지. 진정한 위대함인 겸손은 다음 세대 안에서 싹이 터야만 해. 그러지 않으면 우리는 흔적도 없이 사라질걸." 사리분별을 할 줄 아는 사람이라면 누구나 수긍할 것처럼, 나 역시 그의 말에 동의했다.

이틀 뒤 캘커타를 떠나 실리구리로 가는 기차에 몸을 실었다. 객차에 머물 때는 안에서 항상 문을 걸어 잠가야 한다. 그러지 않으면 아무리 객실을 예약했다고 한들, 예약석이라고 바깥에 써 붙여놓는다고 한들, 순식간에 온갖 사람들이 객실에 들끓는다. 여행객들이 떼로 밀고 들어오면 어떤 노력도 무용지물이다. 일단 객실 안으로 들어온 사람들을 밖으로 내보내기란 정말 어려운 일이다.

벵골 북부 기차 노선의 끝에 있는 실리구리에 도착했다. 히말라야 산맥을 향해 나를 훨씬 멀리 데려다줄 자그마한 산악용 기차가 보였다. 기차를 갈아타던 중 고약한 냄새가 코를 찔러 주위를 보니 나병 환자가 손이 떨어져 나가 뭉툭해진 손목에 불결한 천을 감아 내밀며 구걸하고 있었다. 당시 나병 환자들은 일반인들에게 1미터 이내로 접근하는 것이 금지되어 있었다.

측은한 마음에 1루피를 건넸는데 인도 경찰이 쫓아와서 그를 몽둥이로 패는 것이 아닌가. 그래서 "여봐요! 당신이 지금 자신을 때리고 있는 것임을 알기나 해요?"라고 따끔하게 일러주었다.

얼빠진 표정을 짓던 경찰이 스스로 생각할 시간을 갖기를 바라며 나는 그를 뒤로하고 자리를 나왔다.

오늘날 나병 환자들 대부분은 자유롭게 생활한다. 전에는 나병 환자들을 색출해서 수용소에 집어넣곤 했다. 그러다 보니 많은 환자들이 도리어 숨어들었고 나병은 더욱 퍼지게 되었다. 하지만 요즘은 나병 환자들에게 차울무그라Chaulmoogra 오일과 나병 완치에 탁월한 효과를 나타내는 다른 새로운 약품들을 조합해 주사를 처방한다.

갈아탄 기차 객실은 천장이 내 어깨높이 정도밖에 되지 않았다. 기차의 자그마한 엔진은 녹색으로, 모든 객실은 빨간색으로 칠해져 있었다. 객실에 들어가기 위해서는 몸을 구부려야 했고 객실에 앉아 있는 동안에도 머리가 천정에 닿았다. 이렇게 자그마한 엔진이 10여 개나 되는 객차를 끌고 매우 가파른 경사를 올라갈 정도의 힘을 발휘하는 것은 참으로 놀라운 일이다. 이 힘의 비결은 바로 증기라는 생각이 떠올랐다. 그러자 자연스레, 우리가 하는 모든 일을 가능하게 하는 힘은 바로 생명으로부터 나온다는 데 생각이 다다랐다. 엔진도 그 자체에는 아무 힘이 없듯이, 몸도 그 자체에는 아무 힘이 없다.

이렇게 여행의 다음 국면이 시작됐다. 기차는 여러 철교 아래를 천천히 통과하면서 선로를 따라 완벽한 원 모양을 몇 번이고 나선형으로 그리면서 올라갔고 아까 30분 전에 아래로 통과했던 철교를 위로 다시 지나가기도 했다. 그렇게 기차는 조금씩 위로 엉금엉금 기어 올라갔다. 기차는 지그재그와 나선형을 그리다 마침내 해발 약 1,500 미터 높이에 있는 길리콜라Gillikola에 도착했고 나는 여기서 내렸다.

내가 탔던 기차는 네팔의 주요 도시인 다르질링Darjeeling까지 운행하는 기차였다. 다르질링은 웅장한 히말라야 산맥의 발치에 자리하고 있다.

정거장에는 키가 120센티미터도 안 되어 보이지만 아주 억세 보이는 여성 짐꾼들이 많이 대기 중이었다. 이들은 이마 주위와 어깨와

등 뒤로 끈을 하나씩 걸고 있었다. 짐꾼들은 신속히 다가와 묵직한 상자들 아래로 끈을 넣고는 마치 성냥갑을 들 듯 가볍게 들어 올렸다.

처음에는 엄청난 괴력인 듯 보여 놀랐지만 짐을 드는 요령이 있음을 알 수 있었다. 끈을 이마에 건 다음 양어깨 위로 걸치고 등에 짐을 얹어 무게를 분산시키는 것이 요령이었다. 이 여성 짐꾼 중 한 명은 피아노 한 대를, 그것도 칼림퐁Kalimpong에서 다르질링까지 50킬로미터 정도 되는 거리를 혼자서 옮겼다고 한다.

나는 사전에 예약해둔 차를 타고 길리콜라에서 다시 이동했다. 칼림퐁에 도착할 때까지 차는 계속해서 산을 지그재그로 기어 올라갔다. 칼림퐁 마을은 인도와 시킴Sikkim과 티베트를 잇는 무역로의 시발점이다. 칼림퐁부터는 모든 짐을 들고 가야 한다. 길도 매우 좁아져서 폭이 좁은 곳은 1미터도 안 된다.

칼림퐁에는 각양각색의 사람들이 모여 있었다. 인도인, 티베트인, 시킴 지역 사람들, 네팔인, 부탄인은 물론이고 캘커타의 후덥지근한 날씨를 피해 휴가를 와서 선선한 공기를 누리고 있는 백인들도 꽤 많이 보였다.

고지대에 자리한 네팔과 시킴과 부탄으로 인해 인도와 티베트는 떨어져 있다. 그러다 보니 무역로의 시발점인 칼림퐁이 다르질링보다 훨씬 더 중요한 마을이 되었다.

칼림퐁에서 나는 함께할 대상*을 꾸렸다. 통역사, 내 개인 짐꾼, 무역로에 출몰하는 산적들의 수법에 정통한 경호원을 고용했다. 티베트 조랑말도 네 마리 빌려서 나와 통역사와 경호원과 인도인 개인

---

* 隊商: 사막이나 초원과 같이 교통이 발달하지 않은 지방에서, 낙타나 말에 짐을 싣고 떼를 지어 먼 곳으로 다니면서 특산물을 교역하는 상인의 집단. (표준국어대사전)

짐꾼이 한 마리씩 탈 수 있게 했다. 오직 짐만 날라줄 노새 두 마리와 짐꾼 셋도 구했다.

티베트로 들어오거나 티베트에서 나가는 물건은 죄다 당나귀와 노새와 짐꾼이 나른다. 칼림퐁부터 캘커타까지는 철도와 도로를 이용해 운반하고 그 뒤 각 목적지로 보낸다. 다르질링에서 재배된 차는 실리구리까지는 산악 철도로, 실리구리에서 캘커타까지는 주요 철도로 보내지고, 그다음 배를 이용해 전 세계로 운송된다.

나는 칼림퐁에서 히말라얀 호텔을 운영하고 있는 한 사람을 만났는데, 그는 성이 나와 같은 맥도널드였다. 그는 스코틀랜드 출신 아버지의 피와 티베트 어머니의 피가 반반 섞여 있었다. 그의 아버지는 한때 티베트 야퉁^{Yatung} 지역에서 영국과의 무역대리업을 하다가 티베트 여성을 만나 결혼했다고 한다.

그래서 맥도널드 씨와 나는 금세 친구가 되었다. 그는 티베트어와 힌두스타니어와 영어를 완벽히 구사할 수 있었는데, 나는 그와 지내는 시간을 최대한 활용해 티베트어를 많이 배웠다. 힌두스타니어는 이미 나도 거의 완벽하게 구사할 수 있는 수준이었는데 이것이 티베트어를 배우는 데 큰 도움이 되었다.

나는 티베트 입국 허가서가 도착할 때까지 칼림퐁에서 기다려야 했다. 이 기간 동안 나는 곧 만나게 될, 얼굴도 모르는 그 사람에 대해 이런저런 생각을 많이 했다. 그를 만나려면 아마도 티베트까지 가야 할 것 같았다. 내가 캘커타나 칼림퐁에 도착했을 때에도 그는 마중을 나오지 않았지만, 그렇다고 여기서 돌아가는 것은 어리석은 일이다. 나는 계속 나아가야 한다. 무언가가 내 안에서 "계속 나아가라"고 속삭였다.

나는 숙소에만 계속 있다가 사흘째 되던 날 시내로 나갔다. 시내에서 일반 라마승이 입는 자주색보다 좀더 짙은 천을 두른 한 승려를 보게 되었는데, 나는 그에게서 눈을 뗄 수 없었다.

그는 곧장 내게로 와서 "자네 왔는가"라고 완벽한 영어로 말했다. 나는 너무도 놀라서 말문이 막혔다. 칼림퐁에 막 도착했을 때가 아니라 며칠이 지난 지금 만나게 될 것이라고는 전혀 예상하지 못했기 때문이다.

그가 오른손을 내 왼쪽 어깨에 올리자 내 몸이 전류로 채워지는 듯한 느낌이 들었다. 그런 다음 그는 "나는 오랜 시간 동안 자네와 함께 있었는데 자네는 이를 몰랐어"라고 말했다. 이전에도 들었던 이 말이 오랫동안 내 마음에서 울리고 있었기에 나는 단번에 그 뜻을 알아차렸다.

이어서 그는 나에 대해 알고 있는 것들을 말해주었다. 내가 한 일, 했어야 할 일, 어쩌면 하지 말았어야 할 일 등에 대해 들려준 뒤, 설령 내가 그런 실수를 저질렀다 하더라도 별로 대수로운 일이 아니라고 설명해주었다.

마치 책을 읽듯이 내 인생에 대해 술술 말하는 것을 보고 그가 정말로 나와 꽤 오랫동안 함께했다는 것을 알 수 있었다. 그러니 내가 그동안 어디를 다녔는지 말하는 것은 부질없는 짓이었다. 그래서 나는 내 이해 수준이라도 알리려고 철학과 형이상학에 대한 이야기를 마구 풀어놓기 시작했다. 당시 시간이 사라진 듯했기에 내가 얼마나 오랫동안 말했는지는 모르겠다. 그는 잠자코 내 말을 듣고만 있었다. 나는 이 정도면 아무리 못해도 그의 관심을 끌었을 테고, 깊은 인상을 심어주지 않았을까 생각했다.

그런데 정작 그는 이렇게 말했다. "그런데 그것이 참이든 거짓이든 그다지 중요한 건 아니지 않나?"

누가 실제로 내 뒤통수를 망치로 내리쳤더라도 더 큰 충격을 주지는 못했을 것이다. 그 와중에 그가 이렇게 말하는 것이 들렸다.

"내일 보세. 자네 여행에 관련해 제반 사항을 준비하고 있다네. 만사가 섭리하에 있지."

그 말을 마치고 그는 나를 두고 돌아서서 길을 내려갔다. 나는 완전히 텅 빈 느낌이었다. 이것이 나의 현주소였다. 나는 빈 껍데기였다!

그가 남긴 몇 마디 말의 의미를 곱씹었고, 나는 환골탈태했다. 내가 가진 모든 것이 내 마음에서 지어낸 것임을 알 수 있었다. 정작 나는 내 삶에서 가장 중요한 것을 놓치고 있었다. 살아 있는 현존 말이다. 내가 가진 것은 전부 말과 생각과 이미지에 지나지 않았다. 지난 세월 동안 나는 참 바보처럼 살았구나.

그의 촌철살인이 사무치게 고마웠다. 나는 내가 그동안 찾아다니던 것을 마침내 마주할 것임을 직감했다.

다음 날 그는 아침 일찍 찾아왔고, 만족스러운 웃음을 지으며 이렇게 이야기했다.

"보아하니 사람을 해방하는 진리의 첫 수업을 잘 마쳤군. 이전까지 자네는 묶여 있었지만, 이젠 자신을 풀어주기 시작했어."

"하지만 벗님께서 해주신 것이지 않습니까?"

"아니야. 자네가 받아들일 준비가 되었기 때문에 내 말이 먹힌 거지."

그는 말을 이어 나갔다. "자네는 오늘로부터 일주일 뒤에 출입 허가증이 도착하면 떠나면 된다네. 밀림을 통과해 티스타^{Teesta} 강줄기를 따라가다 시킴 주를 북쪽으로 관통해 올라가면 강토크^{Gangtok}에 다다를 거야. 가면서 이곳 밀림도 직접 경험해보면 좋을 것 같군. 강토크에 도착하면 나툴라^{Natula} 고개를 통과해 티베트의 첫 마을인 야퉁까지 가면 돼. 거기서부터 본격적으로 배워보자고."

그렇게 칼림퐁에서 보낸 일주일은 참으로 즐거웠고 기대로 가득 찬 한 주였다. 나는 출발 전에 그를 한 번 더 볼 기회가 있었는데, 떠나기 전에 질문 하나를 꼭 해야겠다 마음먹었다.

나는 그에게 이렇게 물었다. "명상하는 것이 그동안 저에게는 쉽지 않았습니다. 다른 사람들도 명상을 어려워하는 것 같고요. 명상하는 방법을 좀 알려주시겠습니까?"

"명상하는 법을 제대로 터득하는 것은 참으로 어려운 일이야. 그런데 동양이든 서양이든 어떤 체계를 따르는 순간 그건 명상이 아니게 된다네. 한 체계를 따르는 순간 마음을 특정 패턴에 맞춰버리게 되는데, 이것이야말로 지양해야 할 태도야."

"명상에 대해 거의 아는 것이 없거나 완전히 무지한 사람들이 명상을 가르치는 상황이 차고 넘치더라고요."

"그렇지. 정말 그렇지. 그런데 그동안 자네도 이런 당찮은 일을 해오지 않았나?"

그의 촌평에 상처받지는 않았다. 다 맞는 말이었으니까.

그런 뒤 그는 말을 이었다. "마음을 조건화하면 자유와 멀어진다네. 명상은 모름지기 자유로 이끌어야 하지. 자유로운 마음만이 진리에 눈뜰 수 있거든. 앞으로 몇 달 동안 나와 함께 마음이 작동하는 방식을 이해하고 나면, 자네는 더 큰 자유를 발견하게 될 거야."

(몇 달! 몇 달이나 걸릴 것이라고는 전혀 예상하지 못했다. 그런데 나중에 보니 실제로 몇 달이 걸렸다. 나는 히말라야 산맥 너머의 그곳에서 몇 달이 아니라 몇 년이라도 머물고 싶었다.)

내가 생각에 잠기면 그도 잠시 멈춰 내 생각을 듣고 있는 듯했다. 그가 내 생각을 읽고 있음을 나도 단번에 알아차렸다.

그는 빙그레 웃더니 말했다. "그 어떤 수행 체계를 거친다고 한들 자유에 이를 수는 없다네. 전보다 더욱 속박될 뿐이지. 마음 너머에 있는 것을 발견하는 것이 진짜 명상인데, 체계라는 것은 도리어 마음이 이해하지 못하게 훼방을 늘어놓아. 그런 특정 체계는 마음을 속박하고 파괴하는 자기 최면에 불과하다네."

내가 차분히 생각하는 동안 그는 말을 멈췄다. 다시 내가 이렇게 대화를 시작했다.

"이제 저는 눈뜨기 시작했습니다."

"마음이 자유로울 때에만 진정한 창조력이 펼쳐지지. 그러려면 마음은 모든 신념과 체계와 수행 등 기타 조건을 벗겨내야만 해. 그런 후에야 다른 누구의 신념이나 생각이 아닌 자신의 창조력을 통해서 창조할 수 있어. 다른 이의 신념이나 생각에 묶여 있다면 영혼 없는 앵무새일 뿐이야. 마음의 사고과정 전체를 인지할 때, 비로소 자신을 이해하기 시작한 것이고 이것이 우리를 자유로 이끌지. 특정 신념이나 생각에 집착하게 되면, 그 너머에 있는 것은 절대로 알 수 없게 돼. 하지만 신념이란 무엇인지 생각이란 무엇인지 제대로 보고 나면, 그 너머로 갈 수 있게 된다네. 그때 생각도 신념도 아닌 실재하는 그것, 영원하고 항상 현존하는 그것을 발견하게 되지."

내 마음에서 먹구름이 걷히고 있었다. 나는 내 관념, 내 신념, 내 철학을 걷어내고 있었다. 안에서 정화가 일어나고 있음을 알 수 있었다. 이 감사를 어찌 표할 수 있을까 하는 생각이 들자 그는 곧바로 이렇게 말했다.

"감사는 자신과 실재가 분리되어 있다는 믿음에 기초한 것이나, 정작 분리란 없다네. 감사란 분리와 믿음과 관념 같은 것들에 사로잡힌 마음의 환상에 불과해.

전에 자네가 구석에 앉아 명상하는 모습을 지켜봤는데, 자네는 마음을 특정 이미지나 생각에 집중하려고 하면서 나머지 것들을 죄다 쳐내려 시도했지만 결코 성공한 적이 없었어. 그렇게 할 때 다른 생각들이 마음에 떠올라 갈등을 일으키진 않았나? 갈등의 한복판에는 고요함이 절대 있을 수 없어! 고요가 들어서기 전에 갈등은 반드시 그쳐야 해. 갈등에서 고요가 나오는 법은 결코 없다네. 갈등은 그것을 제대로 이해할 때라야 멈추지. 고요란 단지 갈등하지 않는 마음의 자연스러운 상태야!

갈등과 싸우는 소모적인 전투에 그토록 많은 시간과 노력을 퍼부었지만 결국 자네가 얻은 것은 아무것도 없었지. 명상을 한다면서 자네가 지어낸 것은 환상에 불과한 정신적 이미지일 뿐이었어. 마음 너머에 있는 그것, 홀로 창조적인 그것을 발견하지는 못했던 거야."

'아!' 속으로 탄성이 터져 나왔다. 나는 숨을 크게 들이마시며 그동안 찾아다니던 자유를 느꼈고, "그것이 참이든 거짓이든 그다지 중요하지 않다"는 그의 말이 내 마음을 울렸다. 그동안 나는 관념을 진리로 바꿔보겠다고, 관념에서 실재를 끄집어 내보겠다고 시도했던 것인데 그런 일이 성공할 리 없었다.

그런 뒤 그가 말했다. "실재는 마음이 지어내는 것이 아니라네. 실재는 그저 있을 뿐, 결코 만들어질 수 없어. 마음이 풀려나 전과 같지 않을 때 실재가 들어서지. 그러면 자네가 곧 진리요 생명 그 자체임을 알게 될 거야."

그 순간 나는 지난 세월 그 어느 때보다 더 깊이 이해했다. 자유의 품에서 살아가는 기쁨을 느꼈다. 뭐라 정의할 수 없지만 분명 실재하는 무엇이 있었다. 그리고 내가 생동한다는 사실만큼은, 내가 마음에서 지어낸 것들은 실재가 아니었다는 사실만큼은 분명히 알았다.

창조력이 내부에 자리했고 이제 나는 그것이 그 자신을 표현하도록 맡길 수 있었다. 내가 믿음과 체계와 사상을 놓아버릴수록 그것은 더더욱 광대해졌다. 나는 이제 이해할 수 있었다! 이것이 진정한 기쁨이었고 이 기쁨을 주체할 수 없었다. 그도 나의 이런 상태를 알았던지 자상한 목소리로 이렇게 말했다.

"젊은 벗이여, 이것이 전부라네."

나는 이렇게 답했다. "네, 제가 했던 명상은 사실 자기 고립의 한 형태에 불과했습니다. 명상을 한다면서, 저는 제대로 이해하지 못한 개인적인 기억과 경험을 품고 있었을 뿐입니다. 제 마음이 처한 이 상태를 이해하지 못한다면 마음이 결코 풀려날 수 없다는 것을 이제 분명히 알겠습니다."

"그래. 내 말로 옮기자면, 사실 자네는 특정 문구를 끊임없이 되풀이하면서 마음을 자기 최면 상태에 빠지도록 강제하고 있었던 거라네. 최면 상태를 강요받는 마음은 죽은 것과 같아. 진정한 명상은 생명을 그대로 드러내는 것이거든. 자네는 도리어 마음을 무뎌지게 하고 있었던 거고. 자기 최면 후에는 마음이 더더욱 제약되지 않나."

이 역시 옳은 말이었다. '전에는 이것을 왜 몰랐지?'라는 생각이

들었다. 그가 이어서 했던 말을 통해 그가 내 생각을 읽고 있음을 다시 확인할 수 있었다.

"자네는 자아가 작동하는 방식과 자신이 사고하는 방식을 객관적으로 바라보고 이해해야 해. 타인을 대할 때 자기 안에서 일어나는 반응을 살피고 자신이 말하는 내용을 살피되, 마치 자네가 아닌 다른 사람을 관찰하듯 바라봐야 하지. 그러면 마음을 묶고 있던 조건들이 반향되어 드러난다네. 이때 자네는 단죄나 두려움 없이, 그 조건들로부터 풀려난 상태에서 관찰할 수 있어. 이 방식으로 자네는 자신을 발견하게 될 거야. 자아가 살아가는 방식, 즉 두려움과 단죄와 비난과 저항을 통해서 어떻게 자신이 스스로를 제약해왔는지 이해하게 될 거라네. 이 자유 안에는 갈등도 환상도 없어. 이런 과정이 바로 참된 명상이지."

나는 이렇게 말했다. "제 이해를 말씀드리자면, 자유는 곧 진리입니다. 진리는 추구한다고 찾아지는 것이 아닙니다. 자아의 구조 전체를 이해하고 자아의 욕망과 선입견, 스스로 정한 제약, 애착하는 환상을 이해할 때라야 진리는 들어섭니다. 이 모두를 식별하고 이해하고 나면 그것들은 전부 사라지고, 그 자리에 남는 것은 오직 실재와 참자아입니다."

그가 답했다. "그렇다네. 명상이란 참자아를 발견하는 거야. 참자아는 다른 자아들과 떨어져 있지 않고 전체적이고 완전하며 그 어떤 조건에도 구애받지 않아. 이것을 경험하는 것이 진정한 명상이라네.

자신의 강박적인 생각이, 속박된 마음의 산물인 자아 안에서 시작하고 자아 안에서 끝난다는 것을 이해할 때 그 자리에 고요가 드러나지. 이 고요는 원한다고 오는 것도 아니고 최면의 결과로 오는 것도 아니야. 이것은 시간에 속하지 않은 고요, 자아내지 않은 고요야. 이 고요 속에서 영원이 드러나고, 이 고요가 곧 영원 자체야.

이 고요 속에 창조의 상태가 있다네. 이것이 주께서 알고 계신 고요이자 자네도 곧 알게 될 고요야. 이것은 초시간적이며 실재적인 무엇으로서, 기억이나 경험에 좌우되지 않으며, 그 안에는 아무런 갈등이 없지.

그러므로 스스로를 어떻게 제약해왔는지 이해하지 못한 채 억지로 하는 명상은 시간 낭비, 에너지 낭비에 불과하고 더 많은 환영을 창조할 뿐이야. 자신이 무엇을 생각하는지, 그 생각은 어떻게 일어나는지, 자신이 생각에 어떻게 묶여 있는지 이해할 때 지혜는 시작되지. 자신을 이해하지 못한다면, 명상은 아무 의미도 없다네. 자네가 투사해내는 것은 무엇이든지 자네가 마음에서 제약한 것에 부합하기 때문인데, 이것은 분명 실재가 아니야."

이제 나는 실재의 강력함을 의식할 수 있었다. 그가 지닌 강력한 권능을 나도 의식했고, 그의 겸허함 속에서 신이 당신을 온전히 표현하실 수 있음을 알았다. 그는 내게 그 권능을 똑같이 느끼게 해주었고 이 느낌을 말로 옮기는 것은 불가능하다.

그는 일어서서 나를 축복했다. 그는 나의 사랑이 자신을 향하고 있음을 느꼈는지 "신의 사랑을 통하지 않고서는 아무도 내게 오지 못한다네"라고 말했다.

그가 자리를 떠나자 나는 어안이 벙벙했다. 강력한 어떤 힘이 휩쓸고 지나간 것만 같았다. 그 후에도 나는 그 힘을 어렴풋이 느낄 수 있었고, 내가 자유로워질수록 이 느낌이 점점 강해질 것임을 알았다.

나는 히말라야 산맥을 넘는 여행을 개시하는 날 아침에 그를 다시 볼 수 있었다. 그는 야퉁에서 다시 만나자고 했다. 그런데 그는 책을 쓸 때 본인의 실명을 밝히지 말라고 구체적으로 내게 당부했다. 독자 여러분은 그 이유를 나중에 이해하게 될 것이다.

2장

✥ ✥ ✥

함께 움직일 대상을 꾸리고 나니 짐이 상당히 많아 보였다. 사실 내 짐은 생필품이 전부였고, 여기에 1파운드짜리 헌틀리 앤 파머스Huntley & Palmers 비스킷 깡통이 50개 정도 있었다. 이 비스킷은 티베트인, 특히 라마승에게 인기가 상당했다. 나는 도움이 필요할 때 라마승에게 부탁을 했고, 특히 지위가 높은 방장들은 내게 큰 도움이 됐다. 라마승이 승인한 일은 지역 주민들도 대부분 군말 없이 따랐다.

실크 스카프도 여러 개 챙겼다. 실크 스카프는 티베트 전통 의식에서 주고받는 선물이다. 스카프를 직접 상대의 목에 걸어준다면, 그것은 당신이 그를 동등하게 여긴다는 표시다. 스카프를 그냥 손으로 건네주기만 한다면, 그를 자신보다 낮게 여긴다는 뜻이다.

나는 항상 스카프를 목에 걸어주었고, 이것은 큰 호의로 돌아왔다. 큰스님들은 내게 많은 특권을 허락해주었고 나도 이를 고맙게 받아들였다.

나는 칼림퐁을 떠나 티스타 강 계곡으로 내려갔다. 티스타 강은 히말라야 산맥의 거대한 빙하 지역, 그중 칸첸중가Kanchenjunga 고봉에 있는 눈과 얼음이 녹아 생겼다. 강물은 파란빛이 감도는 흰색이고, 세계에서 가장 빠르게 흐른다. 칸첸중가는 히말라야의 거대 산맥 중 가장 아름다운 봉우리이자 에베레스트 산보다도 정복하기 어려운 곳이다.

계곡이 점점 깊어질수록 도로도 오솔길처럼 좁아졌다. 굉음을 내는 티스타 강줄기를 따라서, 수천 년 동안 침식 작용으로 만들어진 골짜기를 통과해야 했다. 기압이 낮아 숨이 턱턱 막혔고, 주위로 빽빽하게 둘러싼 밀림에서는 눅눅한 냄새가 났다.

뚫고 지나가기 도무지 불가능해 보이는 빽빽한 녹음 사이에는 코끼리와 코뿔소와 벵골 호랑이가 가득하다. 표범이나 원숭이나 크고 작은 뱀 같은 파충류와 야생동물들도 즐비하다.

숨 막히게 답답한 이곳을 벗어나 높은 곳으로 올라가게 되어 기뻤다. 고지대로 가자 여기저기에 빈터가 나타났고, 그곳에서 좀처럼 보기 힘든 장관을 보았다. 새파란 하늘이 녹색 숲을 캐노피처럼 덮었고, 각양각색의 진달랫과 나무들이 산 사면을 수놓았다. 그 사이 티스타 강은 성난 기관차처럼 돌진해 튀어나온 돌들과 부딪히며 굉음을 내었다. 이 장면은 깊이 각인되어, 글을 쓰고 있는 지금도 생생하게 떠오른다. 나는 그곳 자연의 야생성에 매료되었다. 그곳의 산, 밀림, 강, 좁은 길, 녹색 조각보 같던 나무와 숲, 이 모두가 어우러진 모습은 아름다움을 넘어 경외심까지 들게 했다.

길에서 조금이라도 벗어나면 정글 속 아무도 모르는 곳에서 죽을 수도 있겠다는 생각이 들었다. 행여나 실족을 한다면 티스타 강의 급류에 휩쓸려 끔찍한 운명을 겪게 될 터였다.

빈터가 연달아 나타나면서 저 멀리 만년설로 덮인 히말라야 산맥의 봉우리들이 보였고, 하루 이틀 정도면 봉우리들을 가로막고 있는 고개를 통과할 수 있을 것 같았다.

내 인생 최대 모험이 펼쳐질 곳으로 간다는 생각에 잔뜩 신이 났다. 나는 앞으로 벌어질 일을 기쁨 반 기대 반으로 학수고대했다.

모든 것이 잘될 것이라는 말을 들었기 때문에 조금도 두렵지 않왔다. 그 어떤 위험에 처하더라도 자신 있게 대처할 준비가 되어 있었다.

저 장엄한 히말라야 산맥 너머 미지의 곳에 내가 풀어야 할 신비가 나를 기다리고 있었다.

첫날 우리는 무리하지 않고 20킬로미터 정도 걸어서 강 옆에 있는 작은 마을에 도착했다. 마을 오두막은 전부 땅에서 떨어져 장대 위에 있었고, 주변에 가축을 키우는 큰 공터가 있었다. 밤중에 호랑이와 표범의 공격을 막기 위해 공터 주위로 방책을 둘러놓았다. 지나가다 공공 쉼터를 보기는 했지만, 그곳은 그날 밤에 이미 누군가 사용할 예정이라 우리는 다른 곳을 찾았다.

나는 마을 위 언덕 비탈에 자리한 작은 오두막을 숙소로 택했다. 풀잎들로 만든 천막을 얹어 막사처럼 보였다. 내 짐꾼은 내게 "선생님, 여기서 묵으시면 위험하지 않을까요?"라고 물었다.

나는 말했다. "그래도 가축들 사이에서 자는 것보다는 낫겠지. 나 말고도 이 오두막에서 잤던 사람들이 분명 있었을 테니 괜찮을 거야."

내 오두막은 언덕 비탈에서 60센티미터가량 떨어져 있었는데 오두막이 딱 들어가도록 언덕을 깎아내렸던 것 같다. 짐꾼이 침낭을 꺼내오는 사이 나는 세수를 하고 저녁을 먹었다. (나한테 물 한 양동이와 대야가 제공되었다.) 그런 뒤 침낭에 들어갔고, 기분 좋게 노곤한 상태라 눕자마자 잠들었다.

나는 언덕과 허술한 오두막 사이에서 어떤 동물의 기척을 느끼고 깼다. 그 동물은 분명 냄새를 맡아 으르렁대고 있었다. 호랑이나 표범 둘 중 하나 같았다. 그 야수가 더 대담하게 움직이기 전에 겁을 줘서 쫓아내야만 했다. 나는 동물이 있다고 생각한 방향으로 세수한 물을 확 끼었고 양동이도 던졌다. 갑작스럽고 커다란 소음에 크게 놀랐는지 야수는 사납게 울부짖으며 어디론가 도망갔다. 잠시 뒤에 돼지 울음소리가 크게 들린 걸로 보아 마침내 먹잇감을 확보한 모양이었다. 내가 야수의 식사거리가 되지 않아 기뻤다. 사실 나는 이런 일을 겪으면서도 전혀 불안하지 않았다. 오히려 처음에는 즐기기까지 했다. 하지만 다음 날 아침 짐꾼에게 이야기를 했더니 그는 이렇게 말했다. "선생님, 구사일생으로 살아남으신 겁니다."

나는 너털웃음을 치기는 했으나 오늘 밤에는 좀더 안전한 곳을 잠자리로 택해야겠다고 생각했다.

면도를 하고 청소를 한 다음 아침 식사를 했는데, 메뉴에 소금을 친 포리지*가 있었다(소금이 없는 포리지는 심심해서 못 먹겠다). 더불어 깡통에 포장된 크림과 베이컨 한 조각, 토스트와 차도 먹었다. 당시 정말로 행복했고, 글을 쓰는 지금 이 순간도 그때 그 느낌이 생생하다.

그날 아침 매우 행복한 기분으로 하루를 시작했다. 내가 느끼는 행복이 강하게 전파되었는지 동물들마저 즐거워 보였다. 우리는 수천 미터 높이로 솟아 있는 산길을 따라 올라갔고, 보이지는 않았지만 아래에서 티스타 강이 흐르는 엄청난 소리를 들을 수 있었다. 수천 킬로미터 떨어져 있는 빙하가 녹아 이 강을 이루고 결국 바다로 흘러가는 모습이 그려졌다.

나는 짐꾼에게 말했다. "이 강에 엄청난 역사가 있겠네."

그는 답했다. "그럼요. 그리고 이 강에서 목숨을 잃은 사람이 수두룩합니다."

---

* porridge: 오트밀. 귀리(oats)에 우유나 물을 부어 걸쭉하게 죽처럼 끓인 음식. 주로 아침 식사로 먹음. (옥스퍼드 사전)

길 여기저기가 떨어져 나가 통과할 만한 여유 공간이 거의 없었다. 우리는 안쪽으로 바짝 붙어 간신히 지나갔다. 행여나 노새가 짊어진 짐이 길 옆면에 부딪히면서 수천 미터 아래 골짜기로 굴러떨어질까 조바심이 났다. 다행히 숙련된 마부가 노새들을 잘 이끌어주었다. 나도 타고 있던 조랑말에서 내려 앞에서 말을 끌며 조심스럽게 나아갔다. 조랑말도 이 길을 숱하게 다녀서인지 꽤 능숙하게 행동했다. 우리는 아슬아슬하게 통과했다. 얼마 지나지 않아 굉음이 들렸고, 돌아봤더니 방금 지나온 길에 돌사태가 나고 있었다. 굴러떨어지는 돌 중에는 내가 어제 묵었던 오두막 크기만 한 바위도 있었다. 운 좋게 우리는 돌사태가 일어나기 직전에 통과했다. '세상에, 이런 엄청난 돌을 움직일 수 있는 게 뭐지?' 산에 사는 곰일 수도 있다. 이 지역에 많이 살고 있다고 하니. 어쩌면 산양이었을 수도 있다.

우기에는 길이 유실되는 경우가 종종 있다고 한다. 산 사면 전체가 저 아래 골짜기로 무너져 내리기도 하는데, 그러면 더 위쪽으로 새로 길을 내느라 며칠이 걸리기도 한다는 것이다. 히말라야를 등반하는 것은 참으로 만만치 않은 일이다!

그날 밤 우리는 시킴 주 경계에 도착했고 영허즈밴드Younghusband 원정대가 튼튼하게 지은 오두막 중 하나에서 편하게 묵었다.

시킴 주는 티베트 입구에 해당하는 곳이라 경계에서 구르카족(Gurkhas) 군인 무리가 들어가는 사람들을 검문하고 있었다. 나는 통행증을 보여주고 대장에 이름을 적은 뒤 우리 대상의 세부 사항을 다 알려주었다. 7개월 뒤 다시 이곳에 돌아왔을 때는 예전에 서명한 곳 아래에 다시 서명을 했다. 내가 전에 이곳을 통과한 사람이라는 것과 무사히 돌아왔다는 것을 증명하려는 용도였다.

닭과 달걀과 감자는 손쉽게 구할 수 있었다. 그날 밤은 통닭구이와 구운 감자를 먹었는데 상당히 맛있었다. 이틀 치 여행을 하루 만에 했으니 맛있을 법도 했다.

다음 날 아침 우리는 강을 건너 시킴 주의 주도州都인 강토크로 갔다. 그날 밤 강토크에서 행정 관료 구드Gould 씨와 만찬을 즐겼다. 나는 시킴 주의 토후土侯에게 경의를 표했고, 이날 저녁은 여러모로 즐거웠다. 토후 부인은 야퉁 지역에서 고등 교육을 받은 교양 있는 집안의 티베트 여성이었다. 그녀는 아름다웠고, 매혹적인 억양으로 영어를 구사할 때는 더욱더 매력적이었다.

다음 날 우리는 나툴라 고개를 향해 산을 올랐다. 여행 중 가장 힘든 일정이었다. 폭이 60센티미터 정도밖에 안 되는 구간이 대부분인데다가 지그재그로 난 가파른 산길을 올라야 했다. 높이 올라갈수록 절벽과 저 아래 골짜기가 더욱 아찔해 보였다.

우리는 줄 지어 늘어선 당나귀 떼를 몇 번 지나쳤다. 100마리가 넘는 당나귀 행렬도 있었고, 온갖 물건을 지고 나르는 800마리 정도 되는 야크들의 행렬도 있었다. 티베트는 바퀴 달린 운송 수단이 하나도 없다. 심지어는 외바퀴 손수레도 없을 정도다.

한번은 폭이 매우 좁은 길에서 당나귀 행렬을 만났다. 그 구간은 특히나 위험했다. 동물들도 등 위에 있는 짐이 길 옆면 중 돌출된 곳에 부딪히면 수천 미터 절벽 아래로 곤두박질친다는 것을 알았다. 그래서 본능적으로 길 바깥쪽만 디디다 보니 그 구간은 바깥쪽만 파여 있었다.

우리는 당나귀들 목에 걸린 방울 소리를 들으며 당나귀 떼가 다 지나가길 멈춰 기다렸다.

이런 일을 처음 겪을 당시 내 심정을 독자도 충분히 상상할 수 있을 것이다.

무역로를 한참 걸어서 마침내 숙소에 도착했다. 나는 당나귀에 실린 짐을 내리면서 당나귀 등을 살펴봤다. 당나귀들 대부분이 짐을 싣는 안장에 등이 쓸려 염증으로 덮여 있었다. 가여운 동물들이 고생한 모습에 몸서리를 치며, 통역사를 거쳐 마부들에게 항의했다. 그런데 마부들은 당나귀들이 고통을 못 느낄 것이라 생각했다. 낮에 잠시 녹았던 진흙이 해가 지면 얼어서 면도날처럼 날카롭게 되는데, 얼음에 베인 자신들의 발을 보여주면서 자기들도 별 고통을 못 느끼니 당나귀도 그럴 것이라 했다.

해가 뜨면 길에 있던 얼음이 녹지만, 해가 지면 진흙이 그대로 날카롭게 얼어서 그 위로 걸을 때 부서진다. 그래서 티베트인 중 많은 이들은 발 주위에 밀짚을 감는 방식으로 발을 보호한다고 한다.

나는 이 작은 당나귀들이 그 가느다란 다리로 자기 몸무게에 맞먹는 엄청난 무게의 짐을 싣고 힘겹게 산길을 오른다는 사실에 새삼 놀랐다.

하루는 아침에 노새 한 마리가 짐을 지기 싫은지 뒷발질을 계속해댔다. 등에 짐을 올릴 때마다 허공에 뒷발질을 해서 짐을 떨어뜨렸다. 마부는 이 행동을 금방 바로잡았다. 노새의 앞발과 뒷발을 밧줄로 이어 묶었던 것이다. 노새는 다시 뒷발질을 하다 땅에 고꾸라졌고 그 뒤로 발차기를 멈췄다. 그렇게 우리는 여행을 재개했다. 이 조치법을 뒤에도 여러 번 목격했다.

우리는 가파른 히말라야 산맥을 천천히 타고 올라가 이틀 만에 만년설로 뒤덮인 나툴라 고개 정상에 도착했다. 수목한계선*보다 약 600미터 위에 있는 이곳은 해발 4,800미터에 달했다. 여기서 봤던 풍경은 절대 잊지 못할 것이다. 아득히 저 멀리까지 히말라야의 웅장한 봉우리들이 눈에 덮인 채 우뚝 솟아 있었다. 여기저기 시선을 돌려 봉우리 위쪽과 너머도 보고 저 아래 춤비Chumbi 계곡 방향도 내려다보았다. 저 아래에는 바깥세상에서 볼 때 낯선 땅이 있고, 그곳 사람들에게는 오히려 바깥세상이 낯설 것이다. 꿈에 그리던 땅이 눈앞에 펼쳐져 있었고, 저 계곡에서 내 평생소원에 더욱 다가서는 한 걸음을 내딛게 될 것을 잘 알기에 이 장엄한 광경 앞에서 내 가슴은 고동쳤다.

춤비 계곡을 향해 아래로 내려갈수록 진달랫과 식물들이 활짝 꽃 피어 산을 덮었다. 분홍, 빨강, 자주, 하양 등 꽃 색깔이 다채로웠다. 해발 3,300여 미터나 되는 이 계곡 바닥에는 야생화가 알록달록 피어 있었다. 여기에 티베트 전통 가옥의 지붕이 여기저기 빨간 점처럼 어우러졌다. 녹색과 빨간색과 갈색 경작지는 집 주위를 조각보처럼 감싸고 있었다. 그 가운데로 아모 추Amo Chu 강이 빠르게 흘렀다. 경작지에 물을 대기 위해 강에서 빼낸 수로도 보였다. 바깥세상 그 어디에도 없을 이 광경을 나는 넋 놓고 바라보았다.

야생화로 알록달록 물든 비취색 계곡 사이 빨간 지붕이 점점이 박혔고, 집 주위 조각보 같은 경작지를 강물이 급하게 꿰매었다. 하얀 머리 산들이 우뚝 솟아 병풍처럼 사방을 둘렀다. 그 광경 중에, 잊힌 시대의 지식을 간직한 채 외딴곳에 신비롭게 자리한 신비의 배움터인 티베트 사원이 보였다. 그 풍경은 흡사 몇 시간 동안 넋 놓고 바

---

* wood line: 수목한계선은 나무가 자랄 수 있는 경계선을 말한다. 위도가 높은 지역, 고도가 높은 지역, 습도가 낮은 사막 지역 등에서 나타난다. (기상학백과)

라볼 수밖에 없는 찬란한 카펫과 같았다.

그날 밤 우리는 산 사면에 자리한 아늑한 숙소에서 쉬었다. 다음 날은 야퉁으로 천천히 이동할 생각이었다.

어제 통과한 나툴라 고개를 경계로 바깥세상과 전혀 다른 세상이 펼쳐졌다. 이제 우리는 세상의 지붕 위에 있는 신비의 땅이자 금단의 땅을 밟고 있었다.

구하면 찾을 것이다. 누구는 아름다운 모습을, 누구는 거친 모습을, 누구는 위험한 모습을 찾아다닌다. 그러나 내가 찾고 있는 것은 특정한 무언가가 아니었다. 나는 '영원한 무엇'을 찾고 있었고, 마침내 그것을 발견할 것임을 알고 있었다.

숙소에 모닥불을 피워놓고 앉아 내일 일에 대한 이런저런 생각에 깊이 잠겼다. 잠깐인 줄 알았는데 어느새 불길은 사그라들어 있었다.

촛불을 끄고 잠자리에 누웠다. 아직 붉은 빛을 잔잔히 발하는 모닥불을 보며 상념에 잠겨 있다가 침대 뒤편에서 인기척을 느꼈다. 깜짝 놀라 정신을 차렸다. 나는 짐꾼이 볼일이 있어 왔겠거니 생각하고 "무슨 일인가?"라고 물었다.

그런데 대답이 없었다. 뒤를 돌아 확인해보니 승복을 입은 어떤 라마승이 서 있었다. 그는 전형적인 몽골계 얼굴에 눈은 꿰뚫어 보는 듯했고, 눈썹은 눈 위로 높이 솟아 있었다. 그의 얼굴은 마치 해가 빛나는 듯 밝았다. 두 눈은 알맞은 곳에 자리하고 이목구비가 균형을 이루어 아름다웠다. 나는 입술이 움직이는 모습을 보았지만 그가 말하는 소리를 들을 수는 없었다. 그는 뭔가 아는 듯한 표정으로 웃음을 짓더니 서서히 사라졌다.

나는 평소 환각이나 상상에 빠지지 않는다. 나는 이치를 따지는 성격이고, 합당한 근거 없이 무턱대고 무언가를 받아들이지 않는다. 그 현상은 분명 누군가의 방문이었고 내일이 되면 자연히 밝혀질 일이었다.

다음 날 야퉁에 도착하자마자 내 벗을 다시 만났다. '벗'이라고 부르기는 하지만 그는 내게 친구 이상이다. 나는 그에게 어젯밤에 겪은 일을 말했지만 그는 그 일에 대해서 아무런 언급도 하지 않았다.

이윽고 그는 이렇게 말했다. "오늘은 여기서 묵고 내일은 자네를 이미 알고 있는 누군가를 만나봤으면 하네."

나는 어리둥절했다. 이 금단의 땅에서 나를 알고 있는 사람이 있을 리 만무했기 때문이다.

다음 날이 밝았고 나는 오늘 만나기로 한 사람을 생각하며 마음이 들떠 있었다. 다른 일행 없이 그와 나 둘만 출발했다. 가는 길에 나는 그에게 이렇게 물었다. "저를 알고 있다는 그분을 만나려면 얼마나 가야 할까요?"

그는 계곡을 가리키며 말했다. "저기가 링마탕Lingmatang이라는 곳이야. 그곳에 자네가 꼭 만나봐야 할 분, 이미 자네를 알고 있는 그분이 계시지. 그분은 사람들의 믿음과 의식과 법칙을 뛰어넘으신 지 오래지만 아직 저 사원에 살고 계신다네. 그곳이 그분이 지내시기에 안성맞춤이거든. 라마승들뿐만 아니라 이곳 전 지역에서 그분을 위대한 스승으로 존경하고 있어. 그럼에도 그분은 자네에게 스승이 필요하지 않다고 알려주실 거야. 가장 위대한 스승은 이미 자네 안에 있고, 자네가 찾고 있는 것에 대한 대답은 오직 거기서만 발견될 수 있으니까."

이 말을 마친 뒤 그는 사원에 도착할 때까지 계속 침묵했다.

산의 옆쪽에 숨바꼭질하듯 숨어 있던 사원은 그 앞에 도착하자 갑자기 모습을 확 드러냈다. 이렇게 감명 깊은 장면을 또 어디서 볼 수 있을까. 웅대한 석조 건축물과 토대를 산 위의 경사면에 세울 수 있음에 감탄이 절로 나왔다.

앞으로 무슨 일이 벌어질까? 나는 너무도 궁금해 1분 정도 가만히 서 있었다. 커다란 돌계단을 올라 엄청난 크기의 대문에 도착했다. 높이가 최소한 9미터는 넘어 보였다. 그런데도 그 거대한 문은 마치 볼베어링이라도 있는 것처럼 부드럽게 열렸다. 우리가 오는 것을 알고 있었는지 문을 지나자마자 라마승 몇 명이 나타나 우리를 안내했다. 우리는 꼬불꼬불 구부러진 통로를 걸었고 여러 홀을 지나친 뒤에 이윽고 금박을 입힌 문 앞에 도착했다. 문 옆에는 금빛 술이 달린 기다란 브로케이드*가 걸려 있었다. 우리를 안내하던 라마승 중 하나가 금빛 술을 잡아당기자 안쪽에서 공**이 울리는 소리가 들렸다.

문이 열렸고 우리는 안으로 들어갔다. 게쉬 린포체***가 내 앞에 서 있었는데, 놀랍게도 내가 이틀 전 밤에 봤던 바로 그 사람이었다. 나는 그에게서 눈을 뗄 수 없었다. 그는 내 마음에 엄청난 영향을 미쳤고, 나는 지금 위대한 신비를 목전에 두고 있음을 알았다. 린포체는 나를 따뜻하게 형제로 맞이했다. 그가 주는 환대의 느낌이 즉시 나를 관통했다. 나는 내가 지난 몇 년간 계속 느껴왔던 어떤 기운이 바로 이것이었음을 바로 알아차렸다.

---

* brocade: 다채로운 무늬를 부직(浮織)으로 짠, 무늬 있는 직물을 통틀어 이르는 말. (표준국어대사전)

** gong: 동아시아의 타악기. 중앙이 우묵한 금속제의 원반이며 나무틀에 매달아 보통 큰북의 북채로 때려 소리를 낸다. (위키백과)

*** rinpoche: '고귀한 자'라는 뜻으로, 티베트 불교에서 보리심으로 중생을 위해 계속 환생하는 보살을 뜻한다.

나는 더없는 행복을 느끼며 지난 여행과 내가 속한 세계에 대해 이야기를 나누었다. 그 역시 전 세계를 다녔고 여러 언어를 구사할 수 있었다.

조금 더 이야기를 나눈 뒤에 준비된 음식을 함께 들었다. 그런 다음 내가 묵을 방을 안내받았다. 그는 오늘은 이만 휴식하고 내일 다시 이야기하자고 했다. 나는 두말할 나위 없이 아늑한 방에서 여느 때보다 깊은 단잠에 들었다.

다음 날 아침 나와 내 벗, 게쉬 린포체 이렇게 셋은 야생화 사이를 천천히 걷다가 어느 외딴곳에 다다랐다. 그 옆에는 시냇물이 몽글몽글한 돌 위로 잔잔히 흐르고 있었다. 오랜 세월 동안 흘렀던 고요한 물줄기 덕분에 반질반질 윤기가 나는 몽돌이 바닥에 가득했다.

대기에는 전하電荷가 가득했다. 린포체는 지난번 방문 건에 대해 말을 꺼냈다.

"잘 알겠지만 이런 대기 상태에서는 아스트랄체를 아주 쉽게 투사해낼 수 있다네."

나는 이렇게 답했다. "맞습니다. 그런데 린포체께서 저를 방문하신 것은 그날 밤이 처음이 아니었습니다. 똑같은 느낌을 그 전부터 여러 해 동안 감지했거든요. 이제야 모든 것이 명확해졌습니다."

나는 아주 만족스러운 터라 말이 술술 흘러나왔다. 그런 뒤 이렇게 말했다. "그런데 왜 하필 제가 이 일에 선택되었는지 궁금합니다."

그는 답했다. "자네는 이 일을 위해 태어났네. 보다 큰 의미에서 보자면 때로는 우리의 강렬한 바람이 창조주의 뜻에 닿기도 하는데, 그러면 하늘과 땅의 모든 권능이 그 뜻을 드러내기 위해 움직이지. 우리를 넘어선 그 힘이 자네가 지금 여기에 있도록 계획해놓은 것이라네."

그는 잠시 침묵한 뒤 이렇게 말했다. "자네는 이 지상에 올 것을 스스로 계획했나?"

나는 답했다. "아시다시피 환생을 사실로 믿는 사람들도 있습니다."

"아, 자네는 사람들에게서 듣거나 책에서 읽은 내용에 마음을 두지만 정작 그것이 참인지 거짓인지 모르고, 그것이 전혀 대수롭지 않다는 것도 모르지! 오직 '하나'의 생명만이 있을 수 있어. 생명은 나뉘지 않는다네. 자네와 내 안에 있는 생명은 같은 것일 수밖에 없어. '하나'인 생명 안에 분리란 없지. 자네도 곧 알게 되겠지만, 몸 안에 있는 생명은 몸을 넘어 존재하는 생명과 같은 것이고, 모든 생명은 전체적인 하나이기에 너와 나 안에서 분리될 수 없다네.

심지어 자네가 보고 느끼는 것 안에도 분리란 없어! 물질이란 사람들이 부여한 이름에 불과해. 물질이란 대체 무엇인가? 물질의 진상을 규명하겠다고 파고들고 나면 그것은 다른 무엇으로 이미 바뀌어 있어. 그리고 바뀐 그것을 또 규명하려고 들면 또 다른 무엇으로 바뀌어 있지. 이런 식으로 무한정 계속될 뿐이라네. 최종 상태란 존재하지 않아. 무한 안에서 최종 상태란 절대 없지. 마음은 마음 너머에 있는 '진리'를 절대 알 수 없어. 마음은 진리에 대한 관념, 진리에 대한 이미지, 진리에 관한 믿음을 창조할 순 있으나 그것은 분명 진리가 아니라네. 자네는 앞으로도 진리가 무엇인지 '알' 수 없을 거야. 그러나 진리가 존재한다는 것만큼은 알 수 있지. 진리를 발견할 수 있는 곳은 오직 자기 자신 안이야."

나는 이렇게 말했다. "이제 그 점을 저도 너무나 잘 알겠습니다. 진리가 무엇인지 알려주겠다는 책들이 수두룩합니다만, 그런 책을 쓴 사람들은 자신도 모르는 것을 찾고 있는 눈뜬장님일 뿐입니다. 그들의 마음은 관념과 단어로 가득 차 있고, 이것은 더 많은 관념과 단어를 계속해서 만들어낼 뿐입니다."

"참으로 맞는 말이야. 그래도 그것 나름의 가치가 있다네. 그들이 스스로 생각하기 시작했다는 뜻이기도 하거든. 그런 책을 읽는 독자들에게도 비슷한 가치가 있는 것이고.

자네가 할 일은 관념, 이미지의 정체를 밝히는 거야. 마음에서 만들어진 것은 진리가 아니니까. 관념을 이해하기 위해서는 그에 앞서 관념을 품어야만 해. 자네는 진리라고 여겼으나 정작 관념에 지나지 않았던 것들로 스스로를 가득 채우고 있었지. 자네가 마음 안에서 지어낸 것은 진리가 아니라네. 진리는 만들어내는 것이 아니기 때문인데, 앞으로 이런 이야기를 두고두고 듣게 될 거야."

나는 이렇게 답했다. "네, 잘 알겠습니다. 다른 사람들이 관념에 빠져 있다고 해서 절대로 비난하지 않겠습니다."

그는 계속 말했다. "그래. 자네는 관념과 이미지는 진리가 아니고 진리 역시 관념과 이미지가 아님을 잘 알게 될 거야. 그런데도 진리에 대한 관념이나 이미지가 없다는 이유로 자네를 비난하는 이들이 있을 테지.

관념과 이미지는 정신이 만들어낸 것일 뿐이라네. 하지만 진리는 만들어지는 무엇이 아냐. 진리란 모든 창조의 배후에 있는 창조성이지. 하지만 창조되는 것은 진리가 아니고, 창조되지 않은 것만이 창조적이며 이것이 곧 진리라네. '내가 곧 진리요 내가 곧 생명이다'라고 예수께서 말씀하셨다지. 이 말은 자네를 비롯해 우리 모두에게 적용되는 말이야. 모두 안에는 오직 '하나'가 있고, '하나' 안에는 모두가 있기 때문이지."

게쉬 린포체가 이야기를 마치자 라마승들의 기도 시간을 알리는 총하chonghas(불교 의례 나팔) 소리가 들렸다.

"그러면 린포체님은 이 모든 형식과 의식을 경멸하시나요?"

그가 이렇게 답했다. "아니야. 만약 내가 반감을 가졌다면 나는 그것을 이해할 수 없었을 걸세. 나는 그것의 실상을 이해하기에 더 이상 마음에 두지 않아. 그리스도교에도 이런 형식과 의식이 있지 않나. 조금 달라 보일 수도 있지만 사실 다 똑같다네.

예식은 정신적인 것이지, 영적인 것이 아냐. 예식을 행하는 방식만 다를 뿐, 모두 다 마음에 속해 있어. 이 점을 확실히 이해해야 해. 그러지 않으면 자유로워질 수 없어. 예식을 거부하는 것 역시 실은 거기에 묶여 있는 것이라네. 형식을 믿든 믿지 않든, 거기에 매여 있는 건 마찬가지라는 말이지. 영성은 의식을 되풀이하는 것이 아니야. 영성이란 사랑과 지혜, 권능을 조용히 표현하는 것이지.

예식도 구경할 겸 이제 안으로 들어가서 직접 참여해보세. 모든 종교가 다 비슷하다는 점을 알게 될 거야. 예식에 사용되는 말이나 노래는 다르지만, 모두가 마음이 어떤 관념을 좇고 있는 것일 뿐이야. 그 점에서는 다 똑같지. 자네를 해방하는 주체는 진리가 아니야. 오직 마음이 무엇으로 구성되어 있는지, 어떻게 어디서 구성되었는지 스스로 이해할 때라야 우리는 자유로워질 수 있어.

왜 불교도로, 기독교도로, 이슬람교도로, 무신론자로 서로를 구분하는 걸까? 다들 근본적으로는 같지 않나. 저마다 종교가 달라도 이상을 좇고 있다는 점에서는 똑같다네. 무신론자도 마찬가지고. 믿고 안 믿고는 아무런 차이가 없어. 그건 전부 다 마음 안에 있는 것이 아닌가. 저마다 다른 관념들 간의 충돌일 뿐이야."

총하는 거대한 공이 울리는 것처럼 낮은 소리를 계속 길게 뿜어 냈다.

그는 이렇게 말했다. "기도 시간을 알릴 때 서양에선 총하 대신 종을 사용한다는 것만 다르지."

아주 넓은 홀에는 라마승들이 연꽃 대형으로 앉아서 옴마니반메훔 진언을 읊고 있었다. 옴마니반메훔이란 '오, 연꽃 속에 있는 보석이여!'라는 뜻이다. 한쪽에서 "훔"을 읊을 즈음에 다른 쪽에서 "옴"을 읊다 보니, 목소리가 사원 홀의 거대한 기둥이 진동할 정도로 끊임없이 울려 퍼졌다. 점점 울려 퍼지는 목소리, 일정하게 묵직한 저음을 내는 공, 수많은 작은 종소리가 어우러졌다.

이 소리의 진동이 나의 뇌 속까지 깊이 전해져 최면에 빠질 것만 같았다.

나는 일부 라마승들이 옴마니반메훔을 읊으면서 금욕적으로 변하는 이유를 알 수 있었다. 이것은 자기 최면의 문제였다.

예불을 마치고, 나는 진언을 읊는 소리와 공, 총하 소리 등에 크게 영향을 받았노라고 말했다.

내 벗이 이렇게 답했다. "그래. 라마승들은 소리가 지닌 힘을 알지도 모르지. 그러나 소리의 근원까지 알게 된다면, 그들은 세상을 이끌 수도 있을 거라네. 자네도 알다시피, 오직 영만이 음성을 갖고 있으니까." 그는 더 이상 말이 없었다.

그런데 이것은 그날 그가 처음 한 말이기도 했다.

린포체가 이렇게 말했다. "자, 이제 초기 거장들의 음악과 현대 거장들의 음악을 좀 들어보세."

나는 그가 내 긴장을 풀어주려는 것임을 알았다. 오늘 하루는 경이로운 일의 연속이었고, 나는 보고 들은 수많은 것들에 빠져 있었다. 모든 위대한 스승들처럼, 린포체도 자기 제자를 잘 알고 있었다. 그렇게 우리는 사원 내부에 있는 린포체의 거처로 자리를 옮겼다. 그곳에는 음색을 완벽하게 재현할 수 있는 훌륭한 축음기가 있었다.

먼저 가볍게 식사를 한 뒤 베토벤, 바그너, 그리그, 모차르트, 바흐, 멘델스존, 쇼팽 등 거장들의 음악을 감상했다.

그 후 각자 자기 방으로 흩어졌다.

나는 마음의 빗장을 풀고 가만히 지켜보면서 마음의 수면에 올라오는 것들을 초연하게 관찰했다. 그리고 오래지 않아 마음을 구성하는 것들은 진리에 속하지 않음을 이해했다.

마침내 고요가 자리했다. 이것은 내가 평소 알던 고요가 아니었다. 상충하는 관념과 이미지에서 벗어난, 자유로운 마음에 드리운 고요였다. 그 침묵 안에서 나는 실재를 느꼈다. 그 '순간' 안에 영원이 있었다. 그리고 영원은 '지금'을 통해 그 권능과 영광을 드러냈다.

지혜와 사랑과 권능의 이 엄청난 근원을 계속 간직할 수만 있다면! 하지만 나는 다시 생각을 시작했고 그것을 놓쳐버렸다.

그 순간을 다시 잡아보려 했으나, 이미 과거로 흘러가 존재하지 않는 경험과 기억이 되었다. 순간순간을 사는 것이 곧 살아 있는 진리이고, 이 순간에 영원이 있음을, 만물의 일치가 곧 '지금'임을 그때까지도 몰랐던 것이다. 그러다가 문득 시작이랄 것도 마침이랄 것도 없음을 깨닫고 나는 분리를 멈추었다. 창조주와 창조물이 나와 하나가 되었다. 나는 모두와 하나였다.

말로는 이 존재 상태를 설명할 수도 드러낼 수도 없다. 이것은 그저 지금, 앞으로도 영원히 이어질 나의 상태일 뿐이다. 나는 완전히 충족되었다. 나의 추구는 끝났고, 그래서 더 멀리 갈 수 있다. 바깥에 있는 어떤 것도 이 상태를 나타내지 못한다. 스스로 깨치는 수밖에 없다.

남은 하루 동안 나는 계속 숙소에 머물렀고, 밤이 되자 부드럽고 평화롭게 잠들었다.

다음 날 아침 상쾌한 기분으로 일어났다. 무거운 짐을 내려놓은 느낌이었다. 나는 영원의 순간순간을 살고 있었다. 더 이상 불안하지 않았고 갈망도 그쳤다. 자유로웠다.

밖으로 나갔더니 하늘은 맑고, 별들은 검푸른 캐노피에 박힌 수천 개의 다이아몬드처럼 빛을 발하며 산과 계곡을 포근하게 감싸고 있었다. 눈 덮인 산 뒤로 태양이 솟아오르자 시시각각 변하는 색의 향연이 아름답게 펼쳐졌다. 반짝반짝 빛나던 별은 태양 빛에 길을 내주었고, 검푸른 하늘은 무지개의 모든 색을 찬란하게 내뿜으며 서서히 연푸른색으로 변했다. 처음에는 검붉은색에 싸여 있던 빛줄기가 터져 나왔고, 그다음에는 빨강과 분홍이 등장해 어우러졌다. 눈 덮인 산이 태양 빛을 반사해 사방에 퍼뜨리자 계곡에 깔려 있던 그림자가 서서히 옅어졌다.

아침 햇살이 맵시를 뿜어내며 사원의 문을 밝혔고 저 아래 계곡에서는 옴마니반메훔 찬가와 향냄새가 부드러운 바람을 타고 퍼져나갔다. 얼마나 인상 깊은 장면이었던지 그 뒤로 보고 들은 수많은 것들도 이를 지워버리지 못했다. 이때가 마음에 떠오를 때면 당시의 아름다운 모습이 눈앞에 선하고 내가 경험한 최고조의 상태가 되살아나는 듯하다. 거센 물소리와 거대한 공의 묵직한 저음, 총하 소리, 라마승들의 찬가도 들리고 황홀한 향냄새까지 생생하게 살아난다. 그때의 경험은 마음 깊이 새겨져 잊으려 해도 잊을 수 없다.

얼마나 오랫동안 허공을 응시하고 있었던 것일까. 뒤돌자 내 벗도 나처럼 똑같이 허공을 응시하고 있었다.

"해돋이를 제대로 즐기고 있더군."

"네, 지금 이곳에 있으니 완전히 다른 사람이 된 기분이에요."

"그래. 모든 생각은 신체 세포와 원자의 움직임에 영향을 미치고, 이는 안면 근육에 드러나기 마련이지. 더더욱 젊어졌군. 자네의 심장 박동과 호흡은 자네 몸에 일어난 변화를 그대로 드러내고 있어. 이렇듯 원인과 결과는 하나야."

나는 정신을 집중해서 경청했다. 그의 말을 이해하는 것은 내게 아주 중요한 일이었다. 나는 그가 내 마음을 읽고 있음을 알았다.

"신적 창조란 영원히 현존하는 지성적 에너지가 형태로 전환되는 거라네. 신성한 마음에서 나와서 자네의 수용 능력에 따라 더욱 찬란한 광채로 바뀌지. 진동은 창조 과정의 밑바탕이고, 원자는 진동을 통해 우리가 보고 있는 형태로 율동적으로 구성된다네.

이 창조력은 심신의 건강을 지탱하고, 그 자력과 타고난 지적 작용은 보다 고결한 목적을 이루도록 해주지. 사람들의 상상력을 훌쩍 넘어서는 위대한 성취를 이루는 데 사용될 수 있어. 지적 작용은 개인 안에서 드러날 뿐만 아니라 개인을 넘어 온 세상을 다 품을 때까지 끊임없이 반경을 넓히며 힘차게 뻗어나가지. 우리는 '네 이웃을 자신처럼 사랑하라'는 신법神法에 따라 자신의 영혼에서 신성의 아름다움을 반영할 것이고, 우리 뒤에 올 자들은 더욱 큰 그릇이 되어 태초의 말씀으로 우리를 창조한 신성을 담아낼 거라네. 태초의 말씀이란 모든 인류의 바탕에, 그리고 내부에 있는 신의 그리스도야."

그는 잠시 말을 멈추었고 고요가 감돌았다.

잠시 뒤 그는 낮은 목소리로 내게 이렇게 말했다. "자네도 알다시피, 게쉬 린포체께서는 곧 육신을 완전히 내려놓을 거라네. 그래서 우리는 그분이 육신을 입고 있는 동안 자네가 그분을 만나보기를 바랐던 거야. 그분은 상대적으로 젊어 보이기는 하지만 온 세상을 위해 쉼 없이 일하신 지 200년이 되었어. 세상은 그분의 존재를 모르지. 마침 린포체께서 오시는군."

린포체를 유심히 봤지만 겉보기에는 쉰 살도 되지 않아 보였다. 그와 같이 있는 것만으로 나도 젊어지는 느낌이었다.

린포체는 우리가 나누는 대화 내용을 알고 있었음이 분명하다. 그가 아주 분명하게 이렇게 말했기 때문이다. "우리가 보고 있는 모든 것을 창조한 지성은 늘 존재하고 있다네. 사람이 그것을 담아낼 준비만 되면, 현재 우리가 어슴푸레 꿈만 꾸는 일들을 얼마든지 실현할 수 있지. 온 우주에 두루 작용하는 지성은 지금 여기에도 작용한다네. 지성의 드러남을 막는 유일한 장애물은 우리 자신밖에 없어. 하지만 사람이 준비되면 상상을 뛰어넘는 일들이 그를 통해 일어날 거야. 사람은 지성이 자신을 드러내는 구심점이지. 무소부재한 전지함을 드러내기만을 기다리고 있는 그 전능함은 얼마나 강력한가!

우리가 몸을 떠나도 생명은 끝나지 않아. 몸 안에 있는 생명과 우주에 있는 온 생명 사이에는 분열도 분리도 없지. 생명은 하나이며, 소위 죽음이라 부르는 것도 생명을 가르거나 분리하지는 못한다네."

깊은 고요가 찾아왔고 우리 모두는 그 안에 잠겼다.

3장

✤ ✤ ✤

저 아래 내려다보이는 춤비 계곡의 초원에서 수많은 야크가 풀을 뜯고 있는 모습이 눈에 들어왔다. 아침 안개가 깔려 있을 때 풀은 이슬을 머금어 맛이 더욱 좋다. 낯선 땅이지만 이 광경은 내게 매우 친숙했다. 나는 스코틀랜드 고지대에 살 때에도 아침 일찍 안개가 깔리면 하일랜드 카우Highland cow가 풀을 뜯는 모습을 지켜보곤 했다. 때로는 사슴도 아침 일찍 내려와 풀을 같이 뜯어 먹었다. 나는 아침에 일어나면 제일 먼저 사슴이 있나 없나 찾아보곤 했다. 히말라야 야크도 하일랜드 카우처럼 털이 덥수룩하다. 목과 어깨가 만나는 지점에 육봉이 있는 것만 제외하고는 생김새가 비슷해서 나에게는 이곳 풍경이 더욱 친근하게 느껴졌다.

나는 게쉬 린포체에게 물었다. "지난밤에는 야크 떼가 없었는데, 이게 다 누구 것인가요?"

린포체는 이렇게 답했다. "저기 강 건너편에 산처럼 쌓인, 압축된 야크 털 뭉치가 보일 거야. 400마리 정도 되는 야크 떼가 인도로 티베트 야크 털을 나르는 중이지. 여기서는 흔한 일상의 모습이라네. 야크 떼가 아침을 다 먹으면, 몰이꾼들이 야크 떼를 모아 야크 등에 털 뭉치를 싣고 다음 행선지로 이동하지. 자네 견문도 넓힐 겸 직접 내려가서 보세."

계곡 아래로 내려갔더니, 아닌 게 아니라 800여 개의 티베트 야크 털 뭉치가 있었다. 야크 한 마리당 안장 좌우에 털 뭉치를 한 개씩 매달아 총 두 개씩 날랐다. 티베트 야크 털은 매우 부드러워 인도에서 인기가 아주 좋다.

린포체는 이렇게 말했다. "야크는 아주 흥미로운 동물이야. 정말이지 뭐 하나 버릴 게 없다네. 털로는 유목민이 사는 커다란 텐트를 만들고, 가죽으로는 장화와 신발을 만들고, 고기는 먹으면 되고, 게다가 젖과 버터의 양도 아주 충분하지. 버터는 주로 등불에 사용하는데, 특히 사원에서 많이 쓴다네. 어떤 등불은 계속 켜놓기도 하거든. 심지어 야크 똥으로는 불을 피워서 요리와 난방에 사용해. 밭을 갈 때도 야크를 이용하고, 나를 짐이 있을 때에도 야크 등에 싣지. 이렇듯 야크는 티베트에서 가장 쓸모 있는 동물이야. 초원을 유랑하는 야생 야크도 헤아릴 수 없을 만큼 많지.

티베트에는 아직 사람의 발길이 한 번도 닿지 않은 계곡들이 있고, 사람은 살고 있지만 밖에서는 존재조차 모르는 계곡들도 있다네. 거기 사는 사람들도 바깥일에 대해서는 아무것도 몰라. 거대한 산에 둘러싸여 자기들만의 세상에서 살고 있고, 산 너머의 일에 대해서는 별 관심이 없어.

나는 외딴곳을 여행하다가 뵌교*를 숭배하는 사원에 들른 적이 있다네. 드물기는 하지만 아직도 사람을 희생 제물로 바치기도 해. 라마승들은 티베트에서 이러한 악마 숭배를 거의 다 몰아냈어. 라마승 역시 종교의 교리와 미신에 빠져 있기는 하나 이것 하나만큼은 티베트 사회에 제대로 공헌했다 봐야지."

---

* Bön: 티베트의 샤머니즘으로 '뵌뽀'라고도 한다. 만물에 깃든 영혼을 믿고, 주술을 외우며, 짐승을 죽여 그 피로 제사를 지낸다. 흑마술도 썼으며, 심지어 의식을 거행하면서 칼로 사람을 죽이기도 했다. (위키백과)

"저는 티베트 불교와 라마승에 대해 더 깊이 알고 싶습니다. 외부에서는 라마승에 대한 호기심이 대단합니다. 베일에 싸여 있어서인지 기이한 소문도 떠돌고 말이죠."

"교리와 미신이 판치는 곳에는 어김없이 무지와 가난이 자리 잡지. 무지와 가난이 성장에 큰 걸림돌임은 두말할 필요가 없다네. 기도를 들어준다는 사람도 똑같이 무지한 줄 모르고 그들에게 재산을 갖다 바치면서 소원을 빌기 때문이야. 사람들이 이렇게 무지한 채로 남아 있는 것이 종교와 두려움을 통해 사람들을 통제하려는 자들에게는 유리하기 때문인데, 이런 상황도 급변하고 있어. 심지어는 세계에서 가장 외진 티베트에서도 혼자 힘으로 생각하기 시작한 사람들이 나타나고 있거든.

티베트에 사원이 3,000개가 넘는다는 사실을 알고 있나? 그중 가장 큰 사원은 라싸Lhasa 근처에 있는 드레풍Drepung 사원이야. 거기서 9,000명이 넘는 라마승들이 생활하고 있어. 그곳은 완벽히 자급자족하는 도시와도 같다네. 그다음으로 큰 사원은 8,000명이 넘는 라마승이 기거하는 세라Seara 사원인데, 드레풍 사원에서 멀지 않아.

라싸 너머 간덴Ganden 사원에는 5,000명 정도의 라마승이 있어. 여기는 티베트 교육의 거대한 중심지라서 배움에 뜻이 있고 가장 뛰어난 학승들이 모인다네. 나도 이 사원에서 수년 동안 가르쳤었지."

"흥미롭네요. 거기서는 뭘 가르치나요?"

"철학, 신비주의, 마법, 점성학, 고대 문학, 형이상학, 치유 등을 가르친다네. 개중에는 아주 위대한 티베트인 학자와 신비주의자뿐만 아니라 실제로 마법을 부릴 줄 아는 마법사도 있는데, 나중에 자네도 그중 몇몇을 만날 기회가 있을 거야."

티베트에서 가장 오래된 사원은 삼예^{Samye} 사원이다. 삼예 사원은 수백 년 전에 마법을 부릴 줄 알았던 파드마삼바바^{Padma-Samb-Hava}가 세웠다. 전설에 따르면 그는 근처 말그로^{Malgro} 호수의 정령들을 일으켰고, 거대한 바위를 쪼아 만든 비밀 보관 장소에 있던 엄청난 양의 금과 보석을 가져오게 했다. 금과 보석을 품고 있던 바위 위에 지금의 사원이 세워졌다. 이 광대한 보물 창고들은 수백 년 동안 고스란히 보존되어왔다.

린포체는 이렇게 말했다. "이에 대한 내 견해를 말하자면, 파드마삼바바는 라마승들을 시켜 산에서 금광을 파고 근처에 있는 호수를 뒤져서 진귀한 보석을 찾은 것뿐이라네. 티베트 전역을 통틀어 이 지역이 보석 매장량이 가장 많거든. 찾은 금과 보석은 무조건 사원에 갖다 바쳐야 하지. 헌납하지 않고 개인이 소유하면 성물 절도에 해당해. 그래서 사원은 그토록 호화로운 반면 사람들은 철저히 가난한 거라네. 사람들은 무엇을 생각해야 하고, 어떻게 생각해야 하며, 무엇을 해야 할지 듣는 대로 여과 없이 받아들이지. 아주 극소수만이 혼자 힘으로 생각해서 자유를 얻을 수 있어."

"서양도 사정은 마찬가지입니다."

"그래. 사람들은 거짓에 빠진 채 진실을 찾으려고 하지. 하지만 거짓은 그것을 제대로 직면할 때까지 계속 남아 있을 것이고, 직면한 후에라야 사라질 거라네. 거짓은 진실을 담을 수 없고, 무지는 이해를 담을 수 없는 법이지."

나는 린포체가 깊은 영감에 빠졌음을 알아차렸고 방해되지 않도록 질문을 그만하기로 했다. 우리는 함께 자리에 앉아 지혜와 진실로 충만한 옛 현인의 음성에 귀를 기울였다. 들으면서 실상을 더욱 깊이 이해하고 싶다는 열망이 가득 차올랐고, 실제로 내가 완전히 변화하고 있음을 느꼈다.

린포체는 이렇게 말했다. "사람들은 거짓을 알아보지 못한다네. 거짓에 사로잡혀 있어서 그렇지. 그들은 편견과 믿음, 다른 사람들이 들려주는 말들로 자신을 완전히 묶어놓았어. 그래서 진실이 아닌 것을 식별하는 창조적인 능력이 자기 안에 있음을 알아차리지 못해. 거짓에 관한 유일한 진실은, 거짓은 어디까지나 거짓이라는 것뿐이야. 거짓을 제대로 이해할 때까지, 자신이 어떻게 거짓에 둘러싸이게 되었는지를 제대로 이해할 때까지, 그들은 계속 거짓에 사로잡혀 있을 거라네."

린포체는 나를 바라보며 본격적으로 가르침을 펼쳤다. "나는 자네가 이것을 분명히 이해하기를 바라네. 그러지 않는다면 진리를 보기를 원하더라도 정작 자네가 계속 간직하는 것은 거짓일 뿐일 테니. 그런 식으로는 아무것도 되지 않아.

먼저 자신으로 하여금 특정 믿음을 품게 하는 것이 무엇인지 이해해야 해. 그래야 자네가 다른 믿음이나 관념, 사람들에게 반감을 갖는 진짜 이유를 알 수 있다네. 자기 신념의 제약을 받는 상태라면, 자네는 그 관점으로밖에 볼 수 없어. 하지만 자신의 제약에서 자유롭다면, 자네는 우리를 있는 그대로 자유롭게 볼 수 있다네. 그러면 내가 자네를 보고 있는 방식대로 자네도 나를 보게 될 거야. 형태, 국가, 종교, 신념 없이 말이지. 그러면 우리가 같은 생명, 같은 본질에서 창조되어 창조주를 닮았다는 것을 알게 되고, 내면에 '하나'의 의식만을 갖고 있다는 것도 알게 된다네. 신은 본성상 무한하기에 분리란 결코 없기 때문이지. 신 말고는 아무것도 존재할 수 없어. 오직 신만이 존재할 수 있으며, 이것이 곧 우리의 존재라네."

린포체는 신의 부성父性과 인간의 형제애를 드러내는 비밀을 단 몇 문장으로 간결하게 표현했다. 경탄이 절로 터져 나왔으나, 이 분위기를 깨서는 안 된다고 생각했기에 나는 미동도 대꾸도 하지 않았다. 그는 눈을 감고 있었고, 마치 위대한 천사가 생명의 신비를 그를 통해 전하고 있는 것처럼 보였다. 아니, 어쩌면 진짜 그랬을지도 모르겠다. 그는 아름답고 감미로운 목소리로 이야기를 이어 나갔고, 문장 하나하나가 의미심장했다.

"사람들은 종교와 국적과 사상에 따라 편 가르고 다들 자신이 옹호하는 것이 진짜라고 믿곤 하지. 그래서 다른 사람들과 말싸움을 벌이고, 말로 해결이 안 되면 상대방을 해치워버리잖아. 이런 만행에 과연 진리가 손톱만큼이라도 있던가?"

그 말에 "아니오"라고 답이 올라왔으나 혀가 굳어버렸다. 마음속 깊은 곳에서 무언가가 점차 수면으로 올라왔다. 그것이 나로 하여금 한마디 말도 하지 못하게 막고 있었다.

"자네가 지금 두려운 것은 이해하지 못했기 때문이야. 그래서 자기에게 안내가 필요하다고, 믿음이 필요하다고 생각하는 거지. 그 결과로 더더욱 갈등에 처하게 되고, 갈등의 결과로 또 두려움을 겪는 거라네. 두려움을 직시하겠다면서 이상을 추구해보지만, 여전히 이해하지 못한 상태에서 두려움을 덮어버릴 뿐이지. 자신의 두려움을 이해하고 나면 두려움에서 자유로워질 것이고, 그런 후에야 갈등은 사라질 거야.

이상과 두려움은 마음이 지어낸 것이고, 마음이 지어낸 것은 실재하지 않아. 따라서 자네가 품고 있는 이상과 두려움은 진리와 먼

터무니없는 것이라네.

진리는 마음이 지어내는 것이 아니야. 진리는 그저 있을 뿐! 자네가 진리를 만드는 것도 아니야! 만들어진 것은 진리가 아니지!

우리는 자신이 맺고 있는 관계, 자신이 품고 있는 신념, 자신이 마주하는 상황을 제대로 식별하면서 거짓을 알아차릴 수 있다네. 하지만 마음에 적개심, 두려움, 갈망, 선입견, 갈등을 품고 있을 때는, 사실상 아무런 관계도 맺고 있지 않은 거야.

비난하고 저항하고 단죄하느라 마음이 갈등에 처해 있는 한, 이해도 진정한 관계도 마음에 들어설 수 없어. 이해하길 원한다면, 반드시 단죄를 멈춰야 해.

거짓을 직시하고 나면 거짓이 무엇인지 알게 되고 더 이상 거짓에 사로잡히지 않아. 그 순간 진리가 곧장 들어선다네. 진리란 항상 여기에 있으니까. 진리는 실재하고 영원하며 순간순간 늘 현존하고 절대 변함이 없지. 이 관념, 저 관념으로 뛰어다니며 변하는 것은 오직 자네 마음일 뿐. 믿음이란 무엇인지 관념이란 무엇인지 이해하고 나면, 마음은 스스로를 해방할 거야. 그 자유 안에 실재가 존재하지.

단죄하고 비난하고 회피하고 무턱대고 받아들이거나 무작정 맞설 때 마음이 아둔해진다는 사실을 반드시 이해해야 한다네. 모든 제약에서 해방된 진정한 관계, 오직 거기에 자유가 있어. 자유 안에 평화가 있고, 평화 안에 사랑이 있지.

마음이 호불호로 가득하다면, 자네는 자신의 조건을 밖으로 투사하고 있을 뿐이야."

고개가 절로 끄덕여졌다. 상대방은 다만 자기 자신을 보는 거울에 불과할 뿐이니까.

"자네는 티베트에서 소위 유쾌한 것과 불쾌한 것들을 보게 될 거라네. 행여 불쾌한 것들로 심란해지거나 반감이 든다면, 자네가 자유롭지 않다는 뜻이지. 사랑이 자리할 때 우리는 그저 사실을 관찰할 뿐이야. 사실은 우리를 힘들게 하지 않아. 나는 자네가 이 사랑을 받아들일 그릇이 된다는 것을 알고 있다네. 그렇지 않다면 자네는 애초에 여기까지 오지 않았을 거야.

만트라처럼 특정 문구를 외우는 사람들도 있는데, 이런 것들은 가슴을 채워주지 못해. 도리어 마음이 갖고 있던 것을 텅 비워버리지. 가슴은 마음이 날조를 멈출 때라야 비로소 충족될 수 있어. 마음이 대립과 관념과 선입견 같은 것에 사로잡히지 않을 때라야 가슴은 사랑으로 생동할 수 있다네.

그러면 사람은 형제의 손을 맞잡는 따스함과 풍요를 진정으로 이해하게 되지. 사랑은 자신의 영원성 안에서 완벽하기에 저항도 반대도 없고, 영원한 사랑으로 충만해진 자네는 더 이상 아무것도 두렵지 않을 거라네. 신은 사랑이시고 신 홀로 존재하시므로. 조작된 심리만이 그를 가리고 있을 뿐이야. 지금 거짓이 자네에게서 떨어져 나가고 있어. 예수께서는 이렇게 말했다지. '보아라, 나 이제 새 하늘과 새 땅을 창조한다. 지난 일은 기억에서 사라져 생각나지도 아니하리라.'"[*]

그가 이 말을 마치고 눈을 떴을 때 영원을 응시하는 눈빛이 서려 있었다. 지상의 몸을 땅에 내려놓을 때가 가까이 왔음을 알 수 있었다. 그는 참으로 신의 마음 안에 있었고, 그의 영은 모든 욕구에서 해방되었다. 영적인, 육적인 모든 갈망이 완전히 그쳤고, 자신이 곧 생

---

[*] 이사야서 65:17

명임을 알았다. '존재'를 발견한 것이다.

그는 일어나 법복을 두른 후 내 벗과 함께 떠났다.

혼자 힘으로 마음 작업을 하라는 뜻이었다. 나는 남은 하루 동안 거의 혼자 시간을 보냈다. 때때로 질문을 던지곤 했으나, 대답 대신 침묵과 함께 고요한 응시만 받았다. 그 질문들은 나에게 너무도 중요한 문제였다. 이제는 그 질문들이 얼마나 어리석은지 알겠다. 그러나 당시에는 몰랐다. 나는 이제 사람들이 수많은 질문을 던질 때 그렇게 반응하곤 한다. 대답을 안 하는 것이 무례해 보일 수도 있으나 일부러 무례하게 구는 것은 아니다. 깊은 사랑이 가슴을 주관하고, 그런 질문에 답하는 것이 또 다른 상을 낳음을 고요히 인지한 상태에서 나오는 반응이다.

어쩌면 이 책을 읽고 있는, 친애하는 독자 여러분도 이제 이 사실을 파악하고 있을 것이다. 답이 주어져도 그것은 또 다른 관념을 만들어낼 뿐이고 마음을 자신의 공식과 믿음과 편견과 두려움에서 해방하기는커녕 도리어 방해만 한다는 것을.

사실은 그냥 사실이다. 사실은 믿음이 아니고 믿음 역시 사실일 수 없다. 사실을 사실에 대한 믿음으로 보는 것이 아니라 사실 그대로 볼 때 이해가 동튼다.

과학적 질문에는 답을 하는 것이 가능하다. 적어도 사실을 발견하는 방법을 가르쳐줄 수는 있다. 그러나 사실에 대한 믿음은 다르다. 사실에 대한 믿음이 곧 사실은 아니다. 특정 사실을 믿는다고 해서 그것이 사실로 밝혀지는 것은 아니기 때문이다. 내가 이 점을 분명히 이해하자 질문이 그쳤다.

그렇게 몇 시간을 홀로 앉아 있었다. 내 마음이 스스로를 비워내고 있었다. 나는 내 생각들을 스크린 위에 영사되는 그림처럼 초연하게 바라볼 수 있었다. 이제야 내 마음을 구성하고 있는 것들이 무엇인지 이해되기 시작했다. 나는 판단도 칭찬도 단죄도 하지 않았다. 마치 다른 사람의 마음을 들여다보는 듯 임했다.

그러자 마음의 심층에서 마음이 애지중지하는 관념들과 내가 고수해온 것들이 연이어 풀어지기 시작했다. 나는 마음이 어떻게, 어디서 구성되었는지 분명히 볼 수 있었다. 내 마음은 유전적 성향과 수만 가지 인상, 관념, 선입견이 만들어낸 결과물이었다. 이런 것들 대부분은 자신만의 제약과 거짓에 사로잡힌 자들의 견해와 제안과 발언을 받아들이면서 생겨났다. 그들이 애지중지하는 관념들은 그들 안에 있는, 아무런 분리가 없는 오직 '하나'라는 진리를 보지 못하게 가두고 있었다. 나 역시 이런 식으로 자신이 만든 틀에 갇혔었다. 이제 나는 내가 어떻게 아무런 의심이나 검토 없이 이런 것들을 무턱대고 받아들였는지 이해할 수 있다.

이제 나는 이 모든 거짓이 어떻게 생겨났는지 알았기 때문에, 내가 다시 거짓 속에 처하더라도 이를 단죄하거나 거기에 영향을 받지 않고 살아갈 수 있음을 알았다. 나는 설령 전방위적으로 거짓에 포위되더라도 다시는 거기에 마음을 뺏기지 않겠노라 결심했다.

왜 다른 이의 의견을 접할 때 정신을 바짝 차리면서 가려들어야 하는지도 알 수 있었다. 이제 나는 다른 이들의 견해를 전광석화처럼 탐색할 수 있었고 그들이 단지 녹음기처럼 반복하고 모방한다는 것을 알아차릴 수 있다.

하지만 이 정도로는 충분하지 않았다. 나는 '내' 생각과 감정과 반응의 순환 고리에 대해서도 의문을 품어야 했다. 이 순환 고리는 어디로 가고 있는가? 무엇이 이것을, 왜 움직이는가? 이것 배후의 동기는 대체 무엇인가?

나는 내 마음이 무엇을 품고 있었는지 이해하게 되었고, 또한 그것이 어디서 일어났는지도 알게 되었다. 이 점을 분명히 꿰뚫어 보자 심안心眼을 가리던 짙은 안개가 걷혔다. 무언가가 참이든 거짓이든 별로 중요하지 않았다. 내 벗이 내게 했던 "참이든 거짓이든 그다지 중요하지 않다"는 말이 떠올랐고, 어느 때보다 그 말의 의미를 깊이 체감했다.

혼자 힘으로만 걸어야 하는 이 길에 어떻게 아침이 밝아왔는지를 비로소 이해할 수 있었다. 다른 누구도 내게 진리를 드러낼 수 없다. 나는 진리를 혼자서 찾아야 하며, 이렇게 하는 것이 얼마나 중요한지도 이해했다. 다른 이의 진리가 곧장 나의 진리가 되는 것은 아니다. 이제 진리는 다른 이의 관념이 아니라 나의 진리였다. 다른 이의 진리를 그냥 받아들인다면, 그것은 단지 관념이고 믿음일 뿐 나는 계속 눈이 멀어 있는 것이다. 이제 나는 진리를 스스로 경험해야 함을 분명히 알았다. 또 내 안의 안내자가 어떤 방식으로 나를 인도하는지도 이해했다. 영의 안내는 영원하고 '지금' 이 순간 내 안에 항상 현존한다.

이 순간이 곧 영원이다. 매 순간 나는 오직 '존재'할 수만 있다. 방금 지나간 순간은 기억이 되고 그 순간을 도로 붙잡으려 하더라도 정신적 이미지에 불과할 것이다. 나는 과거나 미래에서 자유롭게 순간순간을 살아야 한다. 과거와 미래는 둘 다 마음속에 있는 개념일 뿐 그 어디에도 존재하지 않는다. '지금'만이 유일한 실재다. 내가 곧 영원한 생명이고 나는 다른 무엇일 수 없다. 내가 다른 무엇이라 한다면 그것은 죄다 관념이요 자아가 지어낸 이미지에 불과하다.

내 의식은 점점 더 자유로워졌고 나는 마음 너머에 있는 힘을 경험했다. 보편적인 힘 전체가 나를 초점으로 삼아 현현할 수 있었다. 더 이상 나는 두려움의 반대 쌍을 믿지 않는다. 이제 실재를 경험했기에, 내 믿음은 두려움의 반대 개념에 그치지 않고 앎이 되었다. 나는 실재가 무엇인지는 모르나 실재가 존재한다는 것은 안다. 그것 말고는 아무것도 없으며, 따라서 나 역시 그것이다. "나와 아버지는 하나다."

"내 안에 항상 계시는 분은 바로 아버지시다"라고 선포하는 주의 권능을 느낄 수 있었다. 그분께서 친히 일을 하고 계셨고, 이 힘이 행사되는 것을 막을 것은 이제 아무것도 없었다. 내가 할 일은 오직 이를 자각하는 것뿐이고, 바로 이 인식을 통해서, 오직 이 인식으로만 실재는 표현될 수 있었다.

그동안 어찌하여 이 경이로운 사실, 이 명백한 인식을 놓치고 살았던 것일까? 이 원리는 너무나 간단했고, 이제 내가 얼마나 분리와 믿음에 사로잡힌 채 지내는지 쉽게 분간할 수 있었다. 내 생각, 내 믿음, 내 편견, 내 두려움 등이 나와 형제들을 갈라놓았다. 이 모든 것이 분명하게 보였다. 내면의 진정한 자아가 모든 이 하나하나 안에 있다. 이제야 알았다. 진짜로 알았다. 더 이상 상투적인 문구나 격언이 아니었다. 내가 상대에게 한 것은 곧 내게 한 것이었다. 나는 전체 안에 있고 전체는 내 안에 있기에, "여기 있는 자 중 하나에게 한 것이 곧 내게 한 것"이었고, 곧 나를 보내신 분께 한 것이었다.

이제 예전으로 돌아가는 일은 불가능했다. 나는 그 자유와 지혜와 사랑을 실제로 내 안에서 느꼈고, 이것이 곧 하늘과 땅에 있는 모든 권능이다.

이제 나는 주의 치유하는 권능을 알았고, "일어나 걸으라"라고 말할 수 있을 정도로 충만한 권능을 느꼈다. 그리고 정말로 그렇게 되었다. 그 뒤로 나는 전 세계를 다니며 수천 명의 환자를 고쳤다. 그 중에는 내가 전혀 몰랐던 사람도 있었다. 세월은 내게서 자취를 감추었고 내 나이를 아는 사람들은 모두 젊어진 내 모습을 보고 의아해했다.

내 말이 굉장한 무용담처럼 들릴 것이다. 이것은 이제껏 존재했던 그 어떤 무용담보다 위대하다. 이 힘은 모두에게 똑같이 있지만, 현재 이 힘은 거짓과 분리로 덮여 있다. 이 힘이 펼쳐지는 것을 방해하는 유일한 장애물은 분리를 사실로 믿을 때 사람과 사람 사이뿐만 아니라 사람과 신 사이에도 생겨난다. 하지만 우리는 실재 안에서 '하나'다. 무지한 자들은 이 진실을 아직 이해하지 못한다.

선과 악이란 상대적인 것이고 마음이 날조한 것이다. 유일하게 실재하고 영원하며 현존하는 신성 안에 악이란 존재할 수 없기 때문이다. 악과 지옥과 악마에 대한 오늘날의 설교는 얼마나 큰 거짓인가. 사람들은 악이란 개념에 사로잡혀 그것 말고는 아무것도 보지 못하고 있다. 마음은 자신이 보고 있는 것처럼 될 수밖에 없다는 말은 진정 사실이다.

그렇다. 주 예수의 진짜 가르침은 그를 믿는다고 고백하는 사람들이 벌이는 거룩한 소꿉놀이에 묻혔다. 그들은 스스로를 신비주의로 포장하면서 사람들을 속인다.

이제는 이 책이 왜 더 빨리 나올 수 없었는지 알겠다. 모든 일에는 때가 있기 마련이고, 드디어 이 아름다운 가르침이 전해질 때가 왔다.

라마승 기도 시간을 알리는 총하의 나팔 소리를 듣고 나는 상념에서 빠져나왔다. 사원이 놓인 산 뒤로 해가 저물고 있었다. 화려한 색으로 물든 웅장한 그 장면은 절대 잊을 수가 없다. 분홍색부터 검붉은색이 부드럽게 이어진 배경 위에 빛줄기가 팔방으로 뻗어나갔고, 사원은 마치 불타는 것처럼 보이면서도 포근해 보였다.

도로 사원으로 돌아가는 길에 내 벗과 게쉬 린포체가 마중을 나왔다. 내 신수가 정말 훤했는지 내 벗은 나를 보고 "젊음을 되찾았군"이라고 말할 정도였다. 나 역시 이를 느꼈다. 수천 년 동안 대대로 나를 짓눌러왔던 제약의 등짐에서 풀려난 듯했다. 자유로웠다. 형언할 수 없는 자유였다. 그때 느꼈던 자유와 권능의 환희는 도무지 말로 옮길 수 없다.

그날 저녁에 우리는 지난번보다 클래식 음악을 좀더 많이 들었다. 클래식은 나의 보약이었고, 나도 이를 알았다.

다음 날이 되자 나는 사원을 제대로 구경하고 싶었다. 특히 금은으로 만든 작품들에 대한 명성이 자자했다. 개중에는 보석이 알알이 박혀 있는 것들도 있다고 했다.

영어를 매우 잘하는 총셴$^{Tsong Sen}$이라는 라마승이 나를 안내해주었다. 당시 총셴은 스물다섯 살이 채 못 되었는데, 다르질링에 있는 영국 학교에서 교육을 받았다. 그런데 라마승이 되고 싶은 마음에 도로 티베트에 왔다고 한다.

총셴은 이렇게 말했다. "다행히 제가 영어를 할 수 있어서 이렇게 사원을 구경시켜 드리는 영광을 얻게 되었군요."

나는 "이렇게 좋은 분과 다닐 수 있어 참으로 기쁩니다"라고 말하면서 감사를 표했다. 영어를 잘하는 안내자를 만나서 정말로 기뻤다.

우리는 먼저 방장 몇몇이 차를 마시고 있는 방으로 들어갔다. 그들은 나에게 함께 차를 마시자고 제안했다. 이 공간은 외부인 출입을 엄히 금하는 곳이었으나, 내가 게쉬 린포체의 제자라는 이야기를 듣고 그들이 반갑게 맞이해주어 영광스러웠다. 전에 그 차를 마셔본 적은 없지만 어떤 맛이 날지 충분히 예상이 갔다.

방장들이 마시던 차는 중국에서 온 것이고, 단단한 붉은 벽돌처럼 생겼다. 이것을 조금씩 긁어내서 고약한 맛과 향의 버터 한 조각과 소금을 다기茶器에 같이 넣은 뒤 뜨거운 물을 붓고는 몇 시간이고 계속 달인다. 내 입맛에는 피마자유처럼 느껴졌는데, 피마자유는 어릴 때 매주 한 번씩 억지로 먹었던 터라 정말 싫어했었다.

보통 라마승들은 차를 홀짝이면서 사원과 관련된 수많은 주제에 대해 몇 시간이고 이야기하곤 한다. 처음에 그 차를 마셨을 때는 토가 나올 정도로 맛이 역했다. 그래도 그들이 귀하게 여기는 차를 싫어하는 내색을 할 수 없어서 꿀꺽 삼켰다. 역한 버터와 소금 맛을 최대한 안 보려고 곧장 목구멍으로 넘긴 것이다. 다 마신 것에 안도하면서 찻잔을 내려놓았더니 잔을 내려놓기 무섭게 찻잔을 채워줬다. 도무지 믿을 수 없었다. 그래서 다음 잔부터는 아주 천천히 마셔서 찻잔에 차가 조금이라도 남아 있게 했다. 그래야 찻잔을 채워주지 않을 테니까. 그런데 시간이 좀 지나자 차가 조금씩 맘에 들기 시작했다. 차를 마시니 몸에 열이 나면서 한기가 빠져나갔다. 우리는 방장들의 공간을 떠났고 총센은 나를 안내하면서 흥미로운 이야기를 많이 들려주었다.

총센은 이렇게 말했다. "눈여겨보시면, 사원 정문이 항상 해 뜨는 곳을 바라보게 만들었음을 알아차리실 겁니다. 또 사원의 정면은 반드시 바위의 앞쪽 끝부분에 맞추고 산의 암벽을 후면으로 삼습니다. 이렇게 하면 방어 효과가 있지요.

점성가가 사원의 부지와 주춧돌 세울 날을 점지해줍니다. 주춧돌을 세울 때 거기다 부적과 경전과 금과 은으로 된 작품들도 같이 묻습니다. 매년 주춧돌을 세운 날이 오면 기념행사를 거행하고, 몇백 년이 지나도 계속 이어진답니다. 그중에는 1,000년의 세월을 간직한 사원들도 있지요.”

나는 말했다. “이 모든 기념행사가 다 사라지고 난 먼 미래에 이걸 찾아낸 사람은 횡재하겠네요.”

총센은 얼떨떨한 표정으로 나를 바라봤다. 그가 영국 교육까지 받았어도 고정 관념까지 바뀐 것은 아님을 알 수 있었다.

함께 서원에 도착하자 총센이 이렇게 말했다. “이 도서관은 가장 유명한 서원 중 하나입니다. 간덴 사원 못지않게 오래된 곳이고 희귀한 사본이 많지요. 이 사본들은 기다랗고 거친 종이에 커다란 목판을 찍어서 만든 것인데 양이 어마어마합니다.”

주위를 둘러보니 수백 개의 선반이 부피가 상당한 인쇄물로 가득 차 있었다. 이를 관리하는 라마승의 수도 많았다. 서원 여기저기에는 라마승들이 흩어져 독서를 하고 있었는데, 그들은 우리가 안중에도 없었다. 서원의 크기는 일반적인 공회당*만큼 될 정도였다.

중앙 홀로 들어가는 입구에는 3.6미터가량 높이의 그림들이 놓여 있었고, 금빛 브로케이드와 실크 스카프가 그림 주위에 걸려 있었다. 총센은 이 그림들이 악령이 들어오는 것을 방지하는 수호신이라고

---

* 일반 대중이 모임 따위를 할 때 사용하기 위하여 지은 집. (표준국어대사전)

했다.

나는 그에게 물었다. "수호신 그림이 정말로 악령을 막아준다고 믿는 것은 아니겠죠?"

묵묵부답이었다!

안쪽 공간으로 들어가자 금과 은으로 그린 그림들이 유리 액자에 담겨 있었다. 제단 앞에는 금은 램프 수백 개가 놓여 있었다. 야크 버터로 채운 램프는 버터가 남아 있는 한 심지가 계속 타올랐다. 이 램프 중 일부는 수백 년 동안 꺼지는 일 없이 면면히 빛을 밝혔다고 한다.

총셴의 설명에 따르자면, 티베트 불교에서는 지옥을 종류별로 세세하게 나눠서 가르친다고 한다. 사람들 유형에 따라 각양각색의 지옥이 다 존재하는 듯했다. 심지어는 환자를 죽인 의사들이 가는 지옥도 있었다. 거기서 의사들은 해부와 봉합을 몇 번이고 당한다고 한다. 빨갛게 달군 톱으로 정확히 절단할 수 있도록 몸에다 검은 선으로 표시도 한다. 참견하기 좋아하는 사람들이 가는 지옥도 있다. 혀뿌리에서 혀끝까지 여러 조각으로 절단한 다음 뜨거운 꼬챙이로 꿴다고 한다. 불평불만으로 가득한 사람들이 가는 지옥에서는 납을 녹여 목구멍에 들이붓는다.

빙산이 존재하는 지옥도 있는데, 죄인을 빙하의 깊은 틈 사이로 던져버리고는 빙벽이 몸을 완전히 으스러트릴 때까지 내버려둔다.

나는 이렇게 말했다. "이따위 소리를 늘어놓으니까 티베트 사람들이 벌벌 떠는 것 아니에요? 설마 당신도 이것을 믿는 것은 아니겠죠?"

총셴은 "에이, 설마요."라고 답은 했지만 반신반의하는 말투였다.

"하지만 우리는 사람들에게 그렇게 가르쳐야 한단 말이에요."

절로 탄식이 나왔다. "그렇겠죠! 왜 그렇게 다들 위선적인가요? 그냥 사실대로 말해주면 되잖아요."

총셴은 이렇게 답했다. "그러면 우리는 영향력을 상실하고 말 겁니다."

나는 이렇게 말했다. "그렇다면 분명 당신네들을 위한 지옥도 존재하겠군요." 이 말을 듣자 총셴은 놀란 표정을 지었다.

나는 이런 말도 덧붙였다. "생각해보니, 사원에 기부하지 않는 사람들이 가는 지옥도 있겠네요. 두려움을 자극해서 기부하게 만드는 거죠."

"네, 물론이죠"라고 그가 답했다.

"그런데 나중에 후폭풍이 닥칠 것이라는 생각은 안 드나요? 티베트가 언제까지고 이렇게 고립되어 있지는 않을 거라고요. 설마 고매한 학승들도 이런 헛소리를 믿는 것은 아니겠죠?"

"아닙니다. 우리 라마승과 위대한 학자, 치유사, 예언자, 과학자, 물리학자 중에는 위대한 신비가들이 있습니다. 그들은 현재 서양에서 원자에 대해 알고 있는 것보다 더 많은 것을 알고 있죠. 나중에 간덴 사원에 가시면 이분들 중 몇몇을 만나보실 수 있을 거예요. 그들이 바깥 세계에 대해 알고 있는 지식을 확인하면 깜짝 놀라실 겁니다."

나는 이렇게 말했다. "저도 그들의 얘기를 들은 적이 있어요. 제가 게쉬 린포체의 가르침을 받고 있는 것 알고 계시죠?"

총셴은 이렇게 답했다. "네, 알고 있습니다. 그리고 린포체라는 말은 '고귀한 자'라는 뜻입니다. 그분은 스승들의 스승이십니다."

"당신도 그분께 제자로 삼아달라고 청해보면 어때요?".

"아쉽게도 그분은 이제 제자를 받지 않으세요. 대신 저는 게쉬 투드루Geshi Thudru의 제자가 되고 싶어요. 게쉬 투드루란 '지혜의 스승'이라는 뜻이죠. 그분도 한때는 간덴 사원에서 가르치셨고요."

나는 총센에게 답했다. "저는 이따가 게쉬 린포체를 뵈러 갑니다. 그런데 당신들은 자신이 가르치는 내용이 거짓임을 알면서도 사람들을 계속 미신에 붙잡아두기 위해 거짓 가르침을 그만둘 생각이 없는 것 같네요."

그러자 그는 이렇게 말했다. "그렇습니다. 하지만 서양에서도 똑같이 하지 않나요? 서양에서 세운 무지막지한 건물들만 봐도 그렇잖아요. 수천 명의 가난한 사람들을 도울 수 있는 돈을 돌과 회반죽과 의복 등에 허비하고 말이죠."

나는 더 본질적인 부분을 짚었다. "하지만 사람들을 교육하는 것부터 시작해야 해요. 욕조 딸린 집을 받자 욕조에 석탄을 쟁여놓는 사람들도 본 적이 있거든요. 우리 서양 사람들은 희생이란 개념을 애지중지하는데 사실 이것은 착취의 다른 이름이죠. 네, 서양도 별반 다를 것이 없어요. 당신네들이 좀더 노골적일 수는 있겠지만 결국에는 다 똑같아요."

내가 부드럽게 접근하자 총센의 태도도 누그러지기 시작했다.

총센은 이렇게 말했다. "네, 불행히도 맞는 말이에요. 대부분의 사람들은 여전히 미신과 두려움에 사로잡혀 있어요."

나는 이렇게 답했다. "그렇지만 사람들의 생각도 빠르게 변하고 있어요."

그런 뒤 우리는 육도윤회*(생의 수레바퀴) 그림에 도착했다. 육도윤회도는 사람의 탄생과 죽음의 끝없는 윤회를 묘사하는 그림이다.

나는 "이것은 힌두 사상이죠?"라고 물었다.

이것은 그의 전문 분야였고 그는 사람이 왜, 어떻게 계속해서 태어나는지 설명했다.

나는 "티베트 전역을 다니면서 이런 소리를 늘어놓는 것이로군요!"라고 말했다.

나는 총셴이 아직 거짓을 간파하지 못했다는 것을 알 수 있었다. 그가 기분이 좀 상해 있어서 나는 더 이상 이를 거론하지 않았다. 게쉬 린포체가 그를 제자로 받아들이지 않은 이유를 짐작할 수 있었다.

총셴은 이전에 게쉬 린포체를 찾아가 제자로 받아달라고 부탁했을 당시의 이야기를 들려주었다. 린포체는 그를 강으로 데려가 무릎을 꿇고 수면 아래로 얼굴을 담그라고 했다. 그런 다음 그가 마구 몸부림칠 때까지 머리를 잡고 있었다. 린포체는 다시 그를 일으켜 세운 뒤, 물에 잠겼을 때 가장 원했던 것이 무엇이냐고 물어보았다. 총셴은 "그저 숨만 쉬고 싶었습니다"라고 답했다.

그러자 린포체는 "그 정도로 진리를 간절히 원할 때 다시 나를 찾아오너라"라고 말했다.

그곳에 놓인 수백 점의 불화는 대부분 크기가 압도적이었다. 그들은 그림에 실크 스카프를 두르고 주변을 값비싼 금빛 브로케이드로 한껏 꾸며놓았다. 나는 이 모두를 흥미롭게 보았다.

나는 돌아와 린포체에게 오늘 있었던 일을 다 아뢰었다. 린포체

---

* 六道輪廻: 일체중생이 자신의 지은 바 선악의 업인에 따라 천도, 인도, 수라, 축생, 아귀, 지옥의 육도 세계를 끊임없이 윤회전생하게 된다는 뜻. (위키백과)

는 이런 말로 오늘 일의 윤곽을 잡아주었다.

"티베트 불교는 황모파와 홍모파로 갈린다네. 황모파는 신비주의 전통을 따르고 나도 이를 공부했어. 홍모파는 의식과 예식 전통을 고수하지. 그래서 외부 행사와 행렬을 좋아하고 말이야. 홍모파는 황모파처럼 신비로운 힘을 펼치지 못한다네.* 간덴 사원은 황모파에 속하고 나도 몇 년간 거기서 공부하고 가르쳤지."

"제 안내 담당이었던 총셴과 대화를 나눴을 때 주교나 신학자와 대화하는 것만큼이나 답답하더라고요."

린포체는 이 말을 듣고 크게 웃으며 이렇게 말했다. "제대로 일깨워주기만 한다면 그들도 멍에를 아주 빠르게 벗어던질 수 있지."

나는 예전에 신학 교수와의 대화에 실패했던 경험을 이야기했다.

린포체는 이렇게 말했다. "다시 시도하면 이번에는 성공할 거라네."

그리고 이렇게 덧붙였다. "총셴의 고향 사람들은 잘사는 편이라, 총셴은 지인들이 방문할 때 사적 공간에서 따로 볼 수 있어."

"그러면 가난한 라마승들은 어떻게 하나요?"

"아, 커다란 기숙사 방에서 모여서 함께 잔다네."

"그러면 총셴은 자기 방에서 혼자 자나요?"

"그래. 총셴의 고향 사람들이 사원에 아낌없이 기부하는 덕분이야. 티베트의 관행이지. 자네도 알다시피 차별이 이미 관행처럼 굳어졌어. 시간이 흐르기 전까지는 바뀌지 않을 거라네."

게쉬 린포체의 설명에 따르면, 티베트의 거의 모든 가정에서는

---

* 황모파는 겔룩파, 홍모파는 닝마파를 가리키므로 각 종파의 분위기에 대해 대외적으로 알려진 바와는 반대로 서술되어 있다. 저자의 착오일 수도 있고, 게쉬 린포체의 주관적인 견해일 수도 있다.

남자아이 한 명을 절로 보내 라마가 되게 한다. '라마'는 우월한 자를 뜻하고, 엄밀히 말하자면 사원장에게만 붙이는 호칭이다. 그러나 오늘날 이 호칭은 절에서 지내는 성인 승려 누구에게나 붙이는 일반명사가 되었다.

"아이가 일곱 살이 되면 사원에 들어가는데, 이때 철저히 검사를 해. 행여 신체나 정신에 작은 결함이라도 있으면 입회를 불허하지.

사원에는 수많은 예술 부서와 공작 부서가 있고 각각의 부서를 총괄하는 사원장이 있어. 대개 아이의 별자리를 따져서 어느 일에 적합한지, 어느 부서로 보낼지 정한다네.

라마 꿈나무들은 차근차근 단계를 밟아가며 티베트 불교의 신화를 깊이 공부하지. 하지만 본인이 원하면 대학을 골라 진학하기도 해.

여러 해의 준비 기간이 지나 스물한 살이 되면 예식에 참여하게 해달라고 사원장에게 허락을 구하지. 허락을 받으면 입회 절차를 밟게 되고. 정수리 쪽 머리카락만 남기고 나머지는 삭발해버리지. 그런 다음 거지 복장을 하고 예식 장소 앞에 나와 라마승의 삶을 자신의 선택으로 자유롭게 받아들였다고 공표한다네.

그러면 사원장은 정수리에 남아 있던 머리카락을 마저 잘라내고 앞으로 그가 사용할 법명을 지어준다네. 이제 그에게서 거지 옷을 벗기고 라마승 의복으로 갈아입힌 뒤 앞으로 그가 예식 때 머무를 자리를 선정해주지.

후에 그가 깊은 가르침을 배우고자 할 경우에는 오컬트에 정통한 라마승에게 붙여줘. 그러면 깊은 가르침과 관련된 좀더 중요한 과목들과 형이상학을 숙달하게 되지.

행여 자기가 속한 사원에서는 더 이상 배울 것이 없을 정도로 성장하면, 자신이 갈망하는 지혜를 배울 수 있는 스승을 찾아서 사원을 떠나도 되겠냐고 허락을 구해. 이토록 고상한 갈망이 거부되는 일은 절대 없다네. 그러면 그는 자기 등에 멜 수 있을 정도의 식량과 의복만 챙겨서 사원을 떠나지.

은신처도 하나 없고 식량도 거의 없이 히말라야 산맥에서 스승을 찾아다닌다는 것은 엄청난 모험이야. 이 시련을 거치면서 그는 자신의 가치를 증명해내지. 일단 스승을 만나고 나면 가르침은 지체 없이 시작돼.

그는 지난 삶의 그림자와 허상 모두로부터 마음을 풀어주라는 안내를 받아. 마음을 들여다보고 거기에 무엇이 있는지 보라는 거지. 그러면 그는 자기 마음이 스스로 지어낸 이미지로 가득 차 있다는 것을 보게 된다네. 이미지들은 그가 부여한 만큼의 힘만 갖고 있고 자체적으로는 아무 힘도 없어. 사람의 생각과 반응이라는 것이 대부분 두려움과 걱정, 의심과 무지로 구성되어 있음을 보게 되지. 그는 전에 거지 옷을 벗어 던졌던 것처럼 이 모두를 반드시 벗어 던져야만 해.

그런 다음 그는 참자아가 마음, 몸, 환경에 종속된 생각과 말과 관념으로 구성되어 있지 않음을 깨닫고, 인간 사고과정의 허구성을 이해하기 시작하지. 이것이 훈련의 핵심 단계 중 하나야.

마음에서 환영을 걷어내는 작업을 하면 고도의 집중력이 생긴다네. 그러면 가고자 하는 방향을 향해 한 점 흔들림 없이 나아갈 수 있지. 이것은 바깥세상에서는 듣도 보도 못한 상태야.

그는 모든 환영에서 자기를 해방하고, 모든 것들 너머에 있는 곳으로 통하는 문 앞에 서게 되지. 이제 그는 더 이상 자기 생각과 감정과 반응의 노예가 아니야.

그런 다음 스승은 그에게 심장 박동, 피의 순환 등 몸의 기능을 조절하는 것이 얼마나 쉬운 일인지 보여줘. 몸은 그의 지시를 충실히 따르는 섬세한 도구가 되고, 마음은 깨어 있고 청명하여 더 이상 아무런 혼동도 없기에 사소한 명령에도 곧바로 복종하지. 그러나 이것 역시 길의 초입에 불과하다네. 나머지 길은 그가 홀로 찾아내야 해. 다른 누구도 그 길을 보여줄 수 없거든.

이곳에 왔을 당시에 자네도 바로 이 단계에 있었던 거라네."

명확한 설명 덕분에 전체 맥락이 파악되어 나는 그에게 감사를 드렸다. 그러자 린포체는 내 어깨에 손을 올리고 이렇게 말했다.

"나는 자네를 신뢰해. 자네는 충분히 그럴 자격이 있어. 이제껏 자네를 안내해준 다른 존귀한 안내자들과 함께 나도 항상 자네 옆에 있을 거라네. 이미 자네는 그중 몇몇과 대화를 나눈 적이 있지."

"맞습니다. 정말 다 알고 계시는군요."

"물론이지. 나는 그들 모두를 알고 있다네. 보이는 자들과 보이지 않는 자들을 가르는 것은 없어. 오직 사람만이 그저 자기 존재의 진실을 알지 못하도록 분리를 지어낼 뿐이라네."

저녁을 들고 우리는 앉아서 게쉬 린포체가 좋아하는 노래 몇 곡을 들었다. 부드럽게 흘러가는 멘델스존의 곡은 주변과 완벽하게 어울렸다. 그날 내게는 이런 조화로운 느낌이 필요했고 게쉬 린포체는 이를 정확히 파악했다. 나는 내 안의 갈등이 사라지는 것을 보았다. 그러나 내 바깥에 있는 것들과 벌이고 있는 갈등은 여전했다. 아직 내가 식별하지 못한 것들과 어느 정도의 분노가 내 안에 남아 있었지만, 결국에는 모습을 드러낼 것이기 때문에 나는 만족했다. 전에 내가 자유롭다고 생각한 적도 있었지만, 이제는 아직 내 자유가 완성되지 않았음을 분명히 인지했다.

4장

✧ ✧ ✧

눈을 뜨니 이른 새벽이었다. 어젯밤에 게쉬 린포체가 들려준 멘델스존의 음악이 여전히 귓가에 맴돌았다. 부드러운 멜로디가 내 맘에 울려 퍼지고 있었고, 그 순간 더욱 자유로운 느낌이 들었다.

게쉬 린포체도 일찍 깨어 있었다. 때는 여름이었고 아직은 해가 뜨기 전이었다. 본인은 어지간해서 일출을 놓치는 법이 없다고 했다. 만년설을 머리에 인 산꼭대기부터 해가 밝아오기 시작하던 참이었다.

우리는 함께 앉아 점점 밝아오는 색의 변주를 감상했다. 눈 덮인 거대한 히말라야 정상을 뒤에 두고 펼쳐지는 티베트의 해돋이와 해넘이는 세상 어디서도 볼 수 없는 찬란한 장면이었다.

해가 조금씩 얼굴을 드러내자, 밤사이 산 표면에 얼어붙은 눈 수정 위로 태양 빛이 반사되었다. 검붉던 태양이 산뜻한 오렌지색으로 바뀌면서 검푸른 하늘을 배경으로 오색찬란한 무지개가 드러나기 시작했다. 하늘에서 검푸른 배경이 사라지고 반짝이던 별빛도 옅어지더니 어느새 맑고 푸른 하늘로 바뀌어 있었다.

내가 이 장엄한 장면에 취해 상념에 잠겨 있자 린포체는 이런 말을 꺼내며 주문을 풀어주었다.

"음악에도 색깔이 있다네. 만약 이 아름다운 색의 조화가 담고 있는 소리를 들을 수만 있다면 완벽한 교향곡으로 들릴 거야. 천체가 연주하는 음악과도 비슷하지."

"네, 창조주는 음악의 거장들을 통해 당신 모습을 반영해내셨죠."

나는 린포체가 이 주제를 다뤄주기를 바라는 마음에 잠자코 기다리고 있었다. 내 생각을 읽었는지 그는 이렇게 말을 이었다.

"오늘 아침은 자네에게 음악에 관한 이야기를 들려주고 싶군. 자네도 알겠지만, 음악 공부도 해야 한다네. 음악 작품만 다루는 것을 넘어서 음악이 지닌 창조적이고 치료적인 가치에 대해서도 살펴보세."

"여부가 있겠습니까?"

린포체는 생명의 깊은 본성을 말할 때 항상 눈을 살포시 감았다. 이번에도 눈을 감고, 음악의 근원에 바로 맞닿은 듯 아름답고 감미로운 어조로 이야기를 풀어나갔다.

"아름다운 음악은 천체의 음악을 조옮김한 것에 지나지 않는다네. 당신 안에서 만유를 창조하는 신성한 지성의 표현일 뿐이지. 그는 본성상 무한하기에 아무것도 그의 밖에 존재할 수 없고 지구에 있는 모든 것이 그 안에서 존재하지. 지구의 영혼은 그 창조적 표현을 빛과 소리와 색의 리듬으로 찬란하게 반영하고 있어.

음악이란 무한자가 창조물을 통해 스스로를 표현하는 리드미컬한 영원한 파동이고, 인류는 이 목적에 부합하는 가장 완벽한 도구야. 빛, 음, 색이 내는 생생한 리듬의 파동은 완벽한 조화를 이루며 항상 흐르고 있다네. 불협화음은 창조적 원천에서 오지 아니하고, 완벽한 리듬을 반영할 수 없는 인간의 깜냥에서 기인할 뿐이야."

그 순간 나는 내가 완벽한 리듬과 동조되어 있음을 느꼈고 이 세상에 속하지 않은 음악이 저 멀리서 울려 퍼지듯 희미하게 들렸다. 린포체의 옷단에 손을 대자 그가 듣고 있는 소리가 그대로 들렸다. 잠시 말을 멈춘 그 역시 마음을 넘어서 있는 빛, 음, 색의 완벽한 앙

상불을 듣고 있는 것 같았다. 사람의 마음은 그것과 동조되어 있을 때에만 이를 반영할 수 있다. 사람의 마음은 이것을 연주할 수 없다. 이것은 영원하신 분께서 말씀하시는 것이기 때문이다.

린포체는 이렇게 말을 이어 나갔다. "그래. 새들의 노랫소리와 숲속의 나무, 산, 강… 이 모든 것은 자신만의 조화로운 리듬을 갖고 있다네. 나는 이 조화에 종종 흠뻑 빠져들었고, 이 창조적인 리듬이 내 안에도 있음을 느꼈어. 이렇게 나는 우주의 보편적 힘들이 연주하는 리듬과 하나가 되었고 그 힘들을 다루는 법을 배웠다네. 그 힘은 나의 일부이기도 하거든.

이렇게, 나는 히말라야의 고요 속에서 자연의 힘들을 다루는 비밀을 배웠어. 이는 극소수만이 알고 있지. 아직 걸음마 단계에 있는 서양 과학자들에게 이것을 알려주면 그들은 원자 구조에서 작용하는 우주의 힘들을 발견하게 될 거야.

이 리듬과 조화를 이뤘을 때 나는 새들과 노래할 수 있었고, 야생동물들은 경계를 풀었으며, 산마저 내게 말을 걸 지경이었고, 내가 가장 좋아하는 악기인 바이올린을 연주하면 수백 명이 넋을 잃고 귀를 기울였다네. 이런 일이 가능했던 이유는 나한테 그 어떤 일이 일어났다 하더라도 이 흐름에 결코 저항하지 않았기 때문이야. 마치 그 리듬은 내 일부인 것만 같았다네."

이 말을 듣는데 귀가 번쩍 뜨였다. '바이올린도 연주하신다고? 나중에 꼭 좀 들려달라고 부탁해야지.' 나중에 실제로 부탁을 드려서 린포체의 바이올린 연주를 들을 수 있었다. 이런 음악은 정말이지 들어본 적 없는 것이었다. 기존에 작곡된 노래가 아니라 그가 직접 지은 곡이었는데, 내게는 전무후무한 완벽한 멜로디였다.

린포체는 잠시 말을 멈추었다. 나의 내면에서 일렁이는 움직임을 알아차린 것이다. 린포체가 내 생각을 읽고 있음을 나도 알고 있기에 나는 씩 웃었다. 그러자 그는 다시 말을 이어 나갔다.

"질문과 행동에 앞서 생각이 떠올라야 하는 것과 마찬가지로, 천체의 음악을 느끼고 연주하기에 앞서 일단 천체의 음악이 들려야 해. 느낌을 받고 나면 표현은 그 느낌을 따라가기 마련이지. 천체의 음악은 그 음악에 동조된 영혼을 악기처럼 연주한다네. 내부에 거하는 영-신은 영혼을 하프로 삼아 스스로를 표현하고, 영혼이 충만한 정도에 비례하여 신의 조화가 그 영혼 안에서, 그 영혼을 통해서 표현되지. 그러니까 만물을 사랑하는 법부터 배워야 해. 신은 모든 것이기 때문이지. 온 마음으로 신을 사랑한다는 것은 네 이웃을 자신처럼 사랑한다는 거야. 그러면 그분은 자네 안에서, 자네를 통해서 말씀하실 수 있고 그때 자네에게 불가능한 것은 아무것도 없을 거야. 자네가 무엇을 청하든 우주는 그 청을 들어주기 위해 속히 반응할 것이며, 그 무엇보다 그때 자네 몸과 마음에는 조화가 자리할 거라네.

자네는 조화로울수록 더 많은 것을 받아들일 수 있게 되고, 자네 영혼과 몸은 항상 자네 안에 거하는 분을 표현하게 되지. 오직 그분만이 완벽하게 일을 행하시기 때문이야. 그러면 자네 마음과 몸은 세월이 흘러가도 굳건하게 남아 있게 될 거야. 신의 영이 결코 노화를 겪지 않듯이, 현존하는 이도 그러하다네."

'이것이 그가 심신의 젊음을 유지하는 비결이구나.' 내가 입 밖으로는 한마디도 말하지 않았음에도 불구하고 내 생각이 크게 들렸는지 린포체는 다시 말을 멈춘 뒤 이렇게 말했다.

"그래. 내부에 있는 것은 외부로 드러나기 마련이라네.

음악의 필수 요소는 리듬과 표현이야. 리듬이 빠진 연주에는 색의 어우러짐이 없어. 리듬으로 생기를 얻은 조화로운 연주에서는 모든 색이 완벽하게 어우러지지. 스펙트럼의 다양한 색이 하나의 빛으로 완벽하게 어우러지는 것처럼 말이야. 색들의 이 완벽한 어우러짐은 연주에 귀 기울이는 이들의 영혼에까지 영향을 미친다네."

그러다 어떤 생각이 스치고 지나갔는지 그는 이렇게 말했다. "이것에 대해 나중에 더 들을 기회가 있을 거야."

나도 뭔가를 말하려고 했으나 입이 떨어지지 않았다. 그는 이렇게 말을 계속했다. "완벽한 리듬은 밀물과 썰물과도 같아. 그 부드럽고 규칙적인 힘에 아무것도 맞설 수 없어. 무한한 창조성이 완벽한 리듬 내부에 머물기 때문이지. 창조주와 창조물은 '하나'야. 분리되어 있지 않아. 우리는 스스로를 표현하고 있는 신성한 지성의 리듬에서 어떤 식으로도 분리되어 있지 않다네.

이 완벽한 리듬은 북에서 남으로, 땅속으로, 땅 위로 흐르고 있고, 동에서 떠서 서로 지는 해와 달로 인해 극성을 띠게 돼.

그리고 이 힘은 전자기성을 띠게 되어 자성의 끌어당김으로써 지구를 지축에 고정시키고 지구 위에 있는 모든 것을 붙들어주지. 행여 이 전자기력이 그치는 일이 벌어진다면, 다른 자기적 흐름들이 지구를 엄청난 속도로 끌어당겨 지구는 산산조각이 나서 본디 모습이었던 먼지로 돌아가고 말 거라네. 이 전자기적 힘 안에 위대한 발견의 비밀이 놓여 있지.

이 완벽한 리듬은 원기를 회복시켜준다네. 마음을 깨어 있게 하고 몸을 튼튼하게 만들지. 이런 이유 때문에 치유할 때 음악을 사용하는 거야. 마음이 긴장과 산만함에서 자유로워지면, 대자연이 몸속 세포 하나하나를 조화롭게 하지. 그러면 몸과 마음이 완벽하게 조화로운 가운데 전자기성을 띠게 돼.

심장이 피를 돌리는 것처럼 천체의 음악은 신의 영원한 심장 박동이라고 할 수 있어. 심장이 혈액을 끊임없이 심장 밖으로 내보내 몸속 모든 세포를 순환한 뒤 다시 돌아와 새로워지게 하듯이, 유일한 생명의 맥박도 살아 있는 모든 영혼을 통해 그렇게 흐르고 있지. 우리가 얼마만큼 정신적으로, 감정적으로 자유로운지에 따라서 이 리듬이 표현되는 거야.

만약 이 메커니즘이 혼란스러운 상태라면 이 리듬도 혼란스러워질 거야. 우리의 생각과 감정은 몸속 세포를 재빠르게 통과한 후 대기 중으로, 또 그 너머로 뻗어나간다네."

이 말을 들으며 나는 '마치 방송국 같구나'라고 다시 속으로 생각했다.

"그렇다네. 대기 전체가 전자기적 파동으로 자성을 띠게 돼. 그래서 온 세상이 신의 방송국에서 내보내는 것을 동시에 듣고 느낄 수 있는 거야. 이 파동은 위로는 성층권까지, 아래로는 지구 내부까지 뻗어나가서 이것이 존재하지 않는 곳은 없지.

우리가 서 있는 이곳은 세상의 지붕이야. 세상의 중심축이라고 불러도 무방하고. 신의 가슴에서 나오는 우주 리듬에 주파수를 맞춰보게. 그러면 신의 사랑으로 거듭난 생각으로써 세상을 도울 수 있다네."

그 말을 들으면서 나는 '린포체는 내게 음악의 본질뿐만 아니라 깊은 차원의 지식까지도 동시에 전하고 계시는구나'라고 생각했다.

그는 이번에도 내 생각을 읽은 것 같았다. "악기를 제대로 다루기 위해서는 연습이 필요하지만, 악기에 자신을 제한하지는 말아야 해. 훌륭한 악기가 있어도 연주를 망치는 경우가 있는가 하면, 평범한 악기로 매우 아름다운 연주를 하기도 하거든. 이 원리는 각 개인이라는 도구에게도 똑같이 적용된다네. 신의 사랑은 항상 현존하고 영원하며, 아무도 여기서 분리되어 있지 않아.

감정에는 수많은 단계가 있어서 같은 곡이라 하더라도 연주는 다 다를 수밖에 없어. 악보의 음표에 집중하는 사람이 있는가 하면, 영혼으로 음악을 느끼는 사람도 있지. 그런데 나쁜 음악에도 좋은 점이 하나는 있어."

그는 유머를 얹어서 이렇게 말을 이었다. "나쁜 음악은 오래가지 못한다는 거야. 조화로운 주된 리듬이 그것을 사라지게 하거든. 실재가 아니었기에 그것이 기인했던 무로 돌아가는 거야. 덧셈을 할 때 실수를 했다면, 계산을 바로잡을 때 그 실수는 어디로 가버리는 걸까? 실수는 무로 사라지지. 수학의 법칙처럼 조화만 남을 뿐이야. 실수가 기댈 수 없는 법칙은 없다네.

배색에도 조화의 비밀이 담겨 있어. 대자연에서 어울리지 않는 색의 짜임을 본 적이 있나? 그런 일은 절대 없어. 소리도 마찬가지야. 소리가 곧 색깔이고 색깔이 곧 소리이기 때문이지. 대자연은 스스로를 빛과 색과 소리로 끊임없이 표현하고 있다네.

어떤 소리가 나야 할지 정확히 알고 연습에 임해야 해. 억지로 밀어붙이지는 말고. 바른 소리를 내는 데 성공하면 내면에서 스스로 알거야. 느리더라도 최대한 완벽하게 연주하려고 시도해야 해. 그런 다음 긴장하지 않고 정확히 연주할 수 있을 정도로 속도를 차츰 올리는 거야. 속도를 높이느라 리듬과 표현을 놓치는 일은 없어야 한다는 점을 명심하고.

과잉학습이라는 것에 대해서도 말하자면, 휴식을 충분히 취할수록 손놀림이 더욱 나아지는 법이라네. 마음은 한 번 해본 일을 되풀이하곤 하지. 그래서 잘못된 습관을 고치기가 어려운 거야. 같은 원리로 연주 연습에도 휴지기가 필요해. 의식적으로 행한 동작을 마음이 가다듬어 익힐 여유가 생기거든. 그래서 처음에 동작을 정확히 익히는 것이 중요하다네. 마음에게 기회와 시간을 주면 마음은 자기 일에 착수하지. 사실 우리는 연주하지 않을 때도 연주하는 법을 배우고 있는 거야.

분명 전에는 어려웠던 악보였는데 휴식을 취한 후에 수월하게 연주해본 적이 있었을 거야. 평소에 하던 방식을 손 놓고 쉬는 동안 마음이 손봤기 때문이지. 해결해보려고 계속 씨름하지만 쉽사리 안 풀리는 문제와도 비슷하다네. 한숨 자고 난 다음에 보면 어느새 해결되어 있곤 하지. 마음에 기회를 주니까 마음이 그것을 해결해버린 거야.

연주하는 동안에 음악을 듣고 느끼면서도 자신을 놓아버릴 수 있어야 해.

그런데 자의식은 자연스러운 흐름에 훼방을 놓지. 마음은 한 번에 하나씩만 생각할 수 있거든. 자신과 음악을 번갈아 의식한다면 앞뒤로 오가는 것에 지나지 않지. 이 습관을 고치는 가장 쉬운 방법은 리듬 속에 자신을 툭 놓아버리는 거라네. 그러면 리듬이 분열된 두 정신적 활동의 간극을 메워. 그리고 마음 내부에서 자유롭게 작업을 시작하지. 진정한 연주는 바로 거기에서 나온다네. 모두 다 내부에 있어. 연습을 하다 보면, 몸의 움직임과 음악과 리듬이 모두 다 하나로 녹아들어. 깊은 바닷속처럼 잠잠히 있으면 자연히 신의 완벽한 조화를 반영하게 될 거야.

영원하신 분은 인류를 통해서 내다보시고, 인류를 통해서 우주의 물레를 돌려 생명의 리듬을 고동치게 하신다네. 그 누구도 모방하지 말게. 자네는 자신만의 개성을 표현해야 해. 그러면 천재적인 독창성을 얻게 될 거야.

음표를 잘 섞는 것은 아주 중요해. 악구의 시작 부분을 강조하되 마디의 첫 번째 음표에 좀더 힘을 실어야 하지. 그리고 배음[*]에 귀를 기울이면서 음들을 잘 배합해 하나의 악구로 잘 녹여내야 해.

레가토^{legato} 연주를 할 때 앞 음을 딱딱 끊어서 치지 말아야 해. 배음에 귀를 기울이면서 그 음색과 음질이 가야 할 지점에 다다를 때까지 울리게 두게. 그런 다음에 끊김 없이 다음 음 속으로 흘러들어 음이 어디서 시작되고 어디서 마치는지 구분하지 못하게 하는 거야. 배음을 완벽하게 섞으면 곡 전체를 조화로운 리듬으로 실어 나를 수 있지."

그가 말한 완벽한 음색이 내 안에서 부드럽게 흐름을 느꼈다. 형언할 수 없이 진귀한 일이었다. 나 역시 여러 해 음악을 공부한 적이 있었다. 바이올린으로 시작해서 백파이프도 연주했다. 1911년도 스탬퍼드 브리지^{Stamford Bridge}의 코로네이션 하이랜드 개더링^{Coronation Highland Gathering} 행사 때 열린 대회에서 우승할 정도였으니 음악 실력이 꽤 좋은 편이었다. 그래서 나는 린포체가 하는 말을 체감할 수 있었다. 말하는 동안 그의 목소리는 음악과도 같았고 매우 아름다운 곡을 연주하는 것만 같았다.

---

* 倍音: 진동체가 내는 여러 가지 소리 가운데, 원래 소리보다 큰 진동수를 가진 소리. 보통 원래 소리의 정수배^{整數倍}가 되는 소리를 이른다. (표준국어대사전)

"악구의 형식과 진행을 잘 보고, 클라이맥스에 자연스럽게 다다를 수 있어야 해. 그런 뒤에 다음 소절로 편안하고 부드럽게 내려가면 돼. 이렇게 하면 위대한 연주가에게서나 들을 법한 리듬감을 표현할 수 있다네."

이 지점에서 그는 감고 있던 눈을 떠서 "이 주제를 계속 다룰까?"라고 물었다.

그때까지 나는 말 한마디도 안 하고 있다가 질문이 끝나기 무섭게 대답했다. "네, 물론이죠. 음악 공부를 시작한 이후로 줄곧 제대로 알고 싶었던 주제였거든요."

그의 말 한마디도 놓칠세라 계속 집중해서인지 긴장한 느낌이 들었다. 그도 알고 있었을 것이다.

"좋아, 그럼 계속 살펴보세.

클라이맥스는 내면의 감정과 해석에 따라 여러 방식으로 연주될 수 있지.

예컨대 열정적인 악절을 연주할 때, 클라이맥스에 도달하는 지점에 이르기 전까지 계속해서 점차 템포를 빠르게 하면서 소리를 증폭하는 방식으로 강조하는 방법도 있고, 아니면 뒤따르는 화음을 넓히면서 강렬함을 고조시키기 위해서 최종 강세를 살짝 미루는 방법도 있다네.

베토벤은 강도를 높여가며 힘에 힘을 더해 화음을 쌓아 나가지. 클라이맥스에서 엄청난 폭발이 있을 것처럼. 그런데 예상과 달리 폭발은 일어나지 않아. 폭발 대신에 화음이 매우 여리게 펼쳐지면서 예상치 못한 아름다움과 내면의 심원한 신비를 드러내 청중의 숨을 멎게 해.

모차르트는 음악에서 가장 효과적인 표현 수단이 무엇이냐는 질문을 받았을 때 음악이 멈춘 침묵이라고 답했지.

완전한 침묵의 순간을 적절하게 넣어서 연주하거나 최고조 지점에서 오히려 차분하게 연주하면 내적 의미와 아름다움을 더욱 깊이 느낄 수가 있다네.

치솟는 곡의 흐름에 청중을 싣고 정점으로 올라가 잠시 그 상태에 머물게 하는 방법도 있어. 찰나의 순간 속에서 영의 영원이 드러나지. 그런 뒤 하강하는 흐름에 실어 일상으로 돌려보내는 거라네."

나는 숨을 크게 들이마셨다. 음악 애호가라면 귀를 쫑긋 세울 수밖에 없는 내용이었고 자기 분야에서 정점을 찍은 자라 할지라도 크게 도움이 될 것이었다. 이 생각이 마음에 스쳐갈 때 린포체는 말을 계속 이어 나갔다. 한마디라도 놓칠세라 다시 마음을 가다듬고 경청했다. 참으로 다행인 것이 나는 흥미를 끄는 것들을 사진처럼 기억할 수 있는 능력을 타고났다. 이날 들은 내용은 결코 잊으려야 잊을 수 없는 것이었다. 더욱이 나는 이날 들은 내용을 따로 기록으로 남겨놓기도 했다.

그는 잠시 멈춘 뒤 다시 말을 이어 나갔다. "살짝 서두르는 느낌으로 레가토를 연주하는 방식도 있어. 아름다운 순간을 지연시켜서 절정에 대한 기대감이 높아지게끔 해야 하지. 이윽고 아름다움의 갈망이 채워지고 나면 지극한 안도감이 찾아온다네.

아니면 애정을 담아 선율을 어루만지면서 클라이맥스에 좀더 길게 머물 수도 있어. 이때 중요한 점은, 어떤 방식으로 하든지 리듬의 흐름을 알고 그것이 만드는 법칙 안에서 표현해야 한다는 거야. 한 악절이 다른 악절과 균형을 이루고 이 두 악절이 완벽한 통일성 안에서 조화를 이루도록 연주해야 해. 완벽한 사랑의 지복 가운데 두 영혼이 완벽히 결합한 것처럼 하는 거야. 완전하고 최종적인 황홀감 속에 두 영혼이 하나로 녹아든 것처럼.

쇼팽의 피아노 연주 실력은 참으로 경이롭지. 손가락이 피아노 건반 위를 날아다니고 자유자재로 미끄러지면서 벨벳 같은 톤을 자아내. 베일로 숨긴 부분이 있는 것 같으면서도 은구슬이 굴러가듯이 낭랑하단 말이야. 쇼팽이 최우선으로 여긴 자질은 섬세한 손놀림, 곡에 대한 이해력, 순수한 감정이었어. 기계적인 기교만 남은 아둔한 연주는 쇼팽에게 최악의 죄였지."

게쉬 린포체는 잠시 말을 멈췄다. 마지막에 말한 내용이 마음에 스며들 시간을 주는 듯했다. 그리고 다시 말을 이어 나갔다. "쇼팽은 연주 전체에 걸쳐 흔들의자처럼 움직이는 기법을 사용했다네. 이 방면에서는 타의 추종을 불허해. 쇼팽의 멜로디는 출렁이는 바다 위 범선 같이 넘실거리지. 이 독특한 연주는 마치 그림에 찍는 낙관과도 같아서 그의 모든 작품에 찍혀 있어. '템포 루바토tempo rubato'라는 이름으로 말이지. 외관상 시간을 무시하는 듯한 이 기법은 쇼팽에게 독창성을 표현하는 매력적인 방식이었어. 유연하게 오르내리며 노곤해지는 듯 움직이고 리듬의 균형을 지키면서도 리듬을 흔들곤 하지. 그와 같은 폴란드 사람들이 이 느낌을 가장 잘 이해할 수 있었다네. 폴란드인들은 쇼팽이 표현하려는 것을 태생적으로, 본능적으로 알고 있지. 그들은 쇼팽의 곡이 나타내는 뭔가 몽롱하고 심적으로 우울하게 파도치는 감정의 고저를 따라갈 수 있다네."

잠시 뭔가를 생각한 뒤 그는 이렇게 말을 이었다. "예전에 쇼팽에 관한 글을 읽었던 것이 기억나는군. 아마 모스차일스Moschiles가 썼던 글일 거야. '표현의 순수성은 오직 자신에게 진실할 때에만 일어날 수 있다. 즉 명료한 생각과 해석과 솜씨로 자신의 내적 깊이를 표현할 때에만 가능하다.' 그러면 청중은 연주자가 전하려는 메시지와 의미를 받게 돼. 이 메시지와 의미는 연주자가 무한한 지성의 흐름에 자신을 맡기는 정도와 한 생명 안에서 분리가 없음을 깨닫는 정도에 일치해."

그 말을 듣고 나는 슈만의 말을 떠올렸다. "악기를 연주할 때 연주자는 악기와 하나되어야 한다. 악기와 '더불어' 연주할 수 없는 이는 전혀 연주할 수 없다."

"전도유망한 자들이 숱하게 실패하는 데는 다 이유가 있다네. 창조주와 창조물이 분리되어 있지 않고 하나라는 사실을 몰라서 그래. 단순히 개념으로 받아들이는 것과 경험으로 이해하는 것은 완전히 달라. 오직 영만이 목소리를 갖고, 신은 영의 목소리, 조화, 빛, 소리, 색, 형상으로 자신을 표현하고 있어. 그분은 조화이자 사랑이며 지혜이자 권능이시지. 신이 곧 인간이므로, 인간 안에는 이러한 신의 권능이 놓여 있다네. '나와 아버지는 하나다.' '말씀이 신과 함께 있었으니 이 말씀이 곧 신이고, 이 말씀이 육신이 되었다.' 하지만 육신은 이 과정에 있어서 결정권이 전혀 없으며, 그렇게 말씀은 불멸로 남아있어. 우리는 혈통으로나 육적으로나 사람의 뜻으로 나지 아니했고 오직 신에게서만 났거든."

그는 자신이 들려준 내용을 내가 제대로 이해했는지 확인이라도 하는 양 나를 쳐다봤다. 대화의 내용을 잘 따라갈 수 있어 참 다행이었다.

"음악으로 자신을 표현하려는 자들은 신이 스스로를 표현하기 위해 완벽한 도구를 만들어놓았음을 알아야 한다네. '하늘에 계신 네 아버지께서 완전하신 것같이 너희도 완전하여라.' 영혼이 수용하면 몸과 마음은 수용한 것을 어떻게 구현할지 정하지. 만약 신이 만든 도구에 결함이 있다고 생각한다면, 그 생각 자체가 스스로를 표현하려는 성향을 띠게 돼. 완벽하게 표현하려고 더 많이 시도할수록 완벽에 반하는 생각도 거세지는 거야. 이로 인해 숱하게 실패를 거듭하게 되고. 의식적으로 완벽한 리듬을 자각한 상태로 연습을 하면서도, 중간중간 휴식을 취하면서 곡을 소화하는 과정도 거치는 것이 바로 천재가 되는 비결이지. 곡을 완벽히 숙지하기 위해서는 반드시 천천히 연습해야 해. 어려운 부분을 대충 넘어가서는 안 돼. 처음에는 천천히 연습하다가 서서히 속도를 올리는데 그렇다고 정확성을 놓쳐서는 안 되지. 사람이 만물을 다스릴 권한을 갖고 태어났다는 것을 명심해야 해.

만유에 내재한 보편적 통일성은 각 개인이라는 분리에 아랑곳하지 않고 우리 모두가 온 인류의 창조주와 하나임을 의식하고 있음을 이해해야 해. 네 이웃을 자신처럼 사랑해야 해.

사랑이 충만한 가슴으로 연주하고 노래하게. 자네 가슴이 심묘한 선율과 아름다움을 실어 나르는 하프가 되게 하게. 그러면 하늘에 있는 자들이 자네와 하나임을 느끼면서 기뻐할 테니."

그는 생명에 관해 모든 것을 알고 있었다. 나는 그가 가진 이해와 지혜와 지식의 깊이에 넋을 잃고 깊은 생각에 빠진 채 앉아 있었다. 그가 다른 어조로 말을 시작하자 나는 명령이라도 떨어진 듯이 정신을 차렸다.

"이제 일어나게. 우리와 함께 있는 동안 자네가 할 일이 참으로 많다네. 자네는 자네의 길을 가야 해."

"네, 하지만 린포체님과 함께 더 머물고 싶습니다."

그는 이렇게 답했다. "그것은 훗날 마련되어 있다네. 일단 지금 자네를 만나고 싶어하는 사람들이 있어. 자네가 오크^{Ok} 계곡으로 향하고 있다는 소식이 그곳 요가 수행자와 대가들 사이에 이미 퍼졌다네. 나는 자네가 하 추^{Ha Chu} 계곡을 따라 하 종^{Ha Dzong}까지 가봤으면 해. 가는 길에 여덟 개의 사원이 아주 가깝게 몰려 있지.

이것은 양탕^{Yangtang} 사원의 대표인 다르 창^{Dar Tsang}에게 보내는 편지라네. 다르 창이 자네를 다른 사원에 소개해줄 거야. 다르 창은 투모^{Tumo}의 달인이지. 자네가 투모 기술을 직접 보고 이해할 수 있도록 내가 다 준비해놓았어."

"네, 저도 열기와 한기를 지배하는 능력에 대해 들어본 적이 있습니다."

그는 "꽤 흥미롭지. 물론 투모가 실재를 드러내지는 못해. 그래도 자네가 한번 봤으면 한다네. 어쩌면 거기서 몇 가지 배울 게 있을지도 모르지"라고 말하면서 웃음을 지었다.

"곤사카^{Gonsaka} 사원에 가면 단숨에 아득히 먼 장소로 이동하는 기술을 배우게 될 거야. 트랜스 상태에서 공중부양으로 이동하는 방식이지. 타코후^{Takohu} 사원에서는 독심술 하는 장면을 실제로 볼 테고 말이야. 매우 흥미롭기도 하고 나중에 자네에게 크게 도움이 될 테니 각별히 주의를 기울이게. (독심술은 정말 큰 도움이 되었다. 세계 여러 곳을 누비며 말이 안 통하는 사람들을 만났을 때 나는 그들의 마음을 읽을 수 있었다.) 그렇게 다 하는 데는 한 달 남짓 걸릴 거야."

"제 벗은 어떻게 하나요? 저와 동행하나요?"

"아닐세. 그는 자네가 오크 계곡에 도착할 즈음에 먼저 가서 기다리고 있을 거라네."

다음 날 나는 게쉬 린포체와 내 벗을 떠난 뒤 일정에 맞게 여행을 착착 준비했다. 여행길에 도움이 될 만한 주의사항도 모두 읽었다. 이번 여행길에는 내 개인 짐꾼, 통역사, 경호원, 타고 다닐 조랑말과 노새만 가기로 했다. 나머지 일행은 나중에 내가 돌아올 때까지 링마탕에서 계속 머물 것이다. 이제 나는 라싸로 이어지는 무역로에서 멀어져 정반대로 길을 떠났다. 부탄과 티베트를 가르고 있는 히말라야 산맥 뒤편으로 가야 했다. 그리로 가는 길은 매우 좁고 산사태가 많이 일어나서 위험한 곳이 군데군데 많다고 들었다.

게다가 이 지역에는 눈표범도 출몰했다. 눈표범은 마치 호랑이와 늑대의 교배종처럼 보인다. 눈표범은 산양을 잡아먹고 매우 민첩하며 자유자재로 발을 놀린다. 이 동물은 여행객들을 안전에 취약한 지점에서 공격하는 것으로 알려져 있다. 우리도 가는 길에 두어 마리를 보기는 했지만 충분히 떨어져 있었다. 유목민들은 맹수로부터 가축을 보호하기 위해 상당수의 대형견을 키운다.

우리는 길렁Geling 시장이라고 불리는 곳에서 유속이 빠른 아마 추Ama Chu 강*을 건넜다. 길렁 시장은 지역 주민들이 주로 물물교환을 하는 시장이라서 화폐는 거의 사용되지 않았다. 사람들은 아주 능숙하게 물물교환을 하는 듯 보였고, 실제로도 아주 공평하게 거래된다고 한다. 우리는 시장 지역을 통과한 후 춤비 계곡의 아래쪽 끄트머

---

* 저자가 본문에서 직간접적으로 밝힌 바에 따르면, 지명 중에서 추Chu는 '강'을 뜻하고, 종Dzong은 '성채'를, 라ᄂa는 '고개'를, 쵸Tso는 '호수'를, 곰파Gompa는 '사원'을 뜻한다. 그렇다면 아마 추Ama Chu의 경우 '아마 추 강'이 아니라 '아마 강'으로 옮겨서 번역하는 것이 맞겠으나, 그렇게 할 경우 지명 검색이 잘 되지 않기에 문맥에 따라서 의미가 중복되더라도 '아마 추 강' 같은 방식으로 옮기기도 했다.

리에 위치한 샤리탕^{Sharithang}이라는 곳을 향해 내려갔다.

야퉁 지역은 내가 지난 장에서 설명한 춤비 계곡의 가운데에 자리한다. 라싸 지역으로 가려면 왼쪽으로 가야겠지만, 우리는 오른쪽으로 방향을 틀었다. 오뉴월의 춤비 계곡은 야생화가 한창 만개할 때다. 활짝 핀 진달래꽃이 산 사면부터 계곡 끝까지 쫙 깔려 있다. 빨강, 분홍, 하양, 자주 빛깔이 한데 어우러져 장관을 이뤘다. 진달래꽃이 끝나는 계곡 바닥 쪽에는 지름이 최소 12센티미터가 넘는 커다란 중국 양귀비가 피어 있었고 그 줄기는 150센티미터가량이나 되었다. 양귀비 꽃잎은 진노랑을 띠었고 끄트머리는 분홍으로 물들어 있어서 무척 아름다웠다.

나는 통역사에게 이렇게 말했다. "런던에 있으면 이게 다 돈인데, 여기서는 이렇게 풍성하게 피어나도 탐하는 사람이 아무도 없군."

계곡 바닥은 야생 투구꽃과 용담초, 제비고깔로 덮여 있었다.

투구꽃의 어린뿌리(附子, aconitum)는 동종요법에서 가장 쓸모 있는 약재로 광범위하게 쓰이고 특히 모든 종류의 염증에 효과가 좋다. 용담초도 천연 강장제 또는 소화제로 널리 쓰인다. 이토록 외진 곳에 이렇게 귀한 약재가 지천으로 널려 있었다.

춤비 계곡을 빠져나오면서 나는 이제껏 본 것 중 가장 험하고 위험한 길을 지나게 되었다. 가파른 절벽을 따라 난 길에는 폭이 60센티미터도 못 되는 부분도 몇 군데 있었다. 발을 헛디디면 수천 미터 아래에서 흐르고 있는 하 추^{Ha Chu} 강으로 곧장 떨어질 참이었다. 강을 내려다보니 현기증이 났다. 수천 톤은 족히 나갈 것 같은 거대한 바위가 툭 튀어나온 곳도 있었는데 우리는 그 아래로 통과했다. 나는 긴장감을 계속 느끼고 싶어 일부러 바위 아래를 몇 번이고 오가곤 했다.

절벽 위로 바위가 툭 튀어나와 있어서 행여 산사태가 일어나지 않을까 염려됐다. 하지만 바위는 생각보다 절벽에 단단히 잘 붙어 있었다. 그 모습이 참 신기했다. 이 바위도 언젠가는 수천 미터 아래 계곡으로 떨어질 날이 올지 모른다. 그러면 천둥소리 같은 굉음이 날 것이다.

고개 정상에 다다를 때까지 우리는 오르고 또 올라갔다. 마침내 저 멀리 있는 윙 추Wong Chu 계곡이 눈에 들어왔다. 그 앞으로는 하 종이 보였고 산 사면 이곳저곳에 사원이 알알이 박혀 있었다.

이토록 거대한 사원들이 산 사면에 이렇게나 많이 다닥다닥 붙어 있는 모습이 참으로 신기했다.

내리막길은 오르막길보다 훨씬 더 힘들었다. 다 내려오자 하 추 강이 흐르는 윙 추 계곡이 시작됐다. 거기서 털이 수북하게 자란 조랑말을 탄 티베트 사람들을 만났다.

나는 경호원에게 이렇게 말했다. "이 사람들은 생긴 것이 꼭 산적 같은데!"

경호원은 이렇게 답했다. "아, 산적이 맞습니다."

산적의 수는 우리보다 약 다섯 배 정도 많아 보였다. 그들은 우리가 먼저 싸움을 시작하기를 바라는 듯 우리 주위로 천천히 다가왔다. 싸움을 거는 것은 자살 행위와 같았다. 이 난국을 타개할 묘책이 절실했다.

이 산적들은 약탈 행위를 신사의 직무로 여긴다. 그들은 다른 종류의 '노동'은 멸시한다. 그들이 우리 짐을 훑어보았을 때 나는 이들이 조랑말까지 포함해서 우리가 가진 짐을 몽땅 가져가려는 것임을 직감했다. 참으로 난처한 상황이었다. 머리를 쥐어짜도 묘안이 떠오르지 않았다. 그러다 내 의안義眼을 이용하면 되겠다는 생각이 번뜩 들었다. 이 지역 사람들은 미신을 잘 믿었고, 나는 이들이 믿고 있는 미신에 대해 이미 알고 있었다.

이들이 가장 두려워하는 신 중 하나가 외눈박이 하얀 신이다. 자신을 분노하게 한 자에게 재난은 물론 죽음까지도 선사하는 신이다. 그래서 이들은 외눈박이 신의 진노를 달래기 위해 정기적으로 온갖 제물을 갖다 바치곤 한다. 이것을 알고 있던 나는 그들 무리 한가운데로 들어가 기이한 소리를 내면서 티베트어로 일곱 지옥이 이들을 덮칠 것이라고 외쳤다. 나는 의안을 꺼내서 이들에게 보여주고는 다시 눈에 도로 끼워 넣었다. 그들의 표정은 정말 가관이었다! 눈이 똥그래지더니 두려워 벌벌 떨면서 가져가려고 했던 우리 짐을 내팽개치고는 자기들 조랑말을 타고 후다닥 도망갔다. 흙먼지가 잔뜩 일어 도망치는 모습도 잘 안 보일 정도였다. 작은 의안 하나로 산적 무리를 물리친 일에 우리는 포복절도했다. 이 일이 있고 난 뒤 그들은 알아서 우리를 멀리했고 우리는 다시는 그들과 마주치지 않았다. 윙 추 계곡 근처 산에 왕림한 하얀 신에 관한 기이한 이야기는 돌고 돌아 나중에 우리 귀에까지 들렸다. 그들은 나를 자신들이 그토록 두려워하는 성난 신으로 착각하고 있는 모양이었다. 물론 나는 끝까지 의안의 비밀을 발설하지 않았다. 이 소문에 그럴듯한 신빙성이 더해지는 일도 있었다. 열아홉 살 정도 되는 청년이 실족해서 어깨가 탈구되었는데 마침 내가 근방에 있어서 치료해줄 수 있었다. 탈구된 지 30분 정도밖에 되지 않아 쉽게 원래 상태로 돌려놓을 수 있었는데, 덕분에 '하얀 신'의 명성은 더욱 높아졌다. 나중에 링마탕에 돌아왔을 때 더욱 불어난 소문들을 게쉬 린포체를 통해 듣게 되었다. 게쉬 린포체는

"자네는 여기에 온 지 얼마 되지도 않았는데 나보다 더 유명해졌더군"이라고 말했다.

우리는 이 모든 일에 대해 진심으로 웃었다.

5장

✛ ✛ ✛

우리는 그동안 해발 4,800미터나 되는 큐 라$^{Kyu\ La}$ 고개를 넘었다. 노신사들과 함께 가슴 벅찬 순간도 보냈고, 산적과 마주치는 사건도 겪었다. 그러고 나서 비로소 담탕^{Damtang}에 도착했다. 담탕은 해발 3,300미터 정도의 높이에 있는 쉼터다. 도착하고 보니 다소 늦은 시간이었다.

해발 3,000~3,600미터는 티베트에서 아주 낮은 축에 속한다. 눈 덮인 산이 사방으로 둘러싸고 있어서 4,500~6,000미터 높이의 고개를 지나야만 티베트로 들어갈 수 있다. 이것도 겨울철에는 아예 접근 불가다. 티베트는 면적이 150만 제곱킬로미터가 넘고 인구는 약 200만 명이다. 어떤 이들은 근근이 살아가고 있고 어떤 이들은 부유하다. 극과 극이다.

밤이 깊었으나 밖은 여전히 환했다. 텐첸^{Tenchen} 사원 뒤편의 산 너머로 해가 지고 있었다. 텐첸 사원은 여기서 8킬로미터 정도 떨어진 산 사면 안쪽에 숨어 있었다. 나는 일행에게 오늘 밤 여기서 지낸 뒤 내일 아침 10시쯤 양탕에 도착하겠다고 일정을 못 박았다. 내 짐꾼은 서둘러 조리 도구를 꺼내 불을 붙였다. 그는 닭고기와 감자를 구워 만족스러운 식사를 만들어냈다. 그날 우리는 먼 길을 다니며 거의 먹지 않았다. 당연히 배가 고팠고 내 생애 최고의 음식을 맛보듯 즐겁게 식사를 했다.

게다가 내 짐꾼은 아코디언도 능숙하게 다룰 줄 알았다. 나는 그에게 직접 지은 노래를 몇 곡 들려달라고 부탁했다. 울려 퍼지는 아코디언 소리는 참으로 낭만적이었고 주변 환경과도 잘 어울렸다.

오두막 앞으로는 깊은 계곡이, 뒤로는 높은 산이 있어서 지금껏 내가 다녀본 곳 중에서 메아리가 가장 잘 일어나는 곳이었다. 아코디언 연주가 마치 저 멀리서, 그리고 이곳에서 동시에 울려 퍼지는 것처럼 들렸다. 두 개의 선율은 돌림노래처럼 이어지며 서로 화답이라도 하는 듯 딱딱 들어맞았다. 우리는 밤 11시가 훌쩍 지난 뒤에야 잠자리에 들었다. 나는 피곤해서 곧바로 죽은 듯이 잤다.

아침에 눈을 떴을 때 해가 이제 막 떠오르는 중이었다. 나는 특별한 일이 있을 때를 제외하곤 일출이나 일몰을 놓치는 법이 없다. 경이롭게 펼쳐지는 색채의 파노라마를 보고 있자니 내가 티베트에 대해 품고 있던 기묘한 감정이 수면으로 떠올랐다. 티베트는 신비의 베일로 감춰진 곳이다. 말도 안 되는 미신과 지극히 숭고한 것이 나란히 놓인 곳. 무지의 암흑과 지혜의 광명이 양극단으로 공존하는 땅. 기적을 행하는 것이 숨 쉬는 것만큼이나 쉬워 보이는 곳. 자연의 가장 험한 곳과 가장 아름다운 곳을 함께 품어 야생의 양극단이 두드러진 곳. 거대한 것과 아기자기한 것, 폭풍과 고요, 낮의 열기와 밤의 한기가 공존하는 곳. 하나가 가면 하나가 오는 곳. 이것이 거의 동시에 일어나는 곳이다. 이곳 사람들의 심성도 양극단이다. 아주 비열하거나 아주 섬세하거나, 최악이거나 최상이거나. 이곳은 진정 양극단의 나라다.

이런 생각이 마음을 스쳐 지나가는 사이 아침 햇살은 텐첸 사원의 정문을 환하게 비추었다. 저 멀리서 총하가 묵직하게 울리며 소리를 길게 뿜어냈다. 더불어 거대한 공이 왕왕댔고 라마승들은 옴마니반메훔을 낮게 읊조렸다.

이제 산 그림자도 계곡에서 조금씩 물러나고 있었다. 나는 여기서 온전한 경이를 느꼈다. 처음 경험하는 독특한 느낌이었다. 밤의 한기를 머금은 공기는 차갑고 상쾌했다. 바람은 향내를 싣고 우리 쪽으로 불어왔다. 이 모든 것이 어우러져 흥을 더했다. 산 위로 떠오르는 태양, 좌충우돌 계곡을 누비는 세찬 강물, 햇빛을 받아 반짝이는 물보라 속 무지개, 생경한 음악, 라마승들의 낮은 읊조림과 특유의 향냄새, 이것만 하더라도 티베트는 올 만한 가치가 있다.

티베트 사원 중 몇몇 곳은 사원 정문 위에 거대한 향로를 둔다. 정문이 계곡을 향해 있어서 향 내음이 계곡으로 끊임없이 퍼진다. 아침 태양 아래 이런 향기와 대기에 둘러싸이자 수천 년 동안 숨겨졌던 신비한 힘이 내 앞에 계시될 것만 같은 느낌이 들었다.

텐첸 사원, 잠두Gyamdu 사원, 양탕 사원, 이 셋은 수 킬로미터 거리로 인접해 있다. 내가 가장 먼저 방문할 곳은 양탕 사원이었다. 양탕 사원은 황모파 사원이고 가장 먼 곳에 있다.

이제 우리는 내려갔다. 내려가는 길은 세찬 강물을 따라 나 있었다. 계곡으로 밀려오는 바람에 물보라가 얼굴까지 튀었다. 산과 계곡 사이 좁은 길을 지나면 바람 속도가 몹시 빨라진다. 길에 있는 돌들도 흔들릴 정도였다.

우리는 강을 건널 다리에 닿았다. 강은 거대한 암석 사이를 빠져나와 거대한 협곡을 만들어내며 세차게 흘렀다. 이에 비해 다리는 대나무 밧줄을 엮어 만들어 한눈에 봐도 허술했다. 다리 위에 올라서자 다리가 양옆으로 흔들렸다. 행여 다리 밧줄이 툭 끊어진다면 즉사할 처지였다. 강물이 암석 벽에 부딪히며 하얀 거품을 뿜어낼 정도였고,

이런 얼음장 같은 차디찬 물에서 살아남을 사람은 없었다.

우리는 무사히 강을 건너 양탕 사원을 향해 약 3킬로미터 정도 가파르게 경사진 길을 올라갔다.

양탕 사원은 거대한 바위 위에 있었다. 바위를 쪼개 만든 가파른 돌계단을 올라오는 우리가 라마승 눈에는 기묘하게 보였을 것이다. 지금까지 이런 일이 없었기 때문이다. 말을 걸어주던 내 벗이 없다 보니 나 역시 묘한 느낌이 들었다. 게쉬 린포체의 편지를 들고 직접 나를 소개해야 하는 상황이었다.

사원에 도착하자 라마승이 우리를 맞이하러 나왔다. 나는 게쉬 린포체가 게쉬 다르 창에게 보내는 편지가 있다고 말했고 내 전담 통역사가 라마승에게 말을 옮겨 전했다. 이 고립된 신비의 땅에서는 모든 일이 천천히 진행된다. 나는 이미 인내심을 충분히 배운 상태였고, 응답이 올 때까지 사원을 둘러봐도 좋다는 허가를 받았다.

안내를 담당한 라마승은 아주 총명해 보이는 얼굴을 한 노승이었다. 그때 그가 지었던 표정이 지금도 생생히 기억난다. 호기심으로 가득 찬 얼굴이었다. 아마도 이렇게 생각했을 것이다. '이 사람이 여기 왜 왔지? 어디서 왔지? 이 사람은 대체 어떤 세상에서 살고 있을까? 게쉬 린포체가 쓴 편지에 대체 무슨 내용이 있을까?'

양탕 사원 벽은 바위였다. 이들은 바위를 거칠게 쪼아내 벽으로 세웠다. 이렇게 거대하고 육중한 건축물은 무게를 헤아리는 것 자체가 불가능하다. 그들은 커다란 바위들의 아귀를 경이롭게 맞추어 2미터가 넘는 두꺼운 벽을 만들었다. 이를 해냈다는 것 자체가 신비로웠다.

지붕은 두께가 6센티미터 정도 되는 노란 석판이 덮고 있었다. 여기가 황모파에 속한 사원이라서 그렇다. 노란빛을 띤 물을 엄청나게 만들어 지붕에 들이붓는 방식으로 칠했다고 한다. 이들은 벽을 채색할 때도 하얀빛을 띤 물을 만들어 부었다고 한다.

커다란 중앙 홀을 통과해서 1층에 들어섰다. 위층에 작은 사당들이 지어져 있는 창고가 1층을 빙 둘러쌌다. 사당에는 금과 은으로 만든 상들이 숱하게 있었고 다들 가격이 어마어마해 보였다.

중앙 홀 위쪽에는 다양한 불교용품을 보관하는 공간이 있었다. 중앙 본 건물의 주위는 라마승이 머무는 숙소가 에워쌌다.

중앙 홀 대문은 링마탕 사원 대문만큼 크기가 엄청났다. 큰 대문에 걸맞은 브로케이드가 양옆으로 드리웠다. 금빛 술이 달린 고급 브로케이드였다. 중앙 홀을 빙 둘러 아름다운 벽화들이 걸려 있었다. 이 지역의 악령과 수호신, 왼편에는 육도윤회를 그려 넣은 벽화였다. 벽화 양쪽으로는 거대한 마니차*를 놓았다. 마니차에 셀 수 없이 많은 기도문들이 새겨져 있었고 기도문의 대부분은 옴마니반메훔 진언이었다. 마니차의 높이는 대략 2.5미터에서 3미터, 지름은 대략 1.5미터에서 2미터 정도였다.

손잡이를 돌리면 마니차가 회전한다. 마니차가 한 바퀴 돌 때마다 종이 울리는데 이는 마니차를 돌린 사람의 죄가 용서받았다는 뜻이다. 사원 벽 주위 곳곳에도 작은 마니차들이 있었다. 라마승이 지나가면서 손으로 마니차를 돌리는 모습이 보였다. 이렇게 하는 것만으로 공덕을 쌓을 수 있다고 한다!

---

* 摩尼車: 티베트 불교에서 사용하는, 경전이 새겨진 수행 도구로 마니륜이라고도 불린다. 마니차를 구성하는 원통에는 경전을 적은 종이가 들어 있는데, 이를 돌리면 경전을 읽는 것과 같다고 여겨지며, 글을 읽지 못하는 신도들을 위해 만들어졌다. (두산백과)

나는 여기서 수천만 원에 상당할 것 같은 값비싼 보석들이 박혀 있는 금으로 만든 상을 수도 없이 보았다. 비단으로 직조한 작품도 많았다.

이곳은 호화로운 작품들로 가득했다. 공간에 걸맞게 장대하고 튼튼한 나무 기둥이 천장을 떠받치고 있었다. 두께가 내 몸통의 두 배나 되었다. 라마승들은 좁고 기다란 비단 천을 만들어 기둥 여기저기에 걸어놓았다. 여러 부처와 성인은 물론 사원을 지켜주는 수호신을 묘사한 작품이었다.

맨 끝에는 제단이 자리했다. 제단 아래로 수백 개의 버터 램프가 끊임없이 타올랐다. 모두 금과 은으로 된 용기에 담겨 있었다. 램프 불은 계속 타올라야 하기에 그곳에 있던 라마승이 램프에 야크 버터를 채우고 있었다. 제단의 가장 높은 곳은 오직 달라이 라마만이 앉을 수 있는 권좌이고, 아름다운 실크 브로케이드 캐노피가 그 위를 드리웠다. 권좌의 오른편 아래쪽은 예식을 진행하는 사람이 앉는 자리였다. 권좌의 왼편 아래쪽으로도 비슷한 자리들이 놓여 있었다. 사원장들이 앉는 곳이었다. 예식을 진행하는 자는 예식을 담당하고 사원장들은 라마승들을 관리 감독한다.

그 앞으로 높은 라마승들이 앉는 자리가 따로 마련되어 있었다. 20센티미터 정도 높이의 좌석이 기다랗게 줄을 지어 이어져 있었는데 제단 위에 있든 아래에 있든 모든 좌석은 같은 방향을 바라보았다. (제단과 좌석이 마주 보는 서양의 방식과는 다르다.) 라마승들은 가부좌를 튼 채로 줄지어 앉아 있었다. 마침 예식이 진행 중이었고, 중간중간 쉬는 시간도 있었다. 라마승들은 저마다 찻잔을 갖고 있었고 차를 나눠주는 사람들이 차를 따라주었다.

여기서는 종일 틈날 때마다 차를 마신다고 한다. 어두컴컴한 부엌에는 높이가 150센티미터, 직경이 120센티미터 정도 되는 거대한 가마솥이 여러 개 있고, 거기에 중국 차 한 토막과 역한 맛이 나는 버터 한 뭉치, 적당량의 소금을 넣어 끓인다. 밤낮으로 펄펄 끓이다가 물이나 재료가 부족해지면 추가한다.

티베트가 해마다 수백 톤의 차를 수입한다고 들었다. 한 사람이 하루에 대략 20~30잔을 마신다. 보아하니 예식을 진행하는 내내 차가 제공되는 듯했다.

홀의 중앙에는 총하와 공이 여러 개 놓여 있었다. 총하의 길이는 3미터, 혹은 그 이상이었고 공은 직경이 1.5~2미터 정도였다. 도금된 받침이 총하를 받치고 있었고 공 역시 도금된 두 개의 받침 위에 있었다.

총하 연주자 중 한 팀이 총하 불기를 그칠 때 다른 연주 팀이 이어서 불다 보니 웅웅거리는 총하 소리가 중단 없이 계속 울려 퍼진다. 라마승들은 옴마니반메훔을 반복해서 읊조리다 '옴'과 '훔'이 겹칠 때 공을 두드린다. 그러면 묵직한 중저음이 사원 전체에 깔리게 된다. 악기와 목소리가 어우러지는 가운데 작은 종들도 중간중간 딸랑거린다. 예식을 주관하는 라마승이 이 모든 것을 지휘하는 것 같았다.

여기서 벌어지고 있는 일에 한창 관심을 갖고 지켜보던 차에 드디어 내 편지가 게쉬 다르 창에게 다다랐나 보다. 한 라마승이 와서 나를 게쉬 다르 창이 머무는 방으로 안내해주었다.

나는 너무 젊은 게쉬 다르 창의 모습에 크게 놀랐다. 그는 내가 잘 알고 있는 힌두스타니어로 말을 걸었다. 그의 힌두스타니어 실력은 아주 훌륭했고 우리는 유창하게 대화를 나눴다. 통역사 없이 대화할 수 있어서 참으로 즐거웠다.

게쉬 다르 창은 반가운 얼굴로 나를 맞아주었다. 나는 게쉬 린포체의 편지 덕이 아닐까 생각했다. 티베트어로 쓴 편지라서 어떤 내용이 적혀 있었는지는 아직도 모른다. 사원장의 개인 공간에 방문하려 할 때 대개는 퇴짜를 맞기 마련이다. 내가 이 공간에 있는 것을 보면 게쉬 린포체가 나에 대해 꽤 좋게 말했던 것 같다.

나는 그에게 어떻게 힌두스타니어를 잘 구사하게 되었는지 물어봤고, 그는 한 인도 요가 수행자가 가르쳐주었다고 말했다. 나도 그 요가 수행자와 같이 지낸 적이 있었기에 그의 말이 흥미롭게 들렸다.

나는 이렇게 게쉬 다르 창에게 물었다. "이 사원에 스님보다 훨씬 나이 드신 분들도 많던데 어떻게 이 커다란 사원의 대표가 되셨는지요?"

"겉보기와는 다르게 내가 여기서 나이가 제일 많다네."

"스님께서는 아시는 것도 많고 경험하신 것도 많으실 텐데, 설마 수호신과 지옥을 정말로 믿는 것은 아니시겠죠?"

"물론 아니지. 투모 기술을 숙달한 내 제자들도 종교 예식과 미신이 마음을 억압할 뿐임을 알고 있다네. 그러나 여기 사는 나머지 사람들은 달라. 이곳에서 배운 것 말고 다른 것은 아무것도 모르지. 하지만 자네도 알다시피, 그렇다고 내가 다른 모든 사람들에게까지 이 사실을 가르칠 수는 없어. 이것이 이 나라 종교의 현주소야. 우리는 서구가 스페인 종교 재판을 하던 때를 살고 있다네."

게쉬 다르 창이 당시 서구 종교의 잔혹함을 알고 있다는 사실에 놀랐다. 나는 이렇게 말했다. "법을 세우지 않았다면 우리 역시 박해를 계속했을지도 몰라요. 물론 아직도 광신도는 존재하지만 훨씬 많은 사람들이 그보다 앞서 있어요. 덕분에 오늘날 대부분의 교회가 텅 비게 되었고요.

　인류는 종교, 국적, 집단, 믿음, 신념으로 모든 것을 가릅니다. 이런 기준이 허깨비에 지나지 않음을 몰라서지요. 실체를 제대로 안다면, 이것들을 기꺼이 놓을 수 있습니다. 그렇게 한다면, 아니 그래야만 우리 모두가 하나임을 깨닫게 됩니다. 그러면 사람은 모든 존재 하나하나에 거하는 유일한 생명, 즉 진리를 통해 자신을 자유롭게 할 것입니다."

　"핵심을 잘 정리했네. 어떤 관념이 제시될 때, 먼저 의식적 마음이 그것을 접수한 뒤에 무의식적 마음으로 보낸다네. 그러면 마음속 믿음이나 기존의 관념이 새로운 관념을 수용할지 거절할지를 결정해. 순식간에 일어나는 일이지. 이렇게 하는 것은 이해가 아니라 무지이지만, 이를 알아차리는 사람은 거의 없어. 왜냐면 믿음과 관념은 그들에게 생생한 실재이거든. 사람들은 아직 관념이 무엇인지 또 관념이 외부 환경이나 모방에 의해 마음에서 어떻게 형성되는지 알지 못해. 그래서 우리가 사는 세상에는 혼동과 적개심이 넘치고, 이것은 곧 전쟁과 불행으로 이어지지."

　"동감입니다. 그동안 종교 등 여러 분야의 지도자들은 대중에게 먹힐 법한 발언을 했습니다. 그러면 대중은 깃발을 흔들면서 환호하죠. 들은 내용이 이치에 맞는지 따져볼 능력이 없는 대중을 상대로 한 선동이 도처에서 벌어지고 있습니다. 종교적 편협성과 극단적인 민족주의에 빠져 있는 지도자들은 우리 문명의 저주입니다. 이들은 아직 계몽되지 않은 인류 전체에게 큰 고통을 주는 주범이기에 아무에게도 해를 끼칠 수 없는 곳으로 보내버려야 합니다."

"참으로 맞는 말이야. 하지만 그중 최악은 사랑의 신에게 기도를 한다면서 정작 본인은 증오심에 뿌리박고 있는 사람들이라네. 그들은 우상에게 빌고 있어. 증오가 어떻게 생겨났는지 깨달을 때 사랑의 신에게 기도하는 법도 알게 될 것이네.

분리에 빠져 사는 자들은 자신이 만들어낸 거짓 신에게 기도하지만 거짓 신은 그들의 기도를 듣지 못해. 그런데 세계 곳곳에서 대중 속에 스며든 거짓 선지자들이 어떻게 가르치던가? 종교 단체들은 저마다 자기 종교만이 참된 종교라고 주장하고, 자기네 교리를 받아들이지 않으면 무시무시한 형벌을 받게 된다고 각인시키지. 사람들은 계속 무지한 상태로 남아 있고 미신으로 인해 혼란스러워하고 두려움에 떨게 되지."

나는 좋은 벗 하나를 또 사귀었고 우리는 함께 우정을 쌓아 나갔다.

게쉬 다르 창은 "자네가 여기 머무는 동안 스승의 지위를 표시하는 승복을 입는 것이 좋겠네"라고 말하면서 보라색 승복을 건네주기에 바로 입었다. "게쉬 린포체는 편지에서 자네가 요가 호흡법과 치유 능력에 통달했다고 알려주었네."

나는 그에게 그동안 세계 도처를 다니며 많은 치유를 했다고 말했다. 그것은 단순히 병을 낫게 한 것 이상이었다고, 하지만 치유의 근원이 나를 넘어선 무엇이라는 점도 잊지 않고 밝혔다.

"우리가 아무것도 아님을 알 때 비로소 영이 모든 것을 행하네. 영은 우리를 통해 우리 안에서 드러난다네."

그는 자신이 티베트어로 기록한 책을 꺼내어 전에 기록해둔 문구를 찾을 때까지 책장을 넘겼다. "자기 목숨을 얻으려는 사람은 잃을

것이며 나를 위하여 자기 목숨을 잃는 사람은 얻을 것이다.[*]

이것은 내가 위대한 성현들의 말씀을 모아 만든 책이라네. 내가 보기에 진실을 담고 있는 말씀만 담았지."

그런 다음 그는 갑자기 화제를 바꿔 이렇게 말했다. "자네는 이곳에 열기와 한기를 조절하는 투모를 배우려고 왔지. 그런데 자네 일정상 배울 시간이 너무 짧아. 투모는 오컬트 과학 중에서도 어려운 축에 속한다네. 감각이 아주 많이 관여되거든."

"맞습니다. 제게 주어진 짧은 시간 안에 완벽한 투모 숙련가가 될 수 있을 거라 기대하지는 않습니다. 투모 원리를 제대로 이해하고 연습해서 최소한 적용할 수 있을 정도만 배워도 충분합니다."

"좋아. 그렇다면 바로 시작하세."

그는 나를 개인 공간으로 데리고 들어갔다. 우리는 아주 편안하고 푹신한 스툴에 앉았다.

그는 가르침을 전하는 어조로 말을 시작했다. "대생명만이 살아 있네. 육신이 대생명에서 떨어져 살 수 없다는 것은 그저 관념이 아니라네. 오직 대생명만이 의식을 갖고 있지. 육신이 지닌 '의식'이라는 것은 신경체계와 혈관체계를 통해서 육신에 스며 있는 대생명일 뿐이야."

나는 인체에 대한 그의 박학다식함에 경탄했노라고 그에게 말했다. 그는 이렇게 답했다. "투모를 실행할 때 반드시 이해해야 할 것이 있네. 형태가 있는 모든 것은 보이지 않는 질료에서 생겨난다는 거지. 즉 모든 형태를 만드는 토대가 있다는 뜻이야. 토대에서 분리된

---

[*] 마태오 10:39

형태란 결코 없다네. 보이지 않는 질료는 이와 관련된 의식의 변화만 있으면 응축되어 단단한 물질이 될 수 있고, 이를 역으로 적용하면 단단한 물질도 보이지 않는 질료로 흩어질 수 있지. 대부분의 사람들은 의식이 훈련되어 있지 않아 감각이 이 과정을 방해한다네."

나는 그의 말을 놓칠세라 귀담아들었다.

"감각과 두려움이 환자 안에서 치유 과정을 방해함을 자네도 잘 알지 않는가?"

"알다마다요. 그 장애물을 넘어서기 위해서는 의식의 변화가 필요하죠."

"그렇지. 병의 원인과 치유법에 대해 숙고할 때, 이 점을 꼭 명심해야 하네. 물질은 생각, 느낌에서 힘을 받아 형태를 변형한다네. 육신의 병이든 마음의 병이든 똑같이 적용되지. 이것은 자네가 투모를 행할 때 특히 기억해야 할 중요한 원리야. 일련의 정신적 과정을 완전히 이해한다면 오류의 결과로 드러난 모든 상태를 종류와 상관없이 없앨 수 있게 된다네."

"그렇군요."

"실재에는 열기와 한기란 존재하지 않아. 이러한 '조건들'은 오직 마음속에서만 존재해. 만물의 토대인 영은 열기와 한기의 영향을 받지 않지. 열기와 한기를 한데 모으면 둘 다 사라져버리고 말아."

"네, 알겠습니다."

"그런데 이 일을 하기 위해서는 '옴' 소리의 진동으로 전신을 울리면서 호흡법을 같이 해야 하지. 그러면 물질의 요소를 통제할 수 있는 자각 상태에 들게 되고, 그러면 당연히 열기와 한기도 당연히 통제할 수 있게 되는 거야."

"점점 납득이 갑니다."

"그래. 이것이 전부는 아니야. 창조의 '옴' 소리를 계속 반복하다 보면, 주관적 의식은 창조와 붕괴의 힘 둘 다를 자각하게 돼. 창조와 파괴는 별개의 원리가 아니라 본디 하나이거든. 우리는 이 '옴' 소리를 모든 피조물 안에서 들을 수 있다네. 광물, 식물, 동물, 사람 안에서도 말이지. '옴'은 만물의 바탕에 깔린 음이야. 같은 기초 위에 진동만 다를 뿐이지.

창조적 힘이 자기 의식 안에 있다는 것을 인지한 상태에서 '옴' 소리를 낼 때, 에테르 파동과 소리 파동이 합쳐진다네. 이때 생각은 보이지 않는 것과 보이는 물질 둘 다를 통제할 수 있는 전자기파가 돼. 질량이 있는 물질세계의 파동은 소리 파동이고. 그래서 에테르와 소리 파동이 만났을 때 사람은 두 수준을 넘나들며, 보이는 것에서 보이지 않는 것에 이르기까지 자유롭게 통제할 수 있어. 가시적인 것들과 비가시적인 것들은 나뉘어 있는 것처럼 보일 뿐 전혀 그렇지 않다네. 의식 속에 존재하는 창조적 생각이 에테르계에 비가시적 파동을 보내면, 소리는 이 파동을 가시적 수준까지 낮춰버리지. 여기서 바로 물질화라고 부르는 현상이 나타나는 거야. 자네도 이 점을 잘 이해하고 있지?"

"잘 알고 있습니다. 많은 사람들이 자신이 뭘 하고 있는지 모르면서 경문을 읊는다는 점도 잘 압니다. 조화롭게 진동하는 소리는 몸과 마음 모두를 치유할 수 있습니다. 후자는 전자의 부산물일 뿐이니까요."

"이 결과를 창조하는 것은 소리의 색이라네. 소리의 색은 신체를 관통하는 에테르계와 아스트랄계에 영향을 미치고 있어. 그러므로 정확한 이해를 바탕으로 대생명의 호흡에 맞춰 '옴' 소리를 낸다면 몸의 모든 세포가 조화롭게 되고 젊음을 유지할 수 있네. 이 사실이 널리 알려지면 위대한 문명이 일어날 거야.

힘은, 오직 영에서만 나옴을 모두 이해할 때가 올 것이네. 영은 완전하고 어디에나 언제나 현존하며 인류를 포함한 만유의 근원이야. '지금'이 곧 영원이기 때문이지. 항상 현재인 상태에서 시간이라는 것은 결코 없어. 과거와 미래는 사람의 마음속에만 존재할 뿐 그 바깥에는 어디에도 존재하지 않는다네.

자, 이제 내가 알려주는 대로 숨을 내쉴 때 '옴'을 소리 내보게. 본래 자네 목소리 음조인 '라' 음으로 소리를 내야 해."

그래서 나는 그가 안내하는 대로 호흡하기 시작했다. (행여 초심자들이 따라 하다 생길 수 있는 위험 때문에 구체적인 방법은 밝히지 않겠다.) 그러자 정말로 반＊ 트랜스 상태에 빠졌다.

"다시 숨을 내쉬는 동안 머리부터 발끝까지 울리게끔 '옴' 소리를 내보게. 진동을 느끼고 생명을 자각하면서 온몸으로 생명의 흐름을 보내는 거야. 그때 자네 몸이 후끈거림을 느낄 것이네. 뜨거운 감각의 도움을 받는 것이지. 무슨 말인지 이해하겠나?"

내 몸이 화끈거리는 느낌이 들어서 "무슨 말씀인지 알겠습니다"라고 답했다. "이 수련의 핵심이 감각이라는 말이 무슨 뜻인지 이제 알겠습니다."

몇 번 더 연습한 후에 제대로 실습할 기회가 마련되었다.

어느 날 아침 우리는 산을 오르기 시작했다. 밤 9시가 돼서야 눈이 덮인 곳까지 다다랐다. (그날은 거의 종일 등산만 했다.) 해가 지자 기온이 영하로 뚝 떨어졌다. 나는 투모에 능숙한 그의 제자 둘 사이에 앉

116

아서 배운 대로 투모를 실행했다. 엄청난 열기가 생성되더니 내 주변에 있던 눈이 녹기 시작하면서 여러 갈래로 흘러내렸다.

나는 이 일을 온전히 내 힘으로 한 것인지 아니면 내 옆에 있는 그의 제자들 덕으로 한 것인지 물었다.

"살짝 도움이 되라고 옆에 두 명을 두긴 했지만, 자네 스스로 훌륭하게 해낸 거라네."

나는 결과에 아주 흡족했다. 물론 투모의 전문가가 되려면 여러 해 연습해야 한다는 점도 잘 알고 있었다.

궁금했던 투모의 원리를 알게 되어 이제 그 원을 풀었다. 열흘 뒤에는 사원에서 열리는 성대한 연례행사가 있었다. 그동안 나는 계속 투모 연습을 이어갔다. 행사 날 열기와 한기를 이용해 할 수 있는 놀라운 일들을 직접 보았다.

다르 창과 수제자 둘은 엄청난 불길 속에서 시뻘겋게 달군 쇠막대기를 꺼내어 자신들 입에 넣었다. 입에 넣는 순간 침이 지글지글 끓어오르는 소리가 들렸다. 그들은 쇠막대기를 입에 넣은 채로 고리 모양이 되게 구부렸다. 그들 몸에 상처나 화상 자국은 전혀 없었다. 쇠막대기가 내뿜는 열기가 엄청나서 나는 근처에 갈 수도 없었다.

다른 여러 사원에서 온 승려 무리와 주변의 모든 마을 사람들이 행사 날 라마승이 선보이는 행렬과 승무를 구경하기 위해 모였다.

그 후에 게쉬 다르 창이 두꺼운 철근 한 조각으로 매듭을 묶었다. 그는 비물질화 방법으로 이 일을 해냈다. 그가 철근을 잡으면 철근이 밧줄처럼 유연해져 쉽게 매듭을 지을 수 있게 된다.

나도 매듭지은 철근을 잡아보았지만 아무리 힘을 주어도 미동조차 없었다.

곧바로 다른 창은 철근을 집어 들어 매듭을 풀고 다시 곧게 폈다. 두 눈으로 보고도 믿기지 않는 장면이었다.

나는 이런 고난도의 작업을 성공하려면 아주 많은 시간이 걸리고, 오랜 시간 연습한다고 해도 성공하는 사람은 극소수라고 여겼다. 내 눈앞에서 벌어진 장면을 보고 나자 불가능해 보이는 일도 충분히 가능하다는 확신이 생겼다.

예수는 위대한 스승이었고, 우리가 아는 것보다 훨씬 더 위대한 일들을 많이 행했다. 하지만 그 당시에 그가 사용한 권능은 지금도 존재하고 앞으로도 쭉 존재할 것이니, 그 힘은 영원하고 늘 현존하기 때문이다.

물질이 견고하다는 생각과 우리가 무능하다는 생각을 버릴 수만 있다면, 우리도 기적을 행할 수 있다. 예수는 이 점을 알았기에 "너희도 이해하기만 한다면 내가 하는 일뿐만 아니라 더 큰 일도 하게 될 것이다"라고 말한 것이다. 또 그는 믿음으로 산을 옮길 수 있다는 말도 했다.

그러나 언덕이 바닷가 풍경을 가리고 있는 곳에 사는 한 여인의 믿음 같아서는 이 일을 해낼 수 없다. 그 여인은 "너희에게 믿음이 충분히 있다면 이 산더러 번쩍 들려 바다에 빠지라고 말하더라도 그대로 이뤄질 것이다"는 구절을 떠올리고는, 창문 앞에 서서 언덕을 바라보며 "언덕은 번쩍 들려 바다에 빠질지어다"라고 말했다. 다음 날 아침 창문 앞에 섰지만 언덕은 여전히 그 자리에 있었다. 그녀는 "그럴 줄 알았어. 이 언덕은 항상 그 자리에 있을 거야"라고 절규했다.

치유의 기적은 '믿음'이라고 부르는 것을 통해 세계 방방곡곡에서 줄곧 일어났다. 불치병이라고 하는 수천 가지 사례가 믿음이라는 요인으로 낫는 일은 흔히 벌어진다. 내가 치유했다고 알려진 사례만 해도 수천, 수만 건에 다다른다. 그러나 나는 "나 혼자서는 아무것도 아니다. 일을 하시는 분은 아버지의 영이시다"라는 사실을 알고 있을 뿐이다. 치유자 안에 있는 생명과 환자 안에 있는 생명은 같다.

이 말은 상투적인 문구로 그쳐서는 안 되고 시간, 관념, 마음을 넘어서 지금 이 순간 생동하는 경험이라야 한다. 마음속에 있는 것이 그것에 대한 관념이나 믿음일 수는 있지만 그렇다고 그것 자체인 것은 아니다. '신'이라는 단어가 곧 신 자체는 아니다. 자기 마음 안에서 신에 대해 지어낸 것은 신이 아니다. 말, 관념, 믿음이란 허구가 실재를 가리고 있음을 이해할 때 비로소 실재는 드러날 것이다.

그러면 시간에 속하지 않은 현존이 당신의 모든 순간에 새로워질 것이다.

지나간 순간을 붙잡으려 애쓰는 것은 부질없다. 지나간 순간은 이미 기억이 되었고 기억은 '지금을 사는 것'이 아니다. '지금'이란 영원한 현존이며, 우리는 그것에 대해 이미지를 지어낼 수 없다. 우리는 그것이 무엇인지 모르기 때문이다. 우리는 다만 그것이 있다는 것을 알 따름이다.

그것이 다시 찾아오기를 상상하는 것은 마치 결코 오지 않을 '내일'을 기다리는 것과도 같다. 내일은 항상 내일이다. 되기 위해 애쓰고 있다는 것은 항상 현존하고 있는 무언가를 찾고 있다는 것이기 때문에, 그때 우리는 결코 그것을 깨달을 수 없다. 그것을 살아낼 때라야 그것은 비로소 경험될 수 있다.

지금 그것으로 존재하라! 영원한 현재에 머물며 순간순간을 살고, 사랑과 관심을 표현함으로써 지금을 매 순간 경험하는 것이 곧 실재이다. 그 순간에는 옳고 그름도 과거도 미래도 없고 오직 영원한 '지금'만 존재한다.

"아버지와 나는 하나다." 그러므로 실재가 들어서기에 앞서 이를 가로막고 있는 자아는 반드시 소실되어야 한다.

"내가 곧 생명이고, 생명이 곧 사랑이고, 사랑이 곧 실재다."

이웃을 자신처럼 사랑하고자 한다면 당신은 이웃 안에 있는 당신의 진정한 자아도 사랑해야 한다. 실재 안에서 분리란 없기 때문이다.

6장

❖ ❖ ❖

양탕 사원 축제의 장에서 게쉬 말라파^{Malapa}와 게쉬 퉁 라^{Tung La}를 만났다. 게쉬 말라파는 곤사카 사원에서, 게쉬 퉁 라는 타코후 사원에서 왔다. 둘 다 매력이 넘쳤고 각자의 분야에 정통한 사람들이었다. 반갑게도 이들은 힌두스타니어를 자신의 제2언어처럼 능숙하게 구사했다. 그들의 전문 분야에 대해 내가 알고 싶은 내용을 자세히 물어볼 수 있어서 참으로 기뻤다.

나는 게쉬 다르 창에게 함께 가기를 청했다. 그는 기뻐했다. 마침 그도 게쉬 말라파와 게쉬 퉁 라의 제자들이 어느 정도 발전했는지 보고 싶었던 참이었다. 그 셋은 유대가 돈독했으며, 누구의 제자가 가장 발전했는지 두고 선의의 경쟁을 했다.

다음 날 우리는 함께 곤사카로 향했다. 나는 사원장이 사용하는 방 중 하나를 받았다. 게쉬 말라파는 간덴 사원에서 대안의학 과정을 밟았다. 이 과정은 생리학, 물리학, 식물학, 오컬트 과학을 다 포함한다고 한다. 서양의 교육과정과 직접 비교하는 것은 불가하다. 어떤 면에서는 아주 투박하고, 다른 면으로는 훨씬 앞서 있다.

게쉬 말라파는 자기 이름이 밀라레파 성자의 이름을 딴 것이라고 했다. 밀라레파는 오랫동안 생존하며 자신의 지혜를 《십만송》에 담아냈다. 그는 위대한 기적들을 행한 분으로 유명하다. 그중 최고의 기적은 카일라스^{Kailas} 산 정상까지 공중부양해 날아간 사건이었다. 뵌교 사제들보다 지혜와 신앙이 앞선다는 것을 사람들에게 직접 눈으로 보여주기 위함이었다. 그 뒤로 이런 기적적인 힘을 연구하고 계발하는 학교와 대학이 들어섰다. 여러 해 동안 그의 가르침을 받은 제자들도 크나큰 기적을 행할 수 있게 되었다. 곤사카 사원도 예전에는 이런 대학 중 하나였다가 사원으로 바뀐 곳이다. 말라파는 이런 이유로 자신의 이름이 밀라레파*의 약어인 말라파가 되었다고 말했다.

말라파는 겨울 동안 에베레스트 산의 폭설과 빙하로 인해 고립되었을 때 밀라레파의 힘이 그를 지탱해주었다고 했다.

말라파가 이렇게 말했다. "무엇보다 먼저, 제자들은 공중부양하는 법부터 배워야 하네. 특별한 호흡 수련을 통해 몸이 점점 가벼워지게 되지. 때로는 육신이 너무 가벼워져서 공중에 떠다닐 것을 막기 위해 무거운 물건으로 묶어놓아야 해."

나도 인도에서 공중부양을 본 적이 있다고 이야기했더니, 그는 웃으면서 그 정도는 애들 놀이 수준에 불과하다고 말했다.

"일단 나는 열넷에서 열여덟 살 이하의 소년 라마승만 문하생으로 들인다네. 룽곰파lung-gom-pa의 힘을 얻으려면 오랜 수련 과정이 필요하기 때문이야. 호흡을 신중하게 조절할 줄 알고, 자기 마음과 몸을 완전히 통제할 수 있어야 해. 몸은 한 치도 흔들려서 안 돼. 내면의 힘을 사용할 수 있도록 깊이 침잠할 수 있는 능력도 반드시 갖춰야 하지. 그래야 마음대로 극성을 바꿀 수 있거든."

나는 이렇게 말했다. "저도 요가를 통해서 그 점을 배웠습니다. 특정한 호흡법을 사용하면 대기 중에 있는 자유 에너지가 몸에 공급되어 몸이 가벼워지죠. 그 결과, 몸을 자신이 바라는 대로 어느 방향으

---

* 저자는 밀라레파의 이름을 말라레파Malarepa로 표기하였으나 요즘 통용되는 이름으로 바꿔 옮겼다. 게쉬 말라파의 이름은 본문에 적힌 영어 발음 그대로 옮겼음을 밝힌다.

로든 원하는 속도로 움직일 수 있게 되고요."

"그렇지. 룽곰파라 일컫는 공중부양 라마승은 참으로 놀라운 사람들이야. 룽곰파가 트랜스 상태에 드는 것을 보고 다른 영이 들어왔다고 믿는 사람들도 있지만 그것은 사실이 아니라네.

오랜 기간 수련을 하고 나면 중력을 극복하게 되지. 더욱 가벼운 공기가 몸을 채워서 몸에 부력이 생기고 그러면 극성이 바뀌게 되거든. 이 방법으로 룽곰파는 산과 계곡 위를 엄청난 속도로 지치지 않고 이동하는 거야. 중력의 영향하에서 몸을 움직이려면 힘을 써야 해. 사실 피곤은 중력 때문에 생기는 거지.

룽곰파는 목적한 곳으로 갈 때 돌아갈 필요 없이 직행하고, 산을 타거나 계곡을 가로지른다고 해서 속도가 바뀌는 법도 없다네. 룽곰파는 산 위를 지날 때나 평야 위를 지날 때나 똑같은 빠르기로 이동하고, 하루에 160킬로미터 이상도 거뜬히 이동하지. 내가 아는 룽곰파는 훨씬 더 먼 거리도 이동할 수 있어.

룽곰파가 극소수인 이유는 이 기술을 체화하는 데 시간이 오래 걸리기 때문이야. 시도하는 사람은 많지만 극소수만 성공하지. 아마도 이 기술이 오컬트 과학에서 배우기 가장 어려운 것일지도 모른다네."

나는 이 경이로운 광경을 직접 볼 수 있다면 정말 좋겠다고 말했다.

"구경하는 것보다 더 신나는 일이 있지. 우리가 존경하는 게쉬 린포체께서 자네에게 이 기술을 배울 기회를 줘야 한다고 당부하셨거든."

나는 이렇게 답했다. "저는 공중부양을 제대로 배울 만큼 시간이 충분하지 않습니다. 게다가 제 전문 분야는 치유이기도 하고요. 공중부양을 하는 원리 정도라도 배우고 지켜볼 기회가 주어진다면 제 분야 일을 하는 데 큰 도움이 되겠습니다."

"그러면 내일 아침에 수련 장소로 같이 이동하세. 안전하게 수련할 수 있는 곳이지. 함께 수련하면서 룽곰파를 지켜볼 수 있을 거야."

그래서 다음 날 아침 우리는 작은 산맥 뒤에 있는 외딴 계곡으로 내려갔고 도착하니 평평한 곳이 길게 펼쳐져 있었다. 게쉬 말라파는 제자를 셋만 두었는데, 그는 셋만 하더라도 한 생에 가르치기 충분하다고 말했다.

나는 호흡법 지도를 해오고 있는 제자 셋을 지켜보았다. 말라파는 그들이 10년 동안 수련을 쭉 받고 있다고 말했다.

수련생들은 원뿔 모양으로 쌓은 세 개의 흙 둔덕 위에 각자 가부좌를 틀고 앉아 있었다. 그들은 천천히 땅에서 멀어지며 원뿔 위로 솟아오르고 다시 천천히 원뿔의 꼭짓점으로 내려왔다. 이것을 몇 번 반복했다. 그런 다음 두 발로 일어서는 동작을 했다. 한 발을 다른 발 위에 올려놓은 자세로 땅에서 점차 멀어졌다. 이것이 가장 어려운 부분이다. 그들은 리듬을 타듯 조화롭고 규칙적으로 껑충 뛰어올랐다. 먼 곳을 응시하면서 마치 단단한 땅을 디딘 것처럼 움직였는데, 6미터가량이나 되는 보폭으로 성큼성큼 날아갔다. 소름이 돋을 정도로 놀라운 경험이었다. (이 룽곰파 장면을 목격한 사람의 수는 극소수이다.)

그런 다음 나는 내 몸이 아주 가벼운 것처럼 느껴보라고 지시를 받았다…*

남은 시간이 많지 않아서 나는 이제 게쉬 다르 창과 타코후 사원으로 향했다. 게쉬 퉁 라는 우리를 따뜻하게 맞아주었다. 그의 전문 분야는 마음을 읽는 기술, 즉 텔레파시였다.

---

* 이후의 이야기는 저자가 의도적으로 건너뛴 듯하다.

텔레파시라니 구미가 확 당겼다. 잘 배워두면 치유 작업에 분명 도움이 될 것이었다. 우리는 지체 없이 실습에 들어갔다.

내가 게쉬 퉁 라의 마음을 읽어내는 능력은 빠르게 향상되었다. 아마도 우리 둘이 서로 많이 동조되었기 때문이 아닐까 한다. 나는 이 흥미로운 능력의 매력에 자연스레 흠뻑 빠졌다. 주고받을 생각을 형성하기 위해 그는 티베트어로, 나는 힌두스타니어로 말했다. 텔레파시를 주고받는 작업은 아주 간단했고 별다른 노력 없이 쉽게 이뤄졌다.

게쉬 퉁 라가 내게 설명해준 내용은 이렇다. 생각은 에테르에서 파동을 만들어낸다. 마치 라디오 전파와 같다. 공중에 상당수의 라디오 전파는 서로 간섭하지 않고 동시다발적으로 퍼져 있다. 전파를 수신할 도구만 있다면 전파를 소리로 변환해 들리지 않던 파동을 들을 수 있다.

"전파를 송수신하는 기관은 사람에게도 있다네. 뇌하수체가 송신 기관이고 솔방울샘이 수신 기관이지. 누군가 생각을 보내면 그 생각에 주파수를 맞추고 있는 사람이 받게 돼. 이 과정은 애쓴다는 생각 없이 진행되어야 하네. 메시지를 받는 자는 의식적인 해석을 하려고 애를 쓰면 안 되고. 그냥 느낌이 마음에 들어오게끔 내버려두어야 하지. 그러면 느낌은 생각으로 바뀌고 이제 자신이 받아들인 내용을 이해하기 시작하는 거야.

그런데 이때 수신되는 것은 사실 생각이 아니라 일종의 느낌이야. 왜냐하면 생각은 뇌하수체를 가동하기 마련이고 그러면 솔방울샘의 수신 체계가 왜곡되거든."

참으로 맞는 말이었다. 그가 티베트어로 말하는 내용을 생각하려고 애쓸 때는 완전히 이해할 수 없었지만 이런 시도를 포기하자 그의 생각이 품은 정보가 고스란히 '수신'되었다.

퉁 라가 말했다. "정말로 이 일에 타고났군! 자네는 영감을 바로 받아 생각 없이 그대로 말하는 영매야!"

"정말 그렇습니다. 제가 뭘 말할지 생각하면 버벅거리는데 그냥 느끼는 대로 말하고, 말하는 대로 느끼면 말이 아주 자연스럽게 흘러 나옵니다."

"정확한 설명이야. 텔레파시에 대해서는 자네에게 따로 가르칠 것이 전혀 없겠어. 영매로 타고났으니 말이야. 자네 같은 재능을 타고난 사람은 많지만 이를 발견한 사람은 극소수지."

나를 타고난 영매로 인정해주는 그의 말을 듣자 기뻤다. 과거에도 의식하지 못했을 뿐 돌이켜 보니 나는 항상 다른 이들의 마음을 읽고 있었다.

앞서 말했듯이, 나는 세계 곳곳을 누비며 사람들을 치유했다. 사람들이 내 언어를 모르거나 반대로 내가 그들의 말을 모르는 경우가 많았다. 그래서 그들이 뭔가를 말할 때 나는 그들이 말하는 내용에 주의를 기울이는 대신 그들의 불만에 대한 심상을 또렷이 떠올렸다. 이를 직관이든 뭐라고 부르든 상관없다. 나는 사람들 마음속에 무엇이 있는지 알았고, 이것이 내가 생각-느낌을 읽을 수 있다는 것을 증명했다. 사실, 그들의 생각-느낌은 나에게 전달되었고, 나는 그들이 느끼는 것을 그대로 느낄 수 있었다.

나는 사람들이 진심인지 가심인지, 나를 좋아할지 싫어할지, 나를 의심하는지, 혹시 나를 두려워하는지 등을 알 수 있었다. 그들이 품고 있는 생각-느낌의 온갖 양상이 내게는 아주 분명했다. 각설하고,

나는 스무 명가량 되는 수련생들이 짝지어 텔레파시를 주고받는 모습을 지켜봤다. 그들은 최고의 파트너를 만날 때까지 상대를 계속 바꿨다. 그들이 주고받는 텔레파시는 놀라울 정도로 정확했다.

먼저 송신자가 하나의 글자나 숫자를 판에 쓰면 등지고 있는 수신자가 그것을 그대로 받아 적었다.

그다음에는 단어를, 그다음에는 문장을 주고받고 나중에는 송신자가 책 한 권을 소리 없이 읽기 시작했다. 수신자가 받은 내용을 말해주면 옆에 서 있는 기록자가 그 내용을 적었다. 이 과정에서 실수는 거의 일어나지 않았다. 참으로 놀랍고 멋진 실험이었다. 점차 송수신 거리를 늘리더니 나중에는 산맥 하나를 가운데 둘 정도가 되었다. 공간이란 존재하지 않으며 우리가 분리되어 있지 않다는 것을 보여주는 실험이었다.

게쉬 퉁 라가 말했다. "빛과 소리는 에테르 파동을 통해서 전해지지. 생각과 느낌도 그렇다네."

거기서 머무르는 열흘 동안 우리는 두터운 우정을 쌓았다. 퉁 라는 티베트어로 말하고 나는 힌두스타니어로 말했다. 일상 대화도 이런 방식으로 하면서 언어 연습을 꾸준히 해나갔다.

몇 년 뒤 런던에서 교령회*에 참석했을 때 게쉬 퉁 라가 나에게 말을 걸어왔다. 그는 자신이 여전히 육신을 입고 있기는 하지만 링쉬 라Ling-Shi-La 은수자隱修者에게 아스트랄 여행을 배운 후 나의 일을 줄곧 돕고 있다고 말했다. (그분에 대해서는 다시 이야기하게 될 것이다.)

나는 속으로 '그래, 천상과 지상에는 사람이 상상조차 못 한 일들

---

* 交靈會: 산 사람들이 죽은 이의 혼령과 교류를 시도하는 모임.

이 허다해'라고 생각했다.

그 당시 그 소통이 진짜라고 내가 확신했던 이유는 나 말고는 통 라가 존재한다는 사실조차 아는 사람이 아무도 없었기 때문이다.

나는 게쉬 린포체나 내 벗을 포함해서 내가 알고 있는 다른 조력자들의 텔레파시 영향을 느끼는 정도로 종종 게쉬 통 라가 보내는 텔레파시의 영향을 느끼곤 했다. 그러나 게쉬 통 라가 몸을 떠나 아스트랄계에서 일할 수 있다는 가능성은 그때까지 생각조차 못 해봤다.

내가 떠날 때 게쉬 통 라와 나눴던 대화가 떠올랐다. "사랑이야말로 세상에서 가장 강력한 자기력이라네. 쇳덩이를 자석으로 만들 때 사용하는 가장 강한 자석보다도 강력하지. 쇠가 자성을 띠게 될 때 쇠 안의 모든 입자는 남극과 북극을 향해 줄지어 늘어서. 그러면서 쇳조각 안에 있는 모든 원자는 조화로운 상태가 되고 이 과정을 통해 쇠가 자석이 되는 거야. 마찬가지로 사랑도 영혼과 몸이 지닌 에테론*과 원자에 자성을 입혀. 아주 풍부한 우주 방사선을 끌어당기는 자석으로 변화시켜 신의 사랑을 표현할 수 있게 하지."

나는 그에게 이렇게 답했다. "맞습니다. 예수께서도 '나는 너희가 생명을 받고 더욱 풍성히 누리도록 왔노라'라고 말씀하셨습니다."

그는 침묵 속에 앉아 있다가 이렇게 말했다. "주 예수에 대해 말하는 거지? 여기서도 그분 기록을 보관하고 있다네. 그분은 지금도 우리와 함께하시지."

나는 예수가 지금도 살아 있는 그리스도임을 알고 있었기에 통 라가 이 말을 꺼낼 때 자세를 바르게 고쳐 앉았다.

---

* etheron: 맥락상 에테르 입자를 가리킨 것으로 보이나 영어 단어에 등재된 단어가 아니라서 저자가 표기한 그대로 옮겼다.

통 라의 생각에 대한 깊은 인상은 내 마음에 아로새겨졌다. 심지어는 지금 이 순간도 그가 나에게 보여준 사랑과 관심의 영향을 느낄 수 있을 정도다.

이 지점에서 독자 여러분에게 비밀을 들려줄까 한다. 우리는 입 밖으로 말을 꺼내지 않아도 서로 이야기할 수 있다. 둘이 조화를 이루고 있으면 가능하다. 가끔 시도해보라. 서로에 대해 훨씬 더 많이 이해할 수 있고 더욱 깊어진 사랑을 느낄 수 있어서 크게 놀랄 것이다. "곁에 없을 때 더욱 애틋해진다"는 말은 과연 참이다. 이때 서로의 생각을 주고받고 있기 때문에 이 일이 가능한 것이다.

내가 경험한 진실을 독자 여러분에게 좀더 풀어볼까 한다.

원자를 조화롭게 하는 힘은 사랑에서 나온다. 생명의 기능도 사랑이라는 근본 법칙에 토대를 두고 있다. 이것은 모든 창조의 기저에 깔려 있는 전자기적 원리다. 이 행성뿐 아니라 우주 전체를 관통하고 있는 창조의 기본적 힘이다. 전자기적 원리가 궁극의 진리는 아니나, 우주의 동력으로서 보이지 않는 물질의 원자를 보이는 형태로 변형시킨다. 그리고 대자연의 배후에서 이런 일을 지휘하고 있는 것은 바로 에테르이다.

에테르에서 창조의 청사진이 세워진다. 전자기적 동력은 에테론과 원자가 형태를 띠게 한다. 전자기적 활동 전체에 걸쳐 에테르는 모든 형태의 토대로 남아 있다. 이 규칙은 온 우주에 두루 적용된다. 창조주도 하나, 창조물도 하나다. 하지만 이 둘은 분리되지 않은 하나다. 창조주와 창조물은 하나다.

창조적 생각에서 우주가 생겨났을 정도이니 창조적 생각은 가장 강력한 작용이며, 창조적 생각을 지휘하는 것은 에테르이다.

나는 요가 호흡법을 숙달하며 이 점을 이해했다. 프라나^{prana}(氣)를 통제한다는 것은 곧 몸과 마음이 갖는 역동적인 힘과 현상을 조절한 다는 것이다. 그러므로 사랑하는 자는 신의 사랑을 누리게 되고, 증 오하는 자는 자신이 뿌린 대로 거두게 된다.

타코후 사원을 떠날 무렵 내 친구 퉁 라는 작은 마니차를 선물로 주었다. 그로부터 나는 지난 17년 동안, 이 책을 쓰겠노라고 말한 시 점부터는 15년 동안 이 마니차를 쭉 간직해 왔다.

그때 이후로 나는 전 세계를 누비며 치유 작업을 하느라 계속 바 빴다.

지난 9년간은 남아프리카에서 활동했고, 지금은 휴가차 배를 타 고 내 고향 스코틀랜드로 돌아가는 중이다. 고향으로 가는 길에 문득 이 이야기를 써야겠다는 영감을 받았다. 곧이어 다음 이야기도 쓸 예 정이다.

자신의 욕망 대신 위대한 힘을 나침반으로 삼는 자들은 모든 일 이 먼저 일어나는 법도 없고 늦게 일어나는 법도 없이 제때 일어난다 는 것을 잘 알고 있다.

혹자는 이것을 운명론이라고 여길지도 모르겠다. 하지만 우주를 세우고 다스리는 위대한 지성이 사람 안에도 틀림없이 있음을 인식 한 것일 뿐이다. 사람은 신의 지성과 의식의 살아 있는 표현이기 때 문이다. 신은 당신 뜻에 따라 인도하고 드러내며 본성상 무한하다.

"오 주여, 내 뜻이 아니라 당신 뜻을 이루소서."

하고 싶은 말을 어느 정도 했으니 다시 이야기로 돌아가자.

우리는 귀환 길에 올랐고 양탕에 도착한 뒤 다르 창과 헤어졌다. 춤비 계곡을 떠난 지 정확히 3주하고도 3일 만에 다시 이 계곡으로 돌아왔다.

나는 곧장 게쉬 린포체에게 가서 그간의 일을 말했다. 게쉬 린포체는 "그래, 퉁 라는 마음에 들었나?"라고 물었다.

나는 "이제 퉁 라는 제게 린포체님과 제 벗만큼이나 소중한 사람입니다"라고 답했다.

그러자 게쉬 린포체는 이렇게 말했다. "이미 그에게 자네 이야기를 들었다네. 자네가 텔레파시에 아주 능숙하다고 말이야. 자네의 안녕을 진심으로 바란다는 말도 전하더군."

"저 역시 퉁 라의 안녕을 진심으로 바랍니다."

"나도 기쁘네."

"그런데 어떻게 벌써 다 알고 계십니까?"

"아, 티베트에서는 메시지가 아주 신속하게 전해진다네. 자네가 뭘 하고 있는지는 100킬로미터 넘게 떨어진 곳에서도 즉시 알 수 있어."

"저도 이제 무슨 말씀인지 알겠습니다."

우리는 그동안 내가 겪은 일과 배운 것에 대해 밤늦게까지 이야기를 나눴다. 그는 내가 알차게 여행한 것에 흡족해했다. "자네가 여러 기술을 잘 배우고 익히게 되어 정말로 기쁘다네. 오컬트 과학이 자네에게 많은 도움을 주는 건 사실이야. 그러나 그것이 실재는 아니지. 진리는 이 모든 것들을 뛰어넘어. 자네도 이 점을 잘 알고 있겠지."

"네, 잘 알고 있습니다. 하루하루 지날 때마다 더욱 분명해집니다." 그런 다음 이렇게 물었다. "그런데 산에서 수행하는 은수자들은 어떤가요? 그들은 진리를 발견했나요?"

"그렇지 않다네. 진리는 산이나 바다에 간다고 찾을 수 있는 것도 아니고, 채식을 하거나 종일 단전에 집중한다고 해서 찾을 수 있는 것도 아니야. 세상에서 달아나는 방식도 소용이 없어. 왜냐하면 자네가 곧 세상이거든. 고립이란 불가능해. 고립은 마음이 날조한 것이고, 거대한 환상에 불과해. 자네를 이곳으로 데려온 것은 거짓을 꿰뚫어 볼 수 있게 하기 위함이었어. 그래야 자네가 실재와 참을 이해하게 될 테니까. 자네가 직접 거짓의 본질을 보지 않는다면, 나도 자네를 도울 길이 없다네. 자네는 그동안 오컬트 분야를 기웃거리면서 수년을 허비했어. 나는 자네가 실재와 진리를 철저하게 이해하여 진정으로 자유로워지길 바란다네.

그저 명상이나 자기 암시를 한다고 해서 진정한 이해를 얻을 수는 없어. 오컬트의 힘에 기대거나 과거나 미래를 통해서도 발견될 수 없지. 과거란 기억이고 미래란 두려움과 뒤섞인 희망에 불과해. 이 모두는 마음에 속한 것이나 진리는 마음 너머에 있다네."

"그러면 어떻게 해야 진리에 다다를 수 있을까요?"

"내가 알려줄 수 있는 것은 단지 자네가 진리에 이를 수 없는 방법들뿐이라네. 진리에 이를 수 없는 방법을 모두 발견하고 나서야 자네는 진리에 이르게 될 거야. 그러면 진리는 다른 누구의 것이 아닌 자네 것이 될 거야. 다른 이의 진리란 단지 모방에 불과하지.

분석만 한다고 해서 진리를 발견할 순 없다네. 분석이란 과거를 꼬치꼬치 캐내는 것일 뿐이거든. 우리를 자유롭게 할 진리는 과거에 속해 있지 않아. 분석 과정이 헛된 시도임을 보고 나면, 그 도구를 툭 내려놓게 될 거야. 다른 헛된 과정과 마찬가지로 자네에게서 저절로 떨어져 나갈 거라네.

현재 자네 마음에 있는 것은 죽은 것들이야. 살아 있는 것이 아니지. 반면에 진리는 순간순간 생동하는 무엇이야. 진리는 믿을 대상도 아니고, 인용되거나 마음에서 규정할 수 있는 대상도 아니야. 다만 발견되어야 할 무엇이지.

살아 있다는 것, 그것이 바로 진리라네. 자신이 곧 생명임을 알고, 생명의 모든 순간을 살아가는 것, 그것이 진리지. 이를 알기 위해서 마음은 방심하지 말고 깨어 있어야 하고, 가슴은 거짓된 모든 것들을 털어내고 사랑으로 충만해야 해. 그것이 곧 진리야.

대부분의 사람들은 깨어 있기보다는 잠들어 있기를 원해. 세상에서 도망치려는 거야. 세상풍파를 직면하기보다는 이를 피하기 위해 엄마 치마를 붙잡고 뒤로 숨는 어린아이처럼 구는 거지. 그런데 이 풍파란 무엇이겠나? 서로가 맺고 있는 관계가 아니겠나? 우리는 모든 순간순간 관계에 깨어 있어야 해. 만약 내가 자네를 덩그러니 놓인 가구처럼 취급한다면 우리는 아무 관계도 아닌 거야. 우리가 진정 자신을 이해할 때 진정한 관계만이 존재하지. 오직 그때 자유가 들어설 수 있고, 오직 그 자유 안에서만 진리는 드러나는 거야.

만약 자네가 나를 사랑하지만 다른 이는 증오한다면, 진리를 안다고 자부할 수 있겠나? 나한테는 친절하더라도 다른 이에게는 불친절하다면 자신이 친절한 사람이라고 말할 수 있겠나? 그렇게 하는 것은 모순의 극치가 아니겠나?"

"지금껏 그런 식으로는 생각해본 적이 없었습니다."

"그것은 자네가 미처 자신을 이해하지 못하고, 자네 생각과 동기와 감정과 갈망을 이해하지 못하고, 이런 것들이 일어나는 과정을 이해하지 못했기 때문이야.

자아의 이 모든 것을 제거하면 진리만 남아 자연히 알려진다네.

진리의 확장을 방해하는 것은 오직 거짓뿐이야. 진리에 상충되는 일을 하고 있으면서 진리를 내놓으라고 하는 것은 억지가 아니겠나?

경험과 마음에 있는 것들에 영향을 받고 있다면 마음 너머에 존재하는 것을 표현할 수 없다네. 그때는 그저 자네 마음에 이미 있는 것만 표현할 수 있을 뿐이지. 하지만 자네 마음에 있는 것은 진리가 아니야. 단지 경험에서 비롯하여 행동하고 있다면, 그때 자네 안에 있는 것은 진리가 아니란 말일세. 하지만 자네 이웃을 자신처럼 여기는 사랑에서 비롯하여 행동한다면, 그때 자네는 진리를 드러내는 것이라네."

게쉬 린포체는 이렇게 부드럽게 물었다. "혹시 내가 자네를 야단친다고 생각하나? 정반대야. 나는 나보다 자네를 더 사랑한다네. 이제 자네는, 보고 듣고 읽으며 쌓아 올린 진리는 피상적인 것임을 알았을 거야. 진리를 발견하려면 반드시 자기 마음을 탐색해야 해. 거짓된 것을 구분할 줄 알아야 하고, 진리에 대해 품고 있는 모든 관념이 진리가 아님을 이해해야 해. 지금 자네는 레코드판만 바꿔 재생하는 축음기에 지나지 않는다네. 레코드판에서 나오는 음악만 듣는 일을 멈추고, 자네가 직접 음악가가 되고 음악이 되어야 해. 그러므로 마음이 다른 이들과 외부 상황에 반응할 때 마음이 지어내는 것들을 반드시 이해해야 한다네. 그것들이 거짓임을 꿰뚫어 봐야 해. 그것들은 결코 파괴되거나 변형될 수 없는 살아 있는 진리가 아니라 타고 남은 재에 지나지 않아. 진리는 마음이 조립할 수 있는 것이 아니거든."

이 말을 마치고 그는 침묵했다. 나 역시 침묵에 들었다. 그가 말하는 시간은 길지 않았으나 그 짧은 시간 동안 내 마음은 탈바꿈을 겪고 있었다. 그동안 내가 배웠던 것들은 의식의 초점에서 벗어나 뒤로 물러났다. 그리고 그 자리에 실재가 들어섰다. 묘한 느낌이 들었다. 전에도 이런 느낌을 받은 적은 있었으나 이번에는 더욱 강렬하고 깊은 침묵이었다. 내가 진리에 관해서 읽거나 들었던 모든 것들이 찰나에 사라졌다. 그 깊은 침묵 속에서 나는 알았다. 그것이 무엇인지 알지는 못했지만, 내가 곧 진리라는 것을, 지금 이 순간 살아 있는 진리라는 것을, 그 무엇도 그것을 파괴할 수 없고, 그 무엇도 나를 파괴할 수 없고, 그 무엇도 진리를 바꿀 수 없다는 것을 그 어느 때보다 깊이 알고 있었다. 그것은 다른 이의 진리가 아니라 나의 진리였다.

이때부터 나는 앞으로 나아갈 수 있었다. 바로 이 순간부터 수고하거나 애쓰지 않고 더 멀리 나아갈 수 있다는 것을 알았다. 전에 내게 진리란 개념에 불과했으나 나는 이 사실을 직면할 수 없었다. 참이라고 여기는 것을 떠나보내고 싶지 않았기 때문이다. 그러나 이제 나는 무엇이든 직면할 수 있다. 좋은 것이든 나쁜 것이든 평범한 것이든. 나는 그런 것들이 진리를, 살아 있는 진리를, 나의 본모습인 진리를 바꿀 수 없다는 것을 알았다. 이것이 사람이 하늘과 땅에서 받은 권능이었다.

나의 생각은 창조적 생각이 비롯하는 침묵과 하나가 되었다. 혼동된 생각들이 무로 사라지면서 어떤 것을 깨달았다. 그것은 정신적 개념이 아니었다. 나는 침묵에 다다랐고, 그곳에는 세간에서 논하는 사랑의 개념을 넘어선 완전한 사랑이 자리하고 있었다.

이것은 곤히 잠에 빠졌을 때 느끼는 정적도 아니었고, 내가 자아낸 침묵도 아니었다. 혼동스러운 생각뿐 아니라 사고 자체가 그칠 때 들어서는 침묵이었다. 외부가 더 이상 나를 속박하지 않을 때, 나는 영원히 현존하는 창조성을 발견했고, 내가 그것과 하나임을 알았다.

지금, 그것은 내 것이었으며 영원토록 그러할 터였다. 아무도 내게서 그것을 앗아갈 수 없었다. 사랑은 모든 창조물 내부에 깃든 창조적 힘이었다. 신은 곧 사랑이기 때문이고, 신 말고 다른 무엇도 존재하지 않기 때문에 모든 것은 그와 하나이다.

게쉬 린포체가 먼저 침묵을 깨고 이렇게 말했다. "같이 해넘이를 보러 가세."

나도 해넘이를 보고 싶다고 대답했다. 해넘이는 언제 봐도 황홀했다.

"해넘이는 하루도 같은 법이 없어요."

"맞아. 오랜 세월 동안 해돋이와 해넘이를 쭉 봐 왔지만 단 한 번도 같은 적이 없다네. 이것은 유일 생명이 지닌 다양성이야. 자네와 나는 같은 생명에 속해 있어. 다양성만이 유일한 차이점이지. 다양성을 이해할 때 우리는 오직 '하나'만이 그 모든 것의 배후에 있음을 알게 될 거야."

게쉬 린포체의 말만큼 나를 한껏 고양시키는 것은 하나도 없었다. 그의 말은 내 본성을 송두리째 바꿔버리는 힘이 있었다. 머리로 아는 것을 넘어 더 깊은 곳에서 이해가 피어나고 근본적인 변화가 일어나고 있었다. 나는 근원을 발견했고 만족스러웠다. 기꺼이 앞으로 나아갈 수 있었다. 이제 더 이상 찾아 헤매거나 얻기 위해 애쓸 필요가 없었다. 무엇이 진리인지 찾아 헤매던 나의 여정과 노력은 마침내 끝났다.

나는 이제 계속 앞으로 나아가기만 하면 되었다. 앞으로 내가 보고 듣고 느낄 모든 것들이 나를 과거 그 어느 때보다 한껏 도울 것임을 알았다. 내가 실재라고 여겼던 것이 실은 실재가 아니었음을 이제 알았기 때문이다. 오직 '창조되지 않는 그것'만이 창조되지 않았다. 오직 이것만이 실재이고 창조적이다. 이것이 그 순간 내 마음을 채우고 있던 앎이었다. 놀랍게 들릴 수도 있겠지만 과장하지 않고 말해서 당시 나는 '이유'를 알지 못하더라도 전혀 답답하지 않았다. 나는 크고 작은 만물의 배후에 있는 원인을 알았고 내가 그것과 하나였기 때문이다. 그것과 하나일 수밖에 없었다. 신은 본성상 무한하기에 무한한 것으로부터 분리된 유한한 존재란 애초에 있을 수 없다.

이제 우리는 저녁 식사를 했다. 내 식성에 대한 배려로 닭고기와 구운 감자가 메뉴로 나왔다. 전에 극도로 배고팠을 때 닭고기와 구운 감자를 야외에서 정말 맛있게 먹은 적이 있었다. 글에서도 한 번 언급했었다. 아마 그때 기억이 내 무의식에 자리 잡았나 보다. 비슷한 메뉴를 먹는 것만으로도 매우 만족스러웠다.

식사를 마치고 나는 게쉬 린포체에게 말했다. "티베트 사람들에 대한 이야기를 린포체님께 직접 듣고 싶습니다. 이를테면 관습이나 그 외 여러 가지 것들이요. 제 체류 기간이 워낙 짧다 보니 이토록 넓은 나라에 대한 제 인상은 피상적일 수밖에 없어요. 그래서 뭐라도 좀 말씀해주신다면 제게 큰 도움이 되겠습니다."

"그래, 내 마음을 읽었군. 안 그래도 자네에게 티베트 사람들과 그들의 문화에 대해서 말을 좀 해주고 싶었다네. 그래야 내가 말해주지 않으면 절대 모를 것들을 미리 알고 대비할 수 있을 테니까. 그런데 혹시 피곤하지는 않나?"

"아닙니다. 이에 관해 한 시간 징도 말씀을 듣는다면 더할 나위 없이 좋겠습니다."

"장담컨대 이것은 자네도 이미 알아차렸을 거야. 티베트 사람들은 아주 유쾌하지."

"맞습니다. 티베트 사람들은 항상 웃음을 짓더라고요. 특히 제가 만난 여성들은 더욱 그랬고요."

"오 그건 말이야, 자네가 티베트 사람들과 달라서 남편으로 삼고 싶어서 웃음을 지었던 거야."

"네, 저도 우연히 그것을 알게 되었습니다. 야퉁으로 가는 길에 10여 명의 티베트 여성들을 마주친 적이 있었는데, 자기들끼리 수다를 떨고 막 웃더라고요. 그래서 통역사에게 무슨 내용인지 알려달라고 했더니, '멋진 남편감'이라며 서로 자기 것이라고 우기면서 웃고 떠드는 것이라고 하더라고요."

"그렇지. 우리 티베트 사람들 중에는 일처다부제를 하는 사람들도 좀 있지만 이것도 빠르게 자취를 감추고 있어. 알다시피 일처다부제란 한 명의 아내가 남편을 한 명 이상 둘 수 있다는 뜻이지. 한 여자가 한 집안의 장남과 결혼하면 남동생들도 같이 받아들이는 것이고, 그렇게 되면 태어날 아이의 아버지가 누구인지 모르게 돼. 아이가 태어나면 남동생들을 삼촌이라고 부르게 하지. 하지만 여자가 막내와 결혼할 경우에는 남편은 딱 하나야."

"그런데 남자보다 여자의 수가 더 많아 보이던데요."

"맞아. 그렇다고 일처다부제를 못하는 것은 아니라네. 반대로 일부다처제를 하는 경우도 있어. 좀 부유한 집안에서 아내를 한 명 이상 두기도 하지. 하지만 이 관습 역시 빠르게 사라지고 있어.

티베트 내 영유아 사망률은 꽤 높다네. 혹독한 추위를 이기지 못하고 죽는 산모와 아기가 많아. 라마 의사의 도움을 받을 수 없는 외딴 지역에서는 남편이나 이웃이 산파 역할을 맡아야 해. 위생 시설도 아주 열악해서 태어난 아기를 목욕시키는 것도 운이 좋아야 가능하고 일반적으로는 아기에게 야크 버터를 발라준다네."

"린포체께서도 소싯적에 산파 일을 좀 하셨을 것 같은데요?"

"그렇고말고. 수도 없이 해봤다네. 인근에서 실력 좋기로 알아주는 산파였어. 자네도 티베트 산모들이 아이를 낳을 때 겪는 고초를 쉽게 이해할 수 있을 거야. 아기 목욕은 고사하고 요리에 쓸 땔감조차 구하기 어려운 경우가 있어. 나무가 자라는 곳 근처에 사는 경우에는 땔감을 얻을 수 있지만 겨우내 눈 때문에 발이 묶여버리지. 죽으라는 법 없다고, 다행히 티베트에서는 출산 후 하루 이상 누워 있는 산모가 거의 없다네."

"사원 근처를 서성이는 여성들이 많이 보이더라고요."

"그래. 라마승들이 독신 서약을 하기는 하지만 독신을 지키지 않는 사람도 있어. 사원장들도 이 부분에 대해서 별로 신경을 쓰지 않고 말이야. 자네가 보는 아이들 중 상당수는 아버지가 누구인지 모른다네. 다행히 티베트 사람들은 아이들을 매우 좋아해. 여성이 결혼 전에 아이가 생긴 경우라도 남편은 그 아이를 자기 자식으로 삼지. 남편의 성을 그대로 부여하고 집안사람으로 기르는 거야."

"참 관대하네요."

"여기 사람들은 성에 대한 관점이 서양 사람들과 다르다네. 결과적으로 티베트인들이 더 행복하지."

"그러면 이혼 제도 같은 것이 여기도 있을까요?"

"없다네. 그런 일이 벌어지지 않게 라마승들이 잘 관리하거든.

티베트에서는 남자아이를 매우 선호해. 부동산이 관련된 경우에 특히 그렇지. 내가 아는 사람 중에는 남자아이를 얻으려고 한 집안의

세 자매와 결혼한 사람도 있다네."

"그러면 지금도 아내가 셋인 건가요?"

"그렇지. 그것이 법이니까."

"자매들끼리 싸우지는 않나요?"

"싸우지 않는다네. 처음부터 이런 환경에서 자라면 당연하게 받아들이거든."

"서구 여성들에게는 안 통할 것 같네요."

"맞아. 이곳 사람들은 서양 사람들의 결혼제도를 아예 모르지. 이곳 방식만 알 뿐이야. 이것이 모든 차이를 만들어낸다네."

"정말 놀랍군요!"

"아빠와 아들이 한 여자와 결혼하는 경우도 있어. 물론 이때 그 여자는 아들의 친모가 아녀야 하고."

"아! 그것은 정말 이상한데요."

"그렇지. 물론 이런 일이 자주 벌어지지는 않아.

일처다부제에서 아내의 지위는 아주 높다네. 티베트 여성들은 가정 내 대소사뿐만 아니라 사업에 있어서도 영향력이 아주 강력하지. 티베트 여성들을 만나 보면 매력이 철철 넘치고 생기발랄해. 티베트 여성들은 세계 그 어느 곳보다도 자유로움을 누리고 있어. 다른 아시아 지역의 아내와 딸들과는 달리 티베트 여성들은 방문객과 함께 차도 마시고 남편의 문제도 도와줄 깜냥이 된다네. 마을마다 여자 무역상의 수가 상당하고, 남자들이 하는 만큼 그대로 할 뿐만 아니라 훨씬 더 잘하는 여자들도 부지기수야."

"서구에서도 여성들이 그런 방향으로 나아가고 있습니다."

"소작농으로 일하는 여자들은 남자들 못지않게 쟁기질과 농사일을 잘한다네. 사실 티베트 여성들은 모든 분야에서 남자들과 동등하지.

남편 혹은 아내가 다른 이성에게 관심을 보이더라도 질투를 드러내는 경우는 거의 없어. 또 여성이 결혼 전에 아이를 배더라도 전혀 부끄러운 일이 아니고."

"그런데 일처다부제에서는 잠자리 문제를 어떻게 해결하나요?"

"방에 아내와 먼저 들어간 남편이 자기 신발을 문 바깥에 벗어두면 된다네." 이 말과 함께 우리는 웃었다.

"어쨌든 좋은 소통 방식이네요. 하지만 서구에서는 이 방식이 통할 것 같지 않아요. 일처다부제든 일부다처제든 받아들이기 어려울 것 같아요. 사실 서구에서는 부인이나 남편을 둘씩 두는 것이 법에 어긋나거든요."

"맞아. 나도 소싯적에 이 나라 저 나라로 여행을 많이 다녀서 알고 있다네. 아버지께서 인도 한 지역의 왕(Maharajah)이셨기 때문에 나는 인도에 있는 영국 학교에 다녔었어. 그런데 그 무렵에 생명의 신비를 꿰뚫어 보는 요가의 대가를 만났고, 그는 나보고 세상을 직접 보고 이해하라고 조언했지. 나는 실력 있는 학생이었고 나중에는 사원장이 되었어. 즉 티베트 사원에서 교사 역할을 맡게 된 거야. 나는 투모를 포함해서 오컬트 과학 대부분을 배웠다네."

"네, 저도 린포체님이 투모의 대가이기도 하시다는 말을 들었습니다."

"아직 깨닫지 못한 자들에게는 사람이 쓸 수 있는 권능이 숨겨져 있어. 창조주의 섭리 덕에 오직 이 힘을 제대로 이해한 자들만이 그것을 사용할 수 있지."

"맞습니다. 다양한 분야의 오컬트 대가들에게서 직접 가르침을 받을 수 있는 기회를 마련해주심에 참으로 감사드립니다. 이 모든 것이 린포체님의 큰 관심 덕분입니다."

내가 이 말을 할 때, 그는 아버지가 아들을 바라보는 눈빛으로 나를 사랑스럽게 바라보았다.

시간은 어느새 휙 지나 벌써 자정이 다 되었다.

"자, 이제 자네도 자는 게 좋겠네. 티베트 사람들에 대해서는 내일 좀더 들려줄 테니. 나중에 오크 계곡으로 가다 보면 훨씬 더 많은 것들을 직접 보게 될 거야. 자네의 벗이 오크 계곡에서 자네를 기다리고 있다는 것 알고 있지? 자네도 이제 곧 링마탕을 떠나야 하고."

"링마탕이 갈수록 맘에 들어요. 마치 고향에 온 느낌이에요."

"이젠 자네 고향이야. 오고 싶을 때 언제라도 오게. 항상 문을 활짝 열어두고 기다릴 테니."

게쉬 린포체 같은 위대한 현인이 이런 말씀을 진심을 담아 들려주셔서 가슴이 벅차오르고 행복했다. 내일 해돋이가 선사할 장관을 기대하면서 나는 휴식을 취하고자 잠을 청했다.

7장

✥ ✥ ✥

다음 날 아침 일어났을 때에도 어제 게쉬 린포체가 들려준 내용이 마음에 맴돌았고 좀더 듣고 싶은 마음이 가득했다. 창가에 다가서니 마침 그가 발코니에 서 있는 모습이 보였다. 그는 이제 곧 해가 솟아날 동쪽을 바라보고 있었다.

밖은 어두웠다. 컴컴한 먹구름이 계곡을 뒤덮은 것이 왠지 불길해 보였다. 티베트에서 이런 광경은 처음이라서 무슨 일이 벌어질까 궁금해하던 차, 천둥이 쳤고 그 소리가 계곡 전체에 사방팔방 메아리쳤다. 산으로 둘러싸인 곳에서 천둥이 치다 보니 마치 거대한 총포가 연달아 일제사격을 빠르게 하는 것처럼 들렸다. 아직 빗방울이 떨어지지는 않았기에 나는 게쉬 린포체가 있는 발코니로 나갔다. 그는 깊은 사색에 잠겨 있었다.

"대자연이 취하는 갖가지 양상에 대해 생각해보고 있었네. 어젯밤에는 청명한 하늘에 구름 한 점 없이 별이 총총히 빛났는데, 오늘은 심술궂은 먹구름이 계곡과 언덕에 잔뜩 깔려 있는 것이 언제라도 폭우를 퍼부을 기세군. 곧 불어난 강물이 급류가 되어 소리치겠어."

"네, 오늘은 날씨가 정말로 사납네요." 대답을 마치자 천둥소리가 우리 주위에서 아까보다 크게 울부짖었다. 번개는 100여 미터 떨어진 곳에 있는 거대한 바위 앞쪽을 강타했다. 10억 볼트 전기가 강타한 듯한 소리가 나면서 우리 주위로 섬광이 번쩍였다.

"번개가 사원에 떨어지지 않아서 참 다행이네요."

"아직까지는 사원이 벼락을 맞았다는 기록이 하나도 없다네."

말을 마치기 무섭게 물 폭탄이 떨어졌다. 살다 살다 그런 광경은 처음 봤다.

비가 아니었다. 거대한 호숫물을 통째로 들이붓는 듯했다. 강은 급류가 되어 굉음을 내며 질주를 시작했고 천둥소리 못지않은 소리가 났다.

"폭우가 오래가지 않았으면 좋겠군요."

그는 내 말에 동의하면서 이렇게 말했다. "지금은 대자연이 심술을 부리지만 이제 변덕이 그칠 거야."

말이 끝나기 무섭게 태양이 구름을 뚫고 우리를 에워싸고 있던 히말라야 뒤편에서 살짝 얼굴을 내밀었다. 이윽고 폭풍우는 멈췄고 금세 고요함이 찾아왔다.

"이 지역 산과 강이 본디 이렇다네."

태양은 평소 모습과는 완전히 다르게 다채로운 빛깔을 두르고 하늘로 올라오고 있었고, 아직 먹구름이 남아 심술을 부리고 있었지만 그 모습마저 아름다웠다. 불과 몇 분 만에 전혀 다른 세상에 온 것 같은 느낌까지 들었다. 해가 떠오르자 심술궂은 먹구름은 걷히고 청명한 하늘이 드러났다.

"정말이지 날씨가 이렇게 순식간에 바뀌는 것은 난생처음 봅니다."

"극명한 대조가 이 나라의 특징이야."

그 후 우리는 아침을 들었다. 나는 차와 함께 삶은 달걀 두 개와 토스트를, 린포체는 차와 구운 빵의 일종인 참파만 조금 들었다. 식사를 마치고 우리는 다시 발코니에 나가서 앉았다.

"티베트 사람들이 살아가는 방식에 대해서 더 듣고 싶습니다."

그는 어제 내게 들려준 결혼 관습과 사람들의 사회적 특징들을 떠올려보는 듯했다.

"혹시 유행은 어떤가요? 조금씩이라도 돌고 도는 유행이 있나요?"

"아닐세. 여기는 유행이랄 것이 전혀 없다네. 남녀 모두 수백 년 전 그대로 입고 다니지."

아주 고리타분하다는 생각이 들었다. 나는 속으로 '변화무쌍한 서양 분위기에는 안 통하겠네'라고 생각했다.

마치 내 생각을 읽은 듯이 그는 그렇다고 답했다. "사실을 말하자면, 티베트의 의복 양식 자체가 수 세기 동안 변하지 않았다네. 하층민과 상층민의 의복은 겉모습, 스타일, 질에서 천양지차가 나지. 나라에서 그렇게 법으로 정해놓았기 때문이야. 각 계층 의복의 옷감, 색깔까지 세세히 규정되어 있어."

듣다가 질문이 갑자기 튀어나왔다. "아니, 입을 옷까지 규정하는데도 사람들이 아무 불만이 없나요?"

"없다네. 여러 세기를 거치면서 관습으로 굳어졌거든. 상류층 여성들의 복장이 가장 화려하지. 상류층 여성들은 가정일을 할 때조차도 복장을 허투루 하는 법이 없어. 티베트 여성이라면 누구나 보석과 장신구로 치장하는 것을 좋아해. 여자들 목에 걸려 있는 부적 상자를 본 적 있나?"

"네, 나이와 귀천 상관없이 거의 다 매고 있더라고요."

"부적 상자에는 기도문이 담겨 있는데, 사람들은 이 기도문이 자신을 악에서 보호해준다고 믿는다네. 상류층은 부적 상자를 금으로 만들고 진귀한 보석들을 알알이 박아 넣지. 특이한 문양이 나타나는 마노 구슬은 행운의 상징으로 여겨져 높은 가격에 거래가 돼. 상류층은 옷에다 최고급 옥 장신구를 매달아. 어떤 이들은 진귀한 보석들이 주렁주렁 달린 브로케이드 천을 등에 걸치기도 하는데, 이런 것들은 가격이 수천 파운드에 달하지.

손가락에는 보석이나 자기가 좋아하는 행운석을 박아 넣은 금반지를 끼고 다니고, 귀에는 항상 옥 귀걸이를 착용하지. 그렇게 꾸미는 것을 좋아하면서도 청결에 이렇게 무관심한 곳은 세계 어디에도 없다네.

내가 말을 타고 지나가는 것을 꺼릴 정도로 오물로 뒤덮인 길이 있었는데, 최고급으로 차려 입은 여성들이 아무렇지도 않게 옷을 그 위로 질질 끌면서 걸어가더군. 이렇게 차려 입은 여성들을 오늘 오전에 자네도 직접 볼 기회가 있을 거라네."

그는 그날 아침 열리는, 지역 주요 인사들의 결혼식에서 주례를 선다고 했다. "나랑 같이 가세. 결혼식 장면을 잘 볼 수 있는 명당을 마련해달라고 신랑 측 부모에게 부탁을 해놓았네."

그래서 우리는 마을로 내려갔고, 마을에서 신부가 알록달록 치장한 조랑말을 타고 신랑 집을 향해 가는 모습을 볼 수 있었다.

신부는 알록달록한 스카프로 얼굴을 가리고 있었다. "왜 신부는 얼굴에 스카프를 둘렀나요?"

"아, 홍조로 물든 얼굴을 숨기려는 거라네."

결혼식 음식은 지정된 세 곳에 마련되어 있었다. 셋 다 붙어 있었고 신랑 집과도 가까웠다. 세 군데에서 각각 케이크를 만들고 있었고, 신부와 친구들은 케이크를 조금씩 맛봤다. 신부가 신랑 집에 도착하자, 누군가 신부의 얼굴에 '토르마torma'를 던졌다. 토르마란 라마승이 버터와 보리 반죽으로 단검 모형을 만들어 단단하게 구운 다음 빨강게 칠한 것을 가리킨다.

내가 "별로 좋은 행동 같지는 않은데요"라고 말하자, 게쉬 린포체는 "신부에게 딸려온 악령이 있을 경우 그걸 몰아내려는 의도로 하는 거라네"라고 답했다.

나는 "신부를 맞이하는 근사한 방식이네요"라고 웃으면서 말했다.

신부가 문에 다다르자 신랑과 신랑 어머니가 신부를 맞이했다. 신랑 어머니는 신부 머리에 신성한 다섯 가지 색* 리본이 달린 화살을 얹었다. 나는 이유를 물었다. 린포체는 "신랑 어머니가 신부를 받아들였다는 뜻이라네. 일종의 결혼 증서 같은 역할인데, 사실 저것이 유일한 결혼 증서인 셈이지"라고 답했다.

사람들은 모두 다 신랑 집으로 들어갔고, 신부는 신랑의 오른손 부근에 앉았다. 친척들과 친구들은 갖고 온 선물을 신랑 신부의 발치에 내려놓았다.

그러자 게쉬 린포체는 실크 스카프를 신랑, 신부의 목에 둘러주고는 그들이 부부가 되었음을 선포했다. 그런 뒤 신랑 어머니가 신랑, 신부에게 와서 스카프를 하나씩 더 둘러주었다. 이것으로 결혼식은 끝났고, 참석한 사람들은 모두 밤까지 계속될 피로연으로 이동했다.

나도 음식을 좀 먹었다. 온갖 사탕절임으로 구성된 코스 요리가 열여섯 가지 정도 있었고, 알아서 마실 수 있는 보리 맥주도 넘쳐났다. 얼마 되지 않아 서 있기는커녕 의자에 앉아 있는 것조차 힘들어하는 사람들이 많이 보였다.

게쉬 린포체가 그날 할 일이 또 있어서 우리는 자리를 떠났다. 이

---

* 빨간색은 불, 파란색은 하늘, 흰색은 구름과 흰 눈, 초록색은 초원, 노란색은 대지를 각기 상징한다.

번에는 한 여성을 방문했다. 그녀는 한 집안의 형제 중 형과 결혼했는데, 사실 그녀가 사랑하는 사람은 동생이었다. 형과 결혼하면 동생도 얻을 수 있다고 생각했던 것이다. 하지만 동생이 그 결혼에 조금이라도 엮이기를 거절해 크게 상심한 상태였다.

"동생의 심정에 충분히 공감합니다. 그래서 린포체님께서는 어떻게 하실 생각이십니까?"

"곧 알게 될 거야."

집에 도착하자 꿈을 꾸는 듯 허공을 응시하며 현관에 앉아 있는 여성이 보였다. 우리를 보자 그녀는 깜짝 놀라면서 내려와 게쉬 린포체의 옷단에 입을 맞췄다. 린포체는 그녀 머리에 손을 얹어 축복하고는 티베트어로 "딸아, 일어나서 평화 속에 머물거라"라고 말했다.

너무나 아름다운 모습에 깜짝 놀랐다. 알맞게 자리 잡은 두 눈, 오뚝한 콧날, 아름다운 입과 입술, 모든 것이 아름답게 균형을 이루었고 웃을 때는 가지런한 치열이 드러났다. 그녀의 이름은 노르부^{Norbu}, 아름다운 보석이라는 뜻이었다. 이름마저 잘 어울렸다.

린포체의 말에 따르면, 티베트 사람들은 사람의 이름을 지을 때 장소나 사물의 이름을 따서 짓는다고 한다. 아름다운 산이나 계곡, 꽃이나 보석 같은 이름 등으로 말이다. 티베트 사람들의 이름에는 다 이런 의미가 담겨 있다.

티베트 여성이라면 누구나 다 아이를 낳길 원하는데 노르부는 지난 결혼 생활 동안 아이가 하나도 없었다. 아이가 생기지 않는 결혼은 결혼이 아닌 셈이고 그 자체로 무효 사유가 되기에 충분하다.

동생 탕 라^{Tang La}에 대해 게쉬 린포체와 이야기를 나누게 되자 노르부는 안절부절못했다. ('탕 라'란 평평한 고개란 뜻이다.) 떨리는 목소리

148

로 "왜 탕 라가 집에 돌아오려고 하지 않는지 모르겠어요"라고 말하는 노르부의 푸르고 큰 눈망울에 눈물이 차올랐다.

"노르부, 탕 라도 너를 사랑해. 다만 너를 형과 함께 나눌 수 없을 뿐이란다."

"탕 라에게 갈래요."

"딸아, 그렇게 하렴. 탕 라는 다르질링에 있단다. 히말라야 산맥을 넘는 험준한 여행을 해야 하는데 괜찮겠니?"

"네, 할 거예요"라고 답하고 노르부는 집으로 들어갔다. 나중에 듣기로는 노르부가 히말라야 산맥을 넘어 다르질링에 무사히 도착했고 불교 성직자의 주례로 탕 라와 결혼에 성공했다고 한다. 티베트에서는 드문 로맨스라서 아주 인상 깊었다. 몇 달이 지난 뒤 게쉬 린포체에게 노르부가 어떻게 지내는지 물어봤다. 게쉬는 둘이 행복하게 지내고 있다며, 노르부가 곧 아이를 나을 테니 더더욱 아름답고 찬란하다고 했다.

"둘의 진실한 사랑이 만족스러운 결실을 맺을 줄 알고 있었네. 진정으로 결합된 관계는 그럴 수밖에 없지."

"그러면 남아 있던 형은 어떻게 되었나요?"

"아, 거기도 잘 해결됐다네. 다시 결혼했거든."

나는 '정말로 특이한 나라로구나'라고 생각했다.

우리는 다른 가정도 방문했다. 임종이 가까운 사람이 있어서 친척들이 게쉬 린포체에게 와주십사 연락했기 때문이다. 우리가 도착한 지 얼마 지나지 않아서 그는 죽음을 맞았다. 그런데 게쉬 린포체는 거기에 있는 것만으로도 사람들을 안심시킬 수 있었다. 이런 광경은 난생처음이었다. 마치 새로운 생명이 태어나는 듯했고, 모든 이는 만사가 잘될 것임을 알고 각자 자기 일을 묵묵히 했다.

나는 "앞으로 장례는 어떻게 진행되나요?"라고 물었다.

"내일이나 모레 시신을 장지로 나를 거라네."

"그러면 티베트에서도 시신을 땅에 묻나요?"

"아, 시신을 땅에 묻는 서양의 방식과는 다르다네. 저기 언덕에 독수리 떼가 보이지?"

"네."

"독수리들은 시신의 살점을 떼어먹기 위해 기다리고 있는 거야. 저기 언덕에 보이는 사람들은 라지파^{Ragypa}라고 불리는데, 추방된 자들이지. 그들은 시신에서 살을 발라내서 독수리들에게 먹이로 던져주지. 살을 발라낸 다음 뼈는 개들에게 던져줘서 아무것도 남지 않게 해. 평범한 사람들은 이런 식으로 시신을 처리한다네."

나는 그 광경을 보고 싶다고 말씀드렸다.

"정말로 보고 싶나? 좀 오싹할 텐데."

"하지만 직접 보지 않으면 상상밖에 못 하지 않겠습니까."

"그래, 그럼 가보세. 시신이 항상 한 구 정도는 있으니."

우리는 티베트 말로 '해골들'이라는 뜻의 언덕으로 올라갔고, 그 으스스한 과정을 지켜볼 수 있었다. 라지파들은 작업대 위에 시신을 쫙 펼쳐 곧바로 예리한 칼로 살점을 남김없이 도려냈고, 살점이 나오는 족족 독수리들에게 던져줬다.

독수리들은 새된 소리를 지르다 살점 조각이 그들 손에서 떨어지기 무섭게 활강하면서 부리로 살점을 뚫다시피 낚아챘다.

욕지기가 솟는 장면이었다. (우두머리가 살점을 한 입 먹기 전에는 다른 독수리들이 먹지 않고 기다린다는 점도 특이했다.)

그런 다음에는 뼈를 부러뜨려 개들에게 주었다. 몸통에서 분리된 머리 몇 개가 널브러져 있었는데, 그들은 그 머리를 부수고는 눈과 뇌를 꺼내서 독수리들에게 던져주었다. 그런 다음 가루가 될 때까지 해골을 빻았는데, 친척들이 원하는 경우 빻은 유골을 돌려주었고, 그렇지 않은 경우 그것마저 개들에게 줬다.

"역겨운 광경이기는 했지만 그래도 보기를 잘한 것 같아요."

"현상을 아무 반감 없이 있는 그대로 바라봐야 해. 그러지 못한다면 자네는 자유로운 것이 아니라네."

"지당하신 말씀입니다. 아직 저는 털어내야 할 것이 많습니다."

"일반적으로 사람이 죽고 나면 라마승이 그 집에 가서 일종의 정화 예식을 거행한다네."

"오, 흥미로운데요."

"그것도 가서 볼 텐가?"

"생의 순환을 통째로 보면 좋겠어요. 결혼식도 봤고, 죽는 순간도 봤고, 시신을 처리하는 과정도 봤고, 이제 곧 정화 예식도 보겠죠. 출생 장면까지 본다면 사람의 일생을 전부 다 살펴본 셈이네요. 그러면 티베트인이 태어나고 살아가고 죽는 과정을 통으로 이해할 수 있을 겁니다."

"아마도 지금쯤이면 라마승이 집에 도착했을 거야." 그래서 우리는 다시 그 집에 돌아갔다. 아니나 다를까 라마승이 와 있었다. 아직 정화 예식을 거행하기 전이었고, 그는 린포체를 보자 바로 자리를 내주었다. 하지만 린포체는 그에게 계속 진행하라고 손짓했다.

정화 예식에는 할 일이 꽤 많았다. 라마승은 종이에다 고인의 초상화를 그린 후 불을 붙이고는 타는 과정을 시종일관 유심히 지켜봤다. 만약 밝게 타면 가장 높은 천국에 도달했다는 뜻이다. 불꽃이 붉게 타면서 퍼지면 그 영혼이 살던 집을 떠났다는 뜻이다. 타는 중 연기가 나면 아직 집 주변을 서성이고 있다는 것이다. 연기가 날 경우 라마승은 영혼에게 어서 집을 떠나 가족들을 더 이상 괴롭히지 말아 달라고 간청한다. 다시 환생할 수 있을 때까지 편히 머물 곳을 찾으라고 영혼에게 권한다.

나는 게쉬 린포체에게 이렇게 말했다. "죽음이 존재하지 않는다는 것을 알려준다는 점에서는 이 예식이 맘에 듭니다. 그래도 종이가 타는 방식을 놓고 이러쿵저러쿵하는 것은 그냥 미신에 불과하다고 생각해요."

"자네 말이 맞네. 하지만 남아 있는 자들에게는 큰 위로가 되지. 그들은 그렇게 믿고 있고 아직은 우리처럼 진리를 받아들일 준비가 되어 있지 않으니."

"거짓을 제대로 알아볼 만큼 성숙하기 전에는 종교가 필요한 사람들도 있다는 것을 잘 알겠습니다. 거짓인 것들을 간파하고 나면 참인 것도 깨달을 겁니다."

"자네가 본 것은 평범한 사람이 죽음을 맞이하고 시신을 수습하고 집을 정화하는 과정이었는데, 고위 라마승들의 장례 절차는 상당히 다르다네. 그들의 시신은 별도 안치소에 보관되고 무덤에는 순금으로 판을 대어 값진 보석까지 알알이 박아 넣지. 내부에는 금으로 된 상들이 놓여 있고 진귀한 브로케이드도 걸어놓아. 그 격차는 천양지차라 상상조차 하기 어려울 지경이야. 그동안 다닌 사원에서 이런 무덤들도 일부 봤겠지만, 달라이 라마의 무덤은 수준이 완전 다르니 꼭 한번 보고 가게나."

"네, 떠나기 전에 달라이 라마의 무덤에 꼭 들르겠습니다. 그런데 티베트에 들어올 권한이 있는 소수 고위 관료들은 왜 그다지 중요하지도 않은 피상적인 것들만 긁어모으는 데 골몰하고 생명의 진정한 신비는 탐구하지 않는 걸까요?"

"자네도 답을 알고 있잖나. 내가 말해주지 않아도 자네 스스로 답할 수 있을 거야."

나는 아무 말도 하지 않았다. 그의 말씀이 참으로 옳다고 생각했다. 그런 질문을 한 것 자체가 어리석었다. 나도 그 이유는 잘 알고 있었다. 그들은 허상에 깊이 빠져 있어 실재에 대해서 아무것도 모르기 때문이었다. 피상적인 것에 머무는 자들은 피상적인 것들만 이해할 수 있을 뿐이다. 생명의 실재를 놓치고 산다는 것은 진정 비극이다.

잠시 침묵 속에서 각자 생각할 시간을 가졌다. 침묵 속에서도 마음은 통했는지 비슷한 생각을 하고 있었나 보다. "모레가 되면 자네는 다시 떠나겠군. 고된 여정을 위해 내일은 준비도 하고 휴식도 취해야지. 자네의 벗이 자네를 부르고 있는 것이 느껴진다네."

"저도 알지만 차마 발걸음을 떼지 못하겠어요."

"우리 모두는 이별하는 법도 배워야 해. 너무 행복해서 마냥 머물고 싶을 때도 있겠지만, 다른 곳에도 자네가 필요하다는 것을 기억하게. 자네가 이 사명을 받아들였을 때, 자네가 필요한 곳이면 어디든지 기쁘게 가겠노라고 마음먹지 않았나."

"네, 저도 잘 알고 있습니다. 계속 머물고 싶은 곳들이 수도 없이 있었지만 영의 권능이 몸의 힘보다 강하다는 것을 깨닫고 안내를 따라 계속 나아갔습니다."

✦✦✦✦✦

지금 쓰고 있는 이 책을 왜 진작 쓰지 않았을까 가끔 나 자신에게 의문이 들곤 한다. 나는 《당신이 사용할 수 있는 높은 차원의 힘》(The Higher Power You Can Use)를 제일 먼저 썼고, 그 후로는 《나는 생명이다》(I am the Life), 《당신을 치유하라》(Heal Yourself), 《영과 마음의 치유》(Spiritual and Mental Healing), 《나의 것은 당신의 것입니다》(What is Mine is Thine) 1부와 2부, 《당신을 이완하고 되살리는 법》(How to Relax and Revitalise Yourself), 《심신의 신유》(Divine Healing of Mind and Body: the Master speaks again)*, 《날마다 새로워지는 당신의 삶》(Your Life renewed every Day)를 차례대로 집필했고, 이제 이 책을 쓰고 있다.

지난 세월을 되돌아보니, 이 책들 모두를 관통하는 큰 흐름이 보인다. 책을 쓰기 위해 내가 따로 준비한 것은 없었지만 차례차례 이어졌던 책들은 서로 아귀가 딱 들어맞는다.

앞서 말했듯이 신의 뜻이라면 이 이야기와 이어지는 내용**을 더 쓰고자 한다. 할 말이 아직 많이 남아 있는데 여기서 다 풀어내기에는 지면이 부족하기 때문이다. 게쉬 린포체가 이렇게 말할 것만 같다. "그래, 자네가 육체를 입고 있는 한 집필을 계속하게."

이곳을 떠나는 날의 아침이 밝고야 말았다. 나는 게쉬 린포체에게 작별 인사를 했다. 그의 얼굴에서 사랑을 느꼈고, 그 역시 내 사랑을 느꼈을 것이라고 확신한다.

---

* 이 원서는 《마음과 몸의 거룩한 치유》, 《그리스도의 강론》 등의 여러 이름으로 국내에 알려져 있다.
** 본서의 2부

그를 뒤로하고 계곡을 향해 사원 계단을 내려갔다. 나는 몇 차례나 다시 뒤돌아봤고, 그는 작별 인사를 나눴던 그 자리에 계속 서 있었다.

나는 소리 내어 혼잣말을 했다. "게쉬 린포체님, 모두가 당신을 사랑하는 것은 지극히 당연하군요. 진정한 친구에게 바랄 수 있는 모든 덕목을 갖고 계십니다. 사랑, 연민, 지혜, 이해, 친절, 용서, 이 모든 것을."

한번은 내가 게쉬 린포체에게, 내가 종종 그에게 골칫거리가 되는 것 같다고 말한 적이 있었다. 하지만 그는 이렇게 말했다. "결코 그렇지 않네. 나는 육은 약하지만 영은 강하고, 결국에는 영이 성공을 거둬 자유를 누린다는 것을 알고 있어. 자네는 자신의 약함을 잘 알고 있기 때문에 타인을 관대하게 대할 수 있는 거라네. 이런 과정을 거치지 않고서는 치유자가 될 수 없어. 비난도 판단도 하지 말게. 우리가 무슨 자격이 있어서 남을 판단할 수 있겠나? 우리는 자신 안에 깊이 박혀 있는 것을 타인에게서 보고 있을 뿐이야."

나는 그의 말을 결코 잊은 적이 없다. 나는 그의 말을 통해 그의 위대함을 엿볼 수 있었다.

오크 계곡에 도착하자 사원은 거의 보이지 않았다. 홀연히 외로움이 나를 덮쳤다. 같이 왔더라면 분명 린포체는 이런저런 재미난 이야기를 많이 들려주었을 텐데.

우리는 링마탕을 뒤로하고 가우차Gautsa라는 곳으로 이어지는 길을 걸었다. 링마탕에서 20킬로미터 정도 거리에 있는 가우차에는 오두막이 있어서 거기서 밤을 보냈다. 길은 매우 험했다. 산에서 녹아 내린 눈으로 강물은 크게 불어 있는 상태였고 강은 좌충우돌 계곡과 부딪히며 세차게 흘렀다. 우리는 산길에서 강가로 내려가야 했는데, 산의 경사가 가팔라서 아주 힘들었다. 깎아지른 절벽을 그냥 쭉 타고 내려가야 하는 구간도 있었다. 그래도 결국에는 크게 불어 있는 강을 따라 나 있는 돌투성이 길에 도착했다. 군데군데 강과 길이 바짝 붙어 있어서 위험한 곳도 있었다. 강 여기저기에 야생장미와 다른 꽃들이 무리 지어 피어 있는 모습은 장관이었다.

이때까지 나는 스냅사진을 수도 없이 찍었는데, 이제는 사진 찍는 것도 별로 내키지 않았다. 아름다운 광경이 지천에 널려 있는데 그중에 따로 골라서 찍는다는 것이 너무 어려웠기 때문이다. 그래서 이제는 아름다운 광경을 봐도 아마도 훨씬 더 아름다운 광경이 또 나타날 것이라고 되뇌곤 한다. 볼거리가 넘칠 때 벌어지는 현상이다.

산의 옆쪽에 라마승들의 거처가 여럿 보였다. 게쉬 린포체가 들려줬던 말이 떠올랐다. "은둔 생활을 하는 방식으로는 진리를 발견할 수 없다네." 그래서 나는 내 갈 길을 갔다. 잠깐 멈춰 구경하고 싶은 생각이 여러 차례 들기도 했지만, 시간이 제한되어 있다 보니 멈추지 않고 나아갔다.

우리는 다시 강바닥을 떠나 산길을 따라 올라갔다. 계속 오르락내리락하다 보니 지루했다. 그러다 공터에 도착했다. 나무들 사이로 평원이 보였다. 푸른 풀이 평야를 빽빽하게 덮고 있었고 야크 수백 마리가 풀을 뜯고 있었다. 야생화도 흐드러지게 피어 아름다움을 더하고 있었는데, 저 아름다움을 필름에 담을 수 있을지 의문이 들었다. 물론 불가능할 것이다. 그래도 결국 나중에 사진을 찍었고, 사진을 통해 그날의 모습을 생생하게 떠올릴 수 있었다.

그런 다음 우리는 야생 중 야생인 곳에 들어섰다. 너무나도 현격한 차이라 차이를 인지하는 것조차 불가능할 정도였다. 이제 길의 폭은 60~90센티미터밖에 되지 않았는데, 굉음을 내면서 돌진하는 강을 옆에 두고 난 길을 따라 뱅뱅 돌아가야 했다. 중간중간 공터가 나와서, 야생화로 채색되고 많은 야크가 노니는 아름다운 계곡을 다시 엿볼 수 있었다. 강 건너편에 그날 묵을 숙소가 보였다. 숙소에 도착하면 야생화로 뒤덮인 이 사랑스러운 자연 카펫을 다시 볼 수 있겠다는 생각이 들었다. 우리는 다리에 도착했고 한 걸음 한 걸음 조심스레 내디디며 강을 건넜다. 오늘보다 두 배 이상의 거리를 여행했던 때도 있어서 오늘 그다지 많이 걸은 것은 아니었지만, 강을 따라 수도 없이 오르락내리락해서인지 저녁이 되자 피곤이 확 몰려왔다.

여행을 마치고 먹는 저녁 식사는 언제나 꿀맛이다. 식사를 마치자 내 짐꾼이 아코디언을 꺼내 연주했다. 잠자리에 눕자 그 짧은 기간 동안 나한테 벌어진 일들이 스쳐 지나갔고, 행여 내가 꿈을 꾼 것이 아닐까 의심도 들었다. 이 모든 일이 정말로 일어났던 것인가?

지난 몇 주 동안 내가 겪은 일만 정리해도 족히 책 한 권은 될 것이다. 하지만 그것은 내 책을 공부하려는 독자에게 별 도움이 안 될 것이다. 내가 경험한 일에 대한 단순한 묘사 그 이상의 것을 원한다면, 각자가 생명과 생명의 의미에 대해 탐구함이 지당하다.

티베트를 여행하는 내내 기도 깃발을 숱하게 마주쳤다. 위험한 곳에는 어김없이 기도 깃발이 걸려 있었다. 위험한 길을 내딛는 여행자의 발길이 무사하고, 산사태가 피해 가기를 바라는 기도문이었다. '배려심이 깊은 사람들이구나.' 기도 깃발을 보고 코웃음 치는 사람들도 많겠지만, 내 생각은 다르다. 길을 지나가는 사람이 안전하기를 바라는 염원이 깃발마다 서려 있음을 알기 때문이다.

다음 날 우리는 파리 종^{Phari Dzong}까지 여행했다. 계곡을 벗어나자 우리가 어제 힐끔 봤던 광활한 목초지에 들어섰다. 참으로 비옥하고 아름다운 땅이었다. 야크 수백 마리가 야생화 사이에서 풀을 뜯고 있었다. 산을 타고 인도로 야크 털을 실어 나르는 다른 야크 무리도 보였다.

그동안 인도는 내게 수천 킬로미터 떨어진 전혀 다른 바깥세상이라고 여겨졌다. 그런데 저 멀리 파리가 보였다. 파리는 해발 약 4,500미터에 자리한 세계에서 가장 높은 마을이자 가장 더러운 마을로 명성이 자자한 곳이었다.

마침내 우리는 파리 경계와 아주 가까운 계곡의 끄트머리에 있는 오두막에 도착했고 여기서 밤을 보냈다. 평소와 다름없이 저녁을 들었고 내 짐꾼은 아코디언을 연주했다. 다음 날 평소대로 아침을 먹고 다시 바로 출발했다.

이제 우리는 파리에 들어섰다. 이 광경을 어찌 형언할 수 있을까? 파리 주위로 가장 아름다운 목장이 펼쳐져 있었고, 야생화로 알록달록한 것이 어떤 면에서는 춤비 계곡보다 더 아름다웠다. 야크, 티베트 양, 염소 등 온갖 종류의 동물들이 풀을 뜯고 있었다. 온갖 새들도 우리를 환영이라도 하듯 지저귀면서 주위를 날아다녔다. 전에 한 번도 본 적이 없는 자그마한 동물들도 보였는데, 대부분은 지하 굴에서 사는 새앙토끼*라는 것을 알게 되었다.

하지만 정작 마을 자체가 이 장관의 흠이었다. 이 마을은 수 세기 동안 청소를 단 한 번도 한 적이 없다. 사람들은 썩은 고기와 잡동사

---

* 설치류처럼 생겼지만 토끼과에 속하는 포유류. '꺅꺅' 하고 새와 비슷한 소리로 운다.

니를 그냥 문밖에 내버리고, 눈과 서리가 쌓이고 쌓여 지붕마저도 보기 힘들 지경이었다. 화장실이라는 것 자체가 없다 보니 남녀노소 거리에 쪼그리고 앉아 볼일을 보고는 아무도 치우지 않았다. 이런 상황이 가능하다는 것이 믿기지 않았다.

그들 중 씻는 이는 아무도 없었다. 고약한 냄새가 나는 야크 버터를 바르는 것이 고작이었다. 그래서 그들의 옷에는 야크 버터가 굳어 두텁게 붙어 있었다.

그래서 나는 지체 없이 파리를 빠져나와 오크 계곡으로 향했다. 내 벗을 다시 볼 수 있다는 생각에 한껏 고양되었다. 칼림퐁에서 처음 만났고 나보다 나를 더 잘 알던 내 벗을 이제 곧 다시 만날 참이었다.

내게 훌륭한 친구들이 있다는 사실이 새삼스러웠다. 그들은 초자연적인 친구들이 아니라 자연스러운 친구들이다. 게쉬 린포체가 말했듯이, 초자연적인 사람이나 초자연적인 현상 같은 것은 없다. 초인이란 개념은 초인과 범인, 두 종류의 사람이 있다는 믿음에서 나오지만 실상은 그렇지 않다. 초자연적인 현상처럼 보이는 것들도 제대로 이해하고 나면 완벽하게 자연스러울 따름이다. 나는 이 사실을 이미 배워 알고 있었다. 떠나고 싶지 않은 마음이 굴뚝같았지만, 운명의 나침반은 다른 길을 가리켰다. 그들은 내가 도로 세상에 가서 일을 하는 것이 세상에 도움이 된다고 했다. 그들이 여건상 할 수 없는 일을 내가 세상에서 할 수 있기 때문이라면서.

그들에게는 사람의 이해를 넘어선 깊은 앎이 서려 있었다. 예수의 말씀이 떠올랐다. "나를 믿고, 나를 보내신 분을 믿으라."

보다 빠른 걸음으로 우리는 바람이 면전에 돌을 날릴 정도로 세찬 곳을 지나 오크 계곡으로 내려갔다.

바람이 정말 무서울 정도로 거셌다. 정적에서 회오리바람이 불쑥 튀어나오고, 회오리바람에서 정적이 튀어나오는 듯했다. 참으로 극단적이라는 생각이 들었다.

초모라리^{Chomo Lhari} 산의 차디찬 기후에서 매서운 바람이 불어와 얼굴이 차갑게 굳고 손가락의 감각이 둔해졌다.

나는 짐꾼에게 물었다. "지금은 한여름인데 이게 말이 돼?"

짐꾼은 이렇게 답했다. "선생님, 태양이 뜨면 좀더 따뜻해집니다."

"그래야 할 텐데. 그렇지 않으면 투모라도 해야겠어."

이날 초모라리 산은 특히 더 아름다웠다.

16킬로미터가량 떨어진 곳에는 까마귀 한 마리가 날고 있었는데 마치 우리 머리 위로 곧장 떨어지는 듯이 보였다.

오른쪽 길을 따라 수 킬로미터를 걷자 정상에 다다랐고 이내 길은 오크 계곡으로 이어졌다. 그 길을 따라 걷다 보니 초모라리 산의 눈 덮인 정상이 비치는 작은 호수를 지나쳤고 저 멀리 우리가 건널 강이 보였다. 강 너머에는 초모라리 산의 아랫부분을 가리고 있는 작은 산들도 보였다. 정상이 만년설로 뒤덮여 있는 초모라리 산은 이날 자신의 웅장함을 한껏 드러내고 있었다.

태양은 이미 어느 정도 떠오른 상태였지만 눈에서 반사된 오렌지 빛이 남아 있다 보니 마치 초모라리 산이 언제라도 머리 위로 떨어질 것 같은 착각이 들 정도였다. 얼마나 넋을 잃고 서 있었을까. 바깥세상에는 알려지지 않은 이 진귀한 광경에 나를 잃었다.

이번 길은 해발 4,500미터 높이에 있기는 했지만 상대적으로 편안한 길이었다. 몇 킬로미터 지나지 않아 저 멀리서 왠지 익숙하고 사랑스러운 광경이 드러났다. 산의 가파른 면에 숨어 있던 오크 계곡의 장엄한 사원이었다.

나는 짐꾼에게 이렇게 말했다. "세상에, 저기까지는 또 어떻게 가지? 아침부터 저녁까지 저기서 보는 초모라리 산의 모습이 굉장하겠어. 대자연의 온갖 변화를 다 지켜볼 수 있겠네."

짐꾼에게 이 말을 마치자마자 100여 미터 떨어진 곳에 내 벗이 보였다. 그는 친구가 줄 수 있는 사랑 그 이상으로 나를 부드럽게 맞이했다.

"그동안 나는 자네를 양탕, 곤사카, 타코후까지 따라다녔다네. 다르창과 말라파, 특히 탕 라에게 깊은 인상을 남겼더군."

"어떻게 그걸 다 알고 계세요?"

"젊은 벗이여, 나도 거기에 있었다네."

그가 아스트랄계에서 이동하는 것이 내게 숨 쉬는 것만큼 쉽다는 것을 나는 잠시 잊고 있었다.

그는 이렇게 말하면서 웃음을 지었다. "이곳은 참 아름답지? 여기서 많이 배워보세. 이 산에서 해돋이와 해넘이를 보고 있노라면 추위 정도는 감수할 수 있을 거라네. 아, 잠시 잊고 있었는데, 자네도 이제 투모 기술을 배웠으니까 추위도 별문제가 되지 않겠군."

나도 같이 웃으면서 말했다. "그랬으면 좋겠어요. 투모를 시험해볼 좋은 기회네요."

"이곳에서 나는 자네가 영감을 더욱 능숙하게 받을 수 있도록 도울 것이라네. 특히 지고의 영적 근원으로부터 말이지. 여기는 참으로 높고 외진 곳이라서 연습 장소로 안성맞춤이야."

"이제 생각으로써 소통하는 실력이 많이 늘었습니다."

"하지만 이 작업은 훨씬 더 어렵다네. 높은 의식이 내게 드리워지게 해야 하니까. 이 방식은 직접적으로 연결이 되기 때문에 메시지를 훨씬 더 완벽하고 확실하게 수신할 수 있어. 이를 위해서 마음은 고정 관념을 전부 털어내고 자유로워야 해. 그렇지 않으면 전해 받은 내용을 자기 마음에 있는 생각들로 왜곡해버리거든.

자네 두뇌를 우리가 완전하게 통제하는 것은 불가능해. 우리가 자네 두뇌를 사용하려면 자네를 자네 몸 바깥으로 꺼내야 하겠지만, 엄청난 영적 힘을 사용해야 하기에 그 방법은 적합하지 않다네. 자네한테 그런 일을 하는 것은 옳지 않지. 자네 신체의 메커니즘은 우리에게도 너무 소중해서 우리는 절대로 해를 입히지 않을 거야."

"그렇게 말씀해주시니 기분이 우쭐해지는군요." 나는 웃으면서 이렇게 답했다.

"그렇지 않아. 자네는 영매 중에서도 아주 드문 유형이야. 그렇게 타고났어. 자네는 이 일을 위해 태어났거든."

"전에도 이 이야기를 들어본 적이 있습니다."

"맞아. 앞으로도 이 이야기를 또 듣게 될 거야." 그는 진지하게 이런 말을 덧붙였다. "우리는 자네가 영적인 힘을 어느 정도까지 감당할 수 있는지 확인하고 싶다네. 이 일이 성공한다면, 예수께서 직접 자네를 쓰실 거야."

"하느님, 맙소사. 저는 그럴 자격이 없어요."

"어쩌면 그럴지도 모르지. 하지만 자네는 선택받았네."

"그것이 사실이라면 무슨 시험이든 기꺼이 임하겠습니다."

그때쯤 우리는 사원에 도착했다.

"그런데 이 모든 일을 글로 쓴다고 생각해보세요. 너무 기묘한 내용이라 아무도 믿지 않을 거예요."

"무지와 편견에 빠진 자들은 믿지 않겠지. 하지만 이 메시지는 그들을 위한 것이 아니라네. 몸을 초월한 자들과 지상에서 이 메시지를 보고 듣기로 선택된 자들을 위해 의도된 거야. 이 메시지는 앞으로 토씨 하나도 빠짐없이 적힐 것이라네."

이제야 나는 그때 그 말씀이 얼마나 의미심장한 것이었는지 깨닫는다. 그 말씀이 없었다면, 《심신의 신유》(Divine Healing of Mind and Body)는 결코 기록될 수 없었을 것이다.

사원을 향해 가파른 계단을 한참 오르다 뒤돌아봤는데 생각보다 매우 높이 올라와 있어서 "어! 우리가 이렇게 높이 올라온 줄 전혀 몰랐어요"라고 말했다.

이 말을 들은 그는 의미심장한 웃음을 지었다.

8장

❖ ❖ ❖

오크 사원은 모든 면에서 양탕 사원과 비슷했다. 나는 내 벗의 옆방으로 숙소를 안내받았다. 원래 사원장의 여분 공간인 이곳은 침실과 푹신한 쿠션이 있는 방으로 구성되어 있었다. 바닥에는 티베트 양탄자가 깔려 있어서 아늑하고 편안해 보였다.

사원보다 높은 곳에 있는 눈이 녹아 사원 옆으로 흐르는 덕에 물이 풍부했다.

씻고 정리를 마친 뒤 나는 스물다섯 살에 못 미치는 젊은 라마승 창 타파Tsang Tapa를 소개받았다. 그는 매우 총명해 보였으며 사원에서 신탁을 담당했다. 게쉬 린포체가 발굴한 인재였는데 그를 찾아낸 방식이 참으로 동화 같다. 게쉬 린포체가 직접 내게 들려준 바에 따르면 이렇다.

게쉬 린포체는 여행 중 에베레스트 산 뒤편에 있는 골짜기에서 열다섯 살의 창 타파를 우연히 만났다고 한다. 당시 린포체는 며칠 동안 아무것도 먹지 못한데다가 그날도 먹을 것을 구하기 힘들어 보였다. 그런데 한 소년이 난데없이 나타나서 그에게 음식을 주었다는 것이다. 그런 후 소년은 곧장 트랜스 상태에 빠졌고 밀라레파가 그를 통해 말하면서 창 타파가 지닌 놀라운 힘을 보여주었다.

게쉬 린포체는 이 소년을 통해서 자신에게 말하고 있는 이가 위대한 기적을 많이 행했던 진짜 밀라레파라는 것에 대해 한 치의 의심도 없었다. 소년은 트랜스 상태에서 나온 뒤, 린포체가 이제 곧 여기로 올 것인데 먹을 것이 없다는 이야기를 들었다고 말했다. 그래서 음식을 챙겨 나온 것이라고 했다. 소년은 그를 비밀 통로로 데려가 수많은 야크를 방목하고 있는 장엄한 분지로 안내했다. 린포체가 소년에게 야크 떼가 누구 것인지 묻자 소년은 "스님, 제 것입니다"라고 답했다.

"그런데 부모님은 지금 어디 계신가?"

"먼 곳에 계십니다, 스님."

그러자 린포체는 소년이 이토록 외진 곳에 어떻게 왔는지 궁금해 이유를 물었다.

소년은 "아, 저는 이런 식으로 이동합니다, 스님"이라고 답한 뒤 룽곰파를 시작했다.

이토록 어린 소년이 룽곰파를 한다니 참으로 기이한 일이었다.

"그러면 누가 너를 가르쳤느냐?"

"이분이십니다, 스님."

"'이분'이라니, 누구?"

그러자 소년은 마치 누가 옆에 있는 것처럼 다시 '이분'이라고 답했다. 게쉬는 단번에 이 아이가 자신이 이제껏 만났던 타고난 영매 중 가장 뛰어난 영매임을 알아차렸다. 게쉬는 칼림퐁에 살고 있는, 자기가 아는 위대한 요가 수행자에게 소년을 데려갔다.

그렇게 창 타파는 7년 동안 그 요가 수행자와 함께 지냈고, 지난 3년 동안은 오크 사원에서 신탁승으로 활동했다. 지금 그는 사원장보다도 지위가 높다.

나는 이 이야기에 매료되어 창 타파에게 힌두스타니어로 말을 걸었는데, 그는 놀랍게도 영어로 답했다. 정말 뜻밖의 일이라 대단히 놀랐다.

그가 인도의 요가 수행자와 지내는 동안, 분명 요기는 그를 칼림 퐁에 있는 영국 학교에 보냈을 것이고, 그의 학습 능력은 너무 뛰어 나서 타의 추종을 불허했으리라. 나중에 나도 창 타파가 정말로 훌륭한 인재라는 것을 확인했다. 그의 영매 능력은 놀라울 정도로 깔끔하고 명료했다. 우리는 서로 좋은 친구가 되었다. 나는 그의 영매 능력을 통해 육신을 벗어난 사람들을 많이 만날 수 있었고, 그가 전하는 내용은 매우 정확해서 그를 통해 말하는 자의 신원을 의심할 필요가 전혀 없었다.

나는 이 사원의 총책임자인 사원장과도 인사를 나눴다. 사원장도 영어를 구사할 수 있다 보니 통역이 필요 없어 대화가 아주 편안했다. 그는 아주 유쾌한 사람이라 우리를 쉴 새 없이 웃게 만들었다. 그의 웃음은 전염력이 너무 강해서 나도 계속 웃을 수밖에 없었다.

나는 갖고 다니던 비스킷 깡통을 꺼내 넷이서 나눠 먹었다. 이 비스킷은 최고의 선물이었다. 우리는 비스킷을 차와 함께 야금야금 먹으면서 한 통을 다 비웠다.

사원의 음식은 아주 훌륭했다. 야크 고기, 보리, 감자, 참파, 야크 버터, 우유, 크림, 치즈로 구성된 식단이었다. 구운 닭고기와 구운 감자도 최소 일주일에 한두 번은 제공되었다.

저녁이 가까워지자 나는 초모라리 산의 해넘이를 보고 싶다고 말했다. 우리는 중앙 홀의 가장 높은 곳으로 올라갔다. 홀의 지붕은 평평했고 그 아래로는 계곡이, 그 너머로는 초모라리 산이 보였다.

내가 본 것을 설명하려고 시도는 하겠지만, 말로 그 아름다움을 옮긴다는 것은 불가능하다.

해는 우리 뒤로 넘어가 초모라리 산의 어깨에 살포시 내려앉기 시작했다. 그런 해넘이 광경은 처음이라 당시의 분홍빛을 어떻게 말로 옮겨야 할지 모르겠다. 분홍빛이 검붉은 빛으로 바뀌는 동안 자줏빛 연무가 계곡에서 피어올랐다. 자줏빛 연무는 점점 어두워지더니 결국 구름으로 변했고, 산을 타고 오르면서 조금씩 산을 덮더니 어느덧 정상만 태양 빛을 받아 붉게 물들었다. 얼마 지나지 않아 산 정상마저 사라져버렸다. 구름이 산과 계곡을 찬란하고 거대한 담요처럼 덮는 동안 자줏빛과 빨간빛이 어우러지면서 빛의 스펙트럼이 펼쳐졌다. (도저히 형언할 수 없는 내용이라 언어의 한계를 더욱 절감한다.)

해돋이도 똑같이 아름다웠으나 색깔의 순서는 정반대였다. 해가 떠오르기 시작할 때 빛의 담요가 사라지기 시작했고, 색깔 구성도 정반대로 펼쳐졌다.

전율할 아름다움, 절대 잊을 수 없는 경험이었다.

우리는 매일 해돋이가 시작되기 전에 이미 일어나 있었다. 할 일이 많았기 때문이다. 처음이라 어떻게 일이 진행될지 몰랐지만 만사가 잘 풀리고 성공할 것이라 확신하며 만족해했다.

내 벗은 스승의 지위를 나타내는 법복을 둘렀다. 그의 지혜와 지식은 심오했다. 그는 게쉬 린포체와 같은 수준이었다.

내 벗은 맑은 목소리로 말을 하기 시작했고, 나는 그가 아주 중요한 내용을 전하리라는 것을 알았다. 우리 모두는 귀를 기울였다.

내 벗은 이렇게 말했다. "진리는 마음에서 창조되는 것이 아니라네. 종교를 창조한 것은 사람이지만 정작 종교가 사람을 지배하고, 문명을 창조한 것 역시 사람이지만 문명이 도리어 사람을 약탈하고 있지. 자신을 인도해줄 무언가를 본인이 원하고 있다는 사실을 사람들은 모른다네. 그래서 노예로 전락하고 말아.”

본인 종교가 언급된 창 타파가 이를 어떻게 받아들일지 궁금해서 나는 그를 바라봤다. 내 친구는 내 생각을 읽었는지 이렇게 말했다. “창(내 벗은 그를 이렇게 불렀다)은 염려하지 않아도 된다네. 창은 오래전에 노예의 차꼬를 끌렀으니.”

나는 창에게 뭔가를 물어보려고 했는데 내 벗은 바로 말을 이었다. “많은 사람들이 통합에 대해 이야기하지만 정작 본인들은 분열과 분리에 집착하지. 그들은 자신의 신조, 국적, 종교적 믿음, 정치적 차이를 포기하기를 거부해. 이미 이런 것들이 그들을 묶고 있어서 그것들이 거짓임을 알아보지 못한다네. 사람과 사람을 가르는 것은 종교든 국적이든 관념이든 믿음이든 죄다 거짓일 수밖에 없어. 실재 안에서 분열이란 결코 없기 때문이지.

그들은 평화와 자유를 발견하기 위해서는 기도나 명상을 해야 한다고 말하지. 그래서 그들은 평화라는 관념, 자유라는 관념을 두고 명상을 하지만 도리어 더욱 구속돼버린다네. 자기 마음에 있는 것들로 인해 자신이 어떻게 묶여 있는지 또 그것들이 어떻게 형성되었는지 스스로 이해하지 못한다면, 명상을 하든 기도를 하든 다 부질없는 일이야. 무엇이 분리를 일으키는지 모른다면, 일치든 평화든 자유든 무슨 이름을 갖다 붙이든 죄다 관념에 불과하다네.”

나는 “게쉬 린포체와 거의 비슷하게 말씀하시네요”라고 말했다.

그는 이렇게 답했다. “사람을 자유로 이끄는 유일한 길은 그가 어떻게 묶여 있는지 보여주는 것밖에 없다네. 나는 자네를 해방할 수 없어. 자신을 해방하는 일은 자신이 직접 할 수밖에 없네. 그때라야 자네는 모든 창조물 배후에 있는 강력한 창조적 권능을, 자네 마음 너머에 있는 사랑과 지혜를 발견할 거야. 그것은 자네 마음이라는 도구를 통해서 표현되지. 하지만 마음이 거짓된 것들로 꽉 차 있다면 어찌 그것이 마음을 통해서 현현될 수 있겠나? 그때 자네는 사랑과 지혜와 그리스도 영의 권능이 아니라 자신의 제약된 상태를 표현할 뿐이라네.

그래서 내가 자네를 여기로 데려온 거야. 자네 마음은 주 예수의 의식을 받아들일 수 있을 정도로 깨끗이 치워져야 해. 그러지 않으면 자신의 조건을 표현하게 될 뿐이니. 자네가 이곳을 떠난 후에도 아직 자네 마음은 우리가 원하는 일을 할 정도로 완벽히 준비되지 않을 거야. 그래서 자네는 세상 속으로 들어가 사람들 속에서 수년간 수련을 계속해야 해. 마음이 날조한 것은 진리가 아님을 보여줌으로써 우리는 자네를 준비시키고 있다네. 이 연습을 일상 속에서 꾸준히 해나간다면, 자네 마음은 자네가 이곳에서 갑절의 기간 동안 더 머무는 것보다도 깨끗해질 거야. 자네가 세상에 나가 일하는 동안에도 우리는 자네를 도울 걸세. 자네만 돕는 것이 아니라 자네가 돕고 있는 사람들까지도 도울 거야."

또 한 번 나는 이렇게 말했다. "사람들이 제 말보다는 위대한 성인들 말씀에 귀 기울여야 한다고 봐요."

"자네는 이 일을 위해 태어났네."

"하지만 이렇게까지 세세하게 우리 운명이 정해진 것은 아니지 않습니까?"

"아버지께서 허락하시지 않으면 참새 한 마리조차 땅에 그냥 떨어지지 않는다고 주께서 말씀하시지 않았나?"

그가 답변할 때마다 말문이 막혔지만, 마지막으로 이 한마디는 꼭 해야겠다 싶었다.

"음, 그러면 저는 제가 하고 싶은 대로 할 자유가 없는 거네요."

"아닐세. 자네는 외부의 강요를 받는 게 아니라 내부로부터 피어난 갈망을 따르고 있을 뿐이야. 그 갈망은 이제 열망이 되어 자네 가장 깊은 곳에 뿌리를 단단히 내릴 걸세."

"그런 경우라면 운명의 나침반이 저를 어디로 이끈다 하더라도 그 일보다 더 하고 싶은 일은 없을 것 같습니다."

"자, 그러면 다시 주제로 돌아오세. 자네 마음에서 허상이 조금 더 걷히거든 곧장 실제 작업에 들어갈 수 있을 거야. 마음 같아서야 지금 당장이라도 시작하고 싶지만 말이야.

개체성이라는 개념을 계속 간직하는 한, 관계에서 겪는 갈등에서 결코 벗어날 수 없다네. 그러므로 진정한 명상, 진정한 기도는 자네를 안팎에서 계속 지배하고 있는 갈등의 원인에 무지한 채 특정 관념에 집중하는 것이 아니라 거짓된 것을 찾아내는 거야.

사람들은 소위 '만트라'라는 것을 읊조리는데, 이것이 곧 명상이요 기도가 아니겠냐고 착각하지만 사실 그것은 자기 최면에 불과하다네. 특정 관념에 헌신하는 것은 명상이 아냐. 다른 이를 숭배하는 것도 우상 숭배이자 어리석은 미신일 뿐이고. 특정 관념이나 그림에 대고 헌신하는 것은 명상이 아니라 그냥 자신에게서 도망치고 있는 것에 불과하지. 안락한 도피일 수는 있겠지만 그래봤자 이해가 결여된 도피일 뿐이야. 세상이란 곧 사람들이고, 사람들이 곧 세상이야. 그렇다면 자네가 곧 세상이고, 내가 곧 세상이야. 그렇지 않나?"

나는 이렇게 답했다. "옳은 말씀입니다. 세상은 우리가 만드는 대로 존재할 뿐입니다. 현재 이 문명이 우리를 지배하고 있지만 그 문

170

명을 만든 것은 바로 우리입니다."

"맞네. 사람들이 지금 노예로 전락한 것은 스스로를 그렇게 만들었기 때문이야. 사람들은 생각 없이 따라가고, 모방하고, 자신의 외부에 권위를 세우지. 그와 동시에 전통과 믿음과 국적과 사회 내 분열은 생각과 정서에 마음을 가두고 말이야. 거짓된 평온을 위해 스스로 만들어낸 이 행동 체계 안에 있는 한, 각 개인은 그저 이 질서에 순응할 뿐이네."

"저도 분명히 알겠습니다. 상대적인 이 세상에서 평온이란 존재하지 않습니다. 환상일 뿐이죠."

"그렇지. 사람들은 고결해지겠다며 끊임없이 분투하지만, 실제로는 이해를 거부하는 과정에 사로잡혀 있어. 마음을 통제하는 것은 불필요한 노력이고, 두려움과 제한만 가져올 따름이야. 왜냐하면 그때 마음은 자신이 두려워하고 있는 조건에서 벗어나겠다는 생각의 지배를 받고 있기 때문이지.

한 생각이 마음에 들어왔을 때 무슨 일이 벌어질까? 그 생각의 영향을 받지 않겠다며 생각을 떨쳐내려고 하지 않나? 하지만 그 생각을 제대로 이해하지 않았기에 그 생각은 계속 영향력을 발휘하게 된다네. 자기 생각을 제대로 이해하지 않거나 다루지 않을 때, 우리는 악전고투하고 남을 비난하고 정죄하게 되지. 그런 다음에는 자신이 처한 조건에 반대되는 특정한 생각에 집중하려고 애쓰지만 그럴수록 갈등은 더욱 커져. 자신의 사고 과정이 이처럼 쓸모없고, 결코 창조적일 수 없는 투쟁에 사로잡혀 있음을 알겠나?"

나는 점점 더 분명하게 이해할 수 있었다. 창은 이렇게 말했다. "스님, 방금 들려주신 말씀만으로도 너무나 고맙습니다."

내 벗은 말을 이었다. "마음을 지배하는 생각이 있거든 생각에 맞서 싸우지 말고 있는 그대로 이해해야 한다네. 모든 생각들은 다른 무엇의 결과일 뿐이니 그 생각들이 지닌 가치를 이해해야 해. 그러면 투쟁도 두려움도 제한도 혼동도 없게 되지.

마음에 아무 갈등도 없고 긴장감도 하나 없고 마음이 그 무엇과도 싸우지 않을 때라야 자네 마음은 가치 있다네. 이런 것들이 그치고 나면 평화가 깃들어. 나는 자네가 우리 작업을 위해 이런 마음 상태를 가졌으면 한다네."

그는 이렇게 말하면서 나를 쳐다봤다. "매 순간 깨어 있어야 해. 일상에서 이런 태도를 꾸준히 길러야 해. 특정 상황에서 뭔가를 분석할 때만 간헐적으로 하는 것이 아니라 현재에 머무르면서 항상 깨어 있어야 해. 그러면 그 순간 일어나고 있는 일을 알게 될 거야. 이렇게 훈련할수록 자아를 더욱 깊이 이해할 수 있고, 자신을 이해하는 자에게는 지혜와 지식의 대문이 열린다네."

그런 뒤 그는 사원장을 가리켰다. "그는 영적으로 위대해지고자 애쓰면서 선과 악의 투쟁이라는 생각에 얽혀 있네. 그는 모방할 뿐이요 시시비비에 사로잡혀 있을 뿐이야."

나는 '사원장님, 당신한테 하는 말이니 귀담아들으세요'라고 생각했다. 내 벗은 거기서 그치지 않고 말을 더 이었다. "사원장은 자신이 선과 악의 행복한 균형이나 접점을 찾을 수 있다고 믿고 있네. 그는 신이 이런 균형에 관여한다고 생각하지. 그래서 기도하고 노래하고 따라 하고 순응하고 미신에 묶여 있어. 거짓을 식별하겠다고 마음먹기만 한다면 참도 자연히 알게 될 것이지만, 영적으로 위대해지고 싶다는 그의 갈망은 도리어 그가 실망과 슬픔과 갈등에 빠져 있다는 것

172

을 방증해."

나는 사원장을 쳐다봤으나 그는 묵묵부답이었다.

"선과 악은 같은 뿌리에서 나왔고 같은 나무에서 자라지. 그 나무는 오직 사람의 마음속에만 뿌리를 내리고 있다네. 마음속에서 지어진 것이라 진리 안에서는 아무런 토대가 없어."

창은 내게 "사원장이 오늘 제대로 배우고 있네요"라고 속삭였다.

그런데 내 벗도 귓속말을 들었거나 창의 생각을 읽었던 것 같다. 내 벗은 "창, 자네도 귀담아들어야 할 내용이야"라고 부드럽게 말했다.

내 벗은 계속 말을 이었다. "진리는 선과 악도 전혀 모르고 과거도 미래도 전혀 모른다네. 진리는 지금, 바로 이 순간 생명의 살아 있는 표현이야. 생명은 영원하고 늘 현존하며, 그 안에는 분리도 죽음도 없어. 이 황홀감 안에 무한한 사랑과 지혜가 있지. 그러면 자네 행위는 항상 현재에 머물고 있는 자네 삶과 조화를 이루게 되고, 그때 자네 행위에 대한 보답은 참으로 경이로울 거라네.

이 평온이 있을 때 삶의 기쁨도 함께 존재한다네. 이때 자네는 매 순간 깨어 자각하고 있기 때문에 통제하거나 분석할 필요가 전혀 없어. 따라서 으레 갖춰야 한다거나 갖추면 안 된다고 여기는 모든 윤리 규범에서 자유롭지. 그런 규범은 자네를 긴장하게 하고 두렵게 해서 고통으로 몰아대기 마련이야. 그 모든 규범 뭉치에서 자유로울 때, 두려움도 반대도 혼동도 갈등도 모두 사라질 걸세. 오직 사랑과 지혜만이 존재할 뿐이야. 실재 안에서는 그것이 존재하는 전부일세. 그러면 이제 자네는 참으로 창조적이고, 주께서 다시 말씀하실 수 있는 통로가 될 수 있다네.

만약 자아가 계속 자네를 차지하고 있고 자네가 뭔가가 되기 위

173

해 애쓴다면, 항상 투쟁이 있기 마련이지. 하지만 자신이 지금 존재한다는 것을 그저 알 때, 투쟁은 그친다네. 그때라야 자유로운 생명이 자각될 수 있어. 자신의 참된 현존에 대한 이해가 어느 먼 미래가 아니라 바로 지금 이 순간 부족하기에 그동안 자네 사고와 활동에 제약이 있었던 거라네.

아무런 한계도 없고 모든 조건을 넘어서 있는 것을 이해하고자 한다면, 자네 마음은 자아의 생각들이라는 짐을 등에 지고 있어서는 안 돼. 아무것도 아닌 자아는 반드시 사라져야 해. 그래야 실재가 지금 안에서 스스로를 표현할 수 있다네. '나 스스로는 아무것도 아니다.'"

근본적인 변화가 내 안에서 일어나고 있음을 감지했다. 그 순간, 평소에 나를 괴롭히곤 했던 것들이 내 안에 발붙일 곳은 전혀 없었다. 나는 이 상태를 그대로 말씀드렸다.

그는 "참으로 기쁘군"이라고 말한 뒤 계속 말을 이어 나갔다.

"자네 마음이 윤리적 갈등에 짓눌려 있었을 때, 자네는 자신의 존재라는 진실을 깨달을 수 없었네. 하지만 이제 자네 마음은 더 이상 윤리나 도덕적 가치나 구별이나 분리나 분열의 밧줄에 묶여 있지 않아. 그래서 내가 '반응에서 자유롭고 시간에서 자유로우며 분리와 반대에서 자유로운 즉흥적인 행동'이라고 말할 때 뜻하는 바를 자네는 이제 이해할 거야. 이제 생명의 흐름이 제 할 일을 하게 됐네. 주 예수께서는 이를 두고 '내 안에 항상 계시는 이는 아버지이시며, 그분께서 몸소 일을 하시는 것이다'라고 말씀하셨지.

이제 자네의 말은 자신이 맡은 일을 완수하기 전에는 자네에게 헛되이 돌아오는 일이 없을 것이네."

그런 다음 그는 사원장을 쳐다보며 말했다. "서방의 주교들처럼 장황하게 말을 늘어놓을 뿐 그가 깔고 앉은 의자만큼이나 무능한 사원장을 보게."

이 말을 들은 사원장은 놀라 이렇게 항변했다. "스님, 그렇다고 제가 우리 종교 예식을 죄다 믿는 것은 아닙니다."

"사원장, 그러면 거기서 빠져나오는 것이 어떻겠나? 인류를 돕는 일에 제대로 참여해보게."

사원장은 고개를 떨궜다. 그러자 내 벗은 "부르심을 받은 이는 많으나 선택받는 이는 적다!"라고 말했다.

내 벗은 사원장에게 이렇게 말했다. "실재 안에는 오직 현재만이 존재한다네. 과거나 미래 따위는 전혀 없지. 그러니 이 진실에 대한 이해는 미뤄질 수 없는 거야. 거짓 덕목에서 자신을 해방하게. 그러면 깨달을 걸세. 이를 위해서는 지금 내가 자네에게 말하고 있는 내용에 대한 자기 반응과 동기와 생각을 식별할 필요가 있어. 그러면 무지란 배움의 결여가 아니라 가치 혼동과 가치 충돌에 불과하다는 것을 이해할 걸세.

사원장, 혼란스러운가? 무엇이 옳고 무엇이 그른지 궁금한가? 그렇다면 자네는 이미 자기 마음속에 있는 생각들의 갈등에 사로잡혀 있는 거야. 지금 자네는 모방자야. 특정한 틀에 자신을 맞추려고 애쓰고 있어. 실재는 이래야 한다는 자신만의 상을 만들고는 그 상에 따라서 자신을 조심스레 빚고 있지만, 정작 실재의 본질은 놓치고 말지. 이렇게 모방만 하는데 늘 현존하는 생명의 영구한 행복을 어찌 깨달을 수 있겠는가? 생명은 항상 현존하고 분리되어 있지 않아. 진리는 한정될 수 없는 통일체야. 형태나 관습이나 구분이나 분열이 마음을 차지하는 동안에는 이 사실을 깨달을 수 없다네. 사원장, 진실을 이해하려면 지금 그 거짓을 직시해야 해.

자네가 자신의 외부에 권위를 세우고 그것을 숭배하는 이유는 자신이 내적으로 가난하기 때문이야. 누군가에게 기대고 싶어하는 이유는 자신이 맡은 임무에 자신이 못 미친다고 여기기 때문이야. 사원장, 자네는 실재가 아닌 관념의 이불 밑으로 숨고 싶어해! 자네 관념은 환상일 뿐이야.

자네는 자기 손발을 묶었을 뿐만 아니라 사원의 라마승들까지도 똑같이 묶고 있어."

그런 다음 그는 나를 보며 말했다. "생명은 실재야. 생명은 그 자체로 완전하며 자네가 아무것도 아닐 때 그 자신을 자유로이 표현한다네. 자아는 분리 안에서 살아가고 자네는 타인과 분리된 자신을 바라보고 있지만, 그것은 환상에 불과해. 단 '하나'의 생명만이 존재하고, 그 안에는 아무런 분열도 없지. 이처럼 분열이란 마음이 지어낸 환상에 불과하다네.

이제 자네는 더 이상 덕목을 숭배하거나 죄에 대한 공포로 인해 요동치지 않을 걸세. 또 이해를 도리어 방해하는 윤리의 좁은 길을 가려 하지도 않을 걸세.

보다시피 사원장은 틀에 따라 자신을 주조했고 이제 두려움에 빠졌네. 두려움이 없기 위해서는 자신의 허영심, 시기, 질투, 갈망, 욕망, 바람, 후회, 두려움을 제대로 이해하면서 '지금' 자신의 현존을 알아야 해. 시간의 환상에서 벗어난 이해를 구할 때 이 모든 것은 사라지지.

마음이 거짓된 것들로 가득하다면, 거짓을 남김없이 꿰뚫어 보는 방식으로 마음을 비워내야 해. 그러면 거짓된 것들이 싹 사라질 것이고, 항상 현존하는 생명이 끊임없이 확장하는 의식으로 마음을 채울 거야. 이것이 항상 실재이며, 실재가 아닌 모든 것은 지혜와 사랑과 이해를 통해 식별될 걸세."

그는 여전히 나를 바라보며 말을 이어 나갔다.

"단일하고 무한한 생명은 사랑과 지혜 안에서 스스로를 표현하고 있어. 자네가 초라하고 편협한 믿음으로 그 활동을 제한할 때에만 생명의 자유가 지금 여기 자네 삶 안에서 펼쳐지는 것을 방해하게 된다네. 분리의 저주에서 인류가 해방되게 돕는 것이 자네가 할 일이야. 그러면 태양-세계*의 장엄한 천사들을 통해 생명의 최고 원천으로부터 흘러나오는 구체적인 생명이 자신의 존재를 사람을 통해 천명할 수 있고, 이로써 사람은 스스로 만든 불행에서 해방될 걸세. 이 생명은 지혜와 사랑과 앎과 연민으로 가득하고 사람의 이해에 있어서 새로운 시대를 예고하지. 아버지께서 '성별**하시어' 세상에 파견하신 사람, 그가 곧 신의 아들이야."

이 말씀을 끝으로 그는 그날의 가르침을 마쳤다. 우리는 일어나서 따로 마련된 큰 방으로 들어갔다. 우리 넷은 음식을 들기 위해 자리에 앉았다.

사원장이 먼저 말문을 열었다. "스님, 분부에 기꺼이 따르겠습니다. 말씀하시는 일은 무엇이든 하겠습니다."

그러자 내 벗이 말했다. "신께서 자네 손에 맡기신 사람들에게 진실을 가르치게. 그러면 사람들을 무지와 빈곤과 노예 상태로 묶어두고 있는 미신을 이 나라에서 없애버린 첫 번째 사람이 될 걸세."

---

* Sun-world: 이 책에서는 '태양-세계'로 옮겼으나, 이 용어에 대한 설명은 따로 등장하지 않는다. 우주의 태양계를 가리킨 것은 아니다.

** 聖別: 신성한 일에 쓰기 위하여 보통의 것과 구별하는 일. 제사장이나 물건, 지역 따위를 구별한다.

그러자 사원장은 내 벗 앞에 가서 앉으며 말했다. "이 사명을 해낼 수 있도록 축복해주십시오."

수년 후 나는 오크 계곡 사원이 티베트에서 가장 선도적인 사원이 되었다는 이야기를 들었다. 위대하다고 알려진 간덴 사원도 오크 사원에 비길 바가 못 된다고 했다. 도처에서 라마승들이 위대한 오크 사원장의 가르침을 듣기 위해 찾아왔고 그가 행한 경이로운 일들에 대해 증언했다.

우리는 남은 하루 동안 라마승들이 활쏘기를 연습하는 것을 지켜봤다. 각 사원에서 선발된 궁수 팀이 1년에 한 번씩 라싸에 모여 시합을 벌였다. 아주 성대한 행사였기에 오크 사원 라마승들도 이를 위해 연습을 하고 있었다. 목표물을 정확히 맞히는 라마승들의 궁술은 혀를 내두를 정도였다. 상황 판단 능력이 궁술에 필요한 주요 자질이었다. 언덕에 과녁이 설치되면 궁수들은 과녁을 확인한 뒤 과녁이 시야에서 보이지 않을 정도까지 한참 동안 뒤로 갔다. 그런 다음 감으로만 활을 쏘는데도 화살이 과녁을 벗어나는 일은 매우 드물었다. 이렇게 여러 팀이 매일 연습했고, 그중 가장 실력이 뛰어난 팀이 추후 선발될 것이었다. 100명이 넘는 궁수가 있었고, 라싸에서 열릴 활쏘기 시합에 내보낼 최고의 팀을 선발하기 위해 점수를 집계했다.

나도 어린 시절에 아버지 땅에서 활과 화살을 이용해 토끼를 사냥하곤 했었다. 활을 쏴본 지 꽤 오래되기는 했지만 예전 실력을 확인하고 싶은 마음에 혹시 활을 쏴봐도 되겠냐고 물어봤다. 라마승들은 크게 환영해주었다. 눈에 보이는 과녁은 아주 잘 명중시켰지만 눈에 보이지 않는 과녁은 많이 빗나갔다. 그래도 이런 상황에서도 충분히 연습한다면 활쏘기 실력이 능숙해질 것이라는 생각이 들었다. 어

178

쨌든 어떤 팀에 선수로 들어가서 경기도 벌였는데 정말 재밌었다. 실력이었는지 운이었는지 모르지만, 그날 오후 우리 팀이 이겼다. 나도 평균 이상의 실력을 발휘해서 영웅 대접을 받았다. 사원장도 기분이 아주 좋았다. 그는 아주 유쾌한 사람이었고, 우리가 나누는 대화에 참여할 수 있도록 허락을 받은 것에 대해 감사히 여겼다.

그 후 이틀 동안 나는 홀로 내 마음에서 온갖 믿음을 털어내는 작업을 했다. 이제 나는 내 마음에서 오직 사실만이 남게 되었다는 것을 발견했다. 더 이상 단 하나의 믿음도 내 마음에는 들어설 자리가 없었다. 내 벗은 그토록 철저히 내 마음을 '청소해주었던' 것이다.

이제 내 마음은 첫 번째 시도를 할 준비가 되었다.

내 벗이 심오한 말씀을 직접 적은 종이를 나에게 건네주었다. 거기에 적힌 말씀을 읽고 그 내용에 관해 말하는 것이 내가 할 일이었다. 메모를 읽자마자 전기가 나를 관통하는 듯한 느낌이 들었다. 내 마음은 잠시 텅 비었고 전에는 결코 느끼지 못했던 자신감이 가득 차올랐다. 지혜의 원천과 곧장 연결되었음을 느낄 수 있었다. 말씀이 나를 통해 나올 때, 나는 내가 말하는 내용을 경청하는 동시에 음미하기도 했다. 내가 둘로 나뉜 듯한 느낌이었는데, 한 부분은 사랑의 원천에 맞닿아 있고, 다른 부분은 전해지는 내용을 느끼고 배우는 듯했다. 처음 겪는 아주 기묘한 경험이었다.

내 벗은 진심으로 기뻐했다.

내 벗은 이렇게 말했다. "앞으로 더 잘할 수 있을 걸세. 위대한 영적 존재가 자네에게 의식을 드리울 수 있을 정도가 될 때까지 이 능력을 점차 계발하게. 그 존재가 자네에게 의식을 드리우는 동안 영적인 빛이 자네 주위에 보일 거야. 몇 달 뒤 이것을 제대로 성취하고 나면, 자네는 자네가 왔던 세상으로 돌아갈 걸세. 자네를 알던 사람들이 보기에는 달라진 것이 없는 듯 보이겠지만, 그들이 정의할 수 없는 차이가 생길 거야.

세상에 나가 사람들 속에서 일을 하는 동안에도 자네의 내적 거푸집은 계속 지어지고 있을 걸세. 점점 더 많은 영적인 힘이 자네를 통해 사용될 수 있도록 말이야. 이 일을 성공적으로 해낼 수 있는 최고의 실습 장소는 바로 사람들과 부딪히며 지낼 수 있는 일상의 세상이라네."

그때부터 나는 내가 혼자가 아님을 알았다. 나는 누구의 힘이 나와 함께하는지 알 수 있었다. 나는 여러 영매를 통해 알렉산드리아의 안토니오 대성인(St. Anthony The Great)과 수차례 대화를 나눠봤지만, 창 타파만큼 뛰어난 영매는 전무후무했다. 그는 이런 존재들의 말을 전할 수 있는 것은 물론이고 그들의 모국어, 예컨대 독일어, 프랑스어, 이탈리아어, 중국어, 힌두스타니어, 영어, 티베트어로도 똑같이 자연스럽게 말할 수 있었다.

국적에 상관없이 어떤 존재와도 교통할 수 있는 영매가 여기 있었다. 때로는 한 언어를 쓰다가 곧바로 다른 언어로 갈아타기도 했다.

나는 오크 계곡에 머무는 모든 순간을 한껏 누렸다. 우리는 같이 작업했고, 같이 웃었고, 그 와중에 나는 빠르게 성장했다. 사원장은 생명과 종교를 바라보는 새로운 관점에 천천히 적응해갔다. 그가 처음부터 많은 것을 할 수는 없었다. 그랬다면 라싸에 있는 고위 승려들이 그를 추방했을 것이다. 전에 교회가, 사람들을 계속 두려움에 가두는 죄와 지옥과 악마의 권능에 대한 관념을 깨부수려고 했던 주교들을 파면하려고 했던 것처럼 말이다. 교회는 죄의 토양에서 번창하기 때문에, 사람들이 두려움에 묶여 있는 한 그들은 통제되거나 회유될 수 있어서 안전하다. 하지만 두려움의 원인이 제거되는 즉시 더 이상 통제나 회유는 먹히지 않을 것이다.

세계를 다니며 내 일을 하다 보면, 종교적 편협으로 두려움에 떠는 환자들을 자주 만나곤 한다.

그럴 때 나는 질문의 형태로 말을 걸곤 한다. "신은 본성상 무한하시겠죠?"

"네, 물론이죠. 신은 본성상 무한하시죠!" (그러면 환자는 내 미끼를 문 것이다.)

"신 바깥에는 아무것도 존재할 수 없어요. 행여 그런 것이 있다면 신은 본성상 무한하신 것이 아니겠죠?"

"물론 그렇겠죠!"라고 답변이 돌아온다.

"그렇다면 신이 무한하기 위해서는 모든 곳에 존재해야겠군요. 그러지 않는다면 무한할 수 없을 테니까요?"

"물론 그렇죠."

"그러면 신 말고는 그 무엇도 존재할 수 없겠네요?"

"그렇죠!"

그러면 나는 이렇게 말한다. "그렇다면, 신은 분명 악마이고, 지옥도 분명 신 안에 있음이 틀림없습니다. 신이 존재한다면, 악마는 존재하지 않습니다. 악마는 존재 자체가 불가하며 지어낸 허구의 존재일 수밖에 없습니다. 신은 본성상 무한하기에 신과 악마는 공존할 수 없습니다. 수학 문제를 풀 때 이미 알아차려진 실수는 저절로 사라지는 것처럼, 악마도 그 실체가 알려지고 나면 사라지기 마련입니다."

이 말을 듣는 이는 충격을 받아 한동안 얼떨떨해진다! "하지만 성경에서는 지옥도 있고 악마도 있다고 말하지 않습니까?" 이런 답변이 돌아오곤 한다.

그러면 나는 이렇게 답한다. "네, 그렇죠. 하지만 예수께서는 '너희는 성경을 읽고는 영원한 생명을 발견했다고 여기지만 그것은 착각이다' 그리고 '악에 맞서지 말라'라고 말씀하셨죠. 악이 본래 지니지 못한 힘을 악에 부여하지 말라고. 악마란 그냥 자아일 뿐이고, 지옥이란 자아가 일으킨 혼란에 지나지 않습니다. 그런 것들은 그냥 당신이 마음에서 지어낸 믿음과 관념에 불과하지만, 자기 믿음에 사로잡힌 당신은 그것이 이치에 맞는지 곱씹어보기를 두려워합니다. 믿음의 실체를 간파하기 전에는 그것이 얼마나 헛된 것인지 이해할 수 없을 것입니다."

그러면 환자는 이렇게 묻는다. "그러면 예수님이 하신 말씀은 어떻게 이해해야 하나요?"

"그분은 진리에 대해서는 한 마디도 적지 않으셨습니다. 그분은 진리를 글로 옮길 수 없다는 것을 알고 계셨거든요. 그는 본시오 빌라도에게 '진리란 무엇인가?'라고 물었지만, 본시오 빌라도는 그에게 답할 수 없었습니다.[*] 사실 예수는 한 마디도 적지 않으셨습니다. 예수는 글이 진리를 드러낼 수 없음을 아셨습니다. 글이 진리에 대한 관념은 전할 수 있겠지만, 글 자체가 진리는 아닙니다! 성경을 집필한 주체는 사람이고, 신약 성경이라는 것도 예수께서 십자가형을 당하시고 나서 수십 년이 지난 후에야 사람들이 쓴 것이고, 그 이후로도 십여 차례 이상 뜯어고친 것입니다. 당신은 진리가 아닌 말씀을

---

[*] 성서 원문에서는 본시오 빌라도가 예수에게 이 질문을 던졌고, 예수는 답하지 않은 것으로 기록되어 있다. 저자가 잘못 인용한 것으로 보인다.

진리로 잘못 받아들이고 있을 뿐입니다. 진리는 그 어떤 책에서도 발견될 수 없습니다. 말의 실체를 간파하기 전에는 말이 진리가 아님을 모를 수밖에요."

"하지만 예수께서는 '사탄아, 내게서 물러나라'라고 말씀하신 적이 있지 않습니까?"

그러면 나는 이렇게 답하곤 한다. "예수께서 광야에서 발견하신 것을 저도 발견했을 때 저 역시 그렇게 말했습니다. 내 마음에 있는 모든 것을 식별했을 때 나는 자아의 실체도 알게 되었습니다. 자아가 바로 실재를 가리고 있는 악마였습니다. 자아는 항상 전면에 나섭니다. 그것이 자아의 방식이죠. 하지만 자아는 아무런 실체가 없습니다. 자아가 존재하는 것은 다만 내가 내 존재에 대해 무지하기 때문입니다. 이 자아가 실재가 표현되는 것을 막고 있는 악마입니다. 그래서 저는 말했습니다. '사탄아! 내 뒤로 물러나라. 너는 사기꾼이다. 너는 신의 아들이라는 내 타고난 권리를 보지 못하게 속이고 있다.' 오직 신만이 존재하시고, 그분 말고는 아무도 없다는 것을 알았을 때, 내가 곧 그분의 아들임을 알았습니다. 피나 육이나 사람의 뜻으로 태어난 것이 아니라 영원하시고 항상 현존하시는 신에서 난 것이었습니다. 그때 나는 걸림이 없이 자유로웠고 그러자 아버지께서 몸소 당신 일을 행하셨습니다.

그때 나는 신의 존재로 말미암아 내가 존재함을 알았습니다. 하지만 나는 신이 무엇인지 모릅니다. 우리는 다만 하나이고, 결코 분리될 수 없습니다. 자아란 분리에 대한 믿음이고 분리란 환상일 뿐입니다. 이것이 자아가 지어내는 악이요 지옥이며 아수라장입니다. 자아는 오직 분리만 알고, 오직 자아만을 추구하기 때문입니다.

지금 당신이 품고 있는 것들은 다른 이에게서 받아들인 마음속 관념에 불과합니다. 다른 이가 말하는 것을 받아들인 당신은 모방자입니다. 당신은 마음속 허상에 불과한 관념을 숭배하고 있습니다. 그것은 신이 아닙니다. 신은 관념도 이미지도 아니고, 환영이나 믿음도 아닙니다. 당신은 온갖 두려움과 환상에 시달리는 자신을 이해하지 못하기 때문에 모방을 택합니다. 당신은 무엇이 참인지 모릅니다. 무엇이 거짓인지 모르기 때문입니다. 이렇듯 소경이 소경을 인도하면 둘 다 구덩이에 빠지고 맙니다.

무엇이 거짓인지 보고 나면 무엇이 참인지도 스스로 발견하게 될 것입니다. 기억하세요. 진리가 무엇인지는 그 누구도 알려줄 수 없습니다. 하지만 무엇이 거짓인지 이해하고 나면 혼자서 진리를 경험할 수 있습니다. 다른 사람이 말하는 것을 받아들여 혼자 힘으로 생각하지 않는다면 진리를 경험할 수 없습니다. 진리가 어떻다고 말하는 자들은 거짓 선지자들입니다. 하지만 당신은 이것을 모릅니다. 자기 믿음에 사로잡혀 있기 때문이죠.

그저 마음속을 들여다보기만 하면 됩니다. 마음속에 있는 것이 무엇인지 본다면 그것은 진리 자체가 아니라 진리에 대한 관념에 불과함을 이해하게 될 것입니다. '내가' 곧 진리입니다('I AM' the Truth). 나는 진리 아닌 다른 것일 수 없습니다. '하나' 말고는 다른 생명이란 없기 때문이고, 그 '하나' 안에 분열이란 결코 없습니다. 따라서 그런 환상은 자아가 마음속에서 창조한 환상에 불과하고, 창조되는 것들은 진리가 아닙니다. 창조되지 않는 것만이 진리입니다. 우리는 진리가 무엇인지는 알지 못합니다. 다만 거짓인 모든 것들을 마음에서 제거하고 나면 '진리가 존재한다'는 사실을 자연히 알게 될 뿐입니다."

그러므로 소위 당신이 중히 여기는 미덕이라는 것은 엉터리입니다. 덕스러워지기 위해 노력하는 것은 도리어 자신의 본모습을 덮는 것입니다. 단지 자신의 본모습이 아닌 것에 대한 관념을 품는 것은 미덕이 아닙니다. 미덕은 아무런 분별없이 진정한 자신을 이해하는 것입니다. 소위 미덕이라는 것은 환상이고 구속입니다. 자신이 무엇인지도 모르면서 고결해지겠다고 애쓴다고 해서 고결해지는 것이 아닙니다. 참된 미덕은 오직 자신이 무엇인지 이해하는 데서 옵니다. 미덕이란 자신이 무엇인지 이해할 때 찾아오는 즉각적인 해방이요 자유입니다. 실재의 표현을 방해하고 있는 것들을 꿰뚫어 보는 것이 미덕입니다.

친절, 애정, 자비, 관대, 용서는 모두 실재의 참된 표현이고, 이것이 진정한 미덕입니다. 이것이 우리 문제를 해결할 수 있는 유일한 방법입니다. 반면 당신이 품고 있는 소위 덕목은 그 어떤 문제도 해결할 수 없습니다. 그렇다면 덕스러워지기 위해 애쓰는 것에는 아무런 미덕도 없으니, 미덕은 오직 지금의 '현존'에만 존재하기 때문입니다. 미덕은 시간의 문제가 아닙니다. 자신의 본모습을 모른다면 당신 안에는 아무 미덕도 없는 것입니다."

이렇게 말할 수 있는 기회가 생길 때마다 나는 그 기회를 십분 활용했고, 도리어 환자들이 점점 더 많이 돌아온다는 것을 체감했다. 이 조언은 환자들에게 크게 유익했다. 뭔가가 '되려고' 애쓸 때 느끼는 긴장감을 내려놓는 데 도움이 되었기 때문이다. 그런 노력은 끝없는 비교와 대립으로 이어져 절망으로 내몰 뿐이다.

9장

✦ ✦ ✦

내 마음이 투명한 수정처럼 맑아질 때까지 우리는 하루하루 작업을 이어나갔고, 내면의 힘이 나날이 차올랐다. 대기는 상쾌하고 맑았으며, 우리 사이에 조화를 이루지 못하는 생각이나 느낌이 올라온 적은 결코 없었다. 매일 우리는 살짝 피곤함을 느낄 때까지만 작업을 했다. 진이 빠지는 것은 도리어 갈 길을 지체하는 역효과를 낳기 때문이다.

결국 나는 홀로 작업할 수 있을 단계에 다다랐다. 이것은 내 훈련이 끝나기 위한 필수 조건이기도 했다.

한편 내게는 비밀로 부친 채 게쉬 린포체의 주최로 모임이 마련되고 있었다. 게쉬 린포체는 양탕 사원의 다르 창, 곤사카 사원의 게쉬 말라파, 타코후 사원의 게쉬 퉁 라와 함께 도착했다. 이렇게 여덟이 모였고, 이런 믿음직한 동료들과 함께라면 무슨 일이라도 일어날 수 있었다.

나는 게쉬 린포체가 영매 창 타파에게 말을 건네는 모습을 보았고, 그날 밤 제대로 된 교령회가 열릴 것임을 직감하고 기대감에 부풀었다. 사실 이날 교령회는 사전에 조율이 된 것이었지만 나를 위한 깜짝 선물로 그동안 비밀에 부쳐졌던 것이다. 지난 몇 개월 동안 강도 높은 훈련을 받은 덕에, 이제 나도 마음을 읽는 일이 아주 능숙해져서 마치 옆에서 대화를 듣는 것처럼 그들의 생각을 쉽게 읽을 수 있었다.

사원장의 개인 공간 중 한 곳에 우리를 위한 만찬이 따로 마련되었다. 식사 장소는 상당히 넓고 길쭉했다. 장소에 맞게 기다란 탁자가 놓여 있었고, 사원장의 문하생들도 식탁 주위에 같이 앉았다. 만찬에 적합한 장소였다. 일반적인 주제로 대화의 꽃이 만발했다. 대화 중 티베트어, 힌두스타니어, 영어가 적절히 사용되었다. 나는 영어와 힌두스타니어는 원래 친숙했고 이제 티베트어도 나름 잘하게 되었는데, 그동안 사원장이 여건이 될 때마다 티베트어를 가르쳐준 덕분이었다. 사원장은 내게 훌륭한 티베트어 교사였고, 단어를 조합하는 쉬운 방법들을 꿰고 있었다. 티베트인들은 말을 할 때 가능한 한 많은 단어를 사용하면서 표현을 풍부하게 하곤 한다. 그래서 티베트인들이 그런 식으로 말할 때 나는 마음을 읽는 능력을 활용하곤 했는데, 이렇게 하는 것이 언어 실력 향상에는 도움이 안 된다. 새로운 언어를 배우려면 마음을 읽는 것이 아니라 그 언어로 생각해야 하기 때문이다. 하지만 마음을 읽는 것이 목적이라면, 그때는 상대가 하는 말에 귀를 기울여서는 안 된다. 그러면 정신적 수용 기관이 메시지를 왜곡해 마음을 읽는 것이 불가능해진다.

내 벗이 오늘날 소위 종교적 은둔자들을 신랄하게 비판하기 시작하자 활기찬 대화는 그치고 침묵에 싸였다.

"오늘날 수도자들은 망상에 빠져 보람 없이 헛수고만 하고 있다네. 고타마 싯다르타와 밀라레파의 진정한 가르침을 이해하고 있는 라마승들이 없기 때문이야. 그들은 종교의식만 주입받을 뿐 사람의 내적 권능에 대해서는 아무것도 모르지.

한때는 위대한 스승들이 적합한 수련생들을 뽑으면 수련생들은 일정 기간 훈련을 마치고 사람이 없는 곳에 가 칩거하면서 티베트 요가를 체화하고 스스로 깨달음을 얻기 위해 힘쓰곤 했지. 그런데 오늘날은 어떤가? 요가의 정수를 제대로 이해하고 있는 승려가 과연 있는가?

요즘 라마승들은 칩거를 한다고는 하나 몸과 마음을 망치면서 어리석게 인생을 허비하고 있을 뿐이야. 칩거로 얻는 것이 하나도 없다네. 그냥 종교의식의 일부라서 따라 할 뿐이지."

나는 물었다. "그럼 그 시기에 그들은 무엇을 하나요?"

그는 이렇게 답했다. "라마승은 수련 중 일정 기간 칩거를 하도록 되어 있다네. 하지만 제대로 된 훈련 없이 칩거를 하는 것은 정말 어리석은 짓이야. 칩거 기간은 일반적으로 3일 혹은 3개월 혹은 3년이지.

맨 처음에는 3일간 칩거를 하고, 그다음에 3개월이나 3년 동안 칩거 생활을 하게 된다네. 남은 평생 칩거 생활을 하는 경우에는, 저기 산 사면에 보이는 칩거 공간 중 하나에 들어가기 전에 바깥에 딱 한 번 더 나올 수 있어. 하지만 일단 칠흑 같은 암실에 갇히고 나면, 그들의 마음도 갇혀 똑같이 캄캄해진다네. 방의 한쪽에는 덮개가 있는 배수구가 있는데 거기서 대소변을 처리하지. 방의 반대편에는 차와 참파를 안에다 밀어 넣어주는 통로가 있고, 이 통로는 밖에서만 열 수 있어. 칩거승은 음식을 받을 때에도 행여 빛이 몸에 닿을세라 반드시 장갑을 껴야 해.

착각에 빠진 이 불쌍한 수도자들 대부분은 종신 봉쇄 기간을 마치기 전에 미쳐버리지. 몸도 망가지고 마음도 망가져. 그들은 전혀 훈련되어 있지 않고 티베트 요가 수행법도 전혀 몰라. 그렇게 아무것도 얻지 못하고 인생을 송두리째 허비하고 만다네."

그의 말을 듣고 나는 용기 내어 이렇게 물었다. "산속이나 외딴곳에서 수행한 사람들 중에서 특별한 능력을 계발하는 데 성공한 사람들도 더러 있지 않습니까?"

"물론 있지. 하지만 그런 경우에는 애초에 정통한 스승의 지도가 있었던 걸세. 티베트 불교 예식만 알고서 사원을 나와 칩거를 시도하는 승려들은 은수자의 행동만 따라 하는 저급한 유형에 해당해. 그들은 대사들의 수행을 돈벌이 수단으로 전락시켰으므로 영적인 능력을 계발할 수 없다네."

그런 뒤 게쉬 린포체가 입을 뗐다. 나는 그가 눈을 감은 채 깊은 상태에 들어갔음을 알 수 있었다. 그의 목소리가 지닌 음색은 참으로 감미로웠다.

"벗들이여, 나는 실재를 향한 추구나 종교를 비난할 생각이 없다네. 그렇지만 교리를 다듬고 예식을 거행하고 기도문과 만트라를 외우고 바가바드 기타나 성경을 인용하는 것이 종교는 아니야. 스스로를 라마승이니 불교도니 그리스도교인이니 힌두교인이니 부른다거나 특정 예식을 따라 한다고 해서 진리를 발견할 수 있는가? 나는 아니라고 보네! 이런 각각의 요소들의 영향하에서 사람들은 다듬어진 믿음의 그물에 사로잡히고, 이것들은 마음을 마취시키고 도피처를 제공해서 마음을 둔하고 무능하게 만들어버리지."

아무도 여기에 토를 달지 않았다. 게쉬 린포체가 이렇게 말할 때는 신의 지혜가 서려 있다는 것을 모두 잘 알고 있었다.

다시 게쉬 린포체가 말을 이었다. "자네들은 사제나 '구루'와 같은 권위 체계에 사로잡혀 있다네. 자네들은 자신을 이해하지 못해 이치를 따지지 않고 그저 받아들일 뿐이야. 증조부가 전에 종교 예식을 했다는 이유로, 예식을 따르지 않으면 부모가 슬퍼할 것이라는 이유

189

로 예식을 계속하겠다는 것은 그저 헛소리야. 자네들이 두려움에 차 있고 거짓인 것을 밝혀낼 능력이 없는 이유는 예식에 의존하고 있기 때문이야. 무엇이 거짓인지 모른다면 무엇이 참인지도 알 수 없다네.

신을 주제로 이야기하고 신의 이름을 수천 번 부른다고 해서 진리가 드러나지는 않는다네. 진리가 가려지는 이유는 자기 편견과 두려움으로 인해 스스로 위축되기 때문이지. 동방이든 서방이든 조직 종교에 대한 책임은 사람의 무지 때문이야. 사람은 자신이 혼란스럽기에 권위를 원하는 걸세."

다들 침묵을 지켰다. 게쉬 린포체는 중요한 주제로 우리를 이끌고 있었다.

"따라서 정치적인 것이든 종교적인 것이든 일단 권위가 만들어지고 나면, 진리를 발견할 수 있다는 희망을 품고 권위의 지시를 따르게 되지.

다른 이의 권위를 통해서 알게 된 실재는 진리가 아니라네. 그래서 자네들은 모르는 거야. 실재는 알려지지 않은 무엇인데 어찌 권위를 통해서 실재를 찾을 수 있겠는가? 권위를 추구할 때 자신에 대한 확신은 사라지네. 이때 자네들은 그냥 모방자에 불과하기 때문이야. 자신을 이끌 지도자들을 만들어낸 것은 내적 확신을 잃었기 때문이고. 구할 수 있는 성스러운 책이라면 닥치는 대로 구해서 읽게 되지. 자네들은 동시에 여러 가치를 추구하고 이로 인해 모순이 생겨난다네. 모방할수록 자존감은 낮아지고, 자신의 삶을 모조품으로 만들 뿐이야."

나는 게쉬 린포체가 한 말씀이 그 자리에 있던 모든 이에게 도움이 되는 내용이기도 했지만 특히 사원장과 나를 염두에 둔 것임을 알았다.

"자네들은 어린 시절부터 무엇을 해라, 무엇을 읽어라 지시를 받으면서 스스로 생각하는 것이 허락되지 않았다네. 자신이 겪는 혼란의 이유를 찾아내기 위해서는 자신감을 가져야 하고, 참과 거짓을 분명히 아는 내적 확신이 있어야 해. 하지만 자네들은 자신이 습득한 믿음과 관념에 대해 결코 질문하지 않았기 때문에 지금도 무지한 거야.

이렇게 혼란에 빠져 있는 상태에서 우파니샤드를 읽고 바가바드 기타를 읽고 성경이나 다른 책을 읽는다고 진리를 발견할 수 있겠나? 그런 경전이 담고 있는 진리를 읽어낼 깜냥이 된다고 생각하나? 그때 자네들은 자신이 읽고 있는 내용을 자신의 혼란과 호불호와 편견과 조건의 렌즈를 통해서 왜곡하고 있을 뿐이야.

진리는 자네들이 자신을 이해하고 자신의 편견과 관념과 믿음을 제대로 이해할 때 드러난다네. 자네들은 진리를 찾아갈 필요가 없네. 진리가 자네들에게 오는 거야. 진리는 그저 존재해! 자네들이 진리를 창조하는 것이 아니라네.

자신이 진리를 향해 가고 있다고 생각할 때, 실은 자신의 제약을 투사하고 있는 것이고, 그런 다음 그것은 자기 최면 과정이 되어버리지. 이러한 자기 최면 과정이 곧 조직화된 종교야. 하지만 진리에 관해서는 그 어떤 결론도 있을 수 없다네.

마음에서 자신이 지어낸 공식들을 모두 지워버렸을 때, 자네들은 지적인 공식이 아닌 무엇을 발견할 걸세. 실재를 발견하기에 앞서 마음은 반드시 규칙을 세우는 일을 멈춰야 해. 그러면 이제 자네들은 그 어떤 조직 종교에도 속하지 않을 것이고, 비난도 판단도 하지 않게 될 걸세. 그렇다고 무신론자가 되는 일은 없을 거야. 무신론 역시 믿음의 또 다른 형태에 불과하니까.

참자아를 발견하고자 한다면, 참자아에 관한 관념을 만들어서는 안 된다네. 그것은 다른 이들 안에도 똑같이 있으며, 참자아는 다른 이들 안에 있는 참자아와 분리될 수 없어. 실재 안에서 분열이란 없기 때문이지. 실재를 가리고 있는 개인적 자아를 제대로 이해할 때라야 비로소 거짓된 것은 떨어져 나갈 거야. 그러면 신의 영광과 사랑과 지혜와 권능이 드러날 것이니, 그것은 항상 현존하고 영원하며 자네들이 창조한 것이 아니기 때문이야."

그는 다시 눈을 떴다. 그는 나를 본 뒤 사원장을 쳐다봤다.

"힘이 자네들에게 가져다줄 선물에 홀려 힘을 추구하지 말게. 그러면 실재를 잃을 것이니. 자네들이 실재를 갖고 있을 때, 자네들은 모든 것을 가진 거야. 자네들이 실재를 발현하는 것이 아니라 실재가 자네들을 발현할 거야. 그러므로 지금 존재하게! 자네들은 과거도 미래도 아닌 지금 안에서만 실재하기 때문일세. 자네들이 지금 실재하고 있는 것이 아니라면 앞으로도 결코 실재하지 못할 것이니, 실재는 오직 지금 안에서만 표현되기 때문이야."

그 뒤에 아무도 말을 하지 않았다. 침묵은 최소 5분 이상 이어졌다.

보름달이 산 뒤에서 떠오르고 있었다. 처음에는 붉은빛을 띠었지만 위로 떠오르면서 점차 새하얀 은빛으로 변했다. 산의 그림자는 이제 저 아래 계곡에 걸려 있었고, 초모라리 산의 정상은 달빛을 받아 은빛을 발했다. 바람도 불지 않는 맑고 상쾌한 대기의 캔버스 위에 완벽한 풍경화가 그려진 완벽한 밤이었다. 고대 스승들이 도처에서 우리를 둘러싸고 계신 것만 같았다. 왠지 모를 기대감에 들떴다. 그러자 게쉬 린포체가 침묵을 깨고 이렇게 말했다. "우리 벗들이 오늘 밤 우리를 방문할 때 필요한 조건을 창조하기 딱 좋은 순수한 대기에, 완벽한 무리까지 모였군.

우리는 전에도 내 성소에서 함께 모인 적이 있었으나 그때는 이 젊은이와 사원장이 없었지. 그러나 오늘 밤은 구성원의 완벽한 조합으로 물질화를 구현할 수 있는 완전한 무리가 되었네. 오늘 벗들이 우리를 찾아와 자기 육성으로 이야기를 들려줄 수 있어서 참으로 기쁘군."

게쉬 린포체는 내 쪽으로 몸을 돌리면서 이렇게 말했다. "이제 자네는 죽음이란 정녕 존재하지 않는다는 사실을 곧 경험할 걸세. 그러면 이것은 이제 단순한 믿음이 아니라 엄연한 사실이 될 거야. 죽음이 없다는 것을 우리에게 설득하기 위해 이런 시연이 필요한 것은 아니라네. 자네가 친한 벗들을 자연스럽게 만나는 것처럼 우리 역시 오늘의 만남을 즐길 뿐이지. 오늘 모임에는 육신을 벗은 자들만 오는 것이 아니라 아직 육신을 입고 있는 자들도 올 걸세."

그가 다시 나를 보면서 이렇게 말했다. "오늘 모임은 자네에게 신선한 경험이 될 거야."

나는 이렇게 답했다. "아직은 잘 모르겠어요. 이미 린포체님을 이런 식으로 뵌 적이 있었으니까요."

"그래, 당연히 그렇겠지. 하지만 지금 내가 자네와 대화를 나누고 있는 것처럼 다른 벗들도 직접 만나 대화를 나눈다면 난생처음 겪는 경험이 되겠지."

나는 "맞는 말씀이세요. 정말 놀라운 경험이 될 것 같아요!"라고 환호했다. 나는 어서 그 일이 시작되기만을 바랐다.

사원장의 방문은 발코니로 이어져 있었고 아래로는 계곡이 보였다. 게쉬 린포체가 방문을 열었다.

나는 "물질화를 일으키려면 어두워야 하지 않나요?"라고 물었다.

린포체는 이렇게 답했다. "아냐. 우리는 어둡게 할 필요가 없다네. 달빛이 있으면 대낮처럼 분명하게 볼 수 있을 거야."

"서양에서는 물질화를 할 때 암흑이 필요하거든요."

"서양은 완벽한 조합을 몰라서 그렇다네. 서양에서 쓰는 방법은 조잡하고 결과가 시원찮지."

나는 더 이상 말하지 않았다. 이제껏 티베트에서 목격한 능력들만 하더라도 전부 상식을 뛰어넘는 것이었다. 그러니 내가 아직 이해하지 못하는 일들이 얼마든지 더 있을 수 있는 터였다.

게쉬 린포체는 모든 상황에서 노련미를 드러냈다. 그는 일을 완전히 숙지한 가운데 막힘없이 배치를 시작했다. 먼저 탁자를 옆쪽으로 치우게 했다. 그런 뒤 우리가 앉을 위치를 지정해주었다. "엑토플라즘*이 잘 형성되어야 최상의 결과를 얻을 수 있어. 그러려면 자기장의 흐름이 방해받지 말아야 한다네. 아직 지상에 있거나 지상 근처에 남아 있는 자들은 상대적으로 쉽게 자기 모습을 드러낼 수 있어. 하지만 지구의 영향력을 벗어난 자들은 몸의 눈과 귀로 보고 듣는 것이 가능하게끔 그들의 에테르체 진동을 줄여줄 특정한 물질이 필요하지."

그는 우리를 다음과 같이 앉혔다. 린포체는 자기 오른쪽에는 나를, 왼쪽에는 사원장을, 자기 반대편에는 내 벗을, 내 벗 오른쪽에는

---

* ectoplasm: 프랑스의 생리학자 샤를 리셰Charles Richet가 고안한 용어로 영적 현상이 표현될 수 있는 매질을 가리킨다. 일반적인 교령회에서 엑토플라즘은 점성이 있는 하얀색 액체로 묘사되나, 본 책에서는 하얀 구름의 형태로 묘사된다. 이 매질을 통해 그 자리에 없는 존재들이 모습을 드러낼 수 있다.

다르 창을, 내 벗 왼쪽에는 말라파를 앉혔다. 말라파 다음에는 퉁 라를 앉혔고 그 맞은편에는 창 타파를 앉혔다.

그런 뒤 그가 말하기를, "이 '설계도'에는 양극(+)이 네 군데 있다네." 그리고 그는 분필로 바닥에 아래와 같이 그렸다.

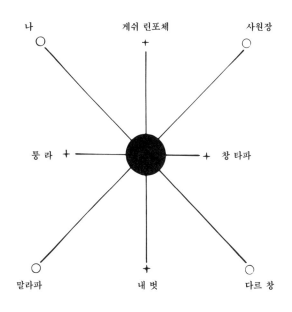

그는 네 지점의 양극에 모두 + 표시를 했다. 그리고 중앙에 원을 그린 뒤 원과 네 지점을 선으로 이었다. 그런 다음 다시 원에서부터 다른 네 개의 선이 뻗어나가듯 그었고 선의 끝부분에는 작은 동그라미(o) 표시를 했다. "자, +표시는 양극이고 o 표시는 음극일세. 전기에 두 극성이 있는 것과 마찬가지로, 극성이 하나만 있을 때에는 상대적인 힘이 절대 창조되지 않는다네.

전기는 대기 중에 존재하고 우리를 사방에서 둘러싸고 있어. 지금은 전기가 성운과도 같아 형태가 드러나지 않지만 두 요소가 결합하면 상대적인 세계에서 활성화된다네."

그런 뒤 그는 중심 원 안쪽을 채워 그렸다. "이 중심은 믹싱 볼*이야. 여기서 엑토플라즘이 형성되고 방의 문과 벽의 끝까지 퍼져나가면서 방 전체를 덮어 엑토플라즘을 한 덩어리처럼 유지시킬 걸세.

자, 우리가 시작할 준비가 되면 에테르계 화학자들이 와서 그들만의 공식을 이용해서 물질화에 필요한 엑토플라즘 농도를 조절할 걸세.

이 물질의 거친 형태는 우리의 자기적 신체에서 나오지. 이것은 허술하고 흐릿해서 때로는 사용할 수 없을 정도이지만, 에테르계 화학자들이 조정해서 완벽한 바탕으로 바꾸고 나면 우리 주위에 있지만 지금은 보이지 않는 자들이 보이고 들릴 거야.

물론 내가 말한 것보다 훨씬 더 많은 것들이 존재한다네. 아직은 사람들의 이해를 넘어선 과학 분야지. 서구 과학자들이 물질의 구조를 파헤친다고는 하지만 아직은 전자기력이 모든 형태 배후에 있다는 것까지는, 사실상 우주의 모든 원자 구조 배후에 있다는 사실까지는 파악하지 못했어. 전자기력을 감소시키면 가장 높은 에테르부터 가장 조악한 물질에 이르기까지 다양한 구조를 만들어낼 수 있다네. 분열이란 존재하지 않아. 어디가 시작이고 어디가 끝인지 명확히 구분할 수 없지. 이 모두는 나눌 수 없는 완전하고 단일한 질료야.

딱히 더 좋은 예가 떠오르지 않아 간단한 예를 들어보자면, 고체

---

* mixing bowl: 음식을 섞는 데 쓰는 그릇.

상태의 피치** 조각에 열을 가하면 점차 고체 성질을 잃기 시작하지. 고체가 액체가 될 때까지 녹는 과정이 점진적으로 진행된다네. 고체 상태에서 액체 상태로 넘어가는 명확한 구분 지점을 찾을 수는 없어. 기체가 될 때까지 계속 열을 가한다고 해도, 고체 상태부터 시작해서 보이지 않는 기체 상태에 이르기까지 사실 그 어떤 경계도 감지할 수 없지.

보이는 것과 보이지 않는 것과 그 너머에 있는 것에 이르기까지, 그 안에는 구획도 없고 분리도 없어. 항상 일정한 상태를 유지해주는 변하지 않는 기초 질료가 만유 안에 있고, 만유를 관통해 있어서 이러한 변화 상태를 지탱한다네. 이 질료로 형태를 창조할 수 있는 창조성이 만유 내부에, 만유 너머에 있어. 형태는 원래 기초 질료로 돌아가지만, 이 질료는 항상 안정적으로 유지되지. 이것을 창조와 붕괴라고 부른다네. 이 둘은 하나로서 분리된 별개의 힘이 아니야.

하지만 우리는 유일하게 창조적이지만 창조되지 않은 그것이 무엇인지는 몰라. 이 창조되지 않은 그것이 우리 안에 있다네. 우리는 그것에 대해 상대적인 것들은 모두 식별할 수 있어. 하지만 그것 자체가 무엇인지는 식별할 수 없어. 왜냐하면 그것은 항상 자기 외부에 있는 것들에 대해서만 식별하기 때문이야.

자네들은 자신의 의식이 무엇인지 설명할 수 없다네. 한번 할 수 있으면 해보게. 그러면 의식은 항상 자신에게 상대적인 것들만 식별하고 있음을 발견하게 될 걸세. 의식은 스스로를 되돌아볼 수 없어. 하지만 의식에 대해 상대적인 모든 것을 이해하고 알게 되면, 의식

** pitch: 수소로 이루어진 화합물의 하나. 콜타르나 원유 따위를 증류할 때 생기는 찌꺼기이며 도로포장 등에 쓰인다. (고려대 한국어대사전)

에 알려지지 않은 것이 경험될 수 있어. 그것은 알 수 있는 무엇이 아니야. 알려진 것들은 알려지지 않은 그것을 알 수 없기 때문이지. 따라서 알려진 것은 실재가 아니라네. 실재는 알려지지 않았고, 알려질 수 없는 거야. 하지만 알려진 것이 알려지지 않은 것으로 녹아드는 지점에 다다르면, 바로 그 점에 자각이 있고 창조성이 있다네. 창조성의 총체가 그 점 배후에 있고, 그 지점에서 창조성은 자네들을 통해 표현되고, 그러면 실재인 것이 드러나지. 이 초점이 바로 마스터Master야! 그는 초점이 되어 전체가 자신을 통해 일하게 하지. 예수는 이렇게 말했다지. '내 안에 항상 머무르시는 이는 아버지이시고, 당신께서 몸소 일하고 계신다.'"

그런 뒤 그는 나를 바라보고 다시 말을 이었다. "그러므로 자네들이 그 지점에 다다랐다는 것을 알 수 있는 증거는 바로 창조성일세. 그 지점에서 자네들은 상대적인 모든 것을 자각하게 되어서, 상대적인 것은 창조적이지 않다는 것을 알게 되지. 창조적인 그것은 자네들과 내 안에 있는 창조되지 않은 무엇이야. 초점의 배후에 창조성의 모든 것이 있다네.

자, 오늘 밤 우리는 아주 경이로운 현상을 목격할 걸세. 교육적이고 흥미로운 사건이지. 신이 우리 아버지이시고 모든 인류는 형제이며 우리 모두가 하나임을 깨닫게 해준다는 점에서 가장 종교적인 현상이기도 하다네. 이 진리가 보편적으로 알려지고 나면, 분리에 대한 인류의 믿음도, 권위에 대한 믿음도, 권위를 향한 추종도, 인류의 이기심도, 물질적 이득과 영적 이득에 대한 갈망도 전부 사라질 걸세"

그런 다음 그는 이렇게 말했다. "중앙에 집중하게. 그러면 엑토플라즘이 형성되는 모습이 보일 거야."

아니나 다를까, 엑토플라즘이 과연 하얀 구름 모양으로 형성되고 있었다. 이 하얀 구름 모양은 달빛을 받아 뚜렷하게 보였고, 우리 머리 위에서 빙빙 돌기 시작하더니 우리까지 감싸는 듯이 보였다. 이 현상은 하얀 구름처럼 결국 방 전체와 출입구를 가득 채웠다. 내가 받은 느낌을 말하자면 우리 모두가 구름에 덮인 것만 같았다. 마치 내가 지상에서 구름 속으로 순간 이동한 느낌이었다. 이제 곧 우리는 고대의 큰스승들과 지상을 떠난 친족들과 이야기를 나눌 참이었다. 그리고 아직 지상에 몸을 입고 있지만 오늘 이 자리에 나타날 자들도 있었다.

이 영광스러운 장면을 어찌 말로 옮길 수 있겠는가. 위대한 밀라레파 성인이 제일 먼저 이야기를 시작했다. 밀라레파는 우리에게 세 가지 언어, 티베트어와 힌두스타니어와 영어로 말했다.

"나는 깊은 깨달음을 전해주기 위해 왔다. 너희가 갖고자 애쓰는 오컬트의 힘은 실재가 아니다. 실재는 그 너머에 있고 지극히 장엄한 것이라서 내가 어떻게 말하든 그것에 관한 관념만 지어낼 뿐이다. 그렇다. 실재는 마음이 실재에 관해 지어낼 수 있는 것을 훌쩍 넘어서 있다. 실재에 관해 허다한 잡소리와 당찮은 가르침이 쏟아지고 있고, 이 모두가 너희를 진리에 눈 멀게 한다. 윤회만 하더라도, 너희가 믿고 있는 윤회는 진리와 완전히 다르다.

너희는 전대의 달라이 라마가 지금의 달라이 라마로 환생했다고 믿는다. 하지만 이것은 사실이 아니다. 만약 위대한 붓다가 환생했더라면 그는 너희가 벌이는 온갖 허례허식에서 자유로웠을 것이고, 그의 행동에서는 지혜가 묻어났을 것이다. 자, 그렇게 해서 찾아낸 것이 누구더냐? 그냥 지혜롭고 이해력이 뛰어난 아이에 불과하다! 이

199

렇듯 너희 종교에서 윤회는 단지 사기일 뿐이고, 두려움과 무지를 이용해 사람들을 미신에 묶어두는 수단에 불과하다.

세간에서 가르치고 있는 '진리'와 실제 '진리'는 조금도 비슷하지 않다. 지금 진리라고 가르치고 있는 내용은 진리를 완전히 날조한 것이다. 티베트 불교의 가르침과는 달리 전대 달라이 라마라고 불렸던 사람은 후대 달라이 라마의 몸속에 있지 않다. 환생은 당연히 진리도 아니고 사실도 못 되고 그저 믿음에 지나지 않는다는 것을 이해하기를 바란다.

윤회가 존재하기는 하지만, 너희가 이해하는 방식과는 다르다. 하나인 신의 영이, 즉 생명이 전대 달라이 라마들 안에 거했듯이 현대의 달라이 라마 안에도 거하고 있다. 하지만 현대 달라이 라마는 이 진리를 모르고 있다. 오직 하나의 영이 모든 이 안에, 각자 안에 거하고 있으며, 무엇이 거짓인지 앎으로써 이 사실을 깨달을 때라야 영의 지혜와 권능이 드러나게 된다.

나는 너희가, 자기 최면에 빠뜨리는 이 어리석은 광기에서 사람들이 빠져나오게끔 그들을 인도해주기를 청한다. 내가 전하는 내용을 너희가 이해할 수 있도록 나는 현대 언어로 말하고 있다."

그는 게쉬 린포체에게 길게 이야기했고, 나는 그가 이렇게 말하는 내용도 들었다. "장차 올 일을 자신이 방해하는 일이 없도록 깨어 살펴야 한다. 소위 죽음이라는 것도 생명을 갈라놓을 수 없다는 것을 받아들일 준비가 아직 많은 이들에게는 되어 있지 않기 때문이다. 오직 하나의 생명만이 존재하고 이 생명은 영원하다. 너와 대화하기 위해 나 다음에도 많은 이들이 찾아올 것이다. 네 친구 링쉬라 은수자도 오늘 밤 여기 와 있다."

밀라레파는 아스트랄계를 총괄하고 있는 듯이 보였고, 게쉬 린포체는 지상계를 총괄하고 있었다.

방문은 계속 이어졌고 방문자 수도 많았다. 그들이 문을 통과하면 그들의 모습이 나타났다. 경이로운 장면, 경이로운 경험의 연속이었다. 내게 전무후무한 경험이었다.

한 시간가량 지났을 때, 알렉산드리아의 성 안토니오와 사도 바울이 내게 곧장 왔다. 성 안토니오가 내게 들려주었던 이야기는 이 장의 후반부에 기술하겠다. 하지만 그에 앞서 이 모든 일이 내가 상상해서 지어낸 것이 아니라 실제로 벌어진 일임을 확신하게 된 결정적 계기를 들려주고 싶다.

내 어머니도 그날 밤 나를 찾아오셨다. 나는 살아생전 그대로 어머니의 모습과 얼굴을 볼 수 있었다. 조금 달랐던 것은 젊어 보이셨다는 것과 아름답게 빛이 나고 있다는 것뿐이었다. 어머니는 본인 신원을 확인시켜주기 위해 내게 게일어*로 말씀하셨다.

"아들아, 정말 나란다. 네 아버지도 나와 함께 계시고 네 친구 존 서덜랜드John Sutherland도 함께 와 있어. 나는 네가 하고 있는 일들로 인해 너무나 행복하단다. 우리도 다들 돕고 있어."

이 말씀을 들려주실 때 내 일이 어머니께도 정말 큰 즐거움인 듯 얼굴이 환하고 아름답게 빛났다.

여섯 시간 동안 방문자들이 오갔는데 전부 다 설명하려면 또 한 권의 책이 필요할 것이다. 아직 육신을 입고 있는 사람들도 많이 찾아왔다. 게쉬 린포체가 언급했던 위대한 링쉬라 은수자도 이날 나타

---

* 인도-유럽 어족 켈트어파에 속한 언어. 스코틀랜드 산악 지대와 서부 섬 지역에서 쓴다.

났다.

링쉬라 은수자가 내게 이렇게 말했다. "자네는 곧 내 거처에 와서 나와 지내게 될 거야."

게쉬 린포체는 이 일에 대해 내게 알려주지 않았지만, 후에 내가 그 거처로 가서 지내는 일이 진짜로 일어나고야 말았다. 이 일에 대해서는 다른 장에서 다루겠다.

이날 모임의 끝이 가까워지자 가장 찬란한 빛이 나타나 방 전체를 환히 밝혔다. 태양이 나타난 듯 모든 것을 밝게 비췄는데, 그 빛이 너무도 강렬해 처음에는 눈을 감아야 했지만 점차 빛에 익숙해졌다. 그리고 그 빛 속에 주께서 몸소 나타나셨다. 주께서 당신 축복을 주기 위해 오셨던 것이다.

《심신의 신유》(Divine Healing of Mind and Body)라는 내 책을 이미 읽어본 사람들은 내가 말하는 내용이 진짜라는 것을 알 것이다. 이것은 내가 히말라야에서 받은 모든 수련의 정점에 해당했다.

단연코 이날 교령회는 이제껏 내가 봤던 교령회 중 가장 웅장했고, 앞으로 이런 장면은 결코 보지 못할 것이다.

나는 물질계와 영계가 결코 분리되어 있지 않고, 단지 무지의 베일만이 우리를 가르고 있음을 깨달았다. 하지만 깨달음의 빛이 세상에 오고 있었기에 이제 곧 마음의 모든 어둠은 걷히고 영적인 재능을 받은 자들이 더 이상 박해받지 않을 때가 올 것이다.

새로운 종교가 세상에 도래하고 있다. 이 종교는 기존 종교의 분파도 아니고 교의나 신조도 아니다. 이 종교는 죽음이란, 영원하고 항상 현존하는 한 생명의 높은 상태로 들어갈 때 거치는 문에 불과하다는 사실을 드러낼 것이요, 이미 몸을 벗은 자들과 몸을 입은 우리가 결코 분리되어 있지 않음을 보여줄 것이다. 주 예수께서 그가 세상 끝 날까지 우리와 함께 있겠노라 하셨던 것처럼, 예수를 포함한 고대 위대한 스승들은 우리와 하나이다.

말로는 이 놀라운 계시의 아름다움과 영광을 그려낼 수 없다.

이날 다양한 분야의 기술에 대해 다뤄졌다. 성 안토니오는 특히 내게 치유에 대해서 말해줬다. 그는 고대 이집트의 위대한 치료사였고, 치유가 그의 전문 분야였다. 그래서 그는 그보다 위대한 존재들로부터 내 일을 도우라는 특별 임무를 부여받아 다른 많은 존재들과 함께 나를 돕고 있는 것임을 밝혔다. 그들은 지금도 나를 돕고 있고, 내가 세상에 다시 돌아가더라도 나를 계속 도울 것이었다.

치유에 관한 대화는 나를 위한 것이었다. 이날 방문했던 다른 이들은 그날 참석했던 사람들에게 다양한 주제로 이야기했다.

분명 교령회는 만사가 계획하에 순조롭게 진행되었다. 방에 동시에 열 명 남짓 있었음에도 누군가 따로 한 명과 이야기를 나눌 때에는 그 누구도 대화에 끼어드는 것이 허용되지 않았다.

나는 성 안토니오가 따로 들려준 이야기에 완전히 매료되었다. 전에도 그와 대화를 나눈 적이 있기는 했지만 이번처럼 완벽한 방식은 아니었다.

그는 "신은 사람의 아들을 통해서 찬미받으신다"라고 말했다. 그는 전에도 내게 이 말을 들려준 적이 있었기 때문에 나는 이 말의 뜻을 이해했다. 그런 뒤 그는 마치 방 안에 다른 사람은 없는 것처럼 내게 개인적으로 말을 계속했다.

"시간이 시작된 이래로 남녀 모두에게 치유하고 가르칠 권능이 부여되어왔다. 어떤 치유들은 상당히 놀라워 보이기도 했는데, 그것은 단지 사람들이 아직 그런 치유를 이해할 능력이 안 되었기 때문이다. 그렇게 해서 회의론자들이 나타났고, 그들은 단지 그런 치유가 불가능해 보인다는 이유만으로 이런 일들을 부인하기 위해 모든 노력을 기울여왔다.

신유*는 다른 치료법들이 모두 실패하는 영역에서도 놀라운 성공을 거둬왔지만, 인류는 아직 영의 강력한 힘을 깨닫고 있지 못하다. 마음은 자신을 넘어서 있는 영역까지는 미치지 못하기 때문이다. 마음은 자신이 알고 있는 것에 대해서만 추리할 수 있을 뿐, 자신이 모르는 것과 이성을 넘어서 있는 것에 대해서는 정의 내릴 수 없다. 그런데 신적 치유는 바로 이 영역에서 일어난다."

나는 이렇게 말했다. "네, 그렇습니다. 많은 이들이 신유가 대체 어떻게 일어나는 것인지, 또 보이지 않는 그 무엇이 어떻게 그토록 완벽하고도 즉각적인 변화를 일으키는 것인지 궁금해하면서도 신적 치유를, 마음에 진리가 아닌 관념만 줄 수 있는 관점으로 끌어내리기를 여전히 원합니다."

그런 다음 성 안토니오는 다시 말을 이었다. "모든 현상은 지성이 관여된 법칙을 통해서 일어나기 마련이다. 그러지 않았다면 그 어떤 현상도 일어나지 않는다. 네가 뭔가를 두려워하고 그와 관련해 믿음을 갖고 있다고 해보자. 그러면 네가 그 두려움 속에서 생각하는 것과 또 그 믿음 안에서 생각하는 것 안에서 작동하는 지성이 있기 마련이다. 이 지성이 네가 그 두려움과 믿음 속에서 생각하는 방식에 정확히 일치해서 현상을 일으킨다. 이것이 바로 생각과 행동의 법칙

---

* 神癒(Divine Healing): 신앙 요법의 하나. 신의 힘으로 병이 낫는 것을 이른다. (표준국어대사전)

또는 전자기의 활동이다. 이것은 몸이 에너지 원자로 구성되어 있어서 전자기적 성질을 갖기 때문에 그런 것이다.

그런데 진리는 수학과도 같다. 아주 정확하다. 오류를 찾아내 바로잡고 나면 그 오류는 사라진다. 2 더하기 2가 왜 5가 아니고 4인지 설명하는 것은 불가능하다. 진리를 조사하는 것이 불가능한 것처럼 수학을 조사하는 것도 불가능하다. 오류에 대해서만 조사할 수 있을 뿐이다. 진리는 수학처럼 언제나 참이고 항상 현존하고 변화에 종속되지 않기에 오류에도 종속되지 않는다. 그래서 신유가 그토록 완벽한 것이다.

네 주위에서 작용하는 법칙들에 대해 조사하는 것은 가능하다. 그러나 이러한 법칙들은 조사될 수 없는, 사람의 마음을 넘어서 있는 그것에서 나온다.

사람이 기저에 깔린 생명의 원리를 이해하는 데 실패했기 때문에 네 주위에서 혼돈이 보이는 것이다. 이 어리석음으로 인해 가장 뛰어난 지성조차 사람 안에서 작용하는 생명의 법칙을 이해하는 데 실패했다.

수학 법칙을 부정하는 것은 어리석은 짓이다. 진리의 법칙을 부정하는 것 역시 그렇다. 진리의 법칙을 이해하는 것은 가능하지만, 진리가 무엇인지 설명하는 것은 불가능하다. 수학 법칙이 그저 존재하는 것처럼 진리 역시 그저 존재할 뿐이다. 너는 수학을 활용하는 것처럼 진리를 활용할 수 있다. 조화로운 음악 안에서는 음 하나하나가 다 완벽하다. 잘못된 음이라는 것은 존재하지 않는다. 그런 것이 행여 있다면 그저 조화를 이루지 못한 소음일 뿐이다.

부인하는 것은 도움이 되지 않는다. 거짓된 것을 부인하는 것은 그것을 인정한다는 것이고, 거짓이 지니지 못한 실재성을 부여한다는 것이다. 하지만 그것이 어떻게 일어나는지 이해하고 나면 그것이 어떻게 해서 거짓인지도 이해할 것이다. 그러면 너는, 거짓된 것들이 실재 안에서 아무 존재도 없는 자아가 창조해낸 것임을 이해할 것이다. 거짓된 것들이 자아를 제외하곤 그 어디서도 존재하지 않는다는 것을 이해할 때 조화로운 실재가 존재한다.

거짓된 것들은 자아에 붙어 있으려고 애쓰는데, 이는 거짓이 가질 수 있는 유일한 존재가 자아이기 때문이다. 따라서 거짓된 것은 환영이다.

예수는 스스로 했다고 주장한 적이 절대 없다. 예수는 '내 안에 항상 머무르시는 분은 아버지시며, 당신께서 당신 일을 하고 계신 것이다'라고 말했다. 예수는 결코 혼자 힘으로 뭔가를 이루려고 하지 않았다. 도리어 그는 '나 스스로는 아무것도 아니다'라고 말했다.

하지만 네가 치유자의 망토를 두르고 '나는 치유자다, 선지자다'라고 자처한다면, 너는 자신을 그 자아에 한정하는 것이다. 그래서 많은 이들이 치유에 실패하게 되는 것이다. 자아는 신성을 가린다. 그래서 너는 자아가 방해하지 못하게 치워야 한다. 자아는 아무것도 아니다. 이 점을 일찍 깨달을수록 너 자신과 너에게 오는 모든 이들에게 더 유익할 것이다.

예수를 사람들과 신에게서 분리된 것으로 바라봤던 자들에게 예수는 외부의 대리자인 것처럼 보였다. 하지만 이것은 단지 그들이 자신들의 진짜 아버지가 누구인지 몰랐고 따라서 예수의 진짜 아버지가 누구인지도 몰라서 그랬던 것뿐이다. 예수의 아버지가 곧 자신들의 아버지이기도 하다는 것을 알았더라면 그들은 자유로웠을 것이다. 예수는 자신이 혼자서는 아무것도 아니지만 아버지와 함께라면 모든 것이 가능하다고 말했다. 예수는, 너의 생명이자 나의 생명이기도 한 그 생명과 자신이 분리될 수 없음을 알았다. 그러므로 예수는 개인을 통해서 일하는 우주를 통해서 일한다. 너도 이렇게 하는 법을 배워야 한다. 기존 질서에 순응하고 분리에 사로잡힌 자들이 신적 권능을 깨닫는 것은 어렵지만, 신적 권능을 경험한 자들은 그것이 실재라는 것에 대한 확고한 증거를 갖고 있다.

내가 무소부재인 그것에 관해 말할 때, 내 표현은 상대적일 수밖에 없다. 마치 내게서 떨어진 무엇에 관해 말하는 것처럼 보일 것이다. 사실은 그렇지 않다. 나는 네가 네 안의 실재를 발견하는 것을 돕기 위해 상대적인 언어의 틀에서 말할 뿐이다.

나는 네가 상대적인 것들을 이미 잘 다뤄서 내가 뜻하는 바를 잘 이해하고 있다는 것을 안다. 주께서 말씀하셨다. '너희는 내가 아버지 안에 있고 아버지께서 내 안에 계시다는 것을 알고 있지 않느냐?' 이것은 절대 의식 안에 있는 일치를 보여주는 말이다. 그리고 이 의식은 신께서 자신들에게 당신 아들이 될 수 있는 권능을 주셨다는 것을 이해하고 있는 모든 이들 안에서 창조성을 발휘한다. '나는 아버지께서 하시는 것을 보고 그대로 할 따름이다.'

이제 너는 질병이 대부분 특정 원인들의 결과이자 자연스러운 법칙을 무시한 결과라는 것을 이해한다. 질병은 무지와 두려움으로 인해서, 사랑이 결핍되어서(사랑을 주지 않아서), 항상 사랑을 추구하고 있는 자아에 대한 이해가 부족해서 일어난다.

아픔은 몸과 마음이 자연스러운 리듬을 잃었다는 것을 보여주는 증상이다. 그리고 이를 회복하기 위한 '투쟁'이 바로 질병이다. 다른 말로 하자면, 만약 네가 자연스러운 법칙을 계속 무시하는 동시에 '질병(dis-ease)'과 싸우기를 고집한다면, 마음은 그 상태에 주의를 쏟게 된다. 왜냐하면 몸은 마음에게 대들고 마음은 몸이 느끼고 있는 감각에 사로잡히기 때문이다. 그러면 이제 마음은 몸을 구하기 위해 엄청난 노력을 기울이면서 투쟁한다. 마음의 이 투쟁이 원자를 뒤흔들어놓고 재배치하는데, 그 결과로 고통과 불편함을 느끼게 된다. 이 진실을 알고 나면 투쟁이 그친다.

마음은 이 느낌을 감지하고, 이 느낌을 질병으로 기록한다. 마음은 질병에 이름을 부여하여 질병을 붙들 수 있게 된다. 만약 질병의 이름이 고칠 수 없는 병으로 인식되면, 마음은 그렇게 받아들여 더욱 멍에에 매인다. 사람이 자기 존재의 진실을 모르고 자연의 섭리를 무시해서 질병이 생기는 것임을 알아볼 때라야 비로소 이 멍에에서 풀려난다. 그러면 영-생명은 마음을 바꿔놓고, 몸은 대자연의 완벽한 작용에 반응한다."

나는 말했다. "마음이 몸의 비정상적인 상태에 의해 질병을 의식하게 된다는 점을 잘 알았습니다."

"그렇다. 몸 세포의 조화가 깨지면, 슬픈 소식이 두뇌 중앙으로 전달되고, 의식을 담당하는 마음의 부분은 자신이 건강이 나쁘다고 여긴다. 마음은 영의 완전한 권능을 깨닫고 있지 못하기 때문에 두려움과 불안이 엄습한다. 하지만 마음이 존재의 진리를 받아들이면, 두뇌 중앙은 제 할 일을 능숙하게 처리하고, 복원 절차가 가동된다. 하지만 마음이 투쟁에 사로잡힐 때 마음은 1차 방어선, 즉 신적 이성을 사용할 수 없다. 그리고 이 장애에 대한 보고를 최종적인 것으로 받아들인다. 하지만 자기 존재의 진리를 깨닫고 나면 참된 치유가 일어난다. 마음이 진리로 가득 채워지면 때때로 완전하고도 즉각적인 변화가 일어나기도 하는데, 이것이 바로 신유다."

나는 그의 말에 심취한 나머지 주변 상황에 신경 쓸 겨를이 없었다. 그는 아무런 방해 없이 계속 말을 이어나갔다. "질병에 걸렸을 때 실제로 벌어지고 있는 일이란, 자기 존재의 진실을 알고 있는 의식이 마음에서 사라진 것이고 나쁜 건강 상태를 알고 있는 의식이 마음을 통제하게 된 것이다. 그래서 쾌활함도 사라지고, 활기찬 느낌도 사라진다.

몸을 지탱하던 마음에게 어떤 운명이 닥쳤는가? 질병이 진짜라는 환영의 주문에 걸린 마음에서 진리가 일시적으로 사라져버렸다. 마음은, 영이 다스린다는 앎을 무질서와 혼란의 힘의 제단에 갖다 바쳤다.

나는 마음이 자기 주권을 포기하는 것을 지켜본 한 사람으로서 이 말을 하고 있는 것이다.

어떤 이들은 약을 회복을 위한 최후의 보루로 삼아 의지한다. 그렇다고 곧바로 회복될 기미가 보이지는 않기에, 결과적으로 약에 의존하는 상태가 심화된다. 그런데 어떤 수단에 의해 화학적 변화가 일어나면, 병이 호전되기도 한다. 그런데 다시 고통이 시작되면 더 큰 혼란을 일으킨다. 약이 아무런 도움이 되지 않는다는 것을 마침내 발견하고 나면, 우울함과 불안함의 늪은 더욱 깊어진다.

너는 신체가 단지 화학적 반응의 조합에만 그치지 않는다는 것을 깨달아야 한다. 신체의 기능 유지를 위해 신체에는 지성과 나름의 노하우와 놀라운 조직력이 부여되어 있다. 이것이 운동과 변화를 일으키는 데 근본 토대가 되는 생명의 활력이다.

생약요법, 생화학요법, 동종요법, 수* 치료법과 같은 자연치료 방법은 많은 사례에서 세포 구조에 작용해서 화학 변화를 일으켜왔다. 그러면 강력한 암시가 형성되어 마음은 암시를 따르도록 유도된다. 마음에 그러한 작용이 가해지면 건강의 의식이 다시 나타나고 신체 내 균형과 조화가 회복되기 시작한다. 하지만 마음이 내부에 있는 영의 타고난 권능의 법을 이해하지 못한 채 방치되면, 처음 상태보다 악화될 수도 있다.

질병에 사로잡혀 있고 질병을 의식하는 것은 바로 자아다. 영은 질병에 대해 아무것도 모른다. 자아는 이기적이고 탐욕스러우며 닥치는 대로 긁어모으고 증오심과 적개심으로 가득하며 용서할 줄 모르고 폭력적인데, 이것이 대부분 질병의 원인이다.

탈인격이 곧 치유이기에 탈인격적인 영은 이러한 것들에 대해 아무것도 모른다. 개체성에서 벗어날수록 더욱 사랑스럽고 친절해진다. 탈인격이 곧 사랑이고 사랑이 곧 치유이기 때문이다. 사랑이 곧 신이고, 신이 곧 사랑이며, 반응이 아닌 모든 완벽한 행위의 토대다.

개인적 자아가 언제나 외부의 것들과 투쟁과 안팎의 전쟁에 골몰한다는 것을 이해한다면, 너는 고통의 원인을 이해할 것이다. 고통의 원인을 이해할 때 탈인격적 내면의 자아는 자유로워지고, 생명의 힘들이 자유로이 방사된다.

이 대자연의 힘들이 지닌 전자기적 파동이 몸과 마음을 변형하기 시작한다.

이 내부의 원자적 작용은 잠재의식적 메커니즘에 강한 암시를 주게 되고, 그다음으로는 몸과 마음 전체에 걸쳐서 즉각적인 작용이 시작된다. 왜냐하면 이때 에너지의 강력한 흐름이 올바른 방향으로 나아가면서, 내부에서부터 외부로 그 앞에 있는 모든 것을 휩쓸고 가면서 혼란을 잠재우기 때문이다. 투쟁이 끝남에 따라 몸과 마음은 안도감을 느끼고, 바른 방향으로 향하는 관성은 계속 유지된다.

혼란과 혼돈이 잦아들 때 질병의 관념을 반드시 포기해야 한다. 평화가 정착하면 몸은 대들기를 멈추고 조화가 닻을 내린다.

일단 조화가 이런 식으로 이해를 통해서 자리 잡으면 질병의 특성이나 만성 질병을 앓았던 기간과 무관하게 몸과 마음은 탈바꿈된다.

제대로 된 안내를 받으면 환자는 고통이 일시적이고 인공적인 것임을 깨닫기 시작한다. 일시적인 것은 무엇이든 덧없고 자체의 토대가 하나도 없다. 무지한 자아는 외부의 것들에 정신이 팔려 있다. 실재는 무지한 자아와 조금도 닮지 않았다. 실재는 탈인격적 자아이고 아무 흠 없이 온전하고 완전하다.

'만약 질병이 실체가 있는 것이었다면 질병을 치유하는 것은 애초에 불가능하다. 실재는 변화에 종속하지 않기 때문이다.' 두려움에 떠는 자들에게서 나오는 암시에 힘입어 자아는 두려움 속에 태어난다. 죽음에 대한 두려움은 인류에게 있어서 대부분 고통의 원인이다. 그렇다면 이 두려움을 제거하는 것이 최우선과제다.

네가 이 살아 있는 우주 안에는 죽어 있는 입자가 하나도 없다는 것을 깨닫길 바란다. 생명에는 죽은 부분이 있을 수 없다. 생명과 죽음은 조금도 다르지 않다. 이제 너도 이해하듯 그 둘은 하나이고 같은 것이다. 죽음이란 영원한 생명 안에서 한 국면에서 다른 국면으로 넘어가는 것일 뿐이다.

죽음이라는 변화 후에도 생명은 자신의 보다 완벽한 거소에서 계속되고 개인의 의식은 생명을 더더욱 자각한다. 그러므로 너는 영원한 생명의 의식이 자리 잡을 수 있도록 마음에서 죽음의 두려움을 제

211

거해야 한다. 이렇게 하는 것이 몸과 마음을 치유하는 데 정말 큰 도움이 된다. 두려움을 의식하는 것은 몸과 마음의 기능을 파괴하는 반면, 생명을 의식하는 것은 둘이 제대로 기능하게 회복시킨다. '땅 위의 누구도 아버지라고 부르지 말라. 영원하신 네 아버지는 한 분이시기 때문이다.'

질병과 두려움에 대한 두려움이 사라질 때에만 몸과 마음이 완벽히 치유될 수 있다. 하지만 네가 다른 이를 도울 수 있기에 앞서 너는 자신부터 알아야 한다. 깨달은 의식은 가장 무딘 마음도 관통할 수 있다.

두려움으로 가득 찬 마음에게 만트라는 별 도움이 되지 못한다는 것을 명심하라. 그런 상황에서 때때로 만트라는 이미 마음에 지배적인 고통의 관념을 강화하게 되고 그 결과로 대립 쌍만 창조할 뿐이다. 질병과 싸우면서 건강의 관념에 매달리고, 죽음과 싸우면서 생명의 관념을, 악과 싸우면서 선의 관념에 매달리는 등 말이다.

하지만 환자에게 사려 깊은 말을 조심스레 들려줘서 이해를 시킨다면, 환자는 수용적인 태도로 바뀌고 협력하겠다는 의지를 품게 된다. 그러면 변화가 일어나는데 때로는 이 변화가 매우 즉각적이기도 하다.

존재의 진리라는 권능은 전자기적 진동을 가동하고, 이 진동은 환자의 마음에 가닿아 그를 묶고 있는 부정적인 정신과 조건을 무너뜨린다. 환자가 멀리 있든 가까이 있든 이 수단은 환자의 마음에 다다른다. 바로 그 시간에 하인이 치유되었다. '딸아, 기운을 차려라. 그들의 믿음이 너를 온전하게 만들었다.' 이 성경 구절은 너에게 친숙할 것인데, 이제 그 참뜻을 알게 되었구나."

그는 잠시 말을 멈춘 후 다시 말을 이었다. "네 존재의 진실을 인식하고 있을 때, 네 오라는 순수해지고 네 생각은 역동성을 띤다. 대자연 속 만물은 너에게 무해하고 너 역시 자연의 만물에게 무해하다는 것을 깨달으라. 대자연을 두려워하지 않을 때 너는 야생의 대자연을 통제할 수 있다. 너에게는 모든 것을 다스릴 권능과 권한이 주어졌기 때문이다.

자아가 아무것도 아님을 보라. 자신이 아무것도 아님을 알라. 영이 너의 겸손을 통로로 삼아 자신의 일을 할 것이다. 방해만 말라. 나머지는 신이 알아서 하실 것이다.

이해를 통해서 믿음을 얻으라. 정반대인 두려움을 거치지 말라. 두려움에서 비롯한다면 너는 믿음과 두려움이라는 대립 쌍에 사로잡힌 것이다.

듣겠다는 용의를 키우라. 부담을 내려놓는 것이 환자에게 큰 도움이 된다.

영은 질병과 죽음, 선과 악, 성공과 실패의 영향을 받지 않는다는 것을 인지한 가운데, 개인적인 것 너머를 봄으로써 개체성을 초월하라.

환자를 치유하기에 앞서 자신부터 치유해야 함을 항상 기억하라. 즉 네 마음을 어지럽히는 요소를 모두 제거해야 한다는 것이다. 네가 이 일을 할 때 신적 권능은 방해 없이 일할 수 있다. 지혜와 사랑의 권능을 불어넣어 만물을 변형하라. 마음을 어지럽힐 힘이 있는 각각의 요소들은 게릴라와 같다. 지원군이 올 때까지 마음의 구석에서 잠복해 있다가 충분한 수가 모이면 경계하지 않을 때 습격해 쓰러트린다.

이 요소들은 무지의 그늘 아래 번창한다. 이를 치료하는 방법은 이해다. 환자의 빛이 타오를 수 있도록 너의 강력한 영적 이해의 빛

213

으로 환자의 의식을 영화*하라. 그의 심지에 불이 붙으면 가장 어두운 구석까지도 비출 것이며, 이로써 결코 어두워지는 일이 없는 빛으로 마음과 몸을 밝히게 된다.

세상이 현재 아픈 것은 개인이 아프기 때문이다. 혼동과 무지가 그 원인이다. 이 두 사기꾼을 제거하면 신성한 사람이 창조주와 닮게 창조된 그대로 자신의 영광 속에 나타날 것이다.

네 앞에 놓인 임무가 육중해 보일 수 있겠지만 우리 사랑의 파동이 너와 함께 갈 것이다. 지체하지 말고 여기서 일을 마치는 대로 네가 아는 세상으로 곧장 돌아가라. 전능하신 신의 그리스도의 오라가 너를 감싸주기를."

그런 다음 그는 떠났다.

엄청난 가르침에 나는 어안이 벙벙했다. 완전히 깨친 자만이 그가 했던 것처럼 말할 수 있을 것이고, 나는 그가 한 말이 사실임을 알았다. 그가 실제로 말한 시간은 30분 남짓이었지만, 당시 나는 영원 속에 있었기에 시간의 한순간이 영원 속으로 사라진 것처럼 느꼈다.

✦✦✦✦✦

이날 모임이 실제로 일어난 것임을 독자 여러분이 믿게 할 다른 사실도 들려주고자 한다. 내 어머니께서 내게 말씀하신 뒤, 제1차 세계대전 중 1915년에 전사한 나의 절친 서덜랜드도 나와 대화를 나눴다. 그는 항상 나를 고지대 출신의 강한 억양으로 "머도Murdo"라고 불

---

* 靈化: 어떤 사물이 신령스럽게 됨. 또는 그렇게 되게 함. (표준국어대사전)

렀고 게일어로 말했다. 우리는 오랫동안 친구였으며, 둘만 알고 있는 다음 이야기를 그가 꺼냈을 때 우리는 그 시절을 떠올리며 한바탕 웃었다.

어느 새해 전야 때 스코틀랜드 글래스고^{Glasgow}에서 그와 나는 위스키를 걸쳤다. 그는 위스키를 좋아하기는 했지만 잘 마시는 편은 아니었다. 그날 밤 그는 상태가 많이 안 좋았고, 구토를 심하게 하다가 턱까지 빠져버렸다. 마침 우리는 그 지역의 서부 진료소를 지나던 참이라 그를 거기로 데려갔다. 내 친구 의사가 근무 중이기는 했지만 바빠서 그를 봐주기 어려웠다. 그는 증상이 점점 더 심해지더니 이제는 말도 제대로 못 할 지경에 이르렀다.

그래서 내가 그에게 이렇게 말했다. "입을 벌려봐, 이 멍청아. 이 형님이 직접 해주마." 나는 그의 양쪽 어금니에 엄지손가락을 집어넣고 빠르게 아래로 잡아당겼다. 그랬더니 딱 소리가 나면서 턱이 제자리로 돌아갔다.

그가 교령회에서 이 이야기를 들려주었을 때 나는 그가 내 친구임을 조금도 의심하지 않았다. 그는 이마가 상당히 돌출된 편이었는데, 이 특징도 아주 잘 보였다. 그런 뒤 그가 내게 조언을 좀 주려고 했지만, 누군가 그를 제지했다.

모임이 끝났을 때, 우리는 앉아서 이야기를 더 나눴다. 모두 다 젊음을 되찾은 듯이 보였다. 우리는 차를 마셨다. 아직 내게 비스킷이 몇 통 남아 있어서 차와 함께 먹었고, 날이 밝을 때까지 대화가 계속되었다.

동이 트자 우리는 밖에 나가서 아름다운 초모라리 산 뒤에서 해가 솟아나는 모습을 지켜봤다. 히말라야 산맥 너머에서 위대한 스승들과 함께 해돋이를 보는 것은 이제 내게 평범한 일상이기는 했지만, 이날 본 해돋이는 그중에서도 단연 최고였다. 그 아름다운 광경은 내가 보고 배웠던 모든 것을 매듭지었다.

내 벗이 다가와 옆에 앉으면서 말을 건넸다. "성 안토니오를 아주 훌륭한 영적인 친구로 두고 있군."

"네, 이제 저에게 훌륭한 친구들이 많다는 것을 알게 되었습니다. 벗님을 포함해서 모두 다 가슴 깊이 사랑합니다."

그러자 그가 내 어깨에 팔을 올리며 말했다.

"당신 뜻을 행하도록 우리 모두를 묶어주고 있는 것은 신의 사랑이라네."

10장

✤ ✤ ✤

우리가 꼭 하고 싶은 일만 하고 계속 쉬긴 했지만, 밤새 앉아 있어서 피곤할 줄 알았는데 다음 날 생각보다는 피곤하지 않았다. 오히려 정신이 말똥말똥했다. 나는 오후에 누워서 링쉬라 은수자에 대해 생각하기 시작했다. 눈을 감자 녹색 잎으로 우거진 평화롭고 그림 같은 호수가 보였고, 더 멀리 산허리에는 나무들이 있었다. 산 중턱 아래로는 커다란 진달랫과 나무들의 꽃이 분홍색, 하얀색, 심홍색을 발하며 활짝 피어 있었다. 호수 한가운데에는 섬이 있었다. 섬에는 독특하고 매력적인 집이 한 채 있었고 난생처음 보는 관목과 꽃 등이 집을 둘러싸고 있었다.

집 앞에는 푸른 잔디가 깔려 있었고 푸르른 야자나무가 잔디 주위에서 자라고 있었다. 이토록 아름다운 집에 누가 살고 있을까 궁금해하던 차에 링쉬라 은수자가 꽃밭에서 일하는 모습이 보였다.

인기척을 느껴 눈을 떴더니 내 벗이 옆에 와 있었다. 나는 방금 본 광경을 그에게 들려줬다. "눈을 감고 있던 동안 제가 잠시 어디를 갔었나 봐요. 호수 중앙에 자리한 섬에 숨겨져 있는 너무나 아름다운 장소를 봤어요. 나무와 꽃들이 주위를 에워싸고 있었고요. 여기에 누가 살고 있을까 궁금해하던 중 은수자님께서 꽃을 가꾸고 계신 모습을 봤습니다."

"자네는 아까 은수자님 댁에 방문한 거야. 자네가 봤다는 곳은 그분이 살고 계신 곳이고. 그곳은 저 너머에 있는 창 포^{Tsang Po} 강을 지나서 있는데, 티베트에서도 아직 사람의 발길이 닿지 않은 지역이지. 그분은 세상에서 가장 아름다운 집에 살고 계시는데, 그 집을 혼자 다 관리하신다네. 방금 자네는 아스트랄체 이동을 경험했는데 마침 은수자님이 이 분야의 전문가이기도 하시지. 그분에 관해 이야기를 더 들려주겠네.

예전에 그분은 간덴 사원의 장으로 계시면서 철학과 마법을 가르쳤다네. 아까 자네가 했던 것처럼 그분은 아스트랄 투사를 연습해왔는데, 그러던 중 호수 중앙에 떠 있는 그 아름다운 섬을 발견하셨지. 그래서 그곳이 대체 어디에 있는지 찾기 시작하셨고, 수개월이 지난 뒤 돌아와서 '마침내 내 집을 발견했다'라고 말씀하셨다네. 그곳이 어디에 있는지 사람들에게 알려줬더니 사람들이 이렇게 답했지. '하지만 산 고개 너머로 폭풍이 쉼 없이 몰아쳐서 이제껏 그 계곡에 들어간 사람은 아무도 없습니다. 게다가 계곡에 들어가는 길조차도 알려져 있지 않습니다.'

그러자 그분은 이렇게 답하셨지. '들어가는 길은 이미 찾아냈고, 거기다 거처를 지으려고 하네. 그곳은 사람이 살았다는 흔적이 전혀 없어. 아스트랄체 기술을 체화한 사람들만이 갈 수 있는데 나에게 딱 맞는 조건이지. 이제 아스트랄 이동 기술을 완전히 체화해야겠군.' 이 계곡으로 들어가는 비밀 통로는 은수자님만 알고 계신다네. 이제껏 육체를 입고서 그곳에 들어가는 데 성공한 사람은 은수자님 말고 없어."

"그런데 지난번에 은수자님께서 저도 잠시 그곳에서 같이 머물 것이라고 말씀하셨습니다."

"맞아. 거기서 자네는 신들과 대화하는 법을 제대로 배울 거라네.

그곳에 자네랑 같이 가는 특권이 내게도 허락되기를 바랄 뿐이야."

다음 날 내 소파 옆 탁자에 그 거처로 가는 길이 자세히 적힌 두꺼운 양피지가 놓여 있었고, 거기에 내가 챙겨야 할 물건까지도 나와 있었다. 내 벗의 탁자 위에도 비슷한 양피지가 놓여 있었다. 밤중에 어떤 기적적인 방법으로 안내 사항이 적힌 양피지가 이송된 것이다.

나는 내 벗에게 이렇게 말했다. "이건 정말 신기하네요."

"물체 전송 방법을 아는 사람들에게는 누워서 떡 먹기지. 일정한 훈련을 거치고 나면, 물체 전송에 관한 제반 사항을 이해한, 육신을 벗어난 요기들과 소통하는 것이 가능해진다네. 티베트에서는 흔한 일이야."

"그렇다면 은수자님이 안내 사항을 기록한 다음, 그런 영적 요기들에게 옮겨달라고 부탁하신 거겠네요?"

"그렇다네. 쉬운 일이지. 그들은 물질화와 비물질화의 비밀을 알고 있거든. 이미 자네는 물질이란 사실 보이지 않는 질료이지만 보이게 만든 것일 뿐임을 배웠어. 사실 모든 것은 다 마음이야. 물질 같은 것은 따로 존재하지 않아. 물질이란 자네가 보고 느낄 수 있는 무엇에 부여한 이름일 뿐인데, 그렇다고 사물의 이름이 곧 사물 자체는 아니야. 이름이란 단지 자네 마음속 관념에 불과하고, 그게 자네가 그것에 대해 아는 전부야. 하지만 은수자님은 영-요기(Spirit Yogi)들과 마찬가지로 요가의 대가이시고, 둘 다 세상에서 물질이라고 부르는 질료의 다양한 밀도의 진동을 이용해서 어떤 물건이라도 거리에 상관없이 전송할 수 있지.

모든 것은 마음속 진동이고, 의식이 이를 다스리는 요소라네. 은수자님은 물질적 질료의 진동을 아스트랄 수준의 진동으로 높여서 그 상태를 유지하는 방법을 알고 계시지. 그분은 물질이 견고하다는 고정관념에서 이미 벗어나셨기 때문이야. 영-요기들이 그와 협력하고, 이 협력을 통해 아까 봤던 양피지 조각의 진동을 높이더라도 거기 적힌 내용과 나머지 모든 것들은 에테르 전송을 거치는 동안에도 그대로 유지되지. 그런 후 물질화되어 자네 앞에서 볼 수 있게 된다네. 물질화 과정과 비물질화 과정이 어떻게 일어나는지 이해하고 나면 이건 더 이상 마술이 아니야."

"네, 알겠습니다. 저도 시드니에서 베일리^{Bailey} 씨 교령회 때 물건 전송을 목격한 적이 있습니다. 사실 지금도 그때 받았던 물건 중 일부를 소장하고 있습니다."

"은수자님을 뵙게 되면, 이 주제에 대해 더 많은 이야기를 듣게 될 거야. 은수자님은 밀라레파 못지않은 위대한 성인으로 여겨진다네."

"그러면 언제 출발할 수 있을까요? 아시다시피 제게 주어진 시간이 얼마 되지 않아서요. 시간이 정말 휙휙 지나가네요."

"내일 출발하세."

나는 그에게 "같이 갈 수 있게 되어서 정말 기쁩니다"라고 털어놓았다. "벗님 없이 혼자서는 거기까지 여행을 못 할 거라고 생각했습니다. 홀로 여행하는 일 자체도 별로 재미가 없거니와 티베트 오지를 탐험하는 일은 더욱 그렇고요."

"나도 자네와 가게 되어 참으로 기쁘다네. 가는 길이 결코 쉽지 않으니 짐을 최소화해서 가볍게 여행하세. 가는 길이 만만했다면 다른 사람들도 이미 가봤지 않겠나? 사실 그곳은 다다르기 가장 어려운 장소야. 그래서 애초에 은수자님이 거기를 집으로 택하신 것이고."

다음 날 우리는 단둘이 출발했다. 가는 길이 워낙 험하기도 하고 성소 중 성소인 그곳에 다른 이들은 초대받지 않았기 때문이다. 식량은 가는 길 중간중간 챙기기로 했으며, 여행의 마지막은 신들의 자비에 맡기기로 결정했다.

우리는 아침 일찍 간체^{Gyantse}로 향했다. 여전히 구름으로 뒤덮인 초모라리 산으로부터 매서운 바람이 윙윙대며 불어왔다. 우리가 통과하던 곳의 땅은 척박하고 돌투성이였지만 방목 중인 야크도 몇 마리 보였다. 야크들이 여기서 대체 뭘 먹는 것인지 궁금했다.

내 친구는 에베레스트 산 등반로를 가리켰다. "간체까지는 무역로를 계속 따라 이동할 거야. 간체에 도착하면 왼쪽 길로 빠져서 창포 강, 즉 파동^{Padong}에 있는 브라마푸트라^{Brahmaputra} 강이 나올 때까지 갈 거고. 그런 다음 야크 가죽으로 만든 코라클^{coracle} 배를 탈 걸세." ('이미 벗님은 다 알고 계시는구나'라는 생각이 들었다.)

그날 저녁 우리는 도첸^{Dochen}이라는 곳에 도착했고, 아주 맑은 물이 담긴 호수로 내려갔다. 호수 너머에는 눈으로 덮인 웅장한 산맥이 우뚝 서 있었다. 잔잔한 호수에서 물고기가 헤엄치는 모습이 선명하게 보였다.

언제라도 맹렬한 폭풍이 일 것만 같아 '이 고요한 상태가 얼마나 지속될까?'라는 의문이 들었다.

우리는 잠자리를 마련하고 저녁을 먹은 다음 해넘이를 보러 갔다. 호수에 비친 모습이 너무 아름다웠다. 고요한 수면이 산맥을 그대로 반영하고 있었다. 포켓 카메라를 꺼내 사진을 찍었는데, 이날 찍은 사진을 보면 어떤 것이 실물이고 어떤 것이 반영인지 구분할 수 없을 정도다.

나는 우리 둘 공통의 화제에 대해 내 벗의 이야기를 듣고 싶어서 이렇게 말을 꺼냈다.

"여기가 미국이었다면 1년도 안 되어 관광지로 개발되었을 겁니다."

"맞아. 대다수의 사람들은 대상으로서의 세계만 알고 있지. 법과 규칙과 도그마와 교리를 규정하는 세상 말이야. 그들은 인공적인 세상에 살고 있기 때문에 그들이 아는 것은 인공적인 것이 전부야. 그래서 자연을 자신들 생존 기준에 맞게 바꿔놓으려 하지. 자신들의 창조물에 사로잡혀 있느라 창조되지 않은 그것의 창조성은 놓치고 있어."

당시 그는 마치 게쉬 린포체 같았다. 그는 내가 말뜻을 놓치는 일이 없도록 천천히 또박또박 말했다.

"생명이 자신을 어떤 형태로 표현하든 생명 자체는 그대로 남아 있다네. 이것을 완전히 깨닫고 나면 창조성이 자네 안에서도 현실이 될 거야. 형태란 이 살아 있는 에너지가 드러난 것일 뿐. 꽃 한 송이에도 흙 한 줌에도 생명이 깃들어 있지. 이를 깨닫고 나면 세상은 더 이상 감옥이 아니야. 공기와 하늘 이 모두가 그것의 살아 있는 현존을 드러내기 때문이지.

지금 내가 자네에게 말하는 내용이 자네에게 조금이라도 가치 있기 위해서는, 보다 깊은 의식에서 이것을 경험해야 한다네. 그것은 정신적 규정이 아닌 생생한 현존이라야 해. 이 상태는 마음의 방해물을 제거함에 따라 찾아오는 것이며, 거짓을 꿰뚫어 볼 때 방해물은 자동적으로 제거되지. 그러면 자네는 정신적 규정이 진리가 아님을 알게 될 거야. 또한 자네는, 만약 우리가 이것을 지적인 토론으로 전락시키면 내부로부터 일어나야 할 변혁과 경험을 놓치게 됨도 알게 될 거야.

물질에 관련된 자신의 정신적 규정이 잘못되었음을 이해하게 되면, 자네는 물질을 들고 다니거나 걸려 넘어지는 무엇으로 여기기를 그치게 될 거야. 물질이 현현되지 않은 무엇의 현현이라는 것을 깨달을 때, 자네는 자신을 제한하고 있는 이 정신적 규정에서 자신을 해방하게 될 거야. 한때 온갖 제한으로 자네를 옭아매던 우주가 이제는 진정 자유로운 우주로 변모하는 거지."

그는 내 안에서 변화가 자동적으로 일어나고 있음을 감지했는지 1분 정도 말을 멈춘 뒤 다시 말을 이어나갔다.

"자네는 창조적 생명이 본래 타고난 완벽함을 성취하기 위해 애쓰지 않고 자연스럽게 일하도록 내맡기는 의식 상태에 도달할 수 있다네. 자네는 '한' 생명이 온 우주를 통해서 모든 곳에서 현현하고 있는 것처럼, 자네 안에서도 수고가 필요 없는 완벽함으로 창조하고 있음을 깨달을 걸세. 자네 안에 있는 생명이나 내 안에 있는 생명이나 전지전능하고 무소부재하는 생명이나, 다 똑같은 하나의 생명이기 때문이야. 스스로를 자기규정에서 해방한 마음을 통해서 절대자가 해방을 발견한 곳마다 완벽이 드러난다네. 절대자는 자신의 창조물을 통해서 해방을 발견해왔어. 부단한 자네의 자각을 통해서만 이 일은 성취될 수 있고, 이 조용한 인식을 품고 있을 때에만 절대자는 기능한다네.

마음이 자신의 공식과 믿음과 관념에서 자유로워질 때 시간을 초월한 침묵이 들어서지. 이 침묵 안에서 자네 존재를 생생히 의식하게 된다네. 이 자유 안에서 창조적 에너지가 풀려나고, 평범한 사람들은 모르는 권능이 의식을 갖고 상황을 주관하지.

위대한 작품과 산업과 예술과 공예품과 치유와 웅변에는 창조의 손길이 깃들어 있어. 생명의 창조적 지성에 자유로이 협력할 때 건네지는 창조의 손길이 닿은 성취를 보면 모두가 감탄한다네. 이것은 제한되지 않은 마음을 통해서 내부의 창조성이 자유로이 표현된 거야. 스스로 부여한 조건에서 자신을 해방시킨 마음을 통해서 현현되지 않은 그것, 창조되지 않은 그것, 절대적인 그것이 해방된다네."

그는 잠시 말을 멈춘 뒤 말을 이었다. "어제와 내일을 만든 것은 신이 아니라 사람이야. 이 말을 분명히 이해하게. 어제와 내일은 마음속 관념에 불과함을 곧 알아차리게 될 거야. 어제가 어디 있는가? 내일은 또 어디에 있는가?"

나는 용기 내어 말했다. "이제 저는 어제와 내일이 마음속에만 존재한다는 것을 알겠습니다. 신은 지금 항상 현존하기 때문입니다. 어제란 기억이요, 내일은 희망일 뿐이고, 유일한 시간은 오직 지금입니다."

그는 감탄하며 이렇게 말했다. "훌륭하군! 자네 입에서 그 말이 나오기를 기다렸다네. 이제 더 깊이 들어갈 수 있겠어.

늘 현재 속에서 사는 것이 곧 자유야. 현재 속에는 선이나 악도, 과거나 미래도, 성공이나 실패도, 건강이나 질병도 있을 수 없기 때문이지. 이러한 대립 쌍은 영원히 현재에 있는 현존 안에서는 하나도 존재하지 않는다네. 그것들은, 대립 쌍에 사로잡혀 이리저리 오가는 마음속에만 존재할 뿐이야."

나는 감탄하며 이렇게 말했다. "아, 사람들이 왜 그렇게 아등바등 사는지 이제 알겠습니다."

"그래. 사람들이 벌이는 고투는 더욱 육중한 짐이야. 아버지의 유일한 아들인 그리스도는 인류 전체 속에서 존재하며 나이 들거나 죽지 않는다네. 순간순간 깨어 있는 의식으로 이것을 발견할 때, 영원한 그리스도가 드러나지."

나는 "너희가 나를 있는 그대로 알 때, 너희도 나처럼 되리라"라는 성서 구절로 화답했다.

"그렇다네. 그리스도는 2천 년 전이나 지금이나 똑같아. '하늘과 땅의 모든 권능이 내게 주어졌다.'"

나는 이 말을 꼭 해야겠다 싶었다. "모든 것이 변했습니다. 제한과 지옥과 악마와 같은 해묵은 관념들이 다 사라졌습니다."

"맞아. 그러한 거짓은 오직 제약된 마음속에만 존재한다네. 모든 제약이 사라져버릴 때 우리는 사람을 자유롭게 풀어줄 진리를 갖게 될 거야. 그러면 상이한 교의도 적개심도 없을 것이고, 의식에 순응하는 일도 없을 거야. 더 이상 따라야 할 양식 자체가 없을 것이기 때문이지. 양식을 따른다는 것은 모방한다는 것이고, 모방은 이해가 아니야. 사람은 자신이 만든 제약에서 스스로를 해방하기 전에는 해방의 진리를 발견할 수 없을 거라네."

"사람은 지금도 선악의 지식 나무 열매를 먹고 있습니다. 사람은 자신이 하고 있는 일을 자각하고 나서야 그의 유일한 구원인 생명 나무에 매달릴 것입니다."

"그렇다네. 선악의 지식 나무는 다름 아닌 사람의 마음에서 자라지만 구원 나무, 생명 나무는 신으로부터 뻗어 나오지. 이 나무는 영원하고 항상 현존하며 선과 악을 하나도 모른다네. 하지만 사람은 지금도 선과 악, 지옥과 악마에 대해 설교하고 있으니 소경이 소경을 이끄는 형국이지.

사람은 자신이 영원한 현존과 하나임을 반드시 자각해야 하며 선과 악, 두려움과 믿음, 신과 악마 등과 같은 갈등에 사로잡혀서는 안 돼.

실재는 저 멀리에 있는 무엇이 아니야. 실재는 지금 여기에 있어. 이것을 깨달을 때 평화가 들어서지. 이 평화는 세상이 주는 평화와 다르다네. 세상이 주는 평화는 전쟁과 갈등에서 나오지만, 이 평화는 오직 신에게서 나오기에 영원하고 항상 현존하지. 그러면 우리의 관계는 이해를 통한 행복한 관계가 될 거라네."

그는 뭔가 생각하는 듯 잠시 침묵한 뒤 다시 말을 이었다. "개인적 자아가 개입하는 곳에는 어김없이 관계 안에서 고통과 갈등이 일어나기 마련이야. 하지만 사람이 자신의 허상을 식별하면, 그는 자신 안에서 제한이 없는 '사랑받는 그것'을 발견할 거야. 그러면 이제 그의 애정은 집착과 소유에서 자유로워지고 영광스럽게 표현되지. 그때 그는 이웃이 곧 자신임을 알기 때문이야. '여기 있는 사람들 중 가장 미천한 이에게 한 일이 다 내게 한 것이니라.'"

그러자 침묵이 우리 둘을 감쌌다. 그 침묵 속에서 변혁이 일어나고 있었다. 나는 더 이상 내가 그를 처음 만났을 때의 내가 아니었다. 참된 표현을 방해하고 있던 모든 것들이 사라지고 있었다. 이것이 그 순간 내가 경험하고 있던 변혁이었다. 이 행복은 그 무엇과도 비길 수 없었다. 나는 더 이상 열망에 눈이 멀어 구하거나 찾지 않았다. 어릴 때부터 나를 짓누르던 짐에서 풀려난 느낌이었다.

그날 밤 나는 자유의 잠을 잤다. 진정으로 자유로운 수면이 어떨지 상상이 가는가? 경험해보지 않고는 이해할 수 없다.

하루 동안 많은 거리를 여행해야 한다는 것을 잘 알고 있었기에 다음 날 우리는 일찌감치 일어나 해돋이를 보며 걸었다. 나는 해돋이와 해넘이를 볼 때마다 전율을 느끼곤 한다. 그런데도 그날 아침에는 해돋이가 유난히 더 아름답고 평화롭게 보였다. 하늘은 파랗고 계곡

226

은 고요한 구름을 이불 삼아 잠들어 있었다. 추운 날씨이기는 했지만 아직 바람은 불지 않았다. 물론 언제라도 바람이 일어나 돌풍으로 변할지는 모를 일이었다.

이제 우리는 둘 다 라마승 복장으로 갈아입은 상태였다. 우리는 이동하면서 오가는 라마승들을 자주 마주쳤고 관례에 따라서 서로를 축복해주었다. 우리는 티베트 사람들이 존경하는 고위 라마승의 복장을 차려입었기 때문에 우리를 뻔히 쳐다보는 시선에서 자유로워졌다.

내 벗은 이렇게 제안했다. "오늘은 평소보다 두 배 더 걸어볼까 하는데 괜찮겠나?"

"물론입니다. 힘이 마구 솟구치는걸요." (당시 나는 군살이 많이 빠졌고 근육이 돌덩이처럼 단단했다.)

"그래, 근력이 정말로 좋아졌군."

"이렇게 험한 산들을 타고 다니는데 몸이 약해지는 것은 불가능하죠. 그러다 보니 이제 전문가 못지않게 산을 탑니다."

우리는 짐을 최소화하고 나머지 짐은 오크 계곡에 둔 채 가볍게 여행했다. 우리는 물품 몇 가지만 넣은 배낭을 등에 짊어졌다.

우리는 수백 마리 야크와 염소가 아침으로 풀을 뜯고 있는 호숫가를 따라 걸었다. 호숫가 끝에 다다르자 강이 나타났고, 강 너머에는 엄청난 크기의 계곡이 펼쳐졌다. 베두인족(Bedouin)처럼 보이는 유목민들의 커다랗고 까만 천막이 여기저기 점처럼 흩어져 있었다. 참고로 베두인족은 용맹하고 아주 잘생긴 사람들이다. 그들 주위에는 야크 떼와 양 떼가 있었다.

우리가 계곡 바닥 쪽에 도착했을 때, 아까 봤던 유목민들이 우리를 반기기 위해 다가왔고 내 벗은 그들을 축복해주었다. 우리는 관습에 따라 그들과 음식을 나눠 먹었다. 이렇게 여행 중에 마을을 지나 가거나 유목민 무리를 마주칠 때마다 우리는 환대를 받았다. 그리고 우리가 그들의 숙소에 머무르는 것을 그들은 축복으로 여겼다.

내 벗은 이렇게 말했다. "이 유목민들은 티베트 전역을 돌아다닌 다네. 자네가 봤듯이 유목민들은 야크 털로 만든 천막에서 생활하는 데 이 천막은 크고 검지. 천막이 검은 것은 천막 안에서 태우는 모닥 불에서 나오는 연기 때문이고, 대개는 야크 똥과 마른 풀을 땔감으로 사용한다네."

"그런데 혹시 불이 나서 텐트가 탈 염려는 없나요?"

"없어. 불을 가운데에 피우고 그 주변에서 잠을 잔다네."

내 벗이 유목민들에게 우리가 지금 먼 곳으로 이동하는 중이라 쉬었다 갈 수 없겠냐고 말하자, 유목민 중 대장이 물처럼 보이는 투 명한 액체를 건넸다. 그것을 마시자 온몸에 불이 붙은 것 같았다! 옥 수수와 보리로 만든 증류주였다. 손끝까지 열기가 뻗쳤다. 나는 친구 에게 "이 술을 여행길에 꼭 좀 챙겨가야겠어요"라고 말했다.

"아니야. 가다 보면 이런 술은 아주 흔하다네. 이 술이 익숙하지 않은 상태에서 많이 마시는 것도 별로 권하고 싶지 않고 말이야."

그 술은 내가 마셔본 몇 종류의 위스키보다 낫다는 생각이 들었 다. 자연스럽게 아버지 생각이 나서 괜히 씩 웃었다. 위스키를 마실 때 보통 마실 물도 따로 주곤 한다. 하지만 우리 아버지는 물을 받으 시면 "이미 위스키에도 물이 충분한데 됐어"라고 말씀하시곤 했다.

의사를 찾아갔던 한 스코틀랜드인의 이야기도 떠오른다. 의사가 환자를 살펴본 후, "이제 위스키를 그만 드셔야겠어요"라고 조언했 다. 환자가 일어나서 진료실을 나가려고 하자 의사가 그를 불러 세우면서 말했다. "뭐 잊으신 거 없어요?" 환자는 "아뇨, 없는데요"라고 답했다. "제가 건강 조언을 드렸으니 3기니를 주셔야죠." 그러자 환자가 말했다. "에이, 충고를 '안' 받아들였으니까 돈을 낼 필요 없잖아요."

유목민은 여름이고 겨울이고 이 검은 천막에서만 생활했다. 그들은 야크 털과 양털로 직접 짠 옷을 입었고, 몇몇은 양가죽을 뒤집어 양털이 살갗에 닿게 해서 그것만 입기도 했다. 그들의 옷은 모두 기름으로 두텁게 덮여 있었다. 유목민은 새로 옷이 생기면, 역한 야크 버터로 기름칠을 하고 몸에도 똑같이 바른다. 그 옷이 어떤 모습일지 상상이 갈 것이다. 그들은 마실 때를 제외하곤 물을 절대 사용하지 않았다.

유목민은 대개 고기를 말려서 먹는다. 이 말린 고기는 남아프리카의 햇볕으로 말려 유명한 육포와 비슷하다. 유목민은 말린 고기를 천막 안에 걸어둔다.

유목민들은 콩과 옥수수와 보리도 재배했고, 대규모의 야크와 양과 염소와 당나귀 떼도 있었고 털북숭이 티베트 조랑말도 상당수 키웠다. 눈길을 잡아끄는 장면이었다.

다음 날 우리는 사방이 산으로 둘러싸인 간체 마을에 도착했다. 마을 너머로는 산비탈에 세워진 사원이 보였는데 사방이 거대한 벽으로 둘러싸여 있었다. 사원의 꼭대기 오른쪽에도 거대한 벽이 있었는데, 불화가 그려진 카펫이 1년에 한 번씩 몇 시간 동안 거기에 걸린다. 이 카펫을 만드는 데 11년이 걸렸다고 한다. 이 카펫은 한 변이 30미터 정도인 정사각형 모양이었고, 중앙에는 커다란 부처의 모습이 자리했다.

간체 사원의 게쉬는 내 벗과 서로 잘 아는 사이였고, 우리가 사원에서 묵고 갈 것이라고 미리 알렸기에 우리를 반갑게 맞아주었다. 우리는 거기서 하룻밤을 묵었다. 이 사원은 다른 사원과 다 비슷했는데, 한 가지 다른 점으로 사원 중심에 20미터가량 높이의 초르텐chorten이라는 조형물이 있었다. 이 조형물은 다섯 가지 원소, 즉 땅, 물, 공기, 불, 에테르를 나타내고 있었고 꼭대기는 금박 처리가 되어 있었다.

동이 트자마자 라마승들은 옴마니반메훔을 읊조렸고 우리는 안전한 여행이 되기를 기원하는 부처의 축복을 받았다. 이제부터는 문명 세계와 완전히 단절된 곳으로 들어서기 때문이었다. 오른쪽은 라싸로 가는 길이었고 왼쪽은 시가체Shigatse로 가는 길이었다. 이 둘은 평범한 무역로이지만, 우리는 해발 5,500미터에 육박하는 융Yung 고개를 넘는 길로 가야 했고 이 지역의 대부분은 사람이 살지 않았다.

그래서 우리는 많은 이들의 축복도 받고 통하tungha라고 불리는 기도 깃발도 하나씩 받아 출발했다. 계곡을 내려가는 동안에도 라마승들의 기도 소리와 낮게 웅웅거리는 공과 총하의 소리가 들려왔다. 2,000명이 넘는 라마승들이 배웅을 해주는 느낌이었다.

정오 무렵 우리는 융 고개를 통과했다. 고개에 올라서자 매서운 강풍이 윙윙거리며 휘몰아쳤다. 눈이 몇 미터가량 쌓인 곳도 더러 있었고, 좁은 길을 지날 때는 눈이 허리까지 차오르기도 했다. 길은 매우 험했고 나 역시 사전에 충분한 등산 경험이 없었더라면 여기를 지나가기가 불가능했을 것이다. 왜 그렇게 많은 사람들이 이 고개에서 사고사를 당하는지 수긍이 갔다.

고개를 넘어 우리는 약페오Yakpeo라는 작은 마을에 도착했다. 우리는 지역 주민들의 집 중 가장 좋은 집으로 안내받았다.

그 집의 1층 땅바닥은 야크와 당나귀와 닭 등을 키우는 우리로 사용되고 있었다. 우리는 2층에서 잠을 잤는데 가운데에는 스토브가 놓여 있었다. 참으로 독특한 경험이었다. 남녀 구분 없이 모두가 2층 바닥에서 잠을 잤다. 1층에서 당나귀는 밤새도록 울어대고 야크는 쉼 없이 되새김질을 했다. 2층 바닥 저 먼 구석에는 정사각형 모양으로 구멍이 나 있었는데 그 구멍을 통해 사람들은 앉아서 대소변을 봤다. 그렇게 대소변은 2층에서 1층 오물 위로 떨어지고 야크와 당나귀는 그 위로 걸어 다녔다. 소음과 냄새를 차단할 수 있는 코마개와 귀마개가 없는 것이 참으로 아쉬웠다. 다음 날 아침 나는 내 벗에게 행여 이런 상황이 또 벌어지면 차라리 바깥에서 잠을 자고 싶다고 말했다. 이렇게 외진 곳은 애초에 지나다니는 사람이 없다 보니 여행객을 위한 숙소 따위가 없었다.

아직까지는 이런 환경에 무감각해질 내공이 되지 않았기에 나는 기쁜 마음으로 여행길에 나섰다. 우리는 강을 여러 개 건넜다. 그중 일부 강물은 눈과 얼음이 섞여 있었고 거대한 창 포 강을 향해 세차게 돌진했다. 군데군데 강이 얕아지는 곳이 있었는데 이런 데를 골라서 강을 건넜다. 이제 나도 습기와 추위에 꽤 익숙해진 상태였다. 티베트는 이런 일이 일상다반사여서 강한 자만이 살아남을 수 있는 곳이다. 그럼에도 위대한 링쉬라 은수자님과 함께 지낼 수 있다는 기대감에 부풀어 나는 뚜벅뚜벅 기쁘게 나아갔다.

다음 날 우리는 창 포 강, 다른 말로는 브라마푸트라 강이라고도 부르는 세계에서 가장 오래되고 가장 거룩한 강에 도착했다. 우리는 경사가 심한 산비탈에 있었고 저 너머에 내가 두 눈으로 보고 싶어 했던 창 포 강이 흐르고 있었다. 창 포 강은 히말라야에서 쏠려 내려오는 얼음과 눈을 품고 수 세기 동안 흘러왔다. 이 강은 폭이 400미터 정도가 되며, 골짜기 사이로 돌진할 때 나는 소리가 엄청나다. 참으로 위험한 지점이었다. 발을 헛디디는 순간 저 아래 급류에 휩쓸릴 테니까.

마침내 우리는 강바닥에 도착했다. 강의 양옆은 야생화로 덮여 있었다. 비탈진 곳에는 야생 장미와 진달래와 야생 양귀비가 흐드러지게 피어 있었는데, 이 광경을 본 사람은 정말로 극소수일 것이다.

나는 내 벗에게 이렇게 말했다. "이것 하나만을 위해서라도 올 가치가 있네요."

우리는 몇 시간째 대화를 나누지 못했다. 가는 길이 위험해서 대부분의 구간에서 한 줄로 여행해야 했기 때문이다.

날이 저물기도 했고 암중모색하며 가는 것은 불가능했기에 강 옆에서 야영을 했다. 다음 목적지인 파동까지 남은 거리가 꽤 되기도 했다. 내 벗은 거기서 창 포 강을 건널 것이라고 했다. 강을 건널 방법은 아직 몰랐지만, 그래도 충분히 만족스러웠다.

주변을 탐색하다가 내 벗이 우연히 동굴을 발견했는데 놀랍게도 거기서 혼자 사는 사람이 있었다. 내 벗은 그에게 물었다. "대체 여기서 몇 년이나 지낸 건가?"

"오늘로 딱 25년이 되었습니다." 기가 막히게도 우리가 이 동굴을 발견한 날짜와 일치했다.

나는 "이 사람은 먹거리를 어떻게 해결하는 거죠?"라고 물었다.

"아, 자기가 아는 뿌리도 이것저것 캐서 먹고 물고기도 잡아먹고 하지. 창 포 강은 낚시하기 좋거든."

아주 잘생겼던 이 남자는 내 벗을 살아 있는 성인으로 여겨 우리와 같이 가고 싶어했다. 그는 한때 유목민이었는데 여차저차 오컬트

232

과학을 만나게 되었다고 한다. 내 벗은 그의 태도와 진실함에 감명을 받았다. 내 벗은 그에게 특별한 일 때문에 여행하는 중이라 그를 데리고 가는 것은 어렵다고 설명해주었다.

그런 뒤 내 벗은 이렇게 물었다. "그래, 지난 25년 동안 무엇을 배웠나?"

"이제 창 포 강을 걸어서 건널 수 있습니다."

"그것이 전부인가?"

"네."

"참으로 시간을 허비했구먼."

그런 뒤 내 벗은 그에게 내가 지난 짧은 기간 동안 배웠던 내용에 대해 들려주었다. 그러자 그는 더욱 열정에 타올랐다. 당장이라도 내 벗을 따르겠다고 굳게 결심한 듯이 보였고, 내 벗은 그의 진정성을 인정하면서 이렇게 말했다. "자네가 준비되면 내가 자네에게 오겠네. 내 거처는 캬추^{Kya Chu} 강 옆 라싸 너머 잠사르^{Zamsar}에 있다네. 언젠가 자네는 귀한 진주를 발견할 걸세."

진리에 대한 열망이 가득했던 그는 우리를 눈으로 배웅했다. 나는 뒤돌아서 그에게 손을 흔들어주었다. 그런 뒤 우리는 다시 길을 떠났다.

가는 곳마다 음식과 쉴 곳이 마련되는 상황이 내게는 너무 놀라웠지만, 내 벗은 절대적인 믿음이 있었다. 나는 가끔 의심을 하기도 했지만 내 벗은 그런 일이 결코 없었다. 나는 속으로 생각했다. '내게도 벗님 같은 믿음이 있다면, 태산도 움직일 수 있을 것입니다.' 종종 그는 내 생각을 읽고 이렇게 답해주었다. "그리될 거라네." 이 짧은 말이 내 귀에 울렸다. 그때 나는 왜 그가 모든 상황에서 대가인지를 알았다.

우리는 강 아래쪽으로 1.6킬로미터가량 내려간 곳에서 밤을 보냈다. 그날 저녁과 아침으로 물고기를 먹었다. 그런데 나는 내 벗이 여행 중 어떻게 음식을 조달했는지 아직도 모른다. 당시에는 그에게 물어봐서는 안 된다는 느낌이 들었다.

우리는 파동에서 6.4킬로미터 정도 떨어진 곳에 있었다. 길을 나선 후 네 시간 만에 파동에 도착할 수 있었다. 가는 길은 험난하고 위험했다. 평소라면 하루에 30킬로미터도 거뜬히 걸을 수 있는 우리였지만, 이 길은 1.6킬로미터를 가는 데만 45분 정도가 소요되었다.

이 길을 통과한 사람의 수는 극히 드물다. 길이 아예 없는 곳도 군데군데 있었다. 이 거대한 창 포 강을 어떻게 건널 수 있을지 모르겠다고 내 벗에게 말하자 그는 "이제껏 모든 것이 제공되었잖나"라고 답했다. 어쩌면 내 믿음이 부족한 것에 대해 그가 실망했는지도 모르겠다. 하지만 필요한 모든 것이 제공되는 상황을 하나하나 경험할 때마다 내 믿음도 점점 강해졌다. 어떤 지적 존재가 만사를 돌보고 있는 듯이 보였다. 가장 큰 일부터 가장 작은 일에 이르기까지 세세하게 말이다. 나는 이것이 정녕 그러하다는 것을 아는 마음 상태에 점차 도달했고 마침내 나도 확신을 품게 되었다. 나는 우주를 다스리는 지성이 있음을 알았다. 바로 그 지성이 우리도 다스리고 있으며, 그 자체로 완전하기에 사소한 것조차 놓치는 일이 없음을 알았다. 이것은 그때 이후로 내게 쭉 그래왔다.

그래서 나는 계획하는 대신 그 지성에게 맡긴다. 직접 계획하는 것보다 오히려 맡길 때 만사가 천 배는 더 잘 풀린다. 내가 계획할 때는 계획을 끊임없이 수정해야 하는 상황이 벌어지곤 했다. 그런 뒤 나는 내가 계획할 때의 결과가, 서로 얽혀 있는 만사를 꿰뚫어 보고 있는 지성이 나를 인도할 때의 결과에 결코 못 미침을 깨달았다. "이 끄소서, 온화한 빛이시여. 그대 나를 이끄소서. 멀리 보기 원치 않나이다. 한 걸음으로 족하오니 그대 나를 이끄소서"*라는 시구에 담긴 심정과 같다. 주 예수의 말씀이 정말 자주 떠올랐다. "나는 아버지가 하는 대로 똑같이 할 뿐이다." 이 말은 완벽한 지성이 첫걸음부터 마지막 걸음까지 모든 걸음을 안내하고 있음을 아는 믿음으로부터 실천하는 삶을 뜻한다.

파동에 도착했지만 족히 400미터나 되는 창 포 강을 건널 방법은 보이지 않았다. 내 벗은 "여기에 앉게!"라고 말한 뒤 몇 분간 침묵한 뒤 입을 열었다. "몇 분 안에 코라클 배가 여기로 올 걸세."

이 말이 떨어지기 무섭게 난데없이 한 티베트인이 코라클을 머리에 이고 나타났다.

(코라클이란 일종의 보트인데 대나무로 뼈대를 잡고 야크 가죽 여러 개를 기워 뼈대에 단단히 고정시켜 만든다. 코라클은 가볍고 크기도 다양하다. 그중 큰 것은 3미터 길이에 2.5미터 폭에 달하지만, 무게는 40킬로미터 안팎이라 혼자서도 머리와 등을 이용해서 쉽게 나를 수 있다. 이 기발한 배에 실을 수 있는 짐의 양은 상당하다. 티베트에서는 이것 말고도 통나무 안쪽을 다 파내고 바닥을 평평하게 해서 만든 카누를 이용하기도 한다.)

그곳은 강물이 유리 표면처럼 아주 매끈했다. 부드러운 산들바람으로 잔잔한 물결만 일었다. 내 벗은 코라클을 지닌 그 남자에게 가서 "우리를 강 건너로 데려다주겠소?"라고 물었다.

---

* 존 헨리 뉴먼John Henry Newman 추기경의 'Lead, Kindly Light'라는 제목의 기도문이다. '내 갈 길 멀고 밤은 깊은데'라는 제목의 찬송가로도 작곡되었다.

그 남자는 이렇게 답했다. "네, 링쉬라 은수자님께서 두 분이 오늘 여기로 올 것이라고 일러주셨습니다. 그래서 이곳에 오시는 모습이 보이기에 바로 코라클을 들고 왔습니다. 제 이름은 페데 동^{Pede Dong}입니다." 내 벗은 더 이상 묻지 않았다.

우리는 코라클에 올라타 건너편으로 향했다. 페데 동은 온 힘을 다해서 노를 저었다. 강물의 수면이 부드러워 흐르는 소리가 나지 않았을 뿐 실제 유속은 빨랐기 때문이다. 우리가 강 건너에 도착했을 때는 출발 지점보다 800미터 정도 떠내려온 상태였다.

이렇게 우리는 티베트에서도 아직 탐험된 적 없는 새로운 땅에 도착했다. 그래도 야크와 염소와 양 떼는 많이 보였고, 눈표범과 늑대의 야밤 습격을 막기 위해 유목민들이 거대한 마스티프^{mastiff} 개들과 함께 가축들을 지키고 있었다. 이 사나운 마스티프는 야수들을 공격하고 죽이기까지 한다.

게다가 마스티프는 이방인에 대해서도 공격을 서슴지 않기에, 우리는 지나갈 때 방심하지 않고 경계를 살폈다. 마침내 높은 고개로 이어지는 길에 도착했다. 페데 동은 우리에게, 그곳이 해발 5,800미터에 달하고 바람이 너무 강해서 그곳을 넘은 사람은 링쉬라 은수자님 말고 아무도 없다고 말해주었다. 은수자님은 그 고개 너머에 있는 계곡에 살고 계시는데, 그 계곡이 티베트를 통틀어 가장 아름다운 곳이라고 한다.

내 벗은 늘 하던 대로 앞장섰는데, 이번에는 표정이 단호했다. 그는 우리 앞에 놓인 일에 대해 알고 있었다.

그는 돌아서서 내게 이렇게 말했다. "자네도 이런 험지 같은 곳들과 관련된 전설들을 들어봤을 거야. 일부는 사실이고 일부는 꾸며낸 이야기지만, 이 고개에 관련된 이야기만큼은 나름 근거가 있는 것 같군."

그가 "저것 보게!"하고 외쳤다. 고개 정상을 올려다보니 회오리 바람에 눈이 빨려 들어가면서 하늘로 솟구치고 있었다. 이 당시에 만약 나 혼자 있었다면 여행을 감행하지 않았겠지만, 나는 내 벗의 믿음은 모든 장애물을 극복하기에 충분함을 알고 있었다.

우리는 굳은 의지로 오르고 또 오르며 한 걸음 한 걸음 나아갔다. 이윽고 수목한계선을 지나 탁 트인 곳에 도달했다. 대체 얼마나 남은 것인지 궁금했다. 눈 속을 걸어 들어가는데 바람이 점점 더 거세졌다. '과연 살아서 이 고개를 넘어갈 수 있을까?'라는 생각마저 들었다.

길이라고 할 만한 것이 전혀 없었다. 염소가 다니는 길만 여기저기 나 있을 뿐이어서 그중 어느 쪽으로 갈지를 계속 택해야 했다. 염소가 다니는 길은 여러 방향으로 갈려 있었지만 내 벗은 항상 길을 잘 골랐다.

우리가 밟고 지나가는 눈의 깊이는 엄청났다. 다행히 끊임없는 추위로 표면이 꽝꽝 얼어 있었다. 성서에서 물 위를 걸었던 베드로의 심정처럼 '행여 이 얼음층이 무너지면 눈 속 깊이 파묻히겠구나'라는 생각이 들었다. 내 벗은 내 생각을 읽고는 "자네가 밟고 있는 눈은 바위처럼 단단해!"라고 말해줬다.

그즈음 바람이 아주 세차게 불었다. 바람이 산과 산 사이를 통과하면서 속도가 더욱 빨라졌다. 돌풍이 연거푸 일어나는 것이 마치 미지의 힘이 우뚝 솟은 눈 덮인 산과 산 사이로 바람을 강하게 내뿜는 것만 같았다. 영광스러운 장면을 넘어서 경외심마저 들 정도였다. 엄청난 빙하와 얼음 섞인 강이 계곡 아래로 돌진하며 내려가는 모습도 볼 수 있었다.

어쨌든 우리는 동굴이라 하기에는 좀 애매한 곳에서 잠시 쉬었다. 경외심을 자아내는 장면을 지켜보다가 천둥 같은 소리가 나서 위를 봤더니 세상에! 대규모 산사태가 일어나서 눈과 얼음이 모든 것을 집어삼키고 있었다. 수백만 톤의 눈과 얼음이 산의 표면에 있던 모든 것을 휩쓸고 지나가면서 이전 산사태들과 마찬가지로 저 깊은 계곡 아래로 낙하했다.

나는 이렇게 말했다. "신들만 볼 수 있는 광경이네요. 살아서 여기를 통과한 사람은 없었을 테니까요."

내 벗은 아무런 대답도 하지 않았다. 그렇다고 이 침묵이 그가 염려하고 있다는 뜻은 아니라는 것 정도는 나도 이제 알았다. 마침내 내 벗이 "가세"라고 말했다.

고개의 정상까지 3분의 2 지점 정도에 다다르자 그가 멈추며 "저 길 보게!" 하며 탄성을 질렀다. 약 60미터 아래로 은수자가 보였다. 암석으로 된 산의 옆면에 있었다. 그는 우리를 보고 고개로 올라가지 말고 당신이 계신 암석 지대로 내려와서 오른쪽으로 빠지면 바람이 안 불 것이라고 큰 목소리로 알려주었다. 우리는 그 말대로 했다. 절벽에 선반처럼 툭 튀어나온 바위가 산 둘레를 따라 180미터 정도 나 있었다. 계곡 아래를 내려다봤더니 이제껏 한 번도 보지 못했던 기가 막힌 광경이 펼쳐졌다.

저 멀리에 호수가 보였고, 호수 중앙에는 섬이, 섬 위에는 집 한 채가 보였는데 내가 환시로 본 그대로였다. 계곡은 엷은 녹색이었고 다채로운 야생화가 쫙 깔려 있었다. 호수도 정상이 눈으로 덮인 산과 계곡을 담아내면서 엷은 녹색을 띠고 있었다. 그리고 활짝 핀 야생 장미와 진달래가 산 아래에 쫙 깔려 있었다.

나는 내 벗에게 이렇게 말했다. "기막히게 아름다운 풍경이네요! 은수자님은 온 세상에서 가장 아름다운 곳에서 지내시는군요. 게다가 은수자님 말고는 이곳을 본 사람이 아무도 없고요."

계곡에 야생 야크와 야생 당나귀가 여기저기서 평화롭게 풀을 뜯고 있는 모습이 보였다. 빨리 내려가고 싶어 마음이 급해지자 다시 저 멀리서 은수자의 말이 들려왔다. "끝까지 침착하게 내려오게. 낙석도 잘 살피고. 가끔 염소의 발길질에 박힌 돌이 빠져서 돌사태가 일어나기도 하거든. 자네는 보호받고 있으니 모든 일이 잘될 거야."

그 말을 듣자 무사히 잘 도착하겠다는 확신이 들었다. 우리는 은수자가 있는 곳까지 쉽게 내려왔다. 마침내 직접 만나 뵐 수 있어서 참으로 기뻤다.

은수자에게 "어째서 여기는 바람이 하나도 없는 거죠?"라고 묻자 그는 "바위들의 배열을 살펴보게. 자네 위로 툭 튀어나온 거대한 바위들이 보이지?"라고 답했다. 위를 보니 과연 그랬다.

"바람이 저기 바위들 위에서 방향이 꺾이는 덕에 여기가 무풍지대인 거야. 육신을 입은 사람들이 아직까지 저 고개를 넘지 못한 이유이기도 하고. 아까 그 길이 이 계곡으로 통하는, 나만 아는 유일한 비밀통로라네."

"반대쪽 길은 어떤가요?"

"반대쪽은 들어오기가 훨씬 더 어렵지."

"그래서 이 계곡을 혼자 다 누리시는군요! 훌륭합니다!"

"때가 되면 이 계곡에도 사람들이 살게 되겠지. 결국에는 여기로 들어오는 길을 찾아내고야 말 거야. 지금은 하늘과 땅이 결합하는 축복받은 땅이지. 오직 영적인 존재들과 아스트랄 여행이 가능한 자들만이 여기에 올 수 있는데, 그 수가 꽤 많다네."

우리는 함께 내려갔고 나머지 길은 편안했다. 호숫가에 이르자 아름다움이 절묘했다. 녹음도 내가 처음 생각했던 것보다 훨씬 더 아름답게 우거졌다. 전반적으로 엷은 이끼 색이 주를 이루었고 호수 옆에는 코라클이 한 척 있었다. 우리는 코라클에 올라탔고 은수자가 섬까지 몸소 노를 저어주었다.

절대 잊지 못할 광경이었다. 푸르른 잔디가 깔린 곳까지 수풀이 빈틈없이 채우고 있었고, 양과 염소가 잔디를 맛있게 뜯어 먹는 덕분에 잔디가 짧게 유지되었다. 그런 뒤 야자나무가 눈에 들어왔다. 따로 심고 관리한 듯이 보였다. 수풀 사이에서 자라는 야자나무가 다 같은 종이라는 것을 알 수 있었다. 은수자는 처음에 심은 종려나무에서 꺾꽂이 방식으로 수를 늘렸다고 했다. 또 일정한 모양을 갖추도록 잘 관리했다고 했다. 종려나무의 발치에는 야생화와 커다랗고 푸르스름한 중국 양귀비가 피어 있었다. 이 모든 것의 중앙에는 돌이 단정하게 맞물린 매력 만점의 집이 자리하고 있었다. 대나무 틀 위에 야자나무 잎으로 엮은 초가지붕이 보였고, 집 내부에는 근처 바위에서 갖고 온 고운 사암으로 만든 아름다운 바닥이 깨끗이 깔려 있었다. 대나무와 풀을 재료로 만든 가구가 우아한 집의 디자인과 딱 맞아떨어졌다.

집안에 조리 도구도 많이 있었는데, 은수자가 거처에서 간체로 오갈 일이 생길 때마다 챙겨 온 것이었다. 대나무와 풀을 엮어 만든 소파도 여러 개 있었는데 디자인이 다양했다. 나는 그중 하나에 앉아보고 이렇게 말했다. "편안함 그 자체네요."

그는 부싯돌과 쇳조각을 이용해서 마른 잎에 불을 붙였다. 그런 뒤 섬에서 모은 마른 장작을 그 위에 올려놓자 몇 분 만에 모닥불이 피어올라 따스하고 아늑했다.

"무엇이든 혼자서 척척 다 해내시는군요!"

"맞아. 하지만 내 사명은 나를 전 세계로 데려간다네. 자네가 나를 오크 계곡에서 봤던 것처럼 나는 모든 곳을 다니면서 마음들이 평화와 행복에 다가설 수 있도록 치유하고 있어. 자네는 여기서 나와 지내는 동안 이 일에 대해서 많이 배우게 될 걸세."

은수자는 기다란 백발과 흰 수염을 길렀고 그윽하게 빛나는 총기 어린 눈빛까지 갖추어 그 누구에게서도 볼 수 없는 기품이 있었다. 고금의 지혜가 그분의 외모에 서려 있었다. 키도 180센티미터가 넘었다. 신체적으로도 거인이지만 영적으로도 거인이라는 인상을 받았다. 나는 '이분이 아시아에서 가장 위대한 현인이시구나'라고 생각했다.

11장

❖ ❖ ❖

잠시 대화를 위해 모닥불에 둘러앉자 완벽한 일치감이 들었다. 우리 모두가 한 가족인 것처럼 느껴졌다. 첫 만남에서 있을 법한 어색함이나 긴장감이 전혀 없었고, 나는 여기서 훨씬 더 많은 것들이 내게 드러날 것임을 직감했다.

보통은 12일 걸리는 거리를 6일 만에 강행군했음에도 불구하고 나는 피곤하지 않았다. 평화의 기운이 우리 주위를 감돌았다. 나는 아주 신명 났다. 그래도 제발 좀 씻고 싶었다! 은수자가 내 느낌을 읽었던 것 같다. 그는 호수로 내려가는 길을 가리키면서 이렇게 말했다. "저 길로 내려가게. 그러면 목욕할 수 있는 웅덩이가 보일 거야. 물이 따뜻하지. 섬의 끝에 천연 온천이 있는데 웅덩이까지 흐르도록 길을 냈어. 물이 펄펄 끓을 정도로 뜨거우니 너무 가까이만 가지 않으면 된다네. 목욕하는 동안 저녁을 준비하겠네."

내 벗과 나는 길을 따라 내려갔다. 양옆으로 야생화가 쭉 늘어서 있었는데, 특히 오묘한 색깔의 중국 양귀비는 이제껏 내가 본 것 중에 가장 컸다. 호수에 도착하자, 기포가 보일 정도로 펄펄 끓는 온천물이 호수로 들어오는 것이 보였다. 은수자가 온천물이 들어오는 지점에 9미터 길이의 벽을 좌우로 세워서 온천물이 차가운 물 속으로 들어가기 전에 웅덩이 물에 섞이도록 해둔 것이다.

옷을 벗고 웅덩이에 들어가 두 벽 사이의 통로의 끝까지 수영했다. 섬 근처의 온천은 뜨거웠지만 호수 쪽 배출구에 가까워질수록 물이 차가워졌다. 물이 정말 깨끗해서 물고기들이 헤엄치는 모습도 잘 보였다.

나는 내 벗에게 말했다. "찬물과 더운물을 마음대로 오갈 수 있는 기가 막힌 발명품이네요! 은수자님은 못하시는 게 없어요. 이곳이 정말 마음에 들어요! 만약 이런 장소를 영국이나 미국에 마련하면 매년 수천 명이 몰리겠어요."

얼마나 지났을까. 웅덩이에서 헤엄을 치다 보니 은수자가 "저녁 먹게!"라고 부르는 소리가 들렸다.

"저녁 식사로 뭘 준비하셨을까요?"

"깜짝 선물이 있을 거야." 과연 그랬다. 석쇠에 구운 물고기, 신선한 버터, 넘치는 우유에 직접 만든 빵까지 식탁에 있었다.

"세상에, 빵은 대체 어떻게 구하신 거예요?"

그는 웃으면서 이렇게 답했다. "내일 옥수수 농장과 보리 농장을 보여주겠네. 옥수수와 보리를 빻는 꼬마 방앗간도 있다네."

물고기도 너무 맛있었고, 보리와 옥수수를 섞어서 만든 빵의 식감은 견과류 같았다. 이렇게 훌륭한 빵은 난생처음이었다. 버터도 방금 만든 것처럼 매우 신선했다.

나는 내 벗을 바라보며 물었다. "이렇게 맛있는 음식을 드셔본 적이 있나요?" 너무나 훌륭한 식사인데다 그날 아침 이후로는 아무것도 먹지 못했기에 진짜 맛있었다.

저녁 식사를 마치고 우리는 다시 모닥불에 앉아 그동안 겪은 일을 말하면서 이야기꽃을 피웠다. 은수자는 우리 이야기를 흐뭇하게 들은 후 이렇게 말했다. "내 거처까지 들어온 사람은 자네 둘이 처음이야." 그런 다음 나를 보며 말했다. "자네는 바깥세상 사람들 중에서

243

오컬트 과학의 모든 분야를 대가들에게 직접 배우는 특권을 누린 첫 번째 사람일세."

"이런 엄청난 특권을 누리게 해주심에 감사할 따름입니다. 또 이토록 아름다운 거처에 초대해주시고 따뜻하게 맞아주셔서 진심으로 감사드립니다."

"우연이란 없다네. 부르심을 받은 이는 많지만 선택받는 이는 드물지. 자네는 자네가 태어난 목적을 따라 충실히 걸어온 거야. 극소수만이 그런 선택을 내리지. 거의 대부분은 세상에 집어삼켜진다네."

나는 속으로 '참으로 적확한 표현이다. 나도 세상에 거의 먹힐 뻔했었지'라고 생각했다.

"자네가 여기 온 것은 이곳에 오기로 정해졌기 때문이야. 자네가 맡은 일은 독특하지. 세상에는 자네의 메시지가 필요하다네. 하지만 자네는 장차 올 일들에 대해 준비되어야 해. 앞으로 책도 쓰게 될 것인데, 이제껏 세상이 구경조차 못한 책일 거야. 다른 사람들이 쓴 책들이야 널리고 널렸지만, 사람이 자신을 이해하는 데 도움을 주지는 못했지.

우리는 오랜 시간 동안 자네를 지켜봤다네. 육을 입은 자들과 육을 벗어난 자들 모두 다 말이야."

"이런 과분한 관심을 제가 받을 자격이 있는지 모르겠습니다."

"우리는 자네의 가치에 대해서는 별 관심이 없어. 우리는 어떻게 해야 진리가 세상에 가장 잘 알려질 수 있을지에 대해서만 관심을 둘 뿐이야. 자네는 참 좋은 그릇이야. 여기서 배우고 나면 더욱 좋은 도구가 될 거고.

자네에게 주어진 시간이 많지 않다 보니 조금도 지체하고 싶지 않군. 그래서 당장 오늘부터 작업을 시작할 걸세. 오늘 밤 자네의 본격적인 수행에 앞서 그와 관련된 사항들을 가르쳐주겠네.

맑은 의식을 갖추기 위해서는 거짓인 모든 것에서 풀려난 자유로운 마음뿐만 아니라 창조적인 의식까지도 필요해. 마음은 그저 도구이고 창조성을 지닌 것은 바로 의식이야. 자네의 의식 뒤에 있는 모든 창조성이 자네의 의식을 초점으로 삼고 있고, 자네 생각은 자네 의식 상태에 정확히 비례해서 표현되지. 자네 의식이 지적 이미지나 믿음이나 관념 같은 것에 사로잡히면, 자네의 창조성은 묻혀버려. 이때 자네의 의식은 자기 믿음과 관념과 이미지와 권위와 공식에 단단히 얽히기 때문이라네. 자네는 이런 것들이 창조적이지 않음을 알게 될 거야.

이제 자네는 연습을 통해, 자네 의식이 공간을 넘나들 수 있고 자네가 바라는 곳이면 어디든지 창조력을 발휘할 수 있음을 배워야 해. 이것이 가능한 것은 창조성 전체가 자네 의식 뒤에 있기 때문이지.

자네는 자신의 의식이 무엇인지 모르기 때문에 창조성이 무엇인지도 몰라. 하지만 자네의 의식은 우주 안에 있는 창조성 전체에서 결코 분리될 수 없어. 오직 하나의 의식만이 존재하기 때문이지. 의식은 둘일 수 없고, 창조주 역시 둘일 수 없어. 창조성은 자네 의식을 초점으로 삼아 일을 하고, 자네는 자네 의식을 통해 창조성을 표현한다네.

자, 만약 자네의 의식이 관념으로 혼란스러운 마음 안에 사로잡혀 있다면, 의식은 그저 이 혼란스러운 상태를 표현할 뿐이고, 이때 자네는 무엇이 참이고 무엇인 거짓인지 모르게 될 거야. 마음 안에 있는 것은 창조적이지 않아. 창조성은 마음 너머에 있고, 관념의 혼동에서 자유로운 의식 안에 존재하지."

나는 이렇게 말했다. "'이제' 더 멀리 보이기 시작합니다."

내 벗 역시 경청하고 있었다. 보아하니 내 벗도 은수자의 지혜에 경탄했음을 알 수 있었다.

은수자는 이렇게 말을 이었다. "그러므로 자네의 의식은 창조주가 당신의 완벽한 진동을 사방으로 보내는 방송국과 같다네. 이 진동은 자네 마음과 두뇌와 신경 체계를 통해 퍼지면서 심장과 분비선과 폐와 혈관계와 신체의 모든 기관에 영향을 미쳐. 이 진동은 신체 안에서 영향력을 행사한 뒤 신체의 한계를 넘어서 에테르계로 뻗어나가지. 하지만 아직은 에테르계를 이해하는 이가 거의 없다네."

대화 도중에 나는 '은수자님은 몇 살이실지 궁금하다'라는 생각을 떠올렸는데, 곧바로 그는 이렇게 말했다.

"나이에 대한 관념만이 자네를 늙게 한다네. 왜냐하면 그때 자네는 영원하고 항상 현존하는 창조성이 아니라 나이의 관념을 표현하고 있기 때문이지.

창조적 진동은 부여받은 책임을 완수하기 위해 대기 중으로 신속하게 퍼져나가면서 모든 것을 조화롭게 해.

만약 자네 의식이 관념과 고지식한 믿음에 사로잡혀 있다면, 그때 표현되는 것은 유일하게 창조적인 창조성이 아니라 자네의 관념과 믿음이야. 자네의 관념은 창조적이지 않아. 자네는 자네 관념이 참인지 거짓인지도 모르기 때문이지."

그가 이 말을 할 때, 나는 내 벗을 바라봤다. 내 벗이 내게 처음으로 건넨 말과 똑같았기 때문이다.

그 당시 나는 내가 진리에 더 가깝게 끌려가고 있음을 알 수 있었다. 나는 변혁이 일어나고 있음을 느꼈다. 말로 설명할 수는 없었지만 이것은 단순한 관념이 아니라 실제로 일어나고 있는 일이었다. 그때 나는 이에 대한 관념을 만들 수 없었기 때문이다. 내가 마음에서 창조해낸 것은 대수로운 것이 아니었다. 내 마음 안에 있는 것은 진리가 될 수 없다. 진리는 마음을 넘어서 있는 것이지만, 나는 진리가 내 진짜 자아임을 알았다. 나는 이것을 오직 내 의식 안에서만 자각했고, 자유로울 때 나는 창조적이었다.

"사람의 존재는 신체로 그치지 않아. 사람은 실재 안에 거하며, 모든 의식의 총합의 중심이야. 하지만 이것이 단순한 관념에 그쳐서는 안 돼. 이에 대한 관념을 형성하려고 해서도 안 되고. 그러면 그것을 놓치게 될 거라네. 내가 지금 말하고 있는 내용에 대해서도 자네 마음속에서 관념을 만들려고 시도하지 말게. 나는 지금 실재인 그것이 드러날 수 있도록 의식을 깨끗이 비우고 있는 거야."

나는 그가 가리키고 있는 것이 마음 너머에 있음을 깨달았다. 신적 의식이 이성 너머로, 마음 너머로 나를 인도할 참이었다.

"만약 자네 생각의 파동이 제약의 진동만 나르고 있다면, 자네는 아무것도 한 것이 아니라네. 하지만 자네 의식이 자유로이 풀려나면, 모든 것을 창조한 창조성은 애쓰지 않고 그 자신을 표현할 거야. 애쓰지 않는다면 저항도 혼란도 제약도 반응도 없어. 그저 할 뿐이지.

창조성 안에는 무지나 두려움 같은 것이 없어. 무지와 두려움은 이해가 부족한 사람의 마음속에만 존재하지. 따라서 사람의 마음 바깥에는 결코 존재하지 않는 거야. 그러나 창조성이 맑아진 의식을 통해서 자유롭게 움직일 수 있게 되면, 신체의 수십억의 세포를 휩쓸고 지나가면서 자신만의 자연스러운 리듬을 창조한다네. 이렇게 창조주와 창조물은 하나가 되지."

"방금 말씀은 전에도 들은 적이 있었는데, 오늘은 다르게 들리네요."

"또 시작되었군. 지금 자네는 단지 이번 관념이 지난번 관념보다 나아 보인다는 이유로 전에 품은 관념 위에 또 다른 관념을 쌓고 있을 뿐이야. 그렇지 않나? 이것은 지적 토론이 아니라 실제적인 탈바꿈 과정이라네."

나는 '그럼 이것을 어떻게 극복해야 하지?'라고 생각했다.

"관념이 자네 마음에서 모두 떨어지게 내버려두게. 자네 의식을 이성에서 해방하게. 이성은 무엇이 참인지 무엇이 거짓인지 몰라. 생명의 창조성은 지금 존재하지. 이성은 그것에 관해 추측만 던질 뿐이야. 창조성은 지금 존재한다네! 창조성이 지금 존재하는 것이 아니라면, 앞으로도 결코 존재하지 않을 것이니, 그것은 자네가 창조해내는 것이 아니기 때문이야.

내가 자네에게 들려주는 내용으로 관념을 만들어내지 않기를 바라네. 그렇다고 그냥 믿어버리라는 것도 아니야. 그렇게 되면 이전보다 좀더 나은 믿음으로 갈아탄 것에 불과하니까."

이제 나는 내 자아를, 내 관념을, 내 믿음을, 내 이미지를 이해하기 시작했다. 이제 나는 그중 무엇 하나도 진리일 수 없다는 것을 이해했고, 내가 진리를 만들어낼 수 없다는 것도 이해했다. 진리는 마음 너머에 있는 살아 있는 창조성이었고, 그것이 참되게 표현되는 것을 막고 있는 것들을 내가 이해할수록 진리는 스스로를 더더욱 표현할 것이었다.

"자네가 내 권위를 받아들이거나 다른 권위를 받아들이는 순간,

두려움을 겪기 시작할 것이고 혼동이 뒤따를 거야. 그러면 자네는 그 혼동을 자네 마음과 몸과 그 너머까지 창조하게 될 텐데, 그것은 진리가 아니라네.

사랑은 자네가 정의할 수 있는 것이 아니야. 사랑은 행위에 깃든 창조성이야. 사랑은 창조적 행위지. 관념과 믿음은 반응만 창조할 수 있을 뿐이며, 반응은 결코 창조적 행위가 될 수 없어. 창조적 행위는, 자유를 통해 신적 의식을 깨달은 개인의식 안에서 신적 의식이 표현될 때 일어나고, 신적 의식은 개인의식을 초점으로 삼아 자신을 표현해낸다네. 이러한 방식으로 개체성은 순수한 행위 속으로 녹아 없어지지. 오직 '하나'만이 존재하기 때문이야. 이제 자네는 사랑의 순수한 행위를 방해하고 있는 것이 바로 자아임을 이해했네.

자네 의식을 통해서 신적 에너지가 풀려날 때 이 신적 에너지가 자네 몸과 마음을 조화롭게 하는 것은 물론이고, 그 순간 자네의 의식이 품고 있는 자들까지도 조화롭게 할 거야. 창조주와 창조물이 '하나'가 될 거야.

이 기쁜 결과는 세포를 휩쓸고 지나가면서 신적 리듬을 확립하지. 이완과 위로와 평화와 기쁨이 깃들어. 소유욕과 두려움은 사람의 욕망에서만 기인하므로, 그것들은 사라져버리지."

은수자는 잠시 멈춘 뒤 다시 말을 이었다. "해방된 자는 분노나 공격의 파동이 일으키는 결과를 곧바로 인지한다네. 부조화가 바로 감지되기 때문인데, 그렇다고 그러한 것들에 조금이라도 영향을 받는다는 뜻은 아냐. 그 상태를 쉬 알아차린다는 것뿐이고, 그 상태가 얼마나 거짓인지도 알고, 그 상태를 표현하는 미성숙한 마음만 그 상태에 지배당한다는 것도 알 뿐이야. 왜소한 마음만이 이러한 거짓 파동에 골몰하지.

증오나 질투나 두려움과 같은 사람의 다양한 생각-파동은 신체에 영향을 미치기 마련이지. 이러한 생각-파동이 표현되는 모습은 안면 근육에서도 관찰되고, 이를 통해 그 아래에 숨겨져 있는 고통받는 마음이 드러나지.

자, 형태가 바뀌는 힘의 비밀이 여기 있다네. 의식은 창조적이며, 오직 의식만이 형태를 창조하고 창조적인 의식이 지시를 내리면 물질-형태를 바꾸는 것이 가능해지지.

창조적 의식은 자유로워야 해. 그래야 '아버지께서 몸소 일하실 수 있다네.' 이해하고 지시하는 믿음을 통해서 의식이 청하는 것은 무엇이든지 아버지께서 그 지시를 이뤄주셔. 분리도 방해물도 절대 없기 때문이지.

그러므로 신적 의식이 우주에 늘 존재하는 영원한 에너지를 형태로 바꾸는 것처럼 자신이 모든 창조성의 총합과 일치되어 있음을 아는 개인의식도 그렇게 한다네."

그의 말에 이어서 나는 "나는 아버지께서 하시는 것을 보고 그대로 한다"라는 구절을 감히 인용했다.

"그렇다네. 의식이 어떤 형태 안에 깃들어 있든, 광물이든 채소든 동물이든 사람이든 천사든지 간에, 의식은 항상 지고해.

이것이 예수께서 사도들에게 가르친 비밀이야. 그러므로 하늘과 땅의 모든 권능이 신적 의식 안에 존재한다네

신적 관념은 사람의 관념이 아님을 기억하게. 사람의 관념은 정신적 이미지이지만, 신적 관념은 신성이 직접 표현된 거야. '나와 아버지는 하나다.' 자네는 이 말을 이해하지만, 많은 이들에게 이 말은

그냥 관념에 불과해. 그들의 의식은 자기가 창조한 감옥에 죄수처럼 갇혀 있기 때문이지. 그들은 이 관념마저도 그들의 무지의 쇠창살로 지어낸 감옥으로 끌고 들어올 뿐이야.

신적 관념은 창조의 '말씀'이고, 형태는 신적 관념을 드러내기 위해 보다 웅장하게 바뀌는 중에도, 변함없이 완벽한 창조적 말씀으로 그대로 남아 있을 수밖에 없어. 그러므로 사랑의 진동은 완벽한 창조의 으뜸음을 이루고 있고, 원자를 보다 완벽한 형태로 리드미컬하게 구성하지.

따라서 자네는 투명한 의식이란 사람의 관념에 묶여 있지 않고, 신적 창조성이 신적 관념의 패턴을 형성하기 위해 에테르 원자를 결합시킬 때 사용되는 초점임을 알게 될 거야.

자력을 유도하는 방법을 알고 있는 지적 힘이 존재한다네. 자력은 에테르 원자가 물리적 원자의 영역 안에 현현되게끔 에테르 원자를 형태의 기초로서 결합해. 이를 통해 에테르 원자는 응축되고 물질화되어 신체의 눈이 관찰할 수 있게 되지.

내일은 아스트랄계로 투사하는 실습을 해보세. 자네 의식이 자유로운 정도에 따라서 아스트랄계 안에서 이동할 수 있을 거야. 매일 저녁마다 더더욱 깊은 대화를 나누게 될 걸세.

해도 이미 넘어갔으니 자네도 어서 잠자리에 들어야지. 내일 아침에는 해돋이를, 저녁에는 해넘이를 함께 보세. 고개 위에서 소용돌이치는 눈보라를 햇살이 비추는 광경도 꼭 봐야지. 정말 기가 막히게 아름답거든."

"오늘 본 모습만 놓고 봐도 정말로 멋있을 것 같아요. 저도 해돋이와 해넘이 보는 것을 정말 좋아합니다."

큰방 주위에는 벽 쪽으로 움푹 들어간 작은 공간이 여럿 있었고 방에 딱 들어맞는 편안한 간이침대가 놓여 있었다. 평화롭게 푹 자야 겠다고 생각하며 잠자리에 들었다.

다음 날 아침 내 벗이 나를 흔들어 깨웠다. 나는 어제 잠들었던 자세 그대로 밤새 자고 있었다. 내 벗이 "아침 식사가 준비됐어"라고 말했다.

나는 바로 일어나서 면도를 하고 옷을 입고 식사를 했다. 그런 뒤 같이 해돋이를 보러 나갔다. 우리는 해가 고개 뒤에서 올라오는 모습을 지켜봤다. 눈은 여전히 공기 중에서 소용돌이치고 있었고 그 뒤로 붉은빛이 퍼져 나오는 것이 보였다. 아주 거대한 하얀 베일 사이로 무지개의 모든 색깔이 빛나는 듯했다. 죽을 때까지 잊지 못할 장관이 었다. 야생 그 자체의 모습에 전율이 일었다. 해가 뜨자 고개는 모습을 드러냈고 그 고개를 넘는 것이 애초에 불가능했다는 것이 한눈에 보였다. 5,800미터에 육박하는 높이에서 휘몰아치는 바람과 잔잔한 호수 표면의 극명한 대조를 같이 보고 있자니, 잔잔한 바다 위에 떠 있는 거대한 배를 언제라도 가벼운 코르크처럼 내동댕이칠 만한 힘이 느껴졌다.

은수자는 내게 "자네가 아스트랄 여행 기술을 오늘부터 배웠으면 하네"라고 말했고 우리는 안으로 들어갔다.

그는 나에게 누우라고 말한 뒤 몸의 힘을 쫙 빼고 이완된 상태로 있으라고 했다. 나는 곧바로 반* 트랜스 상태에 빠졌다. 그렇다고 잠을 자는 것은 아니었고 의식이 절반 정도 깨어 있는 상태였다. "몸을 내려놓게"라는 말씀을 듣고는 그대로 했다. 그러자 내가 몸 위로 떠오르는 것을 느낄 수 있었다. 몸이 저 아래에 있는 것을 보고 내가 몸에서 벗어났음을 알았다.

은수자는 이렇게 말했다. "아무것도 두려워 말게. 두려움을 느끼면 즉시 몸으로 돌아오게 되니까."

나는 다른 세계의 고요와 평온을 느꼈다. 나는 그의 말을 여전히 들을 수 있었다. "자네는 지금 아스트랄계에 있어. 자네가 가고 싶은 곳이나 만나고 싶은 사람을 떠올려보게. 즉시 그곳에 있게 될 거야."

나는 그 말대로 했고, 놀랍게도 즉시 그곳으로 이동해 거기서 벌어지는 일을 지켜볼 수 있었다. 나는 내가 지켜보는 사람들의 행동에 빠져들었다. 참으로 독특한 경험이었다. 몸은 거기 없었지만 마치 그들과 진짜로 같이 있는 듯한 느낌이었다.

그렇게 15분 정도 지켜봤던 것 같다. 다시 그의 말이 들렸다. "자, 자유롭게 그곳을 떠나 돌아오게." 나는 말씀대로 그곳을 떠났지만 내가 아까 봤던 것들에 대한 기억은 고스란히 간직한 채 몸에 돌아왔다.

내가 일어나자 그는 이렇게 말했다. "자, 이제 자네는 기억이 두뇌의 일부가 아님을 알았네. 두뇌에 상응하는 아스트랄계의 부분이 두뇌까지 침투해 있다는 말은 사실이라네. 사실 공간적 제약에서 보다 자유롭고 훨씬 더 섬세한 몸도 있는데, 그 몸 역시 기억력을 갖고 있고, 자네도 곧 이 지점에 도달하게 될 거야.

이제 자네가 아스트랄계를 자연스럽게 이동하는 능력을 갖췄으니 에테르계도 곧잘 오가겠군."

실습은 여러 날 진행되었고, 매일 밤 우리는 내가 해야 할 일을 놓고 대화했다. 그러던 어느 날 그는 이렇게 말했다. "이번에는 에테르 공간을 함께 가보세."

처음에 에테르계 여행은 그렇게 성공적이지는 않았다. 하지만 연습을 거쳐 숙달하는 데 성공한 뒤 나는 이렇게 말했다. "에테르계에서 행성을 오가는 여행은 이미 성공했고, 언젠가 물리적 여행도 성공할 날이 올 겁니다."

이제 나는 은수자가 육체 안에 살고 계시는 동안에도 어떻게 교령회에 참석할 수 있었는지 이해했다. 그에게 공간이란 아무런 장벽이 아니었다. 나중에 나는 내가 방문했던 사람들에게 그들이 당시 했던 일에 대해 확인해봤는데, 내 진술과 전부 일치했다. 그들은 내가 자신들의 당시 상황을 그토록 잘 알고 있음에 놀라워했다.

하지만 은수자는 호기심 때문에 아스트랄계를 여행해서는 절대 안 되고 단지 도움이 필요한 사람들을 도우려는 목적으로만 해야 한다고 당부했다. 그때 이후로 많은 사람들이 도움이 필요한 순간 내가 그들 침대 곁에 있는 모습을 목격했고, 이것은 내가 아스트랄계를 여행할 수 있다는 더욱 탄탄한 증거가 되었다.

요하네스버그에 살고 있는 내 친구 W 박사는 어느 밤 자기 방에서 내 모습을 또렷하게 보고는 크게 놀랐다고 한다. 그가 내게 이 일을 들려주자 나는 "그때 너에 대해 깊이 생각 중이었어"라고 말해주었다. 이 여행은 자동적으로 일어났으며, 치유 작업을 할 때 크게 도움이 되었다. 하지만 몇몇 사람들은 내가 불쑥불쑥 나타나는 것을 불편하게 여겼다. 이 사실을 이해하는 즉시 나는 내 의지로 자연스럽게 내 모습을 숨기면서도 계속 그들 곁에 있곤 했다.

그때 이후로 나는 의식이 깨어 있는 상태에서도 내 의지에 따라 자유로이 여행을 할 수 있었고, 거의 모든 경우에 치유를 경험하고 있는 자들은 이 치유의 힘을 느꼈다.

은수자는 내가 성장하는 모습을 보고 흐뭇해하며 이렇게 설명했다. "치유 작업을 할 때 벌어지는 일을 말하자면 이렇다네. 내부 마음이 인상을 받으면, 인상은 분비선과 세포 생성에 영향을 미치는 신경체계를 통해서 무의식적 활동을 일으키지. 그러면 신체의 모든 세포가 활성화돼. 기적적 완치란 이러한 방식으로 일어난 결과야.

이러한 치유 자극은 원 모양으로 계속 퍼져나가 결국 인류 전체에 영향을 미치지. 치유 자극은 신체의 모든 원자와 세포를 휘젓고 그 결과로 세포에 긍정적 변형을 일으킨다네. 그리고 이러한 반응은 의식의 상태에 정확히 비례해서 일어나는데, 그 이유란 분리란 없기 때문이야.

신체 내 발생한 진동수 변화와 더불어 신체는 이 활동을 마음에 반영하고, 이것은 건강한 느낌과 행복감을 일으키지.

그런데 사람이 두려움에 빠질 때는 정반대 일이 벌어진다네. 이 부자연스러운 진동은 자연스러운 평형 상태를 뒤흔들지. 사람이 이 원인에 대해 무지할 때 두려움이 더욱더 들어오고 사람이 이미 자신의 부정적인 생각-행동으로 지핀 불에 땔감을 넣어주게 돼."

그분은 잠시 멈춘 뒤 다시 말을 이었다. "자기 조건에 사로잡히고 주변 환경에 영향을 받을 때, 또 사람이 자기 자신을 이해하지 못하고 자신이 처한 조건의 원인을 이해하지 못할 때, 마음은 이러한 조건에 반응하게 된다네.

사람의 의식은 그의 몸과 마음 전체를 관통해. 자신이 무제한적 지적 에너지 전체가 존재하는 초의식적 실재 안에 뿌리내리고 있음을 알아보지 못할 때, 그는 자신의 참된 본성에 대해 무지하기에 두려움의 늪에 빠져 허우적대지."

나는 이렇게 말했다. "그렇다면 사람의 의식이 자유로울 때에는 진정 자기 몸의 제약을 넘어서 존재하는 것이로군요."

"그렇다네. 의식은 먼저 마음을 통해 표현되고, 그런 다음 두뇌와 신경 체계를 통해서 몸에 영향이 가게 돼. 제1신경총은 심장과 폐와 분비선과 신체의 다른 기관을 다스리지. 뇌신경은 몸 바깥에서 들어오는 빛과 소리와 느낌의 진동을 전송하는 일을 담당하는데, 이러한 자극들은 반드시 두려움 없이 이해를 통해 해석되어야 해.

또한 의식은 아래 방향으로도 뻗어있다네. 의식은 태양신경총을 통해 개인의 감정생활에도 침투하고, 그런 다음 신체 필수 기관을 거쳐 몸에 닿지. 나아가 의식은 잠재의식, 즉 동물계와 식물계와 광물계의 전체 활동까지도 닿아 있어. 모든 광물과 식물과 동물 배후에 있는 모든 행위가 바로 여기서 지시받고 통제되지. 사람의 의식은 초의식의 가장 높은 곳부터 잠재의식의 가장 낮은 곳까지 다 닿아 있다네."

"그렇습니다. 이 모든 것이 의식의 지시하에 있음을 알겠습니다. 의식이자 지성인 생명은 마음을 질료로 삼아 활동합니다. 신적 의식과 지성과 질료는 하나입니다."

"맞아. 하지만 사람은 유용한 자연의 본능적 힘들 같은 잠재의식적 활동에 무지하기에 거기서 악을 보고 그 결과로 자신만의 지옥을 만드는데, 사실 악마는 그 자신이라네.

신체 필수 기관은 태양신경총에서 뻗어 나오는 신경 체계의 일부에 속해. 이 신경 체계에는 동물계, 식물계, 광물계가 포함되는데 이것은 사람의 잠재의식에 해당하지. 잠재의식의 활동은 광물계, 식물계, 동물계의 모든 활동의 총합이라네. 이러한 활동은 인간의 잠재의식 내에서도 일어나고 있어.

의식이 각성하면 이러한 힘들의 활동에 무지해서 생겨난 두려움에서 스스로를 해방하게 돼. 사람에게는 위아래에 있는 모든 것을 다 스릴 권한이 계속 주어져 왔건만, 극소수만이 이를 제대로 이해했지."

나는 그의 말에 감탄하며 이렇게 말했다. "이 모든 활동이 사실 '하나'이지만 사람은 자기 마음 안에서 이것을 쪼개놓았고, 자신이 두려워하는 것을 자신이 두려워하는 그대로 만들어낸다는 사실을 이제 알겠습니다."

"모든 동물들의 본성 속에는 하나의 완전한 정신 활동이 존재한다네. 그리고 이 정신 활동은 동물계 차원에 전적으로 속해 있지. 식물계와 광물계도 마찬가지야. 사람의 의식이 이 모두를 다스리는 요소이지. 사람이 자신을 이해할 때, 자기 생각과 반응을 이해할 때, 자기 감정과 욕망과 믿음과 관념을 이해할 때, 또 그것들이 자기 마음에서 어떻게 형성되었는지를 이해할 때, 사람의 의식은 모든 야생 동물을 통제할 수 있어. 하지만 이를 모를 때, 그는 악한 힘이 존재한다거나 자신보다 강한 힘이 존재한다고 보는 오류에 빠지게 되고 자연을 두려워하기 시작해. 현재 사람은 선한 힘과 악한 힘이 존재한다고 보며, 선악의 지식 열매를 먹고 자기 죄로 죽는데, 그 죄란 바로 무지야."

"네, 잘 알겠습니다. 두려움과 증오와 분노와 질투와 같은 감정은 모두 우리가 잠재의식을 모르기 때문에 일어납니다. 이것을 이해하지 못할 때 몸의 기능 전체에 영향을 미치게 됩니다. 자신의 감각을 통해서 우리는 서로 관련지을 수 없는 상충된 관념들을 획득하고, 그 결과 우리는 혼란스러운 마음을 갖게 됩니다."

"맞아. 두려움과 믿음과 정신적 갈등은 신체 기관 전체에 영향을 미친다네. 이렇게 해서 개인 내부의 잠재의식 전체는 혼동에 빠지고, 그 결과로 몸은 고통을 겪게 되는 거야. 그러면 몸은 마음에게 대들

257

고, 무엇이 원인인지 모르는 마음은 몸의 부자연스러운 상태에 굴복하고 말지. 바울 사도가 말하듯, '속은 것은 이브였다.'"

"아! 이브는 영혼이고 아담은 육신이겠네요. 그래서 이브가 속으면 그 결과로 육신인 아담이 고통을 겪을 수밖에 없는 것이고요."

"그래, 이해했군. 제대로 이해했어.

자네도 훈련을 통해 이미 배웠듯이, 사람 안에 있는 영-의식은 자유롭다네. 육신을 입고 있는 동안에도 영-의식은 여전히 자유롭지. 그렇지 않다면 영-의식은 결코 자유로울 수 없을 거야. 자유가 자네의 자연스러운 상태야. 반면 자네의 조건은 자네가 지어낸 부자연스러운 상태지.

그런데 이 자유를 발견하는 가장 쉽고도 빠른 길은 사랑과 이해라네. 잠재의식은 그 자체로는 사악한 것이 아니야. 잠재의식은 사람의 성장 도구야. 하지만 사람은 거기다 악한 관념을 갖다 붙이고, 그 결과로 자신이 모르는 것을 두려워하기 시작해. 하지만 대체 무엇을 두려워하는가? 바로 자신의 관념을 두려워하고 있는 것이고, 자신의 조건에 사로잡혀 있는 것이야. 자신이 정말로 두려워하는 것은 자신의 관념이라는 것을 깨닫기 시작할 때라야 그는 자신이 지어낸 창조물에서 자신을 해방하고 의식적으로 자유로워질 것이며, 그 후에야 그의 사고는 순수해진다네. 그러면 신적인 영-의식은 그의 몸과 마음을 자신의 영원한 현존으로 환골탈태시킬 수 있어.

사람은 창조주의 이미지요 창조주의 닮은꼴이야. 그렇지 않기는 불가능해. 왜냐하면 신은 존재하는 모든 것이고, 우리는 신에게서 분리되어 존재할 수 없기 때문이야.

미지의 것(the Unknown)만이 홀로 창조적이야. 이미 알고 있는 것은 결코 창조적일 수 없으니, 창조적인 것은 언제나 미지의 상태로 남아 있기 때문이지. 자네가 알고 있는 것들은 상대적이고 외부에 있으며 창조된 것이고, 결코 창조적일 수는 없는 것들이야.

진리에 대해 아무것도 모르는 자들은 자네에게 관념만 제공할 뿐이야. 하지만 알다시피 관념은 상대적인 것이고, 자네는 그들의 무지만 모방하게 될 뿐이라네. 이것을 깨닫고 관념이 허구임을 식별하고 나면 창조적인 그것, 미지의 것이 드러날 거야. 그래도 그것은 여전히 미지의 상태로 남아 있을 것이고. 자네는 이렇듯 자네의 바깥이 아닌 안에서만 미지의 그것을 발견할 거야. 나도 그것이 무엇인지 알려줄 수 없고, 그 누구도 할 수 없어. 자네가 아닌 다른 이들은 그것에 대한 관념만 제시할 뿐이고, 관념은 창조적이지 않아. 창조적인 그것은 곧 자네의 약동하는 생명이라네."

나는 가만히 앉아 속으로 생각했다. '진정 이분은 아시아 최고의 현자시구나.'

12장

❖ ❖ ❖

링쉬라 은수자가 머무르는 곳에 온 지 벌써 한 달이 지났다. 나는 이곳에서 바랐던 것 이상을 얻었다. 날마다 기쁨이 더해졌으며 우리 셋의 우애는 깊어만 갔다.

칼림퐁에 마중을 나왔던 내 벗은 이제 나의 든든한 동반자였으며, 나는 남은 시간을 그와 보내기로 결심했다. 그의 거처는 라싸 너머 잠사르라는 곳에 있었고, 우리 둘은 그곳에 대해서 많은 이야기를 나눴다. 또한 은수자가 말한 내용에 대해서도 함께 이야기를 나눴다. 내 벗은 그 당시 내가 이해하지 못했던 부분들을 되짚어주면서 큰 깨달음을 주었다.

잠사르에 있는 그의 거처는 이곳에서 320킬로미터 떨어져 있었다. 그의 거처로 가는 길에 겪었던 일과 우리가 함께 나눈 행복한 추억은 나중에 더 이야기하고자 한다.

나는 은수자와 함께 지내면서 점점 더 그를 흠모하게 되었다. 그역시 나의 마음을 잘 알았고, 백 배 이상의 사랑을 내게 주었다. 나는 그의 아들이었다. 영적인 아들. 우리 둘 다 그렇게 느꼈다. 그리고 그역시 내게 영적인 아버지였다. 그에게 이런 느낌을 이야기하자 그의 눈은 기쁨으로 빛났다. 그가 내 어깨를 감쌀 때 나는 지고한 사랑을 느낄 수 있었다.

그는 성인 중의 성인이었고 나는 그의 말에 완전히 심취했다. 내 벗 역시 은수자로부터 나오는 사랑의 따스함을 느꼈다. 내 벗도 상당한 실력가였지만 성인 중의 성인인 은수자의 지혜를 존경했고, 초인적인 집중력으로 경청했다.

이 진정한 영적 교감의 기쁨을 말로 옮기는 것은 불가능하다. 그 참된 의미를 드러낼 말 자체가 아예 없다.

며칠 뒤에 나는 세상의 지붕을 넘는 긴 여행을 떠날 참이었다. 물론 내 벗과 함께 말이다. 내 벗은 전에 나를 위해 칼림퐁까지 거의 500킬로미터나 되는 먼 길을 마다하지 않고 마중 나왔었다. 그는 이미 최고 경지에 이른 상태였다. 그는 거짓인 모든 것을 깊이 꿰뚫어 봤고, 만남 초기에 내게 정말 큰 도움을 주었다. 나는 오랫동안 내가 지고 다녔던 짐을 떨쳐버리기 위해서 영적 사다리의 첫 번째 발판에 발을 올렸다. 그 뒤로 나는 꾸준히 한 걸음씩 저 위를 향해 올라갔다.

마지막 며칠 동안 우리는 식사에 필요한 만큼만 호수에서 낚시를 했다. 은수자는 우리가 매일 필요한 만큼만 얻기를 바랐다.

내가 내 벗에게 이렇게 물었다. "은수자님 연세가 얼마나 될까요?"

"그분 나이를 아는 사람은 아무도 없어. 나이에 대해 그 누구에게도 말씀하지 않으시니까. 그분이 간덴 사원에서 가르치실 때가 아주 오래전이라는 것 정도만 알고 있다네."

은수자는 희귀식물과 뿌리 방면으로도 정통했다. 우리는 희귀종이 자라는 곳과 희귀종을 사용하는 방법에 대해 많은 설명을 들었다. 그는 아시아에 자라는 모든 희귀하고 진귀한 식물, 뿌리에 대해 해박하게 알고 있었다.

그의 말에 따르면, 가장 희귀한 식물들은 가장 높은 고산 지대에서만 자란다. 찾아내기도 어렵거니와 오르는 과정도 아주 험난하기 때문에, 최고 실력에 불굴의 의지를 지닌 등산가들만 운이 좋아야 채

취할 수 있다.

나는 그 식물들을 직접 찾아내고 싶어졌다. 얻을 수 없는 것을 열렬히 찾아다니는 것은 나의 습성이었고, 이번에도 그것을 찾아내고 싶은 마음이 간절했다. 내 벗은 나를 쳐다보면서 마치 이렇게 말하는 듯했다. "대체 자네가 어떤 모험에 뛰어들겠다는 것인지 알기나 하나?"

어쨌든 우리는 내일 아침에 희귀한 식물 네 종을 찾아보기로 결정했다. 다음 날 아침, 우리는 각자 식량이 담긴 배낭을 메고 방한모와 방한 장갑을 챙겼다. 또 등산지팡이와 얼음도끼, 눈 속에서 약초를 캘 때 사용할 가벼운 삽, 비상 상황을 대비해 밧줄도 챙겼다.

은수자는 고개 방향 위쪽에 약초가 가장 많이 있을 것이라 짐작했고, 우리는 그 방향대로 꾸준히 올라갔다. 나는 은수자의 등산 실력에 감탄했다. 그동안 나는 수많은 산을 탔다. 티베트에 오기 전에 유럽과 뉴질랜드 알프스에서도 등산을 많이 했다. 우리도 등산 실력으로는 전문가 수준이었으나 그의 실력은 우리 둘을 능가했다.

수목한계선을 지나 만년설이 쌓인 곳까지 올랐을 때 이미 해는 기울어 어둑어둑해졌다. 그러자 은수자는 이렇게 말했다. "지금이 아호타Arhota를 찾기에 딱이라네. 아호타의 뿌리는 사람 모양이야. 머리, 몸통, 팔다리, 손발 모양까지 뿌리에 다 담겨 있어. 꽃은 다이아몬드처럼 반짝이는데, 눈 속에서는 낮보다 밤에 찾기가 더 쉬워. 아호타는 본래 눈 아래 깊숙한 곳에서 자란다네. 놀랍게도 자기 주위의 눈을 녹일 힘이 있어서 표면까지 뚫고 올라오지. 꽃잎은 눈처럼 하얗고. 만약 꽃잎이 반짝거리며 빛이 나지 않았다면 이 약초를 발견하기란 불가능했을 거야. 일종의 인광을 뿜어내는 식물이지.

라마승들은 아호타를 모든 질환에 대한 일반적인 강장제로 사용해. 뿌리는 부위별로 따로 분리해 가루로 만든 다음 상응하는 신체 부위에 사용하지.”

우리는 눈을 크게 뜨고 달빛이 비치는 눈 위를 쫙 살폈다. 아호타를 제일 먼저 발견한 것은 은수자였다. 우리는 뿌리가 보일 때까지 눈 속을 파 내려갔다. 은수자의 설명대로 사람 모양을 하고 있는 뿌리가 모습을 드러냈다.

이제 기온이 상당히 내려갔고 바람도 매우 거세졌다.

은수자는 이렇게 말했다. “몸에 열기를 내기 위해서 잠시 투모를 하세.”

나는 내 벗에게 따로 물어보았다. “은수자님도 투모를 할 줄 아세요?”

내 벗은 이렇게 답했다. “그럼. 그분은 오컬트의 모든 분야를 숙달하셨다네.”

몇 분 만에 우리 몸은 불처럼 뜨거워졌다.

“내일 아침에는 천사들의 꽃이라고 불리는 응고데봐^{Ngodevwa}를 찾아보세. 이름이 꽃과 참 잘 어울려. 일단 그 꽃을 직접 보고 나면 그 아름다움을 절대로 잊을 수 없다네. 또 눈 속 깊은 곳에서 자라기 때문에 찾아내기 가장 어려운 꽃이기도 하지. 이 꽃의 위치를 알 수 있는 유일한 단서는 눈 위로 난 15센티미터 정도 크기의 구멍이야. 이 꽃은 대개 바위 위에서 성장해. 이 꽃은 자체적으로 열을 생성해 눈을 녹이면서 표면까지 올라가면서도 자기 모습은 계속 숨긴다네. 이 꽃은 해돋이 전에 찾아내야 해. 그러지 않으면 햇빛의 열기로 꽃 주위의 구멍이 녹아서 사라지거든.”

이번에도 은수자가 응고데봐를 먼저 발견했다. 꽃이 나올 때까지 우리는 계속 눈을 파 내려갔다. 이렇게 아름다운 꽃은 정말 처음이었다. 꽃의 표면은 벨벳 같았고, 그 광채를 말로 풀어내는 것은 불가능하다. 꽃잎은 노란색이고 꽃의 중심은 짙은 보라색이었다. 짙은 보라색에서 나온 분홍색 선들이 꽃잎의 끝을 정중앙으로 가로질렀다. 꽃잎의 크기는 다 똑같았고, 꽃잎 끄트머리에는 직접 그린 듯한 보라색과 분홍색 점들이 알알이 찍혀 있었다.

은수자는 이 식물이 아시아를 통틀어 가장 귀하고 얻기 힘든 꽃 중 하나라고 극찬했다. 정말이지 아름다운 표본이었다. 이 식물의 뿌리는 신장이나 방광이나 수종水腫 관련 질환을 치료하는 만병통치약이라고 한다. 이 약초는 극소량만 사용해도 효과가 탁월하기 때문에 라마승들은 이 약초를 정말 아껴서 쓴다.

나는 점점 더 신이 났다. 우리는 24시간 동안 밤낮으로 밖에 나와 있었다. 우리는 이미 두 끼를 해결한 상태였고 나머지 한 끼로 먹을 것도 있었다.

"자, 이번에는 저기 암석 지역으로 내려가보세. 거기서 '정복자'라는 뜻의 촘덴다Chomdenda를 찾으면 좋겠군. 이 식물은 고산 지대 중 바위가 많은 곳에서 자라지. 이 약초의 뿌리는 붙드는 힘이 엄청 강해서 캐내려면 사실상 바위를 쪼개야 할 거야. 색깔은 회색과 검정이고, 줄기도 풀과 비슷하게 생겼는데 줄기의 끝부분도 풀과 비슷하다네.

이 약초의 효능은 사람을 며칠 동안, 심지어는 몇 달 동안 지탱해준다는 거야. 라마승들은 산을 넘는 긴 여행을 할 때 이 약초를 사용하지. 그만큼 지탱해주는 힘이 엄청나. 라마승들은 촘덴다가 산 바위의 힘을 품고 있다고 믿고 있고, 일부는 '생명의 영약'이라고도 부르지. 이 약초를 달인 후 옥수수에서 추출한 알코올과 섞어서 사용해.

촘덴다는 세포의 구조를 원상 복구하는 힘이 있고, 숙련된 수행자들이 장기간 고행할 때 발생하는 체력 손실을 예방해주지. 이 약초로 만들어낸 조제약은 자유롭게 복용하면 되는데, 복용 후 깊은 트랜스나 혼수상태를 일으켜. 즉 심장이 사실상 박동을 멈추고, 가사 상태가 시작되는 거야. 이 상태에 빠진 육신은 몇 주 동안 차가운 곳이나 눈 속에 깊이 묻어 보관할 수 있다네. 티베트 요가 수행자들은 몇 주간 아스트랄계를 여행하기 위해 자기 몸을 비울 때 이 조제약을 사용하는데, 여행을 마치고 다시 육신으로 돌아와도 몸이 고스란히 유지되지."

촘덴다 약초를 처음 발견한 사람도 은수자였다. 그는 얼음도끼를 사용해 약초를 바위에서 떼어냈다.

나는 은수자에게 이렇게 말했다. "괜찮으시다면, 이 약초를 조금 챙겨가고 싶습니다." 그리고 우리 모두는 호탕하게 웃었다. 나는 왜 웃는지 몰랐지만 그래도 한동안 크게 웃었다. 웃음을 멈추고 대화를 재개한 것은 내 벗이었다. 나는 내 벗에게 무엇 때문에 우리가 웃었는지 물어봤더니 이렇게 말했다. "당연히 알고 있어야지." 그런데 오늘까지도 나는 왜들 그랬는지 모르겠다!

은수자가 이렇게 말했다. "넷 중 마지막 희귀 약초는 야차굼바^{Yartsa} ^{Gumba}라네. 야차굼바는 겨울 벌레, 여름 풀*이라는 뜻이야. 참으로 놀랍지. 야차굼바는 겨울에는 뿌리가 되었다가 여름에는 애벌레가 돼. 겨울에 애벌레가 뿌리로 변하면 애벌레 머리에서 꽃이 자라나지. 야차굼바는 아주 귀해서 찾기 어렵지만, 우리는 하나 발견할 수 있을 것 같군. 산을 내려가면서 산 아래쪽에서 찾아보세."

---

* 冬蟲夏草: 동충하초과의 버섯을 통틀어 이르는 말. 거미, 매미, 나비, 벌 따위의 곤충의 사체에 기생하여 자실체子實體를 낸다. 겨울에는 벌레이던 것이 여름에는 풀로 변한다는 뜻이다. (표준국어대사전)

아니나 다를까, 이번에도 은수자가 찾아냈다. 그는 이렇게 말했다. "지금이 여름과 겨울의 딱 중간이다 보니, 보다시피 애벌레의 절반은 이미 뿌리로 딱딱하게 굳었다네. 그리고 머리 쪽에서 꽃이 올라오기 시작했군."

야차굼바의 변화 과정을 지켜볼 수 있어서 참 신기했다.

야차굼바의 효능은 두뇌를 맑게 하는 것이다. 라마승들이 이 약초를 발견했을 때, 그들은 이 약초를 이용해 두뇌에 자극을 주었다. 그러면 잠을 잘 필요성을 못 느끼고 며칠 동안 말똥말똥 깨어 있을 수 있다. 겨울눈을 헤쳐 가는 장거리 여행을 할 때 잠이 들면 몹시 위험하다. 순식간에 눈 속에 묻혀 죽음을 맞이할 수 있기 때문이다. 그런데 동충하초는 신경을 강하게 자극하기 때문에, 이를 복용하면 잠을 자거나 쉬지 않고 며칠간 여행할 수 있다.

나는 이 진귀한 약초들의 매력에 흠뻑 젖었다. 이 약초들을 조금이라도 아는 사람조차 극소수이다. 분명 서구에 사는 사람들 중에서 이 약초들을 본 사람은 아무도 없었다. 이야기는 들어봤을지 몰라도 이를 실제로 봤다는 사람을 나는 아직까지 못 봤다.

우리는 그날 저녁에 거처에 도착했다. 36시간 만에, 두 번의 낮과 한 번의 밤이 지난 뒤 귀가한 것이다. 은수자는 아주 훌륭한 성과라고 말했다. 아호타와 응고데뫄를 찾는 데 일반적으로 며칠, 때로는 몇 주가 걸리기 때문이다.

먹을 때와 약초를 캐낼 때를 제외하고는 항상 돌아다녔기 때문에 피로감이 몰려왔다. 거처에 돌아온 후 나는 따뜻한 웅덩이에 뛰어들어 수영을 했고 그러자 기분이 아주 상쾌해졌다. 우리는 저녁 식사를 마친 뒤 바로 잠자리에 들었다. 나는 내 벗이 아침에 나를 흔들어 깨울 때까지 죽은 듯이 잤다.

시간이 쏜살같이 흐르면서 이별의 순간이 시시각각 다가오자 슬퍼졌다. 이곳에 훨씬 더 오래 머물 수 있을 거라고 생각했지만, 은수자는 이렇게 말했다.

"자네는 타고난 사명을 다하기 위해 곧 세상으로 돌아가야 해. 남은 기간은 자네의 벗과 시간을 보내게. 이 기회를 최대한 활용하게. 내가 그림을 전체적으로 보여주었다면 그는 세부적으로 보여줄 거야. 오늘 이것이 자네와 나누는 마지막 대화로군."

그래서 우리는 은수자가 들려줄 말을 기대하며 앉았다.

"신적 추론(Divine reasoning)을 하고 자아를 이해하면 자네는 거짓된 것 바깥으로 인도될 거야. 하지만 신적 추론마저도 실재인 그것을 경험하기에 앞서 반드시 멈춰야 해. 실재는 마음 너머에, 이성 너머에 있기 때문이지. 거짓인 것을 식별할 수 있으면 거짓으로부터 해방될 수 있다네.

하지만 앞서 말했듯이 기지(既知)의 것은 창조적이지 않아. 오직 미지의 것만이 창조적이지. 기지의 것은 결코 미지의 것이 될 수 없어.

자네도 알다시피 모든 국가와 집단에는 신이라고 부르는 실재에 대한 개념이 있다네. 하지만 이것은 실재-신에 닿으려는 지성적 접근에 불과해. 대부분의 사람들은 실재가 무엇인지 밝혀내겠다며 실재에 대해 토론을 벌이는데, 바로 이 때문에 그토록 다양한 철학과 종교와 집단이 존재하는 거야.

실재는 미지의 것이고 오직 그것만이 창조적이야. 자네도 이 점을 이해하고 있지?"

"네, 그렇습니다." 나는 겸허하게 답했다.

"마음은 실재를 이해할 수 없어. 하지만 실재에 다가가는 유일한 길은 참된 애정과 사랑을 통하는 것임을 깊이 이해함으로써 실재를 자네의 일상에 옮겨낼 수는 있다네. 그러면 자네는 자신이 실재 자체를 표현해내고 있음을 알아차릴 거야. 이러한 방식으로 자네는 실재를 자신의 나날의 삶으로 변환해낼 걸세.

대부분의 사람들은 실재에 다가설 때 사랑과 애정을 통하지 않고 도리어 적개심과 두려움을 통해서 접근하지. 실재에 다가서겠다고 애쓰는 집단의 일원들이 다른 집단의 일원들에 대해서는 적개심을 품지 않나? 이것은 말도 안 되는 어리석은 짓이야."

이제 더 많은 것이 보이기 시작했다. 기지의 것이 실재가 아니기는 했지만 어떻게든 나는 실재를 표현할 수 있는 방법을 원했다. 이제 나는 이 일의 관건은 이웃을 자신처럼 사랑하는 것임을 알 수 있었다.

"자네도 과거에 자신을 위한답시고 실재의 일부를 궁지에 몰아넣으려고 하지 않았나? 하지만 그 방법은 통하지 않았지. 자네는 자신이 원하는 것을 얻기 위한 수단으로 실재를 갈망했던 것이거든. 자네에게 실재는 목적을 얻기 위한 수단에 불과했던 거야. 하지만 이렇게 하는 것은 실재를 표현하는 것이 아니라네. 그것은 자네 마음속에 있는 제안에 맞선 또 다른 제안에 불과하니까.

이제 자네는 실재를 표현하는 유일한 방법은 사랑과 애정뿐임을 알게 되었다네. 그러면 좌절도 저항도 없어. 하지만 이 애정은, 그렇게 하면 자네가 원하는 것을 얻을 것이라는 관념과 사랑에 빠진다는 뜻은 또 아니라네.

세상 사람들은 신의 사랑을 추구하면서도 원수는 증오하지. 평화를 위해 기도한다면서 전쟁을 준비하고. 사람들은 이웃의 희생을 치러서 성공하기를 바라지만, 실은 스스로를 속이고 있는 거야.

자네도 알다시피 바로 이 내적 빈곤함이 사람들로 하여금 외부를 바라보게 해서 항상 현존하는 영원한 창조성을 놓치게 한다네.

과거에 자네는 실재를 관념으로 여기며 토론을 벌였지. 그래서 그 관념은 진리가 아니었음에도 자네에게는 진리가 되었던 거야."

이 부분은 나도 이제 잘 알았다. 내 벗도 나를 처음 보자마자 이런 말로 내 어리석음을 깨뜨렸기 때문이다. "그것이 참이든 거짓이든 그다지 중요하지 않다."

내가 품고 있던 것은 실재가 아니었다. 그 순간 나는 이것을 깨달았고, 이 사실을 말씀드렸다.

"맞는 말이네.

진리를 다루는 거의 모든 문학이나 철학에서는 실재를 관념처럼 다루지. 하지만 실재는 생명이며, 마음은 그것이 무엇인지 그려볼 수조차 없어. 그러므로 생명에 대해 관념을 형성하려는 시도는 부질없는 짓이야. 그러나 관념이 모방이요 정신적 개념에 불과하다는 것을 이해한다면, 관념은 잦아든다네. 그러면 항상 현존하는 생명이 자네 안에 실재로 등극해. 실재는 자네가 창조하는 것이 아니야. 자네가 창조하는 것은 실재가 아니야. 실재는 관념이 아니고 정신적 공식도 아니고, 사랑과 애정 속에서 스스로를 표현하고 있는 실제적인 생명이야. 실재에 대해 관념만 품고 있는 한 자네는 절대로 그것을 알지도 경험하지도 못할 거야.

자네가 살아 있는 이유는 실재가 살아 있기 때문이라는 점을 반드시 깨달아야 해. 실재는 생명이야. 미지의 그것이 곧 생명이며, 생명은 창조적이지. 자네는 생명이 무엇인지는 모르지만 생명이 존재한다는 것은 알 수 있다네."

"네, 이제 저는 생명이 존재한다는 것을 압니다. 제가 곧 생명입니다."

"맞아. 자네가 그것에 대해 관념을 만들려고 애쓰지만 않는다면 말이야. 자네 기도가 자신의 제약에 불과한 관념이나 믿음에서 비롯하고 있다면, 자네 기도는 수포로 돌아갈 뿐이라네. 미지의 것이 들어서기 위해서는 이러한 제약이 반드시 그쳐야만 해.

오직 혼자 힘으로만 깨쳐야 할 것에 또 다른 철학이나 질문을 제기하면서 길을 잃어서는 안 되네. 알다시피 내가 만일 실재의 놀라움에 관해 철학적으로 논증한다면, 자네는 실재에 관해 관념의 사상누각만 지을 거야. 하지만 실재는 관념을 통해서는 절대로 표현될 수 없고, 오직 사랑과 애정의 실천을 통해서만 표현될 수 있다네.

사랑이 무엇인지는 알 수 없지만, 사랑을 경험하는 것은 가능해. 소유욕은 사랑이 아냐. 사랑은 영원하고 항상 현존하는 반면 소유하려는 사랑은 끝나기 마련이지.

신은 미지의 것이고, 신을 안다는 것은 불가능해. 자신이 신을 안다고 생각하는 순간 그것은 자네가 아는 신이 아니라 신에 관한 관념으로 전락하지. 그 관념은 투사된 이미지에 불과하고 미지의 그것을 발견하는 것을 방해할 뿐이야."

"네, 알겠습니다. 처음에 저는 거짓된 것들을 내버리는 것을 두려워했습니다. 제 마음은 애착할 무엇인가를 항상 원했습니다. 하지만 그것이 허구임을 철저히 이해하고, 무지로 인해 이를 보지 못했음을 이해하자, 거짓된 것들은 떨어져 나갔습니다. 제가 느꼈던 자유는 말을 넘어서 있습니다. 저는 더 이상 믿음과 관념과 두려움에 묶여 있지 않았습니다. 그것들이 제가 스스로 지어낸 것들임을 알아보자 그것들은 사라졌습니다."

"좋네. 참으로 맞는 말이야. 그렇지만 '실재'는 절대로 거짓된 것들의 결과도 아니고, 거짓된 것을 제거한 것 정도로 그치지 않아. 자네는 반드시, '실재'가 지금 이 순간에 존재한다는 것과 '실재'는 거짓된 것에서 일어나지 않는다는 것을 알아야 해. 거짓된 것은 그 어떤 토대도 갖고 있지 않아. 그것은 스스로 창조한 환상이자 신화에 불과해.

믿음이란 마음의 과정이고 이미 알고 있는 것에서 태어난다네. 만약 자네가 '신은 미지의 그것이다'라고 말만 한다면, 자네는 미지의 그것에 대해 관념을 창조할 뿐이야. 하지만 미지의 그것에 관한 자네의 정신적 창조물은 미지의 그것, 창조적인 그것, 실재인 그것 자체는 아니야.

부를 쌓고 사원을 짓고 종교를 조직하는 자들, 즉 주교와 추기경과 설교자들뿐만 아니라 폭탄을 떨어뜨리는 자들까지도 신이 자신들의 동료라고 말하지. 분명 그들의 믿음은 자기 확장의 한 형태에 불과해. 그것은 자기기만일 뿐이야. 자기 종교라고 부르는 특정한 패턴으로 자기 마음을 제한한 자들은 궁극의 실재, 즉 사랑을 결코 깨달을 수 없지."

"네, 그렇습니다. 바로 그것이 모든 적개심의 원인입니다. 각자 다른 패턴과 종교와 관념을 갖고 있는데 다른 이들마저 자신들이 신봉하는 관념을 따르게 하려고 애를 씁니다. 그러다 이 시도가 실패하면 상대를 자신들과 다른 무엇으로 바라봅니다. 그들은 분리에 빠져 삽니다. 분리가 모든 전쟁과 파괴와 불행의 원인입니다. 그들은 서로를 여러 집단과 국적으로 갈라놓지만, 이것은 그들 마음에만 존재하는 규정에 불과합니다. 한 신만 존재하고 한 창조주만 존재하고 만유는 그분의 창조물일 수밖에 없습니다. 창조주와 창조물은 하나입니다."

"그렇다네. 미지의 그것이 존재하고자 한다면, 마음은 자신이 믿거나 믿지 않는 것들을 텅 비워내야 해. 마음의 내용물을 모조리 이해해야 하고, 관념과 공식의 과정을 전부 이해해야 해. 이러한 방법을 통해서만 자네는 관념을 쌓는다는 느낌 없이 순간순간 깨어 있을 거야. 자네 마음은 무턱대고 수용하지도 않고 저항하지도 않고 단죄하지도 않고 비난하지도 않고 완전한 침묵에 들어야 해. 자아가 죽고 나면 비로소 실재인 그것이 존재한다네.

이제 자네에게 말은 더 이상 중요하지 않아. 관념이나 말이나 자아의 표현이 아닌 창조성의 상태가 존재하기 때문이지. 이 상태에서 자네는 존재하는 그것, 형언할 수 없는 그것을 알게 될 거야.

형언할 수 없는 그것을 형언하려는 시도는 단지 기억을 세공하는 것일 뿐이야. 형언할 수 없는 그것, 창조적인 그것, 알려지지 않은 그것을 말로 담는다는 것은 시간의 틀에 끼워 맞춘다는 것인데, 시간에 속한 것은 시간을 넘어서 있는 그것이 될 수 없거든.

이 얇은 기지의 것의 결과가 아니라 기지의 것은 미지의 그것, 창조적인 그것이 아님을 아는 거라네.

그것은 이성을 통해서 획득될 수 없어. 이성 너머에 있기 때문이야. 그렇다고 그것이 이성에 반대된다는 뜻은 아니야. 그것은 시간적 혹은 공간적 요소를 통해 획득될 수도 없어. 자신의 영원 속에서 항상 현존하거든. 그러므로 모든 생명은 자네가 깨닫기로 선택하는 어느 순간에라도 모여서 자신의 전능함을 떨칠 수 있다네."

나는 이렇게 말했다. "네, 저는 이제 신적 추론이 신적 각성으로 나아가도록 돕는다는 것을 알았습니다. 궁극의 것을 향해 추론(reason) 할 수는 있지만, 이성(reason)은 반드시 멈춰야 합니다. 이성은 마음 너머로 갈 수 없기 때문입니다. 이성으로는 결코 알 수 없다는 것을 인정하는 바로 그 순간 실재가 존재합니다."

"그렇다네. 제대로 이해했군. 이 이해를 디딤돌로 삼아 더 멀리 갈 수 있겠어. 끝이란 없어. 끝이 있는 것은 실재가 아니야.

드러나지 않는 것이 드러난 것을 일으키고, 보이지 않는 것이 보이는 것을 일으키지. 알 수 없는 그것이 곧 창조하는 창조성이야. 그러나 그것은 언제까지고 창조되지 않는 것으로, 알 수 없는 것으로 남아 있을 거야. 창조물은 알려질 수 있지만 창조성은 늘 알려지지 않은 채 남아 있을 거야.

자기 행복을 위해서 실재를 구석으로 몰아가는 자들은 다른 이들에게 적대적으로 변하고 말지. 그래서 그들에게는 아무런 사랑도 없고, 실재도 전혀 표현되지 않고, 오직 자아만 드러날 뿐이야. 훼방을 늘어놓는 것은 언제나 자아라네."

나는 이렇게 답했다. "네, '저 스스로는 아무것도 아닙니다.' 그러면 사랑이자 전체가 존재합니다. 루가복음 12장 20절에서 이렇게 말합니다. '이 어리석은 자야, 바로 오늘 밤 네 영혼이 너에게서 떠나가리라. 그러니 네가 쌓아둔 것은 누구의 차지가 되겠느냐?' 이제 저는 기도를 여러 해 동안 하더라도 거짓이 왜 세상에서 사라지지 않았는지 알겠습니다. 깨달은 스승들의 가르침이 교조주의자와 분리주의자의 입맛에 따라 난도질을 당하지 않았더라면 인류는 오래전에, 세상에서 그토록 많은 반목을 일으키고 있는 모방과 믿음과 관념에서 스스로를 해방했을 것입니다.

타인에게 베푸는 우리의 사랑과 애정이 진정한 기도이고, 말뿐인 기도는 거짓 기도에 불과함을 알겠습니다."

"그렇다네. 우리에게 필요한 것은 지적 반응이 아니라 사랑과 애정의 표현이야. 그러므로 변혁은 즉시 일어날 수 있는 것이지. 사랑과 애정은 실천이고, 지성은 반응일 뿐이야. 시간이 지난다고 저절로 사랑이 생기지는 않지. 자아를 제대로 이해할 때라야 사랑이 생기는 법이야. 그러면 옳고 그름에 대한 기억이 망각의 강으로 흩어지고 즉각적으로 응답할 수 있을 거야."

이때 은수자는 태양처럼 밝은 빛에 휩싸여 있었고, 이를 바라보던 나에게 "나는 이 세상에 속해 있지 않다"는 성경 구절이 떠올랐다.

하지만 이제 나는 세상에서 도망치려는 시도로는 이 고통을 끝낼 수 없음을 알았다. 세상과 연을 끊는 것은 아무 가치도 없다. 하지만 세상 속에서 다른 이들이 내 형제자매임을 알고, 또 우리가 같은 문제를 겪고 있음을 알고 다른 이들과 작업하는 것은 보람된 일이다. 다들 자유를 위해 투쟁하지만 이를 성취하는 방법은 모르기 때문이다.

나는 무기의 충돌과 각종 사회 문제의 소란으로 우리 스스로 창조한 문명 안에 우리 모두가 사로잡혀 있음을 이해했다. 세상이 곧 사람들이고, 사람들이 곧 세상이었다. 두려움과 불안과 불신으로 고통받는 세상. 사람들은 거짓을 간파하는 데 실패해왔다. 그로 인해 생명의 참된 원리인 사랑과 애정과 연민과 용서와 선의를 이해하는 데 실패했다. 대수로운 것은 경시하고 대수롭지 않은 것에만 푹 빠져 있었다.

심지어 지금도 우리는 문제의 원인을 없애는 대신 문제의 증상만 완화시키려고 부단히 노력한다. 우리는 대체 어디로 가고 있는 것일까? 실로 삶의 과학이라 할 수 있는 그리스도의 참된 원리를 각자, 집단적으로 받아들이기 전까지는 이웃의 거룩한 얼굴을 바라보며 '형제'라 말할 수 없을 것이다.

"나 역시 자네와 함께 세상에 가기를 바라지만, 아직은 사람들이 나를 이해할 수 없을 거라네. 그래도 우리는 항상 자네와 함께 있을 거야. 세상의 마지막 날까지도. 우리 사이에 분리란 절대 없어. 영과 육은 하나야. 이를 이해하면 세상은 어둠에서 벗어나고, 인류에게 길을 밝혀주기 위해 영원히 빛나고 있는 빛 속을 거닐게 될 걸세."

은수자가 말하는 동안 "나는 세상의 빛이다. 내 말을 듣는 이는 암흑을 결코 알지 못한다"라는 구절이 내 마음에 떠올랐다.

잠시 침묵이 자리했다. 아무도 말하지 않았다. 우리는 극소수만 이해할 수 있는 방식으로 고요한 기도에 머물렀다.

그런 뒤 링쉬라 은수자가 말했다. "내일이면 자네가 떠나는군. 한편으로는 자네가 가는 것이 아쉽지만 다른 한편으로는 기쁘다네. 자네가 처음 왔을 때보다 더욱 기뻐. 말할 필요조차 없는 것이기는 하지만, 나는 자네를 아들처럼 사랑하네."

나는 눈물이 솟구쳤다. "저도 은수자님을 아버지로 여기고 혈육의 정 이상으로 사랑합니다."

나는 흐르는 눈물을 주체할 수 없어서 잠시 마음을 가라앉혀야 했다. 매우 고상한 동기와 참된 영적 이해에서 피어나는 진정한 유대감을 이해할 수 있는 이는 거의 없을 것이다. 그와 함께 지낸다는 것은 크고 작은 만유를 사랑하는 법을 배운다는 뜻이었다. 그는 진정 사랑의 표현 자체였기 때문이다.

다음 날 우리는 동이 트기도 전에 일어났다. 해가 떨어지기 전에 고개를 넘어야 했기 때문이다. 링쉬라 은수자도 일부 구간은 우리와 동행했다. 그곳을 떠나며 나는 몇 번이고 뒤돌아보면서 아름다운 광경을 음미했다. 호수와 섬과 집과 내게 의미 있는 모든 것들을. 육신의 눈으로 이곳을 보는 것이 이번이 마지막임을 잘 알고 있었다. 우리는 줄지어 산을 올랐다. 은수자가 맨 앞에 가고, 그 뒤는 내 벗, 또 그 뒤를 내가 따라갔다.

수목한계선부터는 은수자를 두고 우리 둘만 계속 나아갔다. 우리 뒤로, 우리가 산을 오르는 모습을 지켜보고 있는 그의 모습이 보였다. 그의 기다란 흰 수염과 흰머리가 바람에 나부끼고 있었다. 우리가 계속 산을 오르는 동안에도 그는 그 자리에 서 있었다. 나는 내 벗에게 이렇게 말했다. "몸을 입은 상태에서는 이별이라는 것이 존재하겠지만, 영의 세계에서는 이별이 없다는 것이 사무치게 고맙네요."

내 벗은 "나도 그렇게 생각하네"라고 답했다.

고개 너머로 부는 돌풍을 피하기 위해 툭 튀어나온 바위 주위로 돌아가야 했기 때문에 이제 곧 우리는 서로의 시야에서 완전히 벗어나게 될 참이었다. 나는 잠시 서서 은수자에게 손을 흔들었다.

나는 이렇게 크게 외쳤다. "제 육신의 눈으로는 다시 뵙지 못할 것이라서 지금 이 순간 너무 슬픕니다."

그런 뒤 내 벗에게 몸을 돌려 이렇게 말했다. "영 안에는 절대 분리가 없지만, 언젠가 벗님도 떠나보낼 날이 오고야 말겠죠. 그때는 더욱 슬프겠지만 그래도 우리가 서로 직접 만나 함께 지냈다는 것만으로도 기쁩니다. 저는 우리가 영 안에서 분리되지 않음을 알기에 기뻐할 것입니다."

이제 링쉬라 은수자가 시야에서 사라졌다. 나는 그가 무슨 생각을 하고 있을까 궁금했다.

길이 좁아 둘이 나란히 갈 수 없기에 우리는 한 줄로 산을 올랐다. 침묵 속에서 각자 생각에 잠겼지만, 생각하는 내용은 서로 비슷했다. 고개 바깥에 도착하자 날이 어두워지고 있었다. 우리는 밤 동안 안전하게 묵을 동굴을 찾아냈다.

우리는 갖고 온 음식을 꺼내 아주 맛있게 먹었다. 그러고는 옷을 이불처럼 칭칭 감싼 후 사나운 늑대처럼 울부짖는 바람을 막아주는 동굴 안에서 곧바로 잠들었다.

다음 날 아침 창 포 강으로 내려갔는데 이번에도 지난번 그 사람이 코라클과 함께 우리를 맞아주었다. 내 벗이 그에게 티베트말로 이렇게 물었다. "그런데 우리가 올 줄 어떻게 알았나?"

"은수자님께서 어젯밤에 찾아오셔서 두 분이 오늘 여기에 도착할 것이라고 알려주셨습니다."

내 벗은 그의 말을 내게 들려주었고 나는 "놀라운 일이 그치지 않고 일어나네요"라고 말했다.

우리는 창 포 강을 건넌 후 그날 밤은 파동에서 보냈다. 다음 날 아침 우리는 잠사르까지 가는 240킬로미터의 대장정을 시작했다. 길고 긴 여행길이었지만 내 벗이 함께 있어서 모든 발걸음이 경쾌했다. 사실 그는 내게 친구 이상의 존재다. 그는 참된 영적 동반자였고, 그의 지혜는 내가 처음 상상했던 것 훨씬 그 이상이었다. 그는 아주 노련한 전문가였다.

잠사르까지 가는 여행 중 일어났던 일과 잠사르에 머물렀던 소중한 기간 중 배웠던 것을 머지않은 미래에 다시 들려줄 수 있기를 희망한다.

✦✦✦✦✦

이 책은 주로 깨달음에 도움이 되고자 쓴 것이다. 그렇다고 해서 책을 통해서 진리가 발견될 수 있다는 뜻은 아니다. 진리는 오직 자신 안에서만, 혼자 힘으로만 찾아질 수 있다. 다른 그 누구도 당신에게 진리를 줄 수 없다.

철학 모임이나 종교 집단에 나가서 그 방면 전문가를 따르면 자신이 생명을 이해할 것이라고 여기는 사람들이 있다. 하지만 진리, 즉 실재를 알기 위해서는 어느 것 하나에도 얽매이지 않고 자유로워야 한다. 자유는 다른 이를 통해서는 절대 오지 않는다. 믿음과 축적된 기억의 과정이 일으키는 제한적인 영향을 이해할 때 비로소 부드러운 침묵이 찾아온다. 강제되지 않은 이 침묵 속에서 실재가 발견된다. 하지만 자기 마음이 요동치고 있다면, 이때 당신은 정신적 공식에 따라서 반응하고 있을 뿐이다. 자신이 참이라고 혹은 거짓이라고 믿고 있는 것들에 사로잡혀 있는 것이다. 진리와 함께할 때 반응은 사라지고, 오직 사랑과 지혜와 권능의 품 안에서만 순수한 행위가 일어난다.

사랑과 지혜와 권능의 왕국, 즉 천국이 당신 안에 있다.

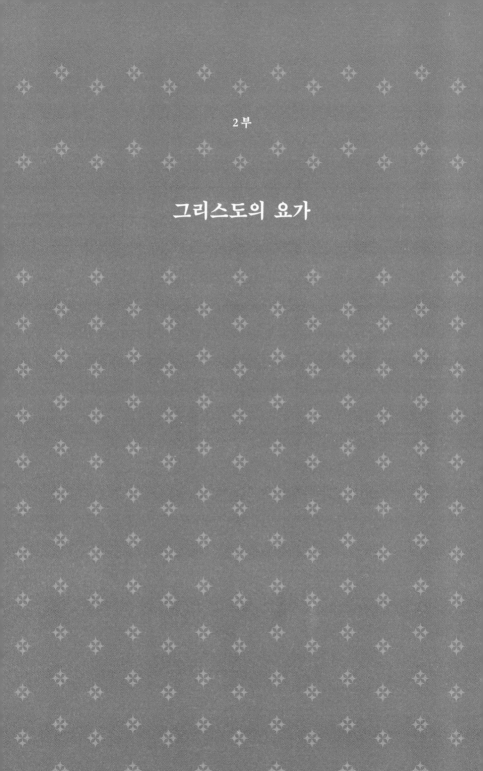

2부

그리스도의 요가

✤

서문

그리스도 요가^{Christ Yoga}란 곧 그리스도 의식이다. 그리스도 요가는 다른 모든 요가를 넘어선다. 그리스도 요가란 곧 자유이며, 자유가 없다면 그리스도 의식도 없다. 그저 체계와 지식과 기법에 허덕이는 자아만 있을 따름이다.

이 책에서 제시하는 길을 따라 걷노라면 욕망과 추구에는 대립 쌍과 저항이 따름을 이해하게 될 것이다. 모든 욕망과 추구는 자아의 확장일 뿐이고, 자아는 실재實在가 아니다. 그리스도 요가는 실재, 즉 그리스도를 숨기고 있는 모든 것들을 이해하는 것이다. 그러므로 그리스도 요가는, 무엇 하나 찾아내지 못하면서 무작정 추구할 것만을 요구하는 다른 요가들과는 완전히 다르다. 이렇듯 '되어감(becoming)'은 환상이다. 실재는 '지금'이다.

우리는 마음을 구성하고 있는 것들을 이해할 수 있다. 하지만 늘 새로운 그것, 즉 실재에 저항하는 것들은 모두 마음을 구성하고 있는 것들이다. 그러니 늘 새롭고, 늘 새로워지는 그것을 이해하는 일이 절대 만만하지 않음을 명심하길 바란다.

그러므로 반드시 이 책은 저항이나 선입견 없이 경청한다는 마음으로 소리 내서 읽어야 한다. 마음은 오직 이 방식을 통해서만 자신의 대립 쌍과 믿음과 위조물을, 그리고 자기 자신을 알고 이해할 수 있다.

내가 전하려는 이 내용은 '자유', 즉 그리스도 요가로 이르는 여행을 시작할 당신에게 아주 중요한 것이다.

대부분의 사람들은 무심코 듣는다. 자기가 듣고 싶은 이야기만 듣는다. 자기 조건과 믿음과 견해를 파헤치거나 방해하는 것들에는 마음과 귀를 닫아버린다. 자신이 처한 조건을 충족하는 감언이설에만 귀 기울인다.

자기 생각과 믿음을 지지하고 달래주는 것에만 귀 기울인다면 진정한 이해란 불가능하다. 자신의 무지와 완고한 믿음과 지식과 고유한 특성과 관점을 보호하려 심리적인 방어막을 치는 대신, 오직 사태의 본질을 파악하기 위해서 편견 없이 만사에 귀 기울이는 것은 일종의 기예(art)라 할 수 있다. 우리를 근본적으로 해방하는 것은 결론이나 추측이 아니라 오직 진리이기 때문이다. 참이 아닌 것들을 식별해내는 것만이 우리가 해방되는 길이다. 마음을 구성하고 있는 것들은 진리가 아니다. 진리는 마음 너머에 있기 때문에, 진리가 드러나려면 마음은 이런 규칙 놀이를 반드시 그만두어야 한다.

눈을 멀게 하고 속박하는 믿음과 지식으로 조건화된, 속 좁고 치우친 마음에게는 결코 실상이 드러나지 않는다.

그리스도 요가는 자신만의 결론과 편견과 경험으로 헝클어진 마음을 갖고 다가서는 자들에게는 불가능한 것이다. 그리스도 요가는 곧 사랑이요, 신의 지혜이며, 자유롭고 활기찬 그리스도 그 자체이지 이에 대한 관념이 아니다. 관념은 그 창조성을 막는 장애물일 뿐이다. 관념은 자신의 조건들로 둘러싸인 자아의 투영과 다를 바 없다.

그러므로 말만 듣는 것이 아니라 말의 내적 의미까지 귀담아들어야 한다. 이렇게 한다면 당신은 진실을 혼자 힘으로 발견하게 될 것이다. 마음이 스스로 정한 공식에서 풀려날 때라야 비로소 진리가 드러난다.

일상의 자잘한 갈등, 두려움, 일에 대한 걱정, 식구들끼리의 다툼, 사회적 적대감, 좌절 등에 포위될 때 이것들을 다루기 버거운 나머지 당신은 구원의 수단으로 소위 진리라는 것을 추구한다. 그러나 이런 식의 회피로는 아무 문제도 해결할 수 없다. 이런 시도는 혼돈을 고스란히 남겨둔 채 마음만 둔하게 할 뿐이다. 어떤 자극이나 영감(inspiration), 기도나 만트라를 통해서 회피하려고 하는 한 마음은 자신의 사고 과정을 이해할 수 없다. 하지만 자유를 누리려면 이를 반드시 이해해야 한다.

자기 인식(self-knowledge)만이 유일한 길이다. 회피의 성격을 띤 다른 모든 방법은 그리스도 요가의 근본 원리에서 당신을 떼어놓을 것이다.

그러므로 귀담아들을 때, 제아무리 관념을 쌓거나 결론이나 추측을 내리거나 그럴듯한 가설을 세우더라도 해방의 문은 열리지 않는다. 이것들은 도리어 진리의 창조성을 가로막는다. 자아가 날조한 것과 더불어 자아 그 자체를 이해할 때라야, 자기 인식이 진리의 대문이자 그리스도 요가의 대문임을 깨달을 수 있다.

1장

❖ ❖ ❖

《그리스도의 요가》(The Yoga of the Christ)는 내 최근작《히말라야를 넘다》(Beyond the Himalayas)[*]의 후속편이다.《그리스도의 요가》는 내가 내 벗과 함께 잠사르에 가서 지내다가 내게 맡겨진 사명을 완수하기 위해 소위 문명 세계로 다시 돌아올 때까지의 여정^{**}을 담고 있다.

그리스도 요가를 영광스럽게 드러내는 일은 매우 값진 일이다. 그리스도의 요가는 사랑과 지혜가 만발할 다음 시대의 토대가 될 것이다. 지금 우리가 문명이라고 부르는 것 역시 지난 문명들과 마찬가지로 곧 재처럼 퇴색하고 말 것이다.

내 벗과 내가 링쉬라 은수자와 헤어지고 난 뒤, 우리는 내 벗의 거처가 있는 잠사르로 향했다. 거기에 도착할 때까지는 그리스도의 요가라는 본업을 미루기로 했다. 이 여행을 함께하는 동안 우리 우정은 돈독해질 것이고, 내딛는 걸음마다 새로운 경험이 펼쳐질 것이었다.

창 포 강(브라마푸트라 강)을 건넌 뒤에 하룻밤을 묵기 위해 강 근처 동굴에 자리를 잡았는데 마침 마른 장작이 있어 불을 지폈다. 그리고 챙겨온 음식을 활활 타오른 불에 조리해서 먹었다. 우리는 밤새 모닥불을 피우면서 은수자에 관한 이야기꽃을 피웠다. 그러다 나는 어느

---

* 본서의 1부

** 《그리스도의 요가》의 중국어판 사이트(yoga.omnione.live)를 방문하여 서문(前言), 2장, 14장 내용을 보면 주요 지명들이 표시된 지도를 몇 장 찾을 수 있다. 원서에는 없는 자료라서 여기에 신진 못했지만, 관심 있는 독자분들은 참고하시길 바란다.

새 잠들었고 태양이 뜨고 나서야 눈을 떴다. 날씨는 추웠지만 기분은 상쾌했다. 강가로 내려가 씻고 돌아오니 내 벗이 이미 식사를 차려놓아서 우리는 같이 아침을 먹었다.

그런 뒤 라싸로 이어지는 무역로를 향해 출발했다. 우선 디킬링Dikyiling까지 되돌아갔다. 디킬링에 도착한 후 우리는 랑 추Rang Chu 강을 따라 나 있는 왼쪽 길로 들어섰다. 그다음에는 거대한 얌드록 쵸Yamdrok Tso 호수를 따라 난 무역로에 다다랐다. 얌드록 쵸 호수는 물의 빛깔 때문에 팔티Palti 호수나 터퀴즈Turquoise 호수라고 불리기도 한다.

여기까지 오는 데 사흘이 걸렸다. 한 사람만 간신히 지나갈 수 있을 정도로 길이 좁고 험했지만 결국 무역로에 도착했고 이제부터는 나름 탄탄대로였다. 페데 종Pede Dzong이라는 작은 마을에 도착하자 내 벗은 잘 알고 지내던 촌장에게 부탁해 조랑말 두 필을 받았다. 잠사르를 오갈 때 믿음직한 티베트 조랑말을 타고 갈 수 있어서 기뻤다. 내 조랑말은 흰색이 조금도 섞이지 않은 새까만 씨말*이었고 아주 듬직했다. 나는 말에게 깜장 왕자(Black Prince)라는 이름을 붙여주었다. 깜장 왕자는 처음에는 다소 서툴렀지만 나와 친해지면서 차분해졌다. 어릴 때부터 말을 보고 자란 나에게는 처음 보는 말도 잘 다루는 재주가 있다.

사실 깜장 왕자는 아주 어릴 적 우리 집에 있던 검은 씨말의 이름이었다. 성깔이 대단해서 아무도 깜장 왕자 근처에 함부로 가지 않았다. 하지만 어느 날, 어린 나는 깜장 왕자가 고삐 없이 노니는 칸으로 들어가는 데 성공했다. 내가 아마씨(linseed) 깻묵을 주었더니 깜장 왕

---

* 씨를 받기 위하여 기르는 말. (표준국어대사전)

자는 그것을 참 맛있게 씹어 먹었다. 하루는 부모님이 내가 말에게 먹이를 주는 모습을 보시고는 크게 놀라 절대로 두 번 다시 이러지 말라고 엄하게 이르셨다. 하지만 나는 깜장 왕자를 정말로 사랑했고, 깜장 왕자도 나를 물거나 찬 적이 단 한 번도 없었다. 그때 이후로 사람들은 내가 '마부의 언어'를 알고 있다고 여겼다. 하지만 나는 그 말의 뜻조차 몰랐고, '마부의 언어'는 극비사항으로 간주되었다. 나는 마부의 언어 따위는 없다고 확신한다. 사람이 동물을 진심으로 사랑하면 동물이 그 사랑에 반응할 뿐이다. 이번에 연을 맺은 티베트 조랑말을 보고 있자니 어린 시절의 깜장 왕자가 떠올라서 나는 같은 이름을 붙여주었다.

내 벗과 나는 이번 여행 중에는 일반적인 대화만 나눴다. 앞서 말했듯이 잠사르에 도착하고 나서 제대로 작업에 착수하자고 합의했기 때문이다.

우리는 경치를 즐기고 이런저런 생각을 하면서 계속 나아갔다. 나는 링쉬라 은수자의 거처와 거기서 받은 가르침을 종종 떠올리곤 했다. 은수자와의 만남은 내가 실제로 겪은 일이었고 기억이 생생했다. 그가 말한 내용 중 많은 것들이 이번 여행 중 내 마음에서 스스로를 펼쳐냈다. 내 생각과 내 벗의 생각은 종종 아주 비슷했다. 우리가 동시에 같은 주제를 언급하는 일이 흔하게 벌어졌다.

셋째 날 우리는 터퀴즈 호수에 도착했다. 나는 "여기가 얌드록 쵸 호수로군요"라고 말했다. 얌드록 쵸 호수는 내가 태어난 스코틀랜드 고지대에 있는 호수(loch)와 흡사했다. 얌드록 쵸에는 호숫가에서 멀리 떨어지지 않은 곳에 섬도 있었고 저 너머로는 눈으로 덮인 산들도 보였다. 호수는 청록색을 띠었고 그래서 터퀴즈[*] 호수라고도 불렸다. 바람이 전혀 불지 않아 수면이 잔잔했다. 말에서 내려 호숫가로 내려갔더니 물고기 수백 마리가 노니는 모습이 보였다. 낚시꾼인 나는 그중 몇 마리에 시선이 꽂혔다. 낚싯대가 없는 것이 정말 아쉬웠다.

나는 내 벗에게 말했다. "낚시꾼을 위한 천국이네요!"

그는 이렇게 답했다. "자네 눈이 번뜩이는 것을 봤지만 지금은 낚시할 시간이 없다네."

햇빛이 비치고 있었지만 호수 높이가 해발 4,250미터라서 그런지 꽤 쌀쌀했다. 호숫가는 형형색색의 야생화로 덮여 있었다.

야생 오리와 거위 수백 마리가 호수에 떠 있는 모습을 보고 나는 "새들의 안식처네요"라고 말했다. 나는 돌멩이를 집어서 새들 근처로 던졌다. 새들은 꽥꽥 소리를 내며 800여 미터 떨어진 섬으로 날아갔다.

나는 아주 기뻤다. 호수의 풍경도 아름답고 호수에 있던 동물들도 사랑스러웠으며 여행 중 가장 험한 구간이 끝났기 때문이었다. 우리는 온종일 말을 타고 호숫가를 따라 여행했고, 진행 방향과 반대 방향 둘 다에서 야크와 당나귀 행렬을 여러 차례 만났다. 대열이 지나갈 때 마릿수를 세보기도 했는데, 한 대열에는 500마리 이상의 야크가, 다른 대열에는 150마리의 당나귀가 있었다.

페데 종^{Pede Dzong} 마을은 호수 쪽으로 튀어나온 곳에 자리하고 있었고 그중 가장 튀어나온 곳에 오래된 성채가 있었다. 성채를 보다 보니 스코틀랜드 인버네스셔^{**}의 네스^{Ness} 호 곳에 있던 글렌어쿼트

---

* turquoise: 청록색을 띠는 터키석의 빛깔 때문에 붙여진 이름이다.

** Inverness-shire: 스코틀랜드 북서부의 옛 주^州 인버네스^{Inverness}의 별칭. (교학사 신영한대사전)

Glen Urquhart 성이 떠올랐다. 폐허가 된 성채 주위로는 야생화가 피어 있었다. 파란색과 보라색의 참제비고깔이 흐드러지게 피어 있었고 용담 같은 다른 야생화도 있었다.

우리는 도중에 두 번 쉬었다. 쉬는 동안 요리도 하고 침낭을 펼쳐 자기도 했다. 성가신 모기만 빼고 다른 것은 다 괜찮았다.

우리는 호숫가를 따라 걷다가 냡소 라^{Nyapso La}를 통과한 뒤 창 포 강에 다시 올 수 있었다. 해발 4,800미터 높이의 고개에 서자 창 포 계곡이 내려다보였다. 거대한 창 포 강이 흐르는 곳 주위로 녹색과 빨간색과 갈색 경작지가 시선이 닿는 곳마다 빼곡하게 차 있었다.

강 양쪽 구릉 지대에는 빨간 지붕 집들이 여기저기 흩어져 있었고 그 너머로는 눈으로 덮인 웅장한 산맥들이 보였다. 그 광경을 얼마나 바라보고 있었을까. 잠시 뒤 "자네 어디 있나?"라고 부르는 내 벗의 목소리가 저 앞에서 들렸다.

나는 "가고 있습니다"라고 답했는데, 내 목소리가 계곡 아래로 메아리치는 것이 들렸다. 참으로 야릇했다. 글을 쓰는 지금 이 순간도 그때 기억이 생생하다.

1,500여 미터를 지그재그로 내려가자 아주 비옥한 계곡에 이르렀다. 키가 60센티미터가 넘는 야생화가 흐드러지게 피어 있었다. 참으로 다채로운 색의 향연이었다. 파란색과 보라색 참제비고깔, 앵초, 용담, 야생 대황, 중국 양귀비 등 여러 야생화들이 각양각색으로 만개해 있었다.

길이 창 포 강과 만나는 곳에 이르렀다. 강폭은 400미터가 넘었고 유속도 매우 빨랐다. 흘러가는 물에 나무 조각을 툭 던졌더니 시속 50킬로미터 정도의 속도로 빠르게 떠내려갔다.

히말라야 산맥에 쌓였던 눈이 녹아내리기도 했고 요 며칠간 폭우가 쏟아지기도 해서 창 포 강은 범람한 상태였다. 우리는 창다 종Changda Dzong이라는 곳에서 휴식을 취했다. 무역로에서 만나는 사람들은 전부 다 내 벗을 알고 있었다. 창다 종에서 도르 창Dor Chang이라는 촌장이 우리를 집에 초대해주었다. 거기서 식사도 잘 하고 잠도 푹 잤다. 다음 날 우리는 강 길을 따라 착삼Chaksam까지 갔다. 착삼에서 우리는 나무를 단단히 엮어 만든 나룻배를 타고 무사히 강을 건넜다. 이 시기에는 강이 위험하다고 알려져 있었지만 다행히 아무 사고도 없었다. 배로 건너편에 도착하고 나니 출발 지점보다 800미터 정도 떠내려온 상태였다.

여기서부터 창 포 강은 폭이 수 킬로미터에 이를 정도로 넓어졌으며 끝없이 펼쳐져 있는 모래 황무지 사이를 굽이쳐 흘렀다.

강 반대편에 있는 길은 지그재그에 오르내림도 심했다. 우리는 키 추Kyi Chu 강이 나올 때까지 때때로 창 포 강보다 높은 곳을 지나기도 하고 다시 강가로 내려가기도 했다. ('키 추'란 행복의 강이라는 뜻이다.) 키 추 강에 도착했는데, 키 추 강의 폭은 창 포 강 못지않게 넓었다. 거대한 두 강이 여기서 만났다. 창 포 강이 라싸에서 발원한 키 추 강에 합류하는 것이었다. 눈이 녹아 생긴 이 두 강이 만나는 지점에서 거대한 난류亂流가 형성되었다. 불어난 강물 덕에 소용돌이는 지름이 수백 미터가 될 정도로 대단했다. 그 어떤 생명체라도 이 차디차고 세찬 소용돌이에 빨려 들어가면 1분도 못 버티고 사망할 것이며, 커다란 배라 할지라도 한때 얼음과 물이었던 이 엄청난 소용돌이에 휘말리면 빠져나오지 못하고 침몰할 것이다.

우리는 두 강이 만나면서 벌어지는 이 엄청난 광경을 지켜봤다.

나는 이렇게 말했다. "이런 장관은 세계 어디에도 없을 겁니다."

내 벗은 이렇게 답했다. "그럴 걸세. 이것은 가장 위대한 절경 중 하나이지만, 바깥세상에서 이 광경을 목격한 이는 극소수지."

두 강은 이제 하나가 되어 오른쪽으로 방향을 틀었다. 키 추 강까지 집어삼킨 뒤에도 이 강은 여전히 거대한 브라마푸트라 강이었고, 티베트에서 가장 비옥한 지역들을 통과하면서 바다를 향해 흘렀다. 브라마푸트라 강 양옆으로 탐스러운 밭이 쫙 펼쳐졌다. 이 지역에는 나루터가 상당히 많았다. 도제트라Dorjetra라는 곳에 첫 번째 나루터가 있었고, 그 아래쪽으로는 치티쇼 종Chitishio Dzong, 다음에는 저바Gerba, 또 그다음에는 티멘Timen에도 나루터가 각각 있었다. 나루터는 대략 60~70킬로미터 간격으로 떨어져 있었고, 이 지역을 방문한 서구인은 이제껏 하나도 없었다.

우리는 여전히 라마승의 법복을 두르고 있어서 혜택을 많이 봤다. 누군가를 만나면 내 벗이 대화를 담당했다. 나는 질문을 받는 경우에만 티베트어로 짧게 답하고 대화가 계속 이어지면 말을 삼갔다. 여행 도중 내 벗을 위대한 현인으로 존경하는 몇몇 라마승들을 만난 적이 있었는데, 그때마다 내 벗은 항상 주목을 받곤 했다.

다음 날 우리는 세계에서 가장 큰 사원인 드레풍 사원에 도착했다. 내 벗은 그곳 사원장들과 잘 아는 사이였기 때문에 엄청난 환대를 받았다. 내 벗이 그들에게 내가 할 일과 또 내가 왜 티베트에 있는지에 대해서 알려주자 사원장들은 크게 관심을 보였다. 나는 '문두Mundu'(다들 그렇게 불렀다)라는 이름의 라마승을 소개받았다. 문두는 인도에서 교육을 받았고, 영국에 가서 광산 공학을 배워왔다. 아주 유쾌한 친구였다. 영어도 유창하게 구사할 수 있어서 우리는 그와 활기차게 대화했다.

드레풍 사원의 규모는 참으로 놀라웠다. 이 사원은 9,000명이 넘는 라마승이 살고 있는, 자급자족이 가능한 큰 마을이었다. 사원 본관은 한 번에 6,000명이 넘는 라마승의 숙식을 감당할 수 있을 정도로 컸다. 여기서 본 마니차들은 내가 티베트에서 본 것들 중 가장 컸는데, 직경 3미터가 넘었고 톱니바퀴로 움직였다. 핸들로 큰 톱니바퀴를 돌리면 차례대로 다른 톱니바퀴들도 돌아가면서 거대한 마니차를 쉽게 돌릴 수 있는 구조였다. 마니차가 한 바퀴 돌면 마니차가 놓인 현관에 공 소리가 울려 퍼졌다. 마니차를 돌린 사람의 죄가 사해졌음을 알리는 상징이었다.

예식이나 의례 용품은 내가 1부에서 이미 설명했던 다른 사원들과 크게 다를 것이 없었다.

우리는 아늑한 숙소와 맛있는 음식을 제공받았다. 우리는 드레풍에서 딱 하루만 묵었다. 잠사르에 있는 내 벗의 거처로 하루빨리 가고 싶었기 때문이다.

우리는 관료들을 상대하는 일로 시간을 허비하고 싶지 않았다. 그래서 라싸에 있는 포탈라궁*을 방문한 뒤 곧장 출발하자는 데 동의했다. 사원장들은 우리 결정을 듣고는 크게 놀랐다. 그들에게는 관료 집단을 상대하는 것이 아주 중요한 일이었겠지만 우리에게 그것은 시간 낭비였다.

라싸로 이어지는 관문에 도착하자 길가에 앉아 있는 거지 떼를 마주치게 되었다. 그들은 적선을 바라면서 감사의 표시로 미리 혀부

---

* Potala: 티베트 자치구의 주도主都 라싸에 있는 달라이 라마의 궁전. (두산백과)

터 내밀고 있었다.

이 거지들에게는 구걸이 곧 직업이었다. 다른 일을 할 생각이 전혀 없었다. 전작에서 설명했듯이, 거지들은 산적들의 통제하에 있었다. 이들은 도둑질과 동냥질을 신사적인 일로 여겼다.

라싸의 가장자리에서 보니 햇빛을 받아 반짝이는 지붕을 인 포탈라궁이 장엄해 보였다. 포탈라궁은 아메리카 대륙이 알려지기 훨씬 전인, 십수 세기 전에 거대한 바위 위에 17층 높이로 세워졌다.** 아마도 단독 건물 중 세계에서 가장 큰 건물이 아닐까 한다.

우리는 출입 허가증을 들고 포탈라궁으로 갔다. 당시 달라이 라마는 목숨의 위협 때문에 인도의 다르질링Darjeeling에 망명 중이었고, 티베트는 섭정이 이루어지고 있었다. 나는 신비의 정원, 달라이 라마의 무덤, 티베트 불교를 구성하고 있는 여러 중요한 것들을 포함해서 포탈라궁에 있는 주요 장소는 대부분 다 구경했다. 상당히 흥미로웠다. 나는 종교의 본질을 간파하고 있었기 때문에 그것들이 모두 인상을 주기 위해 만들어진 것임을 알았다.

우리는 거지에게 동전을 던져주면 문제를 다 해결한 것으로 간주한다. 그것을 자선이라고 부르고, 자신이 대단하고 고상한 사람이 된 것처럼 느낀다. 그런데 그렇게 하는 것이 정말로 고상한 일일까? 과연 우리 모두는 사람이 소외되는 비극을 초래한 이 사회에 대해서 책임이 없는 것일까?

돌로 짓고 각종 보물로 잔뜩 치장한 이 웅장한 건축물 바깥에서는 늙고 눈멀고 불구가 된 이들이 넘쳐나는 것이 현주소이다. 멀쩡히

** 실제로는 외관상 13층, 내부적으로 9층의 구조이고 최초 건축 시기는 7세기로 알려져 있으나 현재의 모습으로 완공된 것은 17세기이다. 저자가 착각했거나 주관적 시각을 반영한 대목으로 보인다.

살아 있는 자들이 끔찍한 불행을 겪는 가운데 썩고 죽어가도록 방치되고 있다. 우리에게는 이런 낙인이 찍혀 있지만, 우리는 자신이 저지른 이 비참한 일에 대해 부끄러운 줄 모른다. 종교 조직도 이에 대해 떳떳할 수 없다. 종교는 이 사태에 책임이 있는 사회에 속해 있기 때문이다.

그렇다. 라싸는 거지와 오물이 넘쳐나는 유별난 도시다. 이곳은 위생 관념이 아예 없어서 남녀 가릴 것 없이 개처럼 길거리에서 쪼그려 앉아 볼일을 본다. 그나마 날씨가 추운 덕에 전염병이 퍼지지 않을 뿐이다. 개들의 시체가 길거리에 널려 있었고, 살아 있는 개들은 심하게 야위었을 뿐만 아니라 상처투성이라서 힘겹게 걸음을 옮겼다. 당장 총만 있었다면 저 가련한 개들을 쏴 죽여서 고통에서 해방해주고 싶었다. 아직 숨이 붙어 있는 개들은 먹을 것이 없어서 죽은 개들의 사체를 뜯어 먹어 목숨을 연명했다. 새끼강아지들은 혼자 힘으로 기는 것조차 버거운 깡마른 어미에게서 태어났다. 세계에서 가장 영적인 곳들 중 하나라기에는 참으로 비참한 광경이었다. 사람의 목숨을 포함해서 모든 종류의 생명을 경시하는 풍조에 나는 혀를 내둘렀다.

티베트 사람들은 '죽은' 종교에는 시간과 돈을 아낌없이 쏟으면서도 정작 그들 주위 생명에 대해서는 아랑곳하지 않는다. 정말 기본적인 위생용품조차 심하게 부족하다. 전대 달라이 라마의 시신을 위해서는 웅장한 사원을 지어 올리고 금박 지붕까지 얹지만, 가장 미천한 이들에게는 상식적인 친절조차 참으로 박하다. 이런 종교들에 과연 사랑이 있겠는가? 절대 없다! 그럴듯해 보일 수는 있어도 정작 그 안에 사랑과 생명은 하나도 없다. 차가운 교리만 신줏단지에 모셔져 있을 뿐이다.

대부분의 상점은 여자들이 운영했다. 사실 티베트에서는 여자들이 남자들보다 사업 수완이 나아 보인다. 그리고 말이 좋아서 상점이지 실제로는 그냥 마구간에 불과했다. 우리는 우체국에 도착했고, 인도에서 교육을 받아 영어를 할 줄 아는 라마승을 찾아냈다. 나는 요하네스버그Johannesburg에 살고 있던 친구, 지금은 고인이 된 댄 왠버그Dan Wanberg에게 편지를 부쳤다. 댄의 아내 테디Teddy는 그때 받은 편지를 소중히 여겨서 지금도 보관하고 있다.

라싸라는 지명은 '신들의 땅'이라는 뜻이다. 우리는 세상에서 가장 거룩한 성지인 조 캉Jo-Kang 사원을 방문했다. 조 캉 사원의 금빛 지붕은 햇빛을 받아 반짝였다. 이 사원은 서기 650년에 송첸감포Song-tsen-Gampo 왕의 부인들이 갖고 왔던 불상을 안치하기 위해 건립되었다.

1925년에 천연두가 라싸를 휩쓸어 8,000여 명이 사망했다. 시체가 산처럼 쌓였고 도시 바깥에서 시신을 태웠는데 악취가 정말로 끔찍했다고 한다.

우리는 조 캉 사원을 지나다가, 거지와 순례객들이 오물 천지인 땅바닥을 개의치 않고 사원 앞에 납작 엎드려 쉼 없이 기도문을 외우는 모습을 보았다. 사원 앞을 서서 다니는 것은 불경하다는 이유로 배로 기어 다닌다고 했다. 사람이 자기 손으로 지은 사원을 숭배할 때 그 마음에는 무슨 일이 벌어지는가? 이렇게 사원 바닥에 납작 엎드리느라 정작 살아 있는 신의 사원인 자기 영혼은 천하게 여기고 만다. 사원에서 이런 모습을 본 후 너무 역겨워진 나머지, 거대한 포탈라궁은 내게 더 이상 아무 의미도 없었다.

어느 사원에 들어갔더니 다이아몬드와 보석으로 덮인 거대한 불상이 있었다. 아마도 세계에서 가장 비싼 불상일 것이다. 불상 주위로는 버터 램프들이 놓여 있었다. 금으로 만들어진 이 램프는 수백 년 동안 단 한 번도 꺼지지 않고 타올랐다. 우리는 여행 중 다른 사원들도 여럿 지나쳤지만 일일이 설명하자면 그것만으로도 책 한 권이 될 것이다.

그래도 팔덴 라모Palden Lhamo 사원만큼은 언급하고 싶다. 티베트 불교의 팔덴 라모는 힌두교에서는 시바Shiva 신의 아내 칼리Kali에 해당한다. 그곳에 이 수호신을 묘사한 불화가 두 점 있었다. 팔덴 라모는 자신에게 희생된 사람들의 가죽을 벗겨서 몸에 두르고 사람의 두개골 그릇에 다른 사람들의 뇌를 담아 먹어 치우는 아주 무시무시한 괴물로 묘사되어 있었다. 그녀 주위로 질병과 죽음의 상징들, 끔찍한 얼굴들, 사람을 죽이는 온갖 잔인한 고안물들이 가득했다. 팔덴 라모의 얼굴은 그냥 바라만 봐도 끔찍했다. 아무것도 모르는 가엾은 티베트인들은 이런 엽기적인 그림을 강제로 봐야 한다! 이런 것이 종교라면 차라리 없애는 편이 나을 것이다. 이제 중국 공산당이 이 '성스러운' 도시를 점령했기 때문에 사람들의 고혈을 빨아먹었던 이 '종교'는 쓰레기 더미로 내던져질 것이다. 이 종교가 가련한 사람들을 사랑과 자비 없이 내쳤던 바로 그곳으로. 다음 장에서 내가 포탈라궁에 봤던 것들을 보다 자세하게 설명하겠다.

✦✦✦✦✦

티베트 농사법은 1,000년 전에 하던 방식을 그대로 답습하고 있다. 오늘날도 투박한 쟁기로 땅의 표면을 갈아엎는다. 토양을 잘게 부수는 겨울철 서리의 도움이 없다면 이러한 쟁기질도 쓸모없을 것이다.

야크나 조*의 목에 걸린 워낭이 낮게 울려 퍼지는 소리까지 같이 듣다 보면, 티베트의 전통 농법이 더욱 매력적으로 보인다. 티베트 여성들은 치마를 무릎 위까지 충분히 걷어 올린 채 쟁기 뒤를 맨발로 따라가면서 씨를 뿌린다. 투박한 써레가 곧장 그 위를 훑고 지나가면서 씨앗이 흙에 덮인다. 써레란 불로 태운 구멍에 단단한 나무 심을 박은, 통나무로 만든 농기구이다.

새싹이 땅 위로 뚫고 올라오면 이제 느가파Ngak-Pa, 즉 주술사가 진흙덩이를 잔뜩 챙겨서 등장할 차례다. 느가파는 땅에 주문을 걸고 가장 가까운 언덕 정상에 올라가, 다양한 신령들에게 우박을 동반하는 폭풍우의 위험에서 농작물을 지켜달라고 기도한다.

지평선에 구름이 나타나면, 주술사는 오른손 약지를 펴서 사람의 넓적다리뼈로 만든 악기에 바람을 훅훅 불며 폭풍에게 물러가라고 명한다. 행여 폭풍이 명을 거스르고 우박을 떨어뜨리면, 주술사는 광분하면서 만트라를 읊어 진흙덩이에 주술을 건 다음 폭풍을 향해 여러 개 던진다.

우박이 농작물에 피해를 입히지 않고 무사히 지나가면, 주술사는 찬양과 존경을 한 몸에 받는다. 하지만 농작물이 피해를 입게 되면, 주술사는 받은 것을 돌려줘야 할 뿐만 아니라 정부에 벌금도 내야 한다. 아무리 좋게 포장해도 이것은 그냥 어리석은 미신일 뿐이다.

추수할 때가 되면 온 마을 사람들이 달려들어 농작물을 베고 탈

* dzo: 야크와 가축의 잡종. (위키백과)

곡한다. 그리고 적당한 장소를 마련해서 황소 여러 마리로 옥수수나 갖가지 곡물을 짓밟아 껍질을 벗겨내면서 한껏 배를 채운다.

도리깨질로 탈곡은 마무리된다. 도리깨는 나무 막대 두 개를 야크 가죽으로 연결한 농기구이다. 바닥에 흩어진 겨는 따로 모아 겨우내 가축 사료로 사용한다.

추수가 끝나면 마을에는 기쁨이 넘친다. 마을 사람들은 춤추고 술을 진탕 마신다. 그러다 보니 술에 취해 몸을 가누지 못하는 사람들이 속출한다. 이 '행사'는 노래와 춤으로 마무리된다.

2장

✢ ✢ ✢

이제 나는 세계에서 가장 웅장한 종교시설 네 곳을 다 가봤다. 런던의 세인트 폴St. Paul 대성당, 로마의 성 베드로St. Peter 대성당, 바그다드에서 23킬로미터 위에 있고 티그리스Tigris 강 연안에 있는 알 카디미야Al-Kadhimiya 사원, 세계에서 가장 찾아가기 어렵고 그만큼 독특한 라싸의 포탈라궁까지 이 모두를 한 생에 다 구경했다. 나처럼 네 곳을 다 다녀본 사람은 세상에서 손을 꼽을 것이다.

라싸의 포탈라궁은 전 세계 인구의 5분의 1을 대표하는 종교 건물이다. 불교 신자들은 불교계의 영적 수장인 달라이 라마의 포탈라궁을 우러러본다.

포탈라궁은 키 추 강이 통과하는 라싸 평야의 중앙에 있는 거대한 암반 위에 세워졌다. 웅장한 포탈라궁의 높이는 120미터가 넘고, 길이는 300여 미터, 넓이는 별채까지 포함하면 4제곱킬로미터에 달한다. 눈을 머리에 인 산들로 둘러싸인 채 17층 높이로 우뚝 솟아오른 이 하얀 건물은 서양에서 고층 건물을 상상하기도 전인 16세기에 지어졌다. 전 세계에서 수 세기 동안 지어진 건축물들 중에서 최고의 건축 기술이 사용된 곳이 아닐까 한다. 세월이 흘러 다른 고층 건물들이 돌무더기로 무너지더라도 포탈라궁의 금빛 지붕만큼은 여전히 반짝일 것이다.

포탈라궁은 반경 몇 킬로미터 내에 있는 모든 것들 중에서 단연 두드러졌다. 달빛을 받아 빛나는 포탈라궁의 새하얀 벽은 보이지 않는 기묘한 마법의 광휘를 반영하는 듯 보였다.

수백만 개의 별들이 밤하늘에 반짝이고 있었다. 보름달까지 가세하자 그 빛이 더욱 영롱해져서 다른 세상에 온 것 같은 착각마저 들었다. 저 멀리서 공과 총하가 낮게 깔리는 동시에 작은 종소리가 어우러지고, 라마승들의 친숙하고도 낭랑한 "옴마니반메훔" 만트라가 깔리는 소리가 너무나 매력적이었다. 분명 전에도 이 소리를 들은 적이 있었지만 이날 밤은 더더욱 내 마음에 훅 들어왔다. 사람의 눈과 귀로 누릴 수 있는 가장 매혹적인 장면일 것이다.

"세상에 이런 장관은 어디에도 없을 것입니다"라고 나는 내 벗에게 말했다. 당시 그는 깊은 상념에 잠겨 있었던 것 같다. 그는 놀라 나를 바라보면서 "방금 뭐라고 했지?"라고 말했다.

나는 굳이 말을 되풀이할 필요가 없을 것 같아서 그냥 이렇게 답했다. "정말로 아름답다고요." 그러자 그는 오래된 기억이 마음을 스치고 지나간 듯 미소를 지었다.

포탈라궁은 순수 티베트 건축물이었지만 아라비아와 이집트 건축 양식도 연상하게 했다. 압도적인 규모와 건축미에 색까지 더해지니 숨이 멎을 정도로 아름다웠다.

포탈라궁은 주변 환경과 너무나 자연스럽게 어우러져 위화감이 조금도 들지 않았다. 사람의 손으로 지은 것이 아니라 보이지 않은 손이 그냥 갖다 놓은 것만 같았다. 하얀 머리의 산과 나무들, 주변 호수와 달빛을 받아 빛나는 금빛 지붕, 반짝이는 별들과 라마승들이 읊조리는 기도 소리, 거대한 공과 총하의 묵직한 저음과 대비되어 딸랑거리는 수백 개의 작은 종소리, 이 모든 것이 서로 녹아들어 잊을 수도 없고 잊힐 수도 없는, 영원히 간직할 기억이 되었다.

내 벗은 많은 관리들과 친분이 있어서 다음 날 우리가 포탈라궁 곳곳을 구경해도 된다는 허락을 쉽게 받아냈다. 짧은 시간 동안 너무나 많은 것들을 구경했기에 그중 인상적인 것 몇 가지만 골라서 설명하겠다.

그중에서도 특히 달라이 라마의 아름다운 거처가 기억난다. 양각 기법을 이용해 사방을 금으로 꾸민 벽은 금으로 된 장식물과 모노그램*으로 가득했다.

달라이 라마의 공식 알현실에는 금빛 캐노피가 있었고, 진한 자주색과 황금색으로 꾸며진 호화롭고 아름다운 금빛 비단 브로케이드가 걸려 있었다. 장인들의 솜씨 덕에 이 모두가 완전히 조화를 이루어 절묘했다.

달라이 라마의 무덤에는 금은으로 만든 잔과 그릇, 불상이 수백 개 있었다. 벽의 외장도 금으로 마감을 했고, 보석이 알알이 박힌 불화가 보관된 함들에도 금과 은이 아름답게 세공되어 있었다. 썩어들어가는 시신을 안치하느라 엄청난 시간과 비용을 낭비한다는 생각을 지울 수 없었다. 이 모든 것에 나는 아연실색했다. 누구에게도 도움이 되지 않은 채 계속 보관되기만 하는 이런 막대한 부는 전무후무할 것이다.

달라이 라마의 무덤 바깥의 캐노피도 금판으로 덮여 있었다. 포탈라궁 하나에서만 본 금만 합치더라도 수백억 원에 이를 것이라 확신한다.

시간도 한정되어 있었고, 호화로운 보물을 구경하는 것보다 훨씬

---

* monogram: 두 개 이상의 글자를 합쳐 한 글자 모양으로 도안한 것. 미술품의 서명 대신에 쓰기도 하고, 인감으로 쓰기도 한다. (표준국어대사전)

더 중요한 일도 있었기 때문에 우리는 다음 날 잠사르를 향해 여정을 재개했다.

그날 저녁 우리는 트락체^{Tragtse} 사원에 도착했다. 트락체 사원은 산의 옆면 중 높은 곳에 자리하고 있었다. 사원이 보이는 곳에 이르렀을 때 나는 내 벗에게 이렇게 말했다.

"암벽 위에 이렇게 거대한 건물을 이토록 높이 세우는 일이 가능하다는 것이 믿기지 않아요. 어떻게 이렇게 거대한 목재와 육중한 바위를 제 위치에 맞물리게 했을까요?"

내게는 이것이 도무지 사람의 힘으로 할 수 있는 일처럼 보이지 않았다.

내 벗은 이렇게 답했다. "자네가 보고 있는 저 건물은 지은 지 600년이 지났지만 지금도 그때처럼 견고하네. 600년 후에도 변함이 없을 걸세."

이때 깜짝 선물이 나를 기다리고 있었다. 게쉬 린포체가 우리를 맞이하러 계단을 내려오는 것이 아닌가! 내 벗은 분명 미리 알았던 것 같지만 내게 비밀에 부친 듯했다. 뭔가 알고 있는 듯 미소 짓는 린포체의 인자한 얼굴을 보자 내 가슴이 기뻐 고동쳤다. 그 미소는 마치 '드디어 자네도 내가 여기 온 것을 알게 되었구먼' 하고 말하는 듯했다.

그날 하루만 24킬로미터를 걸었는데, 그를 다시 보자 너무 기뻐서 쌓였던 피로가 확 풀렸다. 그제야 내 벗이 서둘러 가야 한다고 계속 재촉했던 이유를 알 수 있었다.

사원 정문에 다다르자 사원장이 우리를 맞이했다. 사원장은 키도 크고 어깨가 떡 벌어졌으며 아마도 나이는 55세 정도인 것 같았다. 그가 환하게 웃을 때 완벽하게 가지런한 치아가 보였다. 얼굴에는 친절이, 이마에는 지혜가 서려 있었다. 목소리는 부드러운 중저음이었다. 아쉽게도 그는 티베트어만 할 줄 알았다. 그래도 나는 그에게서 언어의 장벽을 넘어서 전해지는 따스함을 느꼈다. 짐작건대 게쉬 린포체가 나를 위해 사전에 조치를 취한 것이리라.

내 벗이 다시 통역을 맡았다. 나는 티베트어를 조금은 알아들을 수 있었지만 대화를 완전히 따라가기에는 아직 부족한 실력이었다.

내가 대화 도중 잠이 들었나 보다. 어느덧 내 벗이 나를 붙잡고 이렇게 말했다. "이제 저녁을 가볍게 먹고 나서 자러 가세. 아침에 모두 다시 만날 테니."

나는 너무 피곤한 나머지 먹는 둥 마는 둥 했다. 그러고 나서 사원장의 안방 침실에서 떨어진 작은 방에 놓인 안락한 소파에 몸을 편히 뉘었다.

그리고 아침이 될 때까지 죽은 듯이 잤다. 극도로 피곤하여 약 기운이라도 도는 듯한 느낌이었다. 독자 여러분도 옷조차 벗지 않고 빨리 누워서 잠들기만을 간절히 원하는, 그런 건강한 피곤함을 느껴본 적이 있을 것이다. 그날 밤 내가 딱 그랬다.

라싸에서 한 이틀간의 여행은 일주일에 맞먹을 정도로 고된 일정이었고, 당시 내게는 게쉬 린포체를 잠시 재회할 정도의 기력만 남아 있던 상태였다. 나는 게쉬 린포체가 트락체 사원장에게 티베트어로 이렇게 말하는 것을 들었다. "이 친구는 너무도 고단해서 지금은 휴식을 취해야 하네."

나도 모르는 새에 피곤에 절어 있던 나는 기꺼이 잠자리에 들었다.

머리가 베개에 닿는 순간부터 다음 날 아침 총하 소리가 들릴 때까지 나는 죽은 듯이 잠들었다. 우리는 사원장의 숙소에서 모두 함께 아침 식사를 했다. 그런 다음 저 아래 계곡을 내려다보기 위해 밖으로 나섰다. 여기서 하루만 쉬었다 가면 좋겠다는 생각이 들어서 내 벗에게 바람을 이야기했다. 그는 이렇게 답했다. "그 말이 참 반갑군. 린포체께서도 우리와 함께 하루를 보내길 바라신다네."

내가 내 벗에게 "그런데 린포체께서는 무슨 용무로 여기에 오신 건가요?"라고 묻자, 그는 이렇게 답해주었다. "자네를 총애하시니 오셨지. 자네는 그분께 아들 같은, 아니 그 이상의 존재야. 먼 길을 마다하지 않고 오신 것도 다 자네를 보기 위해서였어."

바로 그때 게쉬 린포체가 우리가 있는 곳으로 왔다. 그는 팔로 내어깨를 감싸면서 "여기서 나를 봐서 놀랐는가?"라고 말했다. 나는 다시 뵙게 되어서 정말 기뻤노라고 답한 뒤 이렇게 말했다. "어제 이 계곡에 도착했을 때 유독 린포체님 생각이 많이 나서 벗님께도 이를 말씀드렸는데, 벗님은 그냥 씩 웃고 별말씀 안 하시더라고요. 여기서 뜻밖에 린포체님을 뵙게 돼서 너무 기뻤습니다."

이보다 더 잘 말할 수는 없었을 것이다. 즉흥적이기는 해도 진심에서 나온 말이었기 때문이다. 그도 내 말이 진심임을 알았던 것 같다. 순간 그에게서 따스한 광채가 나와서 전기처럼 나를 통과하는 듯했다. 그의 얼굴은 태양처럼 환히 빛났다. 그는 "저기 가서 같이 좀 앉지"라고 말했다.

그래서 우리는 캬 추Kya Chu 강이 토빙 추Tobing Chu 강과 합류하는 계곡이 내려다보이는 벽감*으로 자리를 옮겼다. 굽이쳐 나아가는 강은 부드럽게 흐르는 곳도 있었고, 바위와 세게 부딪히며 하얀 물보라

---

* 壁龕(alcove): 벽면을 우묵하게 해서 만든 공간이다. (위키백과)

를 뿜어 올리는 곳도 있었다.

마침 사원장과 내 벗이 서로 이야기를 활발하게 나누고 있어서 나는 게쉬 린포체와 일대일로 이야기를 나눌 수 있었다.

게쉬 린포체는 이렇게 말했다. "내가 평생 배운 것을 자네에게 나눠주고 싶네. 나는 자네가 거짓을 전부 꿰뚫어 보기를 바라네. 오직 이 방법을 통해서만 참된 것을 발견할 수 있거든."

나는 이렇게 말했다. "지난번에 린포체님을 떠난 후 제 마음은 계속 변혁의 과정을 겪었습니다. 이제 저는 마음속에 있는 그 무엇도 진리를 드러낼 수 없음을 이해했습니다. 그 어떤 관념이나 경험도, 또 인류가 축적해온 지식조차도 진리를 결코 드러낼 수 없습니다."

린포체는 이렇게 말했다. "자네 말이 맞아. 마음이 만들어낼 수 있는 진리란 죄다 마음의 투영에 불과하지. 하지만 그것은 진리가 아니야."

그때 나는 그가 그리스도의 요가를 계속 다뤄주기를 바랐다. 이런 생각을 읽은 듯 그는 이내 눈을 감았다. 이런 주제를 다룰 때 그는 눈을 감은 채 말하곤 했다. 그는 매혹적인 목소리로 말을 이었고 그를 통해 나오는 말 하나하나에는 나를 바꾸는 힘이 있었다. 나는 단순히 말만 경청하는 것을 넘어서, 실재를 숨기고 가리고 있는 내 자아를 이해할 수 있는 방식으로 경청했다. 그의 목소리는 예전 그대로 음악처럼 흘러나왔다. 전작을 읽어봤다면 내가 뜻하는 바를 알 것이다.

그는 이렇게 말을 시작했다. "참된 명상만이 실재를 드러낼 수 있어. 실재가 무엇인지는 알 수 없겠지만, 마음이 실재를 드러낼 수 없다는 것만큼은 확실히 알게 해주지. 마음, 기지의 것(the known)은 미지의 것(the Unknown)을 결코 드러낼 수 없어. 마음이란 단지 관념이요 기억이며 경험에 불과하다네. 그것이 마음을 구성하는 전부이고, 그것은 진짜 진리를 결코 드러낼 수 없어. 대부분의 사람들이 진리라고 여기는 것은 사실 그들 마음의 투영일 뿐이야. 그들은 진리에 관해 뭔가를 읽기도 하고 다른 사람의 생각에 지나지 않는 말을 듣기도 하지만, 이제 자네는 그것들이 진리가 아님을 알고 있지. 진리는 결코 외부가 아닌 내부로부터만 드러날 수 있네."

나는 이렇게 답했다. "네, 저는 링마탕에서 린포체님과 지내는 동안 그 사실을 이해했습니다. 이제 저는 관념에 집중하는 것은 도리어 마음을 편협하게 할 뿐이고, 편협한 마음은 한계 없고 헤아릴 수 없는 것을 절대 이해할 수 없음을 깨달았습니다. 기도조차도 참된 명상이 못 됩니다. 단어나 문장을 반복하다 보면 마음을 잠재울 수도 있고, 고요한 가운데 응답을 받기도 합니다. 하지만 그 응답은 실재의 응답이 아닙니다. 그냥 무의식적 마음의 반응입니다. 기도란 단지 구걸이요 탄원일 뿐이라서 결코 창조적일 수 없습니다. 기도할 때는 항상 이원성이 존재합니다. 애원하는 자와 허락하는 자가 있습니다. 사람들은 자동차를 달라고, 또는 특정 덕목을 갖추게 해달라고, 자신에게 없는 뭔가를 얻기 위해 기도합니다.

예수께서는 이를 이렇게 표현하셨습니다. '너희는 기도할 때 이미 받았다고 믿으라.' 이 말씀은 즉각적인 현재를 가리킵니다. 모든 것은 '지금' 존재합니다. 사실 명상이란 마음을 구성하고 있는 것을 지금 알아내는 일입니다. 잠시 뒤가 아닌 바로 '지금' 말입니다.

마음을 이루고 있는 것은 다름 아닌 자신을 규정하고 있는 조건들이며, 이것은 호시탐탐 생각 안에서 표현될 기회를 노립니다. 바로 지금 말이죠! 정녕 자신을 알기 위해서는 자신이 생각하는 것들을 바로 지금 알아차려야 합니다. 그러면 어제도 내일도 존재하지 않습니다. 마음이 수다를 그치는 순간 실재가 존재하기 때문입니다. 그리고 실재란 항상 존재하는 지금입니다."

그가 말을 이었다. "맞네. 참된 명상이란 신속하고 유연하게 움직일 수 있는 마음을 뜻해. 이때 마음은 광범위하고 폭넓게 인식할 수 있고 무제한적이야. 그래서 모든 문제는 일어남과 동시에 해결될 수 있고, 모든 도발은 어제와는 완전히 다른 '지금' 안에서 이해되지. 참된 명상은 자아를 밝혀내는 과정이야. 자아를 밝혀내지 않는 명상은 명상이 아니지. 그런 명상은 결코 아무것도 드러내지 못할뿐더러 도리어 자기 안으로 함몰하는 과정이라네."

나는 말했다. "자신을 안다는 것은 마음의 내용물 전부를 안다는 것입니다. 마음이 깨어 있을 때와 소위 잠들어 있을 때 하는 마음의 의식적 활동과 무의식적 활동 모두를 말입니다. 린포체께서는 제게 이 작업이 어렵지 않다고 알려주셨지만, 아직도 저는 이 일이 때때로 어렵게 느껴집니다."

그러자 그는 이렇게 설명해주었다. "그것은 자네가 특정한 결과를 기대하기 때문이야. 직접 실험해보게. 새로운 뭔가를 발견하려면, 자네는 자신이 무엇을 찾고 있는지 모르는 상태여야 하네. 기억을 통해서는 새로운 것이 나올 수 없어. 그렇지 않은가? 기억은 새로운 것이 아니니까 말일세. 내 안내에 따라 명상을 하다 보면, 점차 자네도 나와 똑같이 하게 될 거야. 우리는 내일이 아니라 '살아 있는 현재'를 만나기 위한 실험을 하고 있는 거라네.

제일 먼저 깨달아야 할 것은 자기 인식(self-knowledge)이 없는 명상은 아무 의미도 없다는 걸세. 자기 인식은 고상한 것도, 천한 것도 아니야. 상위 자아나 하위 자아라는 것은 그저 관념일 뿐이지. 관념이란 마음의 산물이고 따라서 시간에 속한 거라네. 그러나 시간은 영원한 것(Timeless)을 드러낼 수 없어. 그래서 참된 명상에서는 상위 자아에 집중하는 일이 아무 의미가 없는 거야. 참으로 명상이란 사고 과정 전체를 밝혀내는 작업이라네. 사고 과정은 기억과 다름없고, 사고 과정을 밝혀내는 작업은 당장에 해낼 수 있는 거야. 진리는 시간의 문제가 아니야. 진리는 '지금' 존재하거나, 지금이 아니라면 결코 존재하지 않거나, 둘 중 하나라네. 시간은 영원한 것을 결코 드러낼 수 없어. 그리고 기억이나 생각은 시간의 산물이고. 그렇지 않나? 그러면 자아란 무엇일까? 명백하게도, 자아란 그냥 기억일 뿐이야. 상위 자아든 하위 자아든 그 수준과 상관없이 그냥 기억일 뿐이라네. 내가 말했듯이, 상위 자아와 하위 자아라는 관념은 그냥 짐작일 뿐이지. 그리고 짐작 역시 마음의 산물이고. 그렇지 않나? 제대로 들여다보게. 정말로 그렇다는 것을 알게 될 거야. 상위 자아와 하위 자아란 그냥 관념일 뿐이야. 사람들은 어디서 한번 읽어보고 잠시 생각하고는 그것을 진짜처럼 여기지만, 그것은 실재가 아니야.

상위 자아를 아트만-영Atman-spirit이라고 부를 수도 있겠지만, 그래봤자 그것은 여전히 마음속 관념일 뿐이라네. 아트만이라고 부르면서 높은 수준으로 분류하더라도, 여전히 그것은 기억의 일부에 불과해. 그러므로 자신의 '자아'를 온전히 이해하기 위해서는 반드시 기억, 관념, 생각을 이해해야 해. 사실 셋 다 같은 거야. 생각이나 기억이 없다면 자아란 존재할 수 없어. 그러므로 1분 전이나 하루 전에 쌓은 기억뿐만 아니라, 축적된 시간의 경험과 모든 과거의 결과인 세월의 기억까지도 다 이해해야 한다네. 의식의 표면에 있는 것이든 심층에 있는 것이든 죄다 기억일 뿐이거든.

그렇다고 기억을 하나하나 파헤치려 한다면 시간이 걸리겠지. 그런데 진리는 초시간적이고 '지금' 존재하기 때문에, 시간은 절대로 진리를 드러낼 수 없어. 그러므로 시간을 도구로 삼는 것은 쓸데없는 짓이야. 대부분의 사람들은 초시간적인 것을 드러내는 일에 시간을 사용하는 습관에 젖어 있다네. 하지만 그렇게 하는 한 진리는 언제나 늘 저 먼 곳에만 있을 거야. 이렇게 해서 우리는 생각이란 기억의 결과라는 것과 기억을 즉시 사라지게 해야 한다는 인식에 다다랐네.

이제 '자아'라는 것, 즉 '나'라는 것은 생각의 형태로 자신을 투사하는 기억의 다발에 불과함을 잘 알 걸세. 생각과 자아는 분리되어 있지 않아. 그 둘은 하나야. 생각과 자아는 진리가 될 수 없고 진리를 드러낼 수도 없어. 우리는 마음을, 기억을, 시간을 넘어서 있는 것에 이르러야 해. 하지만 기억이 작동하는 한, 시간만이 존재할 거야. 하지만 시간은 실재가 아니지."

나는 그의 말에 어떤 식으로도 답할 수 없었다. 그 순간 점차 명료해지면서 변혁이 일어나고 있었기 때문이다. 나는 전에는 이해하지 못했던 무엇을 이해하고 있었다. 이제 나는 마음이란 시간과 기억과 관념의 산물에 불과함을 깨달을 수 있었다. 자유로워지고자 한다면, 마음은 자신이 결코 진리를 드러낼 수 없음을 반드시 이해해야 한다는 사실을 나는 알 수 있었다. 기억은 그 너머에 있는 것을 드러낼 수 없다. 의식적 기억이든 무의식적 기억이든, 높은 차원의 기억이든 낮은 차원의 기억이든 매한가지다. 나는 마음이, 즉 '나'가 결코 진리를 드러낼 수 없다는 사실을 이해할 수 있었다. 진리에 관한 생각을 그칠 때에만 나는 진리를 경험할 수 있었다.

이 사실을 이해하자 마음이 잠잠해졌다. 억지로 만든 고요가 아니라 자유를 통해 온 고요였다. 나는 더 이상 뭔가가 되겠다고 바라지 않았다. 무엇이 되겠다는 욕구가 사라졌다. 내 마음은 결코 스스로를 진리로 바꿔놓을 수 없었고, 또 진리를 찾아낼 수도 없었다. 진리를 드러내려면 마음은 반드시 고요해져야 한다. 그러면 시간에 속하지 않은 고요가 들어선다. 이 고요는 억지로 만들거나 강요된 고요가 아니라 마음이 수다를 멈출 때, 그 침묵 속에 실재가 존재하고 미지의 것이 들어서게 됨을 이해할 때 찾아오는 고요였다.

이것이 진정한 창조성이었다. 나는 특정 결과에 대한 바람이 전혀 없었다. 모든 행위가 멈췄고 사고가 멈췄다. 이것이 가장 높은 형태의 사고였다. 여기에 창조성이 존재하기 때문이었다. 내 생각은 더 이상 기억과 과거의 표현이 아니었다. 전에 참이라고 혹은 거짓이라고 여겼던 것의 표현도 아니었다. 나는 그것들을 있는 그대로 바라봤고 더 이상 거기에 사로잡히지 않았다. 지적 활동이 모두 멈췄다. 더 이상 방황하지도 궁금하지도 않았다. 생각도, 생각하는 자도, 경험도, 경험하는 자도 없었다. 기억과 시간을 통해서 오는 경험도 없었다. 시간이 사라진 상태의 경험만이 존재했다.

어제, 오늘, 내일이 완전히 멈췄다. 사실 그것들은 마음속을 제외한 그 어디에도 존재하지 않았다. 더 이상 시간에 사로잡히지 않은 마음은 시간 없이 존재했다. 시간이 없는 것은 시작도 끝도 없고, 원인도 없으며, 따라서 결과도 없이 영원하다. 그리고 원인이 없는 이것이 바로 실재이다. 아버지께서 당신 일을 하고 계신다. 여기에 창조성이, 여기에 완전함이 있었다.

그때 나는 진리가 즉각적이라는 것을, 시간의 산물인 마음이 완전히 멈췄음을 알았다. 곧바로 나는 모든 생각이 시간에 속해 있다는 것과 사람들의 온갖 문제가 '지금' 해결될 수 있음을 이해했다. 시간 안에서가 아니라 바로 지금 말이다. 실재에는 그 어떤 문제도 없기 때문이다. 사람만이 자신만의 문제를 만들어내고, 이를 올바로 인식하는 것이 문제를 해결하는 길이다.

나는 사람들의 모든 문제가 기억과 경험과 시간의 결과임을 이해했다. 기억은 이 문제들을 해결할 수 없다. 문제는 문제가 발생한 수준에서 해결될 수 없다. 반면 기억이 멈출 때 문제는 '지금 당장' 해결된다. 초시간적인 것 안에는 문제가 존재하지 않는다. 문제는 오직 시간 안에서만 존재하고, 시간은 문제가 존재하는 마음을 제외하고는 어디에도 존재하지 않는다. 오직 신만 존재하고 그 외에는 아무것도 존재하지 않을 때, 사람들의 모든 문제는 신의 사랑과 지혜 안에서 사라져버린다.

이것을 이해하자 창조성만이 남았고, 나는 모든 것이 잘될 것임을 알았다. 무한성이 유일한 실재였다. 나는 같은 동작만 되풀이하는 기계가 아니라, 모든 곳에 존재하고 시작도 없고 따라서 끝도 없는 능동적인 창조적 원리였다. 이제 나는 자기 인식이 뜻하는 바를 알았다. 실재 안에서는 자아가 존재하지 않았다. 이 사실을 이해한 나는 실재란 곧 자유임을 알았다.

그러므로 지금이 유일한 시간이다. 어제와 내일은 존재하지 않는다. 과거와 미래의 구름이 현재를 가리고 있는 동안은 '지금'이 인식되지 않는다. 그러므로 진정한 명상은 집중의 수단이 아니다. 집중은 배제와 제한과 수축을 뜻하기 때문이다. 명상은 자유다. 시간으로부터의 자유 말이다.

그때 나는 오직 하나(One), 늘 새로운 그것(the Ever New)만이 존재함을 알았다. 이원성도, 대립 쌍도, 욕구도, 갈망도, 과거도, 미래도 존재하지 않았다. 그 모두는 마음에 속한 것이었고, 분리 속에 살고 있는 것은 바로 '나'였다. 아버지와 나는 하나였다. 그리스도의 요가만이 유일한 참된 요가였다. '나'와 '내 것'은 이제 모두 사라졌고, 오직 전체만이 실재했다. 물방울이 바다가 되었다.

이제 나는 주 예수께서 "아버지와 나는 하나다"라고 하신 말씀의 뜻을 알았다. 이것은 관념이 아니라 실재였다. 생각은 시간에 속해 있기 때문에, 생각은 결코 실재를 창조할 수도 없었고 초시간적인 것을 드러낼 수도 없었다. 이제 나는 이것을 알았다. 기억의 산물에 대한 생각이 그칠 때에만, 계속되는 그것이 끝이 나야만 영원히 지속되는 것이 들어설 수 있다.

지어내지 않은 이 고요 안에 기억과 시간으로부터 자유로운 존재가 있었다. 매 순간 항상 현존하는 지금이 있었다.

이제 나는 상위 자아도 하위 자아도 없음을 알았다. 그런 개념 역시 분열이자 정신적 고안물에 불과했다. 높낮이를 가릴 것 없이, 어느 차원의 자아든 자아는 그저 관념일 뿐이다. 시간에 속한 관념은 환상이기 때문이다.

바로 그때 내 벗과 사원장이 와서 우리 옆에 앉았다. 내 벗은 이렇게 말했다. "린포체님과 자네가 시간의 세상으로 돌아올 때까지 방해하지 않고 기다렸네.

이곳은 린포체님께서 좋아하시는 거처 중 하나일세. 자네가 나중에 잠사르에서 돌아올 때에 맞춰서 그분은 여기서 기다리고 계실 거야. 그 후로는 자네와 링마탕까지 함께하실 테고. 이제 자네 혼자 가게 둘 수는 없거든."

나는 이렇게 답했다. "더할 나위 없이 좋습니다."

나머지 오전 시간은 라싸와 포탈라궁에 관한 일반적인 주제로 대화가 흘러갔다.

곧 정오가 되었고 라마승이 식사가 준비되었다고 알렸다. 식사가 어떻게 나올지 기대됐다. 맛깔난 보리죽과 맛있게 조리한 양고기, 보리빵과 신선한 버터 그리고 티베트 차까지 있는 것을 보고 나는 너무 행복했다. 티베트 차가 처음에는 아주까리기름 맛이 나서 역했지만 나는 결국 그 매력적인 맛에 빠지고 말았다. 찻잎과 야크 버터와 소금을 끓는 물에 넣고 달이면 훌륭한 차가 탄생한다!

게쉬 린포체는 이미 사원장에게 나에 대한 이야기를 어느 정도 들려준 상태였다. 사원장은 티베트어로 내게 이렇게 말했다. "저도 영어로 말할 수 있으면 참 좋겠네요. 당신이 하고 있다는 일도 궁금하고 그동안 지내셨다는 곳도 궁금해서요."

그런데 재미난 사실은, 나는 의식도 못 했는데 우리가 티베트어로 그럭저럭 대화를 이어나가고 있었다는 점이다. 강세를 제대로 살릴 수 없는 단어도 종종 있었지만, 사원장이 내 말을 이해하기에는 부족함이 없었다. 우리 둘의 대화가 끝나자, 내 벗과 게쉬 린포체는 내 티베트어 실력을 칭찬하는 의미로 박수를 쳤다.

오후에 우리는 사원을 구경했다. 트락체 사원에는 500여 명의 라마승이 기거했다. 사원의 정면은 수직 암벽의 끝에 맞춰 서 있었다. 깎아지른 절벽의 높이는 계곡까지 족히 300미터가 되는 듯했다. 이런 사원을 짓는 일은 아주 고난도의 작업일 것이다. 거대한 나무 기둥들이 사원 홀의 지붕을 떠받들고 있었다. 나는 "대체 이걸 다 어떻게 지은 거예요?"라고 물었다.

사원장은 이렇게 답했다. "전부 수작업이지요. 자원한 사람들이 한 번에 하나씩 나무에 여러 개의 밧줄을 묶어서 계곡에서 끌어올린답니다. 저 둥그스름한 바위들은 암벽에서 쪼아낸 것이고요. 이런 종류의 공사는 티베트 건축가들이 단연 세계 최고일 겁니다."

티베트 사원들은 거의 다 비슷했지만, 트락체 사원은 깎아지른 암벽 위에 높이 세워졌다는 점에서 독보적이었다. 사원 앞 저 아래에는 캬 추 강이 토빙 추 강에 합류하고 있었다. 합류 지점에서 강물은 급행열차처럼 커다란 바위와 부딪히며 굉음을 냈다.

내일 아침 우리가 여행할 곳은 캬 추 강을 따라 난 길이었다. 이제 이틀만 더 여행하면 잠사르에 도착한다.

이렇게 하루를 보내면서 기력이 많이 회복된 나는 남은 여정도 잘 마무리할 수 있을 것 같았다. 그동안 숱하게 이야기를 들었던 내 벗의 거처를 빨리 보고 싶었다.

✦✦✦✦✦

전날 밤처럼 잠을 아주 푹 잤더니, 이틀의 여정을 하루에 다 소화할 수 있을 것만 같았다. 이런 내 마음을 내 벗에게 이야기했더니 그는 웃으면서 이렇게 답했다. "남은 거리가 족히 50킬로미터도 넘고 길이 험해. 여행길의 상당 부분을 걸어서 가야 하고. 정말로 위험한 구간도 자주 나오기 때문에 계속 조랑말을 타고 가는 것은 현명하지 못한 처사야."

다음 날 아침 6시경 우리는 트락체 사원을 떠났다. 그날 밤에는 데첸 종^{Dechen Dzong}에 도착하고, 다음 날 밤에는 잠사르에 도착하는 것으로 계획을 세웠다. 우리가 타고 왔던 조랑말 두 필은 저 아래 계곡에 있는 사원 소유 마구간에 맡긴 상태였다. 우리는 돌아오는 길에 게쉬 린포체와 사원장을 다시 만날 것이라서 기쁜 마음으로 작별 인사를 했다.

음식으로 가득한 배낭을 멘 상태로 깎아지른 암벽 계단을 타고 내려가는 일은 올라올 때보다 훨씬 더 힘들었다. 우리는 다시 조랑말을 찾아 그곳을 떠났다. 아침에 불어오는 신선한 산들바람을 한껏 마시는 동시에, 세찬 강물이 커다란 바위에 부딪히면서 물보라를 사방으로 뿜어내는 모습을 보고 있자니 기분이 상쾌해졌다. 눈앞에 펼쳐진 장엄하고 경이로운 풍경을 보는 것만으로도 기운이 났다.

서구인 중에서 라싸 너머에 있는 오지까지 여행한 사람은 거의 없을 것이다. 그래서 나는 지금까지도 그때 한 여행의 성취감을 느낀다.

3장

✧✧✧

트락체 곰파('곰파'란 사원을 뜻한다)를 떠난 뒤 얼마 안 되어서 장엄
한 폭포가 나타났다. 협곡 사이를 세차게 흐르던 강물이 벼랑 끝에서
발사되다시피 15미터를 곧장 나아가다 보니 귀가 멀 정도로 그 소리
가 대단했다. 낙하하는 물은 절반 정도 내려왔을 때 툭 튀어나온 바
위에 부딪혔고, 거기서부터 저 아래에 있는 거대한 물웅덩이로 폭탄
처럼 쏟아졌다. 거기서 산비탈을 따라 오른쪽으로 나가면 젠쉬^{Zenshi}
라고 불리는 넓은 땅으로 들어서게 된다. 젠쉬는 농사가 잘되는 매우
비옥한 땅이었다. 캬 추 강이 흐르는 이 계곡을 따라서 상당히 많은
티베트 전통 가옥이 여기저기 흩어져 있었다.

우리는 여기서 검은 선들이 머리 뒤쪽으로 이어지고 다른 검은
선 하나가 목을 따라 몸통 쪽으로 길게 뻗은 기러기들을 마주쳤다.
이 새들은 우리를 보자 소리를 엄청나게 질러댔다. 내 벗의 말로는
줄기러기(bar-headed goose)라고 부른다고 했다. 오리도 아주 많이 있었
고, 독수리와 팔라스 물수리(Pallas's fish eagle)도 좀 보였다. 팔라스 물
수리는 기다란 부리의 끝이 살짝 아래로 휘어 있는데, 급강하해서 강
의 물고기를 낚아챈다. 그 밖에도 부지기수의 각종 새들이 울어대면
서 우리 머리 위를 선회했다.

형형색색의 나비들도 주변을 나풀거리며 날아다녔다. 천국이 따
로 없다는 생각이 들었다. 세계 다른 곳에서는 볼 수 없는 희귀한 나
비를 수집하는 자들이 여기 온다면 정신을 못 차릴 것이다. 사람 손

이 하나도 닿지 않은 이곳에는 야생화와 진달랫과 나무들이 자라고 있었다. 도마뱀도 여러 종류가 보였다. 그중에는 자칫하면 목숨을 위협할 수 있는 종도 하나 보였다. 약 1미터 길이에 큼직한 발과 긴 턱을 가진, 검은 바위 도마뱀(black rock lizard)이 그것이었다. 주변 경관이 빼어나게 아름다웠다. 만년설을 머리에 이고 있는 산들이 주위를 병풍처럼 에워싸고 있었다.

햇볕이 점점 뜨거워지고 있었지만 당시에는 바람이 한 점도 불지 않았다. 하지만 늘 그렇듯이 정오 때가 되면 바람이 일 것이었다.

이 지역을 벗어날 즈음 등산하기 험한 곳이 나왔다. 한번은 강가 근처까지 내려갔다가 다시 산 중턱으로 높이 이어지는 구간도 있었다. 이제껏 우리가 지나온 길은 상당히 좋은 편이었으나 앞으로는 위험한 곳들이 많다는 말을 들었다. 나는 모든 것이 잘될 것임을 알고 있었기에 어떻게 흘러가든 만족스러웠다.

캬 추 강 양옆의 산에서 발원한 많은 지류들이 강에 합류하고 있었다. 1년 중 이 시기는 눈이 녹는 시기이기 때문에 엄청난 양의 물이 흐른다. 시간이 지나 다시 겨울이 찾아오면 강들은 얼어붙는다. 그러면 강과 호수를 지나는 것은 훨씬 수월하지만, 두껍게 쌓인 눈길을 헤집고 지나는 것은 훨씬 더 어렵고 위험해진다.

우리는 남녀 티베트인들을 상당수 마주쳤다. 일부는 당나귀를, 일부는 야크를 타고 있었다. 야크 행렬 중 일부는 짐을 싣고 라싸로 가는 길이었다. 이 지역에서는 짐을 나를 때 주로 야크를 이용한다. 야크가 당나귀에 비해 먹이기도 쉽고, 험한 길에 발도 잘 디디고, 짐을 더 많이 나를 수 있기 때문이었다.

가다가 아버지, 어머니, 딸 둘로 구성된 가족을 만났는데 내 벗과 아는 사이였다. 그들은 라싸에서 열리는 축제에 참여하기 위해 잠사르로부터 오는 길이었다. 큰 사원들은 해마다 이맘때 축제를 성대하게 열었고 각지각처에서 사람들이 몰려들었다.

내 벗은 나를 그 가족에게 소개했다. 딸은 둘 다 전형적인 히말라야계 티베트 미인이었다. 그 둘은 웃을 때 눈이 반짝였고, 아름다운 입술이 미소를 짓자 가지런한 치아가 드러났다. 내가 티베트어로 더 듬거리며 언니에게 말을 걸었는데 놀랍게도 영어로 답이 돌아왔다. 그녀는 자기가 다르질링에 있는 학교에 다닌다고 말한 뒤 '노르부'라는 자기 이름을 알려주었다. '노르부'란 귀한 보석이라는 뜻으로 티베트에서는 흔한 이름이다. 나는 동명이인을 안다고, 그녀도 당신만큼 예뻤다고 말하자 부끄러운 듯 노르부의 얼굴이 홍조로 물들었다. 노르부는 나와 '영어로 더 이야기를 나눌 기회'를 얻기 위해 최대한 빨리 잠사르로 돌아가겠다고 했다. 잠사르에서 영어를 할 줄 아는 사람은 내 벗을 제외하면 아마도 노르부가 유일할 것이다. 사실 노르부는 당장 우리와 함께 잠사르에 가겠다고 했지만, 내 벗은 티베트어로 우리는 그사이에 할 일이 많다고 알려주었다. 그래도 나중에 노르부가 잠사르로 돌아왔을 때 나는 노르부와 친분을 쌓을 수 있었다. 그렇게 노르부 가족은 라싸로, 우리는 잠사르로 향했다. 우리가 시야에서 벗어날 때까지 노르부는 몇 번이고 뒤돌아보면서 손을 흔들었다.

나는 내 벗에게 "진짜 미인이네요!"라고 말했다

그는 이렇게 답했다. "맞네. 진정 노르부는 티베트 미인이야. 노르부는 이 지역 사람들과 외모 특징이 완전히 달라. 이 지역 사람들은 얼굴이 넓죽하고 낮은 코가 퍼져 있는 반면 야퉁 지역 출신인 노르부는 이목구비가 뚜렷하고 잘생겼지."

티베트 여성들은 다른 아시아 여성들과 다르다. 부끄럼을 타는 법이 없고, 뒤로 빠지지도 않으며, 남성과 대등한 위치에서 대화한다. 그녀들은 자유롭고 개방적이며 이것이 여느 아시아 여성들과 다른 점이다.

우리는 오후 2시 30분경에 탕캬^{Tankya}라는 곳에 도착해서 그날 처음으로 휴식했고 바로 점심을 먹었다. 우리는 여기서 고작 몇 분밖에 못 쉬었다. 날이 어두워지기 전에 데첸 종에 도착해야 했기 때문이다. 남은 길 중 일부는 굉장히 험했고 낮에 다녀도 위험할 정도였다. 앞으로도 네 시간은 더 여행을 해야 한다는 생각에 마음이 조급해져 편히 쉴 수 없었다.

우리는 한 줄로 나란히 갈 수밖에 없었다. 내 벗은 항상 앞장서겠다고 자처했고 나는 뒤처질세라 열심히 쫓아갔다. 우리는 여전히 캬추 강의 길을 따라 여행 중이었다.

탕캬를 떠난 후 길은 강줄기를 따라 수 킬로미터나 곧게 나 있었다. 이제껏 여행한 직선 길 중 가장 길었다. 강물이 깊고 부드럽게 흐르는 구간도 있었고, 산에서 굴러떨어진 큰 바위들과 부딪히며 흐르는 구간도 있었다. 툭하면 돌사태가 일어나는지라 한시도 경계를 늦출 수 없었다. 와르르 소리가 난다 싶으면 곧바로 길에서 벗어나 피할 곳을 찾아야 했다. 돌사태는 주로 염소나 야생 야크가 밟은 돌이 굴러 내려오다가 다른 돌들과 부딪혀 함께 떨어지면서 일어났다.

우리는 등에 작은 짐을 싣고 다니는 양들을 보았다. 티베트에서 양이 짐을 싣고 다니는 것은 아주 흔한 일이고, 소금 호수 주변이라면 더욱 그렇다. 티베트에서 소금 호수들은 해발 4,500미터 높이에 위치한다.

강가를 따라 평탄하게 난 길을 몇 킬로미터 동안 잘 걷고 있었는데, 갑자기 거의 수직으로 올라가는 산길이 나타났다. 반쯤 위로 올라가자 내 벗은 멈춰서 조랑말에서 내렸고 나도 똑같이 했다. 길의 일부가 산사태로 유실되어 강으로 무너져내려 있었다. 이곳을 건널 방법이 보이지 않았다. 그렇지만 나는 걱정하지 않았다. 보아하니 우리가 도착하기 불과 몇 분 전에 무너진 것 같았다. 나는 "이제 어떻게 하죠?"라고 물었다.

내 벗은 이렇게 답했다. "800미터 정도 되돌아가야겠네. 아까 산골짜기 시냇물 오른쪽으로 나 있던 길로 가야 해. 거기에 올라가는 길이 하나 더 있는데, 여기를 넘어갈 수 있는 마지막 기회라네."

우리는 그 지점으로 되돌아갔다. 그러자 그는 기도 깃발 하나를 찢어서, 나중에 지나갈 사람들을 위해 우리가 갔던 길의 위험을 알리는 경고문을 적었다.

나는 말했다. "이래서 해가 떨어지기 전에 부지런히 목적지에 도착해야 한다고 말씀하셨군요."

강가를 따라 오르다 보니 아까보다 400미터가량 더 위에 있는 길에 들어서게 됐다. 이 길은 반대편에서 산을 넘어가는 방법이었다.

나는 물었다. "어떻게 이런 길까지 알고 계세요?"

"이 부근이야 손바닥 보듯 훤하지. 이 방면으로 꽤 자주 다니거든. 처음 겪는 것도 아니고 말이야."

우리는 5~6킬로미터가량 이어진 그 길을 따라 아주 편하게 갔다. 그런 뒤 다시 강가로 내려가는 오래된 길이 나타났다. 여기서부터 데첸 종까지는 길이 아주 편안했다. 우리는 땅거미가 질 무렵인 7시 정각에 데첸 종에 도착했다.

도착한 지 얼마 되지 않아 마을 사람들이 주위로 몰려들었다. 무슨 문제가 생긴 것은 아닌가 싶었는데, 알고 보니 내 벗이 데첸 종의 큰 은인이라서 환영하기 위해 모인 인파였다. 우리는 언덕 중턱에 있던 예쁘장한 집으로 향했다. 아주 맑은 시냇물이 집 옆으로 흐르고 있었다. 수많은 기도 깃발이 그 집을 에워싼 장면이 아직도 생생하다.

내 벗은 이렇게 말했다. "이곳 촌장일세. 이름은 이암초lamtso라네. 촌장 집이 아주 아늑한데 오늘 밤은 여기서 묵고 갈 걸세."

조랑말에서 내리자 문이 열리면서 촌장이 달려 나와 우리를 매우 정중하게 맞아주었다. 촌장은 내 벗의 양손을 잡고는 손바닥에 입을 맞췄다. 티베트에서 상대를 존중한다는 최고의 표시였다.

촌장 부인이 곧바로 저녁 식사를 차렸다. 우리는 양고기와 보리빵과 감자를 티베트 차와 곁들여 먹었고, 나중에는 보리 맥주까지 마셨다. 우리는 이암초가 직접 작곡한 노래를 현악기로 연주하는 것을 밤 11시까지 듣고 있었다. 연주 실력이 정말 탁월했다. 선율이 너무 아름다워 더 듣고 싶었지만 내 벗은 이렇게 말했다. "내일도 고된 하루가 될 거라서 오늘은 이만 자는 편이 좋겠네."

그날 내가 잔 침상은 대나무와 야크 가죽으로 만든 것이었다. 내가 링쉬라 은수자를 떠난 뒤 자면서 누린 최고의 호강이었다.

아침에 눈을 뜨자 맛있는 냄새가 솔솔 풍겨왔다. 야크 스테이크와 달걀과 보리빵과 티베트 차를 아침으로 든든하게 먹었다. 돌아오는 길에 다시 이 집에 들르겠다는 약속을 한 뒤 작별하고 우리는 길을 떠났다.

이암초는 시장할 때 먹으라고 조리된 닭 한 마리와 삶은 달걀을 챙겨주었다. 우리는 괜찮다고 사양했으나 그는 막무가내였다. 그렇게 우리는 잠사르로 가는 마지막 여정을 시작했다. 다음 몇 주 동안 잠사르에서 펼쳐질 일을 생각하니 행복해졌다. 강을 따라 8킬로미터 정도 걸은 뒤 도하 지점에 다다랐다. 여기서 우리는 코라클을 타고 강을 건넜다. 강변을 따라가면 이제 잠사르가 나올 것이었다. 우리는 3킬로미터를 더 간 후 강가에서 점심을 들었다. 강변은 야생화로 뒤덮여 있었고, 강 양옆 산은 만발한 진달래꽃으로 덮여 있어서 잊지 못할 경관이었다. 여기서 평생 살면 좋겠다고 벗에게 말했더니 그는 씩 웃었다. 나중에 그 이유를 알았다. 캬 추 강 옆에 자리한 내 벗의 거처는 보자마자 숨이 멎을 정도로 훨씬 더 아름다웠던 것이다. 링쉬라 은수자의 거처에 비길 만큼 훌륭했지만 그 방식은 완전히 달랐다. 나중에 자세히 설명하겠다.

점심을 먹고 다시 길을 떠난 우리는 마침내 캬 추 강의 발원지에 자리한 잠사르에 도착했다. 우뚝 솟은 산들 사이로 내려오는 빙하에서 파생된 수많은 강들이 캬 추 강에 합류하고 있었다. 평균 7,000미터 높이의 녠첸탕라Nyenchentangla 산맥이 잠사르를 에워싸고 있었다. 녠첸탕라는 히말라야 산맥 너머에 있는 가장 웅장한 산맥이다. 신들만 누릴 법한 광경이었다! 이 장관을 절대로 놓치고 싶지 않았다. 그제야 나는 내 벗이 이토록 먼 곳에서 사는 이유에 대해 절로 수긍이 갔다. 이 장엄한 풍경을 말로 옮기는 것은 불가능하다.

그는 산들을 하나하나 가리키면서 이름과 높이를 알려주었다. 나는 아름다움에 넋을 잃으며 산들을 하나씩 감상했는데, 다음 산을 볼 때마다 더 아름다워 보였다. 잠사르 지역만 하더라도 해발 4,200미터에 위치하는데, 하늘을 뚫을 듯 솟아오른 산들이 너무나 가까이 있는 것처럼 보여 마치 산들이 내 쪽으로 무너지는 것 같은 느낌마저 들었다. 참으로 웅장했다.

산비탈에 우뚝 서 있는 하얀 건물이 눈에 들어왔다. 전형적인 티베트 건축물이었다. 그곳으로 다가서자 활짝 핀 야생화와 진달래와 커다란 야자나무가 보였고, 만개한 노란 중국 양귀비, 용담, 세네치오senecio가 잘 가꿔진 정원도 시야에 들어왔다.

강 근처에 수로가 나 있어서 집까지 물을 대고 있었다. 관개 시설이 곳곳에 깔려 있어서 백합이 가득한 연못에도 물을 날랐다. 더 큰 연못도 있었는데 거기에도 물이 계속 공급되었다. 더 위쪽으로는 온천도 여러 개 있었다. 거기서 뜨거운 물이 큰 연못으로 흘러들어 목욕하기에 유용했고, 집 쪽으로도 물길이 나 있었다. 나는 감탄하면서 이렇게 말했다. "여기에 영원히 지내라고 해도 지낼 수 있겠어요. 나중에 여생을 보내고 싶은 곳이에요. 서구에 이런 시설이 있다면 사람들이 떼로 몰려들겠어요. 천금 만금을 주고도 살 수 없는 천혜의 장소입니다."

이야기를 마구 쏟아내자 내 벗이 이렇게 말했다. "이 집은 '이제' 자네 거야. 내가 자네에게 주는 거니까 여생을 여기서 보내도 된다네."

어안이 벙벙해진 나는 잠시 뒤 이렇게 말했다. "그런데 제가 할 일이 남았는데 어떻게 여기서 지낼 수 있을까요?"

그는 이렇게 답했다. "자네가 이곳으로 돌아올 때가 올 거야."

"몸을 입고 있는 동안에요?"

"맞네. 몸을 입고 있는 동안에."

아마도 미래의 어느 날 그리로 돌아갈지도 모르겠다. 아직은 그런 기회가 보이지 않는다. 앞으로 무슨 일이 일어날지 누가 알겠는가? 지금 내가 아는 것은 앞일은 아무도 모른다는 것뿐이다.

나는 이렇게 말했다. "그동안 예기치 못한 일들이 숱하게 일어났으니 그런 일도 얼마든지 일어날 수 있겠지요." 세상에서 가장 아름다운 이곳에 내 안식처가 있다니! 잠사르는 정말 기대 이상이었다.

나는 너무 놀란 나머지 이렇게 물어볼 수밖에 없었다. "이게 정말 다 사실이죠? 설마 지금 저를 놀리시는 거는 아니죠?"

"아닐세. 평생 자네를 따라다닌 내가 어찌 그럴 수 있겠나? 내 삶이 곧 자네 삶이고, 자네 삶은 내 삶이야. 그럴 수밖에 없지 않겠나?"

나는 눈물이 차올랐고 감정을 다스리기 위해 마른침을 삼켜야 했다. 그는 이런 나를 보더니 팔로 내 어깨를 감싸면서 이렇게 말했다. "나는 자네가 여기 와서 나와 지낼 수 있는 날이 오기만을 오랫동안 학수고대해왔어. 하지만 아직은 때가 아닌 것 같아. 자네와 나보다 더 높은 곳에서 이 일을 주관하는 힘이 있다네. 나중에 자네와 헤어지는 일은 쉽지 않을 거야. 하지만 일이 끝날 때까지 자네는 자네의 세상으로 돌아가 자네의 일을 해야 해. 신께서 자네를 안전하게 지켜주시고 보호해주실 거야. 자네를 이 세상에 태어나게 했던 생명은 결코 자네를 실망시키지 않을 걸세."

이런 대화를 나누면서 우리는 집 안으로 들어갔다. 현관을 지나자 값비싼 태피스트리*가 걸려 있는 홀이 나왔다. 광택이 나는 나무 마루에는 아주 커다랗고 오래되며 값비싼 중국 도자기가 몇 점 놓여 있었다. 벽도 광택이 나는 나무판으로 마감이 되어 있었고 목공예로 절묘한 디자인을 구현하고 있었다. 홀의 끝에 있던 문을 열자 커다란 방이 나왔다. 고급 브로케이드가 드리워진 벽감들이 크나큰 안방을

---

* tapestry: 여러 가지 색실로 그림을 짜 넣은 직물. (표준국어대사전)

둘러싸고 있었다.

중앙에 위치한 안방 바닥에는 양각 무늬를 넣은 고급 중국 양탄자가, 주위 벽감에는 고급 티베트 양탄자가 깔려 있었다. 탁자가 놓인 벽감들도 있었고 소파가 놓인 벽감들도 있었다. 안방 뒤쪽으로는 모든 시설이 구비된 침실 겸 거실인 개인 공간들도 있었다.

주방과 여러 별채는 본채와 떨어져 있었고, 고기를 몇 주 동안 신선하게 보관할 수 있는 밀폐 저장소도 있었다.

추운 날씨 덕분에 냉장은 별문제가 안 되었다.

나는 온천에서 집까지 끌어온 따뜻한 물로 깨끗하게 씻었다. 그런 다음 미리 마련된 저녁 식사를 들었다.

식사 후 아까 봤던 각종 시설이 구비된 방 하나로 안내받았다. 내 벗은 피곤에 절은 내가 어서 자야 한다는 것을 잘 알고 있었다. 그래서 나는 곧장 잠자리에 들었고 다음 날 아침까지 푹 잤다.

내가 일어났을 때는 해가 막 뜨려던 참이었다. 나는 집 앞 계단으로 나갔다. 이 아름다운 광경을 어찌 형언할 수 있을까. 집의 정면은 동쪽을 향해 있었고, 떠오르는 태양 빛은 아주 가까운 산 정상에 쌓인 눈에 반사되어 오색찬란하게 빛나면서 진한 붉은색과 노란색이 파란 하늘과 어우러졌다. 다채로운 야생화에 서린 이슬방울도 햇빛을 받아 반짝이고 있었다. 진정 신선들만 누릴 법한 절경이었다.

아침 식사로 야크 스테이크와 달걀부침, 보리빵, 신선한 버터를 먹었다.

내 벗은 이렇게 말했다. "시간을 조금도 허비하지 않을 걸세. 질문을 까먹지 않도록 모조리 적어놓게나. 차차 다루어야 하니까."

그 말대로 나는 많은 질문을 정리해놓았다. 그런데 내 벗과 지내는 동안 따로 묻지 않았음에도 질문들에 대한 답을 빠짐없이 받았다!

예전에 그가 툭 던진 말이 섬광처럼 번쩍였다. "그것이 참이든 거짓이든 그다지 중요한 건 아니지 않나?" 이제 나는 내가 티베트에 오기 전에 내 마음에 품고 있던 것들은 나나 다른 사람이 지어낸 정신적 개념에 불과함을 알았다. 그때 이후로 많은 작업을 한 덕분에 내 마음은 완전히 새로워졌다. 이제 나는 마음속에 있는 것이 실재가 아니라 실재를 위조한 것에 지나지 않음을 이해했기 때문이다.

4장

❖ ❖ ❖

우리는 현관문을 열고 홀에 있는 탁자에 앉아 정면에 놓인 웅장한 산들을 바라봤다. 이제 나는 우리 본업에 착수할 준비가 되어 있었다.

내 벗은 나를 보며 이렇게 말했다. "나는 자네 마음을 관념들로 채우려는 것이 아니야. 그러면 실재를 드러내는 데 도리어 방해가 될 뿐이니까. 자네는 온갖 요가 수행법을 거쳐왔고, 심령 능력에 대한 지식도 상당히 많이 쌓아왔지. 그러나 이제 우리가 할 일은 완전히 다른 성질의 것이라네. 그것을 편의상 '그리스도의 요가'라고 부르겠네. 이름에 별 의미가 있어서가 아니라 나중에 접할 다른 사람들을 위해서 이름을 붙이는 것뿐일세.

가장 먼저 시간이라는 주제부터 아주 철저하게 이해해야 하네. 시간이란 존재하지 않는다는 내 말은 사실이야. 사람의 마음속에만 시간이 존재할 뿐, 실재 안에서 시간이란 존재하지 않아.

그런데 우리가 이 세상을 살아갈 때는 일상의 시간 체계가 꼭 필요해. 며칠이냐, 몇 번째 주냐, 무슨 달이냐, 몇 년이냐 등등 말이지. 이런 시간은 서로 약속을 잡을 때 요긴하거든. 이런 시간마저 부인한다면 열차 시간, 배 시간에 맞춰 도착할 수도 없고 회사에서 업무를 볼 수도 없을 거야. 이런 시간을 물리적인 시간이라고 칭하세. 이와는 다른 종류의 시간도 있는데 그것은 마음의 시간, 심리적 시간이라고 부르겠네. 마음의 시간이란 과거와 미래, 기억과 생각, 자신이 곧 자유로워질 것이라는 믿음 등을 가리키지. 자, 우리가 반드시 이해해야 할 시간은 바로 심리적 시간이라네. 심리적 시간을 이해하지 못하면 실재를 깨닫기가 불가능하지. 실재, 초시간적인 그것은 시간을 통해서는 절대로 깨달을 수 없기 때문이야.

기억은 시간 속에 존재하네. 자네 생각도 시간의 결과이고, 자네 경험도 시간의 결과일세.

기억이란 대체 무엇이겠나? 기억은 시간 속에서 자네가 겪은 경험의 결과이지. 다른 이들이 들려준 것들, 자기의 생각, 자기의 믿음, 자기의 마음을 구성하고 있는 전부, 이것이 바로 심리적인 시간이야.

자네는 진리를 원하지만, 진리는 시간의 결과가 아니며 관념이나 믿음이나 시간을 통해서는 깨달을 수 없다네. 이것들은 죄다 진리를 깨치는 것을 방해할 뿐이야. 이런 것들이 진리를 가리고 있는 동안은 진리가 들어설 수 없어. 방해물을 걷어내고 시간에서 자유로워질 때 비로소 진리가 나타난다네.

내가 자네를 칼림퐁에서 만났을 때 가장 먼저 가르친 주제는 명상이었지. 진리를 탐구하는 데 지극히 중요한 내용이라 오늘 아침에는 명상을 다시 다뤄볼 걸세. 올바른 명상법은 이 일에 필수적이지만, 이 방법을 제대로 아는 사람은 극히 드물어. 내가 자네에게 요가에 대해 처음 가르칠 때 한 관념에만 집중하고 나머지는 모두 배제하는 방식의 명상법에 대해 언급한 적 있었는데, 이런 방식으로는 진리를 절대 드러내지 못함을 증명해주겠네. 그렇게 접근해도 무슨 결과가 나오기는 하겠지. 하지만 진리는 그런 결과가 아니야. 그 결과 역시 정신적 개념에 불과할 뿐 진리는 아니야. 무슨 말인지 알겠나?"

나는 답했다. "네, 잘 이해하고 있습니다."

그는 이렇게 말을 이었다. "올바른 명상이 무엇인지 알아내려면 사고 과정 전체를 이해해야 하네. 자네의 생각은 자네가 알고 있는 것의 결과야. 모르는 것에 대해서는 생각할 수 없어. 그렇다면 자네 생각은 마음의 테두리, 마음이 알고 있는 테두리 안에 갇혀 있는 것이고 자네 생각 역시 정신적 개념이거나 결론에 불과하다네. 하지만 그것은 진리가 아니지. 무슨 말인지 알겠나?"

"네, 분명히 이해했습니다. 진리는 결론이나 관념이나 그 어떤 정신적 고안물도 될 수 없습니다. 이것들은 제가 지어낸 것이기 때문입니다. 하지만 진리는 지어내지는 것이 아닙니다. 진리는 지금 존재하고, 시간에 종속된 것이 아니며, 시간은 진리를 드러낼 수 없습니다. 우리는 지금 존재하는 그것을 만들어내지 못합니다. 그것에 대해 짐작은 할 수 있겠지만, 짐작은 짐작일 뿐 진리가 아닙니다."

그가 말했다. "맞네. 지금 나는 자네가 자신을 이해하도록 일깨워 주고 있는 걸세. '자신'을, '자아'를, '나'를, 뭐라고 칭하든 그것을 이해하지 못한다면 진리는 드러날 수 없기 때문이야. 자신, 즉 기억, 생각, 마음에 속한 다른 모든 것들이 먼저 끝나야 비로소 실재가 경험된다네.

집중하는 방식으로 명상을 할 때, 생각들이 정처 없이 방황하면서 항상 갈등이 일어난다는 사실을 자네도 알아차렸을 거야. 따로 곱씹을 중심 생각이나 관념을 선택했기에 그런 거지. 하지만 그것은 사실상 배제하는 일이기도 하네. 그때 자네는 중심 생각을 제외한 나머지는 모두 배제하고 있는 거니까. 그렇게 하면 실재를 찾을 것이라고 생각하지만 그건 불가능해. 자네 마음은 방황을 되풀이할 거야. 자네는 자신이 선택한 중심 생각에 계속 마음을 집중하기 위해서는 끊임없이 투쟁을 해야 한다는 사실을 알아차리게 될 거야. 집중이 마음에 도움이 안 된다는 뜻은 아닐세. 진리를 깨닫는 일에 관한 한 잘못된 접근법이라는 거지. 그러므로 올바른 결과를 얻으려면 시작부터 올바른 방법을 사용해야 해. 그 둘은 하나이기 때문일세. 그렇지 않겠나?"

나는 답했다. "네, 분명히 이해했습니다."

그는 이렇게 말했다. "지금 내가 말하고 있는 내용을 놓고서도 관념을 지어내지 말아야 하네. 마음이 작동하는 과정 전체와 마음이 어떻게 관념을 형성하는지 이해하는 것은 꼭 필요한 일이야.

자, 다시 시작하세. 집중할 중심 생각을 택하는 이유가 무엇일까? 보상이 생길 것 같아서 그러는 것이 아니겠나? 그래서 그 생각을 곱씹게 되는 거지. 어떤 결과를 바라는 거라네. 하지만 진리는 결과가 아니야. 그러므로 집중은 올바른 수단이 아닐세.

마음을 들여다보면, 자신이 선택한 생각과 표현되기 위해 꿈틀대는 다른 생각들 사이에 마찰이 지속되고 있음이 보일 거야. 다른 생각들은 묵살하면서 한 생각에 계속 집중할 수도 있겠지. 하지만 그렇게 해서 진리를 드러내는 데 성공한 적이 과연 있었던가? 이 생각은 옳다, 저 생각은 그르다고 구분해봤자 소용없어. 마음이 왜 배회하는지 그 이유를 밝혀내야 한다네. 마음이 왜 배회할까? 그 이유를 말해보겠나?"

나는 이렇게 답했다. "대부분의 생각들을 온전히 이해하지 못해서 그렇습니다. 생각은 저마다 나름의 중요성과 가치와 숨겨진 의미 등이 있어서 잡초처럼 계속 솟아납니다. 그런데 이를 잊어버리려고 애를 쓸수록, 도리어 잘 자라라고 거름을 주는 셈이죠. 팔팔 끓는 주 전자의 뚜껑을 누르고 있는 것과도 같습니다."

그는 이렇게 답했다. "어느 정도는 이해했지만 아직은 완전한 대답이 아니야. 각각의 생각이 일어날 때, 편견과 두려움을 내려놓고 부인하거나 단죄하거나 저항하지 않고 그 의미를 밝히면서 바라볼 수 있다면, 그것들은 다시는 떠오르지 않을 거야. 이미 끝나버렸으니까 말일세.

마음속 생각은 실재에 영향을 미칠 수 없어. 실재는 마음 너머에 있기 때문이지. 이것을 이해할 때 자네는 마음을 풀어주게 될 거야. 해방된 마음은 고요해지고 이 고요 안에서 실재가 드러나지. 실재는 마음속에서 만들어지는 것이 아니라 마음 너머에 있다네. 실재가 들어서기 전에 마음은 반드시 고요에 들어야 하네.

그러므로 생각을 통제하거나 제한하지 않고 이해하는 것이 이 일의 관건일세. 하지만 저항을 통해서는 이해할 수 없어. 집중은 드러내는 과정이 아니라 마음을 편협하게 만드는 과정이야. 드러내는 과정만이 마음을 해방하지. 대부분의 사람들은 스스로를 고립하는 과정을 명상이라고 일컬어. 하지만 고립은 스스로를 보호하는 것이고, 스스로를 보호하는 마음은 분명 두려움에 떨고 있는 거야. 자, 어떻게 해야 두려움으로 가득한 마음이 두려움을 내려놓고 스스로를 실재에 열 수 있을까?

자네의 정신적 창조물들을 조사하고 이해한다면, 그것들이 자네 생각과 기억과 경험의 결과임을 이해하게 될 걸세. 그러니 생각하는 자와 그의 생각은 결코 분리될 수 없어. 하나는 다른 하나의 산물이지. 생각하는 자와 그의 생각이 분리되어 있지 않음을 분명히 이해할 때 자네는 자유를 찾게 될 거라네. 그 둘은 자네의 창조물이기 때문이지. 생각과 생각하는 자 사이의 싸움도 더 이상 존재하지 않게 될 거야. 둘의 싸움이 모든 정신적 갈등의 원인인데, 이를 인식할수록 마음은 고요해지고 더 이상 생각과 생각하는 자 사이의 갈등은 존재하지 않을 거라네. 대신 사고의 모든 과정에 대한 이해만이 남게 되고, 이것이 바로 자기 인식일세. 내 말이 잘 이해되나?"

나는 말했다. "네. 마음에게 침묵을 강요하지 않을 때 마음은 고요해집니다. 마찰이 끝났기 때문입니다. 마음은 기지의 것 안에서만 살아가고, 기지의 것은 결코 미지의 것을 드러낼 수 없습니다. 마음은 스스로 자신이 알 수 없음을 알 때 수다를 멈추고 마음 너머에 있는 것에 자신을 활짝 엽니다. 또한 저는, 좁은 마음은 사소한 마음이고, 그 마음이 신에 대해 품고 있는 관념 역시 자신의 조건에 따라 똑같이 사소함을 이해했습니다."

그는 이렇게 말을 이었다. "지금 마음이 갈등에서 자유로워지고 있지 않은가?"

"네, 전에는 느껴보지 못한 고요가 자리하고 있습니다.

그는 이렇게 말했다. "글쎄. 진리는 시간의 문제가 아니야. 진리는 지금이 아니면 결코 존재하지 않는 거라네. 마음이 고요를 강제받지 않고 스스로 고요해질 때 이것을 깨닫게 되지. 고요를 강제하면 마음이 갈등에 처할 것이나, 마음이 그 자신을 이해해서 스스로 고요해지면 진리가 '존재한다네.' 그때 생각과 생각하는 자, 경험과 경험하는 자의 이원성은 존재하지 않아. 오직 경험만이 있을 뿐이며, 그 안에는 이원성도 저항도 없네. 이 상태를 예수께서는 이렇게 표현하셨네. '내 안에 항상 머무르시는 분은 아버지이시다. 아버지께서 일을 하고 계시며, 나는 아무것도 아니다.'

어쩌면 고차원적 논리로 접근할 수도 있겠지. 예컨대 신은 본성상 무한하시다, 신 바깥에는 아무것도 존재할 수 없다, 신은 모든 곳에 계실 수밖에 없다, 신 말고 다른 실체란 없다, 신의 생명 말고 다른 생명이란 없다, 신에게서 떨어진 창조성이란 존재할 수 없다, 그러지 않으면 신은 무한할 수 없다는 식으로 말이지. 하지만 이런 추론도 반드시 멈춰야 하네. 마음이 이 지식에 대해 확신을 가지려고 애쓰고 있다는 바로 그 점 때문에 그렇다네. 이때 마음은 여전히 궁리하고 있는 것이니까 말일세. 이런 시도가 이롭지 않다는 말은 아니지만, 마음 너머에 있는 진리를 드러내지는 못해. 가장 높은 차원의 생각이라 할지라도 멈춰야 하네. 생각은 진리를 절대로 드러낼 수 없으니까.

그러므로 자신을 이해하는 과정이 바로 명상의 시작이야. 다른 기법이나 자세나 호흡법 따위는 중요하지 않다네.

자신을 모른다면, 즉 마음을 모른다면 자네가 무슨 생각을 하든지 거기에는 아무런 실재성도, 기반도 없을 거야. 무슨 말인지 알겠나?"

"네, 이제 분명히 이해했습니다."

"자, 자신을 알기 위해서는 스스로를 압박하거나 단죄하거나 정당화하지 않고 순간순간 부단히 알아차려야 해. 현상을 그저 있는 그대로 보는 수동적인 경계심을 품는 거야. 그러면 아무런 문제도 없어. 문제의 존재 자체가 사라지니까. 왜냐하면 자네의 마음만이 문제이기 때문이지. 실재는 아무 문제가 없어. 혼돈에 빠진 사람의 마음만이 문제가 있을 뿐. 혼돈이 그치면 문제는 존재하지 않는다네. 실재만 존재하고 나머지는 모두 허상이야. 이 완벽한 평온 속에, 가슴과 마음의 고요 속에 실재가 존재하지. 이것이 그리스도의 요가일세. 이것이 곧 아버지이시며, 오직 그분만이 실재이시지. 아버지의 손길은 폭넓고 광대하며 무한하고 완벽하네.

명상을 하는 데는 '아무' 방법도, '아무' 체계도 필요 없어. 그런 것은 정형화된 양식을 만들어버리거든. 하지만 진리는 그런 양식이 아냐. 자유를 결과로 누리려면 시작부터 자유를 수단으로 삼아야 한다네. 이제 혼자서 한 시간 정도 마음에서 일어나는 생각들을 하나하나 식별해보게나. 그러면 자신을 이해하게 될 걸세."

나는 명상을 하면서, 마음이 결코 진리를 드러낼 수 없음을 분명히 이해했다. 그러자 마음은 더 이상 동요되거나 무슨 결과를 얻겠다고 분투하지 않았다. 그런 뒤 나는 실재가 지금 존재한다는 것을 알았다. 실재는 시간의 문제가 아니었다. 영원은 지금 존재했다. 나는 마치 내가 미지의 것을 표현하고 있는 것처럼 느꼈다. 사실, 감각은 종종 내게 방해가 되었고 필요 없는 것이기도 했지만 이때 나는 내가 누워 있던 소파로부터 몸이 떠오르는 듯한 느낌을 받았다.

그때 나는 진리는 즉각적인 것이고, 시간의 문제가 아니며, 모든 시대의 모든 사람의 기억을 모은다고 해도 기억이 실재를 드러낼 수 없음을 알았다. 나는 나의 모든 진화 과정과 모든 추구가 실재를 드러낼 수 없음을 알았다. 그런 한편으로, 나는 실재가 '지금' 존재한다는 것도 알았다. 시간이 사라졌기 때문이다. 시간이란 내 마음의 산물이었고, 내 마음은 시간의 산물이었다. 온갖 고상한 말과 관념을 다 배우더라도 실재를 드러낼 수는 없었다. 진리는 마음의 모든 양상과 높낮이를 넘어서 있는 것이기에, 마음이 무엇을 생각해내더라도 그것은 실재일 수 없었다. 마음이 조잘댐을 그칠 때에만 그 침묵 속에서 내 생명(Livingness)이 드러났다. 오직 실재만이 내 생명이었고, 이 생명은 기억이나 관념이 아니었다. 나는 그것이 무엇인지는 몰랐으나 그것이 존재함은 알았다. 그것을 알기 위해서는 시간의 틀에 맞춰야 할 것인데 이는 불가능했다. 그때 나는 주 예수를 이해할 수 있었고, 그가 비유로 말씀하신 까닭도 이해했다. 다른 이들에게 실재를 드러내는 것은 예수조차 할 수 없는 일이었기 때문이다. 모든 이는 각자 자기 힘으로 실재를 찾아내야 한다.

이것이 그리스도의 요가, 가장 위대한 요가였다. 이제 나는 어떤 일도 내 뜻대로 하지 않는다. 자아는 사라졌고 더 이상 실재에 방해가 되지 않았다. 유일한 실재이자 영원하신 아버지, 그분이 몸소 일하시고 계셨다. 모든 문제를 있는 그대로 보는 것, 이것만이 모든 문제를 해결하는 유일한 길이었다. 문제는 문제의 수준에서 해결될 수 없기 때문이다. 그런 시도는 도리어 더 많은 문제를 일으킨다. 진정 필요한 일은 원인을 제거하는 것이며, 그 원인이란 지위와 권력을 움켜쥐려는 욕망과 탐욕과 음모로 가득한 자아이다. 자아는 분리라는 토대 위에 존재하며, 분리는 우리의 모든 문제를 영속시키고 증가시킨다. 자기 자신을 들여다본다면, 자신이야말로 문제의 근원임을 알게 될 것이다. 우리는 모든 것을 비난하고 모든 사람을 비난하지만 정작 자신은 쏙 빼놓는다. 하지만 우리는 우리가 처한 조건에 대해 책임이 있다.

터전을 파괴하고 사람들을 죽이고서, 먹을 것과 입을 것을 주고는 문제를 해결했다고 여기는 것은 큰 착각이다. 자신이 벌이고 있는 일을 분명하게 인지할 때 비로소 문제가 사라진다. 우리 자신이 곧 문제이다. 그러므로 자아의 기억, 경험, 탐욕, 욕망, 믿음, 관념, 이상,

자아가 원하는 것과 원치 않는 것을 중심으로 생각하는 데 그치지 않고, 그것들을 있는 그대로 바라보고 자아와 함께 이해할 때, 문제의 원인인 자아는 스스로를 이해하게 된다. 실재는 문제가 없다. 사람만이 문제가 있을 뿐이다.

+ + + + +

소파에서 일어나보니 점심시간이었다. 나는 한마디도 할 필요가 없었다. 내 벗은 이미 내게서 이전보다 더 밝아진 빛을 직접 보고 내 상태를 알고 있었다. 이제 나도 예수께서 "사탄아, 내 뒤로 물러나라"라고 말씀하실 때처럼 의식적인, 깨어 있는 상태에 있었다. 이 사탄은 자기 바깥에 존재하는 신학적 잡탕이 아니라 항상 전면에 나서기를 원하는 자아라는 사탄이었다. 그래서 자신을 들여다보고 깨어 살핀다면, 항상 앞에 나서기를 원하는 것이 자아임을 알게 될 것이다. 그러나 자아를 이해하고 나면, 자아로부터의 해방이 찾아온다. 그 전에는 찾아오지 않는다. "사탄아, 내 뒤로 물러나라." 다른 말로 하자면, 나는 아무것도 아니고 오직 아버지만이 실재한다. 자신을 속이는 것은 바로 자아이며, 여기에는 의심의 여지가 없다.

나는 아무런 말도 하지 않았다. 내 벗의 지혜는 완전했으며, 나는 자유를 만끽했다. 이 자유는 어떤 자극이나 자기 최면의 결과가 아니라 이해를 통해서 오는 자유였다.

점심을 먹고 나서 우리는 등산화를 신고 바로 앞에 있는 니블룽 리충Nyiblung Richung이라는 산봉우리에 딸린 계곡으로 올라갔다. 이 계곡의 빙하는 몇 킬로미터 이내에 있었다. 꽁꽁 얼어붙은 이 거대한 얼음 강이 미끄러지면서 내려가는 굉음을 들을 수 있었다. 빙하의 끝에 다다르자 말 한 마리도 너끈히 빠질 만한 크레바스[*]가 입을 크게 벌리고 있었다.

많은 산들이 잠사르를 에워싸고 있었다. 내 벗은 6,100미터에서 7,300미터에 이르는 다양한 봉우리들을 하나하나 가리키면서 그 높이를 알려주었다.

이곳 자연은 꾸밈없이 전부 아름다웠다. 서구인 중 그 누구도 본 적 없는 자연의 미였다. 예수는 들에 핀 백합을 보고 이렇게 말했다. "온갖 영화를 누린 솔로몬도 결코 이 꽃 한 송이만큼 화려하게 차려 입지는 못하였다."

내 벗은 주변 산들을 등반했던 경험을 좀 들려주었다. 그는 성취감을 느끼면서 최적의 등산 경로를 설명했다. 그동안 나도 등산을 많이 해봤기 때문에 그 느낌을 잘 알았다.

전에 내가 남알프스(Southern Alps) 산맥을 등산했을 때 일이 기억난다. 빠르게 하산하겠다고 다른 길로 가다 보니 낭떠러지에 이르렀다. 그렇게 몇 시간을 허비하면서 나는 다른 사람들까지도 걱정하게 만들었다. 이런 난관에 부딪힐 때의 당혹감은 직접 겪어봐야 이해할 수 있다.

나는 "저 봉우리는 높이가 얼마나 되나요?"라고 물었다.

내 벗은 "7,000미터일세"라고 답했다.

나는 이렇게 물었다. "혹시 나중에 우리도 저기를 올라갈 수 있을까요?"(등산에 대한 내 열정이 다시 불붙기 시작했다.)

---

* crevasse: 빙하가 갈라져서 생긴 좁고 깊은 틈. (두산백과)

"아냐. 저 봉우리 정상에 오르는 데 성공한 사람은 아무도 없다네. 몇몇이 시도했었지만 수포로 돌아갔지."

그는 이제껏 모든 시도를 좌절시킨 드높은 산봉우리에 도전해보겠다는 표정을 지으며 "어쩌면 나중에 한번 해볼 수도 있겠지"라고 답했다.

산에서 내려오는 내내 그 봉우리에 도전하고픈 마음이 내 안에서 계속 솟구쳤다.

나는 이렇게 말했다. "제 카메라에 6인치 망원렌즈를 장착해 사진을 여러 각도로 찍어봐야겠어요. 혹시 발 디딜 곳을 찾아낸다면 버섯 모양 봉우리 위에 오를 수 있을 것 같습니다."

나는 내 벗의 야외 망원경으로 버섯 모양으로 생긴 산 정상을 확인했다. 저 부분을 통과하는 것이 우리 앞에 놓인 난제였다.

그는 이렇게 말했다. "바로 저 부분 때문에 이제껏 다들 실패했던 걸세." 이 말을 듣자 더더욱 꼭 시도해봐야겠다는 생각이 강해졌다.

독자 여러분도 눈만 감으면 산이 어른거릴 정도의 충동을 느껴본 적이 있을지 모르겠다. 산 정상에 오르고픈 마음에 일단 불이 붙으면 결국 몇 번이고 시도하게 된다.

그날 저녁 우리는 해가 질 무렵 거처에 도착했고, 앉아서 빛깔의 변주를 지켜봤다. 우리는 해를 등지고 산을 똑바로 바라봤다. 해가 기울면서 분홍빛 구름이 점점 어두워지더니 나중에는 진한 자줏빛을 띠었다. 색의 변화는 매혹적이었다. 계곡에 구름이 모이기 시작하더니 천천히 산을 아래부터 덮었고 나중에는 눈을 인 정상만 남았다. 산 정상은 햇빛을 받아 온갖 무지개 빛깔을 흩뿌리고 있었다. 구름이 산을 잠재우듯 정상마저 이불처럼 포근하게 덮어주는 동안 하늘은 검푸른색으로 변해갔다. 별들이 나타나기 시작하더니 캐노피에 박힌 다이아몬드처럼 반짝였다.

우리는 저녁 식사를 정말로 맛있게 먹었다. 계곡을 오르면서 배가 고프기도 했고 신선한 공기가 입맛을 돋우어주기도 했기 때문이다. 그런 뒤 내 벗은 전에 찍은 다양한 등산 사진을 보여주면서 자세히 설명해주었다. 그 사진들은 참으로 근사했다. 나도 여러 해 전에 내가 찍은 사진들을 보여주고 싶었지만 당장에 없는 것이 아쉬웠다.

한 시간가량 지난 뒤, 나는 그의 말을 더 듣고 싶은 마음에 오늘 저녁에 더 작업을 할 것인지 물어보았다. 그랬더니 그는 아니라고, 오늘은 할 만큼 충분히 했다고 말한 뒤 이렇게 말했다. "내일 아침에 자네가 원기를 회복하면 작업을 다시 시작하세."

우리 사이에는 진정한 친밀감이 있었다. 대화를 하든 침묵을 하든 부적절해 보이는 순간이 하나도 없었다. 대부분의 사람들의 경우, 가장 가까운 관계에서조차 불편한 순간들이 있다. 그러나 여기서 느끼는 조화는 이제껏 경험한 모든 조화를 뛰어넘었으며 그와 지내는 내내 한결같았다.

내가 바라는 것은 무엇이든 준비되고 무엇이든 이루어졌다. 그의 바람과 나의 바람은 일치했다. 그의 지혜는 내게 큰 기쁨이었다. 그는 나를 부드럽고 평탄하게 이끌었고, 나는 점점 더 그를 사랑하고 그의 심오한 이해에 경탄하게 되었다. 우리는 쌍둥이 영혼이었고, 그에게 이런 생각을 말하자 그는 "그래서 내가 자네를 택한 거야"라고 답했다.

나는 이렇게 말했다. "저에게 참으로 놀라운 경험입니다."

이토록 위대한 현인의 지혜를 배울 수 있음은 진정 크나큰 특권이었으나, 그는 항상 자신과 내가 동등하다고 느끼게 해주었다.

　나는 물러나 잠자리에 들었고, 해가 솟아오를 때마다 울리는 공
소리가 날 때까지 푹 잤다.

5장
❖ ❖ ❖

아침은 매일매일 달랐다.

밤새 계곡에는 비가 내렸고 산에는 눈이 더 쌓였다. 신선한 바람이 엷은 안개를 후후 불어내고 있었고, 햇살이 그 틈새를 엿보기 시작했다. 이곳 산이 훨씬 더 크고 험하고 경치가 웅장하다는 것만 빼면 스코틀랜드 고지대에서 맞는 아침과 비슷했다.

내 벗은 이미 마을에 내려가 있었다. 그는 마을 사람들에게 든든한 언덕과도 같았다. 마을 사람들은 모두 그에게 도움과 조언을 청했다. 참으로 복 받은 사람들이었다.

나는 계단을 올라오는 그에게 이렇게 말했다. "오늘은 하루를 일찍 시작하셨네요."

그는 이렇게 답했다. "그렇게 됐네. 오늘 새벽 3시경에 촌장 부인의 사내아이를 받느라고. 산모와 아이 둘 다 건강하네. 이틀이면 산모도 기력을 다 회복할 걸세."

그의 이런 모습은 처음이었고 무슨 일이든 척척 해내는 능력에 절로 감탄이 나왔다.

"주변에서 보이는 아이들은 거의 다 내가 받았어. 그래서 이제 애를 받는 데 전문가가 다 됐지. 아침은 들었나?"

나는 이렇게 답했다. "아직요. 이제 막 일어나서, 면도하고 씻고 연못에 몸을 좀 담갔습니다."

연못은 온천에서 나오는 물로 꽤 따뜻했다.

"실은 벗님을 기다리고 있었습니다. 어디 가셨는지 궁금했습니다."

"그랬군. 오늘 새벽 2시부터 일을 했다네. 그러다 방금 마을에 다시 내려가서 별일 없나 둘러보고 오는 길인데 모든 것이 완벽해."

"티베트는 영아 사망률이 꽤 높겠어요."

"맞네. 하지만 이 지역은 그렇지 않아. 영아가 사망한 일은 이제껏 거의 없었다네."

"돌아다니는 아이들의 숫자만 봐도 수긍이 갑니다. 이게 다 벗님의 치유와 사랑 덕분이겠죠."

칭찬과 감탄을 멈추려는 양 그는 "아침을 들게"라고 말했다.

항상 그는 모든 이 안에 신의 영이 거한다는 사실을 내게 일깨워주었다. 그러나 대부분의 사람들 안에서 이 사실은 교리나 믿음이나 마음의 흥밋거리로 덮여 있었다. 그는 이렇게 말했다. "자네가 이해하기만 한다면, 자네는 내가 하는 일은 물론이고 앞으로 더 큰 일도 하게 될 거야. 약 2,000년 전에도 비슷한 말씀이 있었지만 사람들은 크게 나아지지 않았어. 그 주된 이유는 눈먼 이들을 따라 하고 있어서야.

그 어떤 형상도 숭배하지 말아야 해. 그리스도를 상징한다는 사람 모형도, 돌과 나무로 만든 상징조차도 숭배해서는 안 된다네. 그런 형상은 감언이설로 통제하면서 착취하는 거짓 선지자들의 도구로 전락하고, 사람들은 내면의 그리스도에게서 멀어지고야 말 것일세. 사람들은 이 속박 상태를 알아차려야만 여기서 자신을 해방할 수 있어."

잠시 침묵이 흘렀다. 나는 침묵을 깨고 이렇게 말했다. "오늘 아침으로는 우유 한 잔이 딱 좋겠습니다."

"물론이지. 바로 준비하겠네."

야크젖은 유지방이 풍부하고 크림이 일품이다. 보통 거기서 아침을 먹을 때 나는 야크젖을 함께 마시곤 했다. 하지만 이날 아침에는 야크젖 한 잔이면 충분했다.

아침 식사를 마친 뒤, 우리는 산이 정면에 보이는 홀 앞쪽으로 이동했다. 이 장관 앞에 있노라면 항상 정신이 맑고 또렷해졌다.

그는 "오늘 아침에는 희망을 다뤄보겠네"라고 말한 뒤 친숙한 목소리로 이렇게 시작했다. "희망은 사실 불안한 상태야. 불완전한 상태에 놓일 때 사람은 희망에 매달리지. 예언자는 이렇게 말하지. '현명한 사람을 한 번 꾸짖는 것이 미련한 사람 백 대 치는 것보다 낫다.'* 현명한 자는 실수를 알아차리지만 아둔한 자는 실수를 반복하거든.

대부분의 사람들은, 사실 거의 모든 사람들은 외부의 안전을 추구하지. 그런데 외부에 불안이 있을 때는 어김없이 내부에도 불안이 있기 마련이야. 내부의 불안이 있을 때에는 외부의 불안도 반드시 따르기 마련이고. 내부는 항상 외부로 자신을 표현하기 때문이지. 이것을 이해하지 못해 인류는 희망이라는 철학을 발전시켜온 거야.

희망에 매달리는 사람은 살아도 사는 것이 아니라네. 현재 그에게는 '지금 존재하는' 무엇이 아닌 미래에 있을 무엇이 중요하기 때문이지. 그래서 희망 속에서 사는 사람은 결코 살아 있는 것이 아니야. 그때 그는 미래의 어느 곳에서 살고 있는 것이고, 미래 속에서 사는 것은 지금을 사는 것이 아니지. 지금이 유일한 실재이고, 지금이 유일한 순간이야. 어제나 내일을 살아갈 수는 없어. 만약 과거나 미

---

* 잠언 17:10

343

래 속에서 살고 있다면 그는 그저 마음속에서 살고 있는 것일 뿐이야. 환영에 불과한 시간 속을 살고 있다면 생명은 한갓 관념에 지나지 않을 걸세.

사람들 대부분은 대립의 관점에서 생각하지. 사람들은 동요되지 않는 상태를 추구하는데 왜 그러겠나? 이미 동요되고 있기에 그렇다네. 그러므로 자네가 그런 상태에 처하거든 왜 마음이 동요되는지부터 알아내야 해. 그러면 왜 희망에 매달리는지도 이해하게 될 걸세.

불확실하다고 느끼는 순간 사람들은 절망의 상태에 빠지고, 그 상태에서 희망의 철학을 계발하지. 하지만 희망의 실체를 이해하면, 절망과 희망 둘 다에서 해방될 거야.

사실 자네도 자신을 이해하기 시작하기 전에는 뭔가가 되지 못할까 봐 두려워하지 않았던가? 당시 자네는 생각과 생각하는 자가 따로 있지 않음을 알아보지 못했지. 그래서 생각하는 자와 생각을 따로 구분해서 바라봤고 그 결과 생각을 두려워했지. 하지만 이제 자네는, 생각이 생각하는 자를 창조하고 생각하는 자가 생각을 중심으로 사고하기 때문에 둘이 분리되어 있지 않음을 이해했네.

자네는 자신에게서 이 제약된 생각을 모두 벗겨내야 해. 그러려면 그것이 어떻게 생겨났는지 이해해야 하지. 제약된 생각은 어떻게 생겨나는 걸까? 한번 말해보겠나?"

나는 이렇게 답했다. "제약된 생각은, 유전되기도 하고 획득하기도 한 기억과 환경에 대한 반응에서 나옵니다."

그러자 그는 이렇게 말했다. "그렇네. 자아는 반드시 자신의 행동 양상을 식별해야 해. 자아와 생각은 하나로서 똑같은 것이기 때문이지. 이것을 이해하면 평온이 찾아오네.

자네는 이제 자아가 아무런 실재성도 없음을 이해할 거야. 자아란 끊임없이 투사되는 기억과 경험의 다발에 불과해. 그래서 자아는 자기 생각과 경험에 사로잡혀 있고 이것이 마음을 구성하지. 자네는 이 모두가 마음에 속한 것임을 이해할 수 있어. 이것을 알아보지 못하고 이해하지 못할 때 두려움이 생겨나지. 그리고 두려워할 때 희망을 찾게 되고. 이렇게 희망과 두려움은 마음 안에서 대립 쌍을 이루고, 늘 현존하는 실재는 드러날 수 없게 돼. 이 제약이 남아 있는 한, 살아 있는 현존(the Living Presence)을 깨달을 수 없을 거야.

이해를 통해서 과거와 미래가 현재 속으로 사라질 때 평온이 깃들고, 평온 속에 창조적인 활력인 실재가 자리하지. 창조성은 미래나 과거에는 결코 있지 않고 언제나 현재 안에, 지금 안에 있어. 그러니 철학에 빠지거나 희망을 품는 것은 얼마나 어리석은 일인가."

나는 이렇게 말했다. "네, 맞습니다. 지금 저는 제 마음이 변혁되고 있음과 제게 있던 두려움이 사라졌음을 알겠습니다. 저는 무엇이 옳고 그른지, 무엇이 영적인지 아닌지에 대한 관념을 무턱대고 물려받았습니다. 이제 저는 그것들이 모두 관념에 지나지 않음을 압니다. 전에는 하나는 받아들이고 남은 하나는 두려워하곤 했습니다. 하지만 영성이란 곧 사랑이자 지혜이자 친절입니다. 이것들은 갈등이 이해를 통해서 사라질 때에만 들어섭니다."

"그렇지. 자네는 결론의 벽돌로 자신의 주위에 방벽을 쌓아 올렸지. 그리고 이러한 결론들을 이해라고 불렀어. 하지만 이제 자네는 이런 상황이 진정한 의미에서의 이해를 방해한다는 것을, 도리어 자네의 제약 상태에 대한 이해를 방해한다는 것을 알았네.

그래서 자네는 두려움에 떨면서 종교 예식에 매달렸던 거라네.

예식을 통해 도망치려 했던 거지. 그 결과 더더욱 제약되었고. 결론의 벽돌들로 자기 주위에 벽을 쌓아 올려 스스로 갇히게 되었어. 자신이 만든 감옥에서 지내다가 감옥 벽을 허물기도 하고 다시 세우기도 하고, 비교하기도 하고 수정하기도 하고, 억압하기도 하고 새로 단장하기도 했지만, 그럴수록 혼란은 커져만 갔지. 사실 이 혼란은 두려움과 모순에 빠진 자아가 감옥에서부터 투영된 것일 뿐이야. 자아를 이해하고 자아가 겪고 있는 일들을 이해할 때 비로소 이 조건화는 사라진다네. 오직 이 방법을 통해서만 자아는 자신의 환영에서 스스로를 해방할 수 있어.

자아란 단지 기억과 경험과 제한과 믿음과 순응의 다발에 지나지 않아. 이것을 이해할 때 비로소 자아의 울타리에서 해방된다네. 자아가 자신이 왜 투쟁하는지 이해하고 나면 동요가 그치지. 그 평온 안에 영원하고 광범위하고 무제한적으로 일하는 실재가, 생명이 깃들지. 의식이 풀려나면 의식은 자신이 시간과 기억과 경험과 과거와 미래의 환영을 받아들였을 때를 제외하고는 항상 자유로웠음을 깨달아. 오직 현재를 살아갈 때에만 자유는 존재하지. 그러므로 이 환영을 순간순간 알아차릴 때, 그것은 본래 무無의 상태로 사라지네. 이 인식 안에 실재가 존재하고, 창조성이 들어선다네.

자아가 자기 감옥에 갇혀 있을 때, 자아는 바깥에 있는 신에게 기도한다네. 이것이 바로 신을 믿는 자들이 신을, 미지의 것을 절대 알 수 없는 이유이지. 대부분의 사람들은 자기 바깥에 있는 신을 믿기 때문에 절대 신을 알 수 없다네. 하지만 무신론도 믿음의 한 형태에 지나지 않기 때문에 그것 역시 미지의 것을 발견하는 데 방해가 돼. 믿음과 불신은 둘 다 조건에 따른 반응에 불과하기 때문이지. 믿음은 기지의 것의 결과이자 기지의 것의 일부야. 기지의 것은 곧 기억이고, 기억은 결코 미지의 것을 깨달을 수 없어.

그러면 기억은 '나는 신을 모른다. 신은 미지의 무엇이다'라고 말하겠지. 그렇게 기억은 미지의 것을 만들어내고는, 그것이 정말로 존재한다고 믿어서 그것을 경험하려고 한다네. 하지만 자네는 그것이 아무런 실체가 없는 정신적 조작에 불과함을 이해할 거야. 자신이 날조한 것들로부터 마음이 자유로워질 때라야 미지의 것은 발견될 수 있어. 그리고 이 발견은 외부가 아니라 내부에서 이루어지네."

나는 이렇게 말했다. "마음이 품고 있는 여러 결론은 이해를 가로막는 걸림돌임을 이제 알겠습니다. 그것들은 자아의 중심 이미지가 되고, 자아를 환영으로 사로잡아 눈멀게 합니다."

그는 이렇게 말을 이었다. "맞네. 결론과 자아는 분리되어 있지 않아. 이것을 이해하면 모든 결론이 툭 놓아지고 변혁과 해방이 찾아와. 그러면 마음은 무한정 유연해지고, 오직 이 무한정 유연한 마음 속에서만 실재는 발견된다네.

결론을 바탕으로 우리는 결심을 세우지. 하지만 결심은 어리석은 거야. 결심이란 욕망을 억압하는 것일 뿐이고, 억압이 있을 때 이해는 들어설 수 없어. 현재를 깨어 살피면 결심의 영향을 마음의 여러 차원에서 발견하게 될 거야. 자아의 행동 양상은 떡하니 드러나 있지. 마음은 고차원적이든 저차원적이든 어떤 선망을 품고 나면 그 선망에 묶이기 마련일세.

피상적인 선망뿐만 아니라 좀더 미묘한 정신적, 영적 선망조차도 내부의 창조성에는 방해가 된다네.

창조성은 존재의 어떤 상태이며, 이 상태는 사고의 결과가 아니라네. 이 상태는 거짓인 것들을 이해할 때 일어나는 변혁의 결과일세.

자신이 놓인 상황과 자신과 관계 맺은 사람들 속에서 자신의 반응을 지켜본다면, 우리는 자아가 무엇으로 구성되어 있는지 인식하게 될 거야. 각각의 반응마다 기억이 있고, 두려움이 있고, 허영심이 있고, 탐욕이 있고, 저항이 있고, 수용이 있고, 믿음이 있고 등등이 있네. 자신의 관계 속에서 이러한 반응들을 지켜본다면, 자신이 무엇인지 이해하게 될 거야. 자기가 무엇인지 아는 것이 자기 인식이고, 이것만이 자유로 통한다네.

이 인식을 품은 채 깨어 살핀다면, 자신을 단죄하거나 두려워하거나 판단하지 않고 있는 그대로 보게 될 거야. 그러면 마음이 어떻게 구성되어 있는지 이해하게 되네. 그리고 창조되지 않은 실재가 들어서고, 아버지께서 일하시지. 아버지는 모든 창조 배후에 계신 유일 지성이시며 현재 속에서 모든 곳에 항상 계신다네.

지금 자네 마음을 들여다본다면, 자신이 다른 이들의 생각에 의해, 또 종교와 정치와 경제 분야의 탐욕스러운 지도자들에 의해 어떻게 조건화되고 영향을 받았는지 이해할 수 있을 걸세. 이 모두는 진리의 도구가 아니야. 오히려 정반대이지. 유일하게 창조적인 실재를 발견하기 위해서는 그런 세세한 영향들과 그에 대한 자신의 반응을 꼭 알아차려야 하네."

그때 나는 그의 지혜를 이해할 수 있었다. 나는 진정한 영향력은 오직 자유로운 영의 영향력밖에 없음을 이해할 수 있었다. 이제 나는 마음을 구성하고 있는 것들을 표현하는 대신 사랑과 지혜를 표현하고 있었고, 바로 여기에 올바른 사고의 엄청난 권능과 그리스도 요가의 비밀이 놓여 있었다.

"네, 이제 세상이 왜 이리 혼란스러운지 알겠습니다."

"맞네. 하지만 혼란을 없애는 작업의 출발점은 나와 자네일세. 원인을 바깥으로 돌려서는 안 돼."

나는 이렇게 말했다. "네. 과거가 현재에 더 이상 영향을 미치지 못하면, 그때에는 창조성만이 경험될 수 있습니다. 마음의 모든 모순과 한계와 더불어 마음을 이해하면 마음은 고요해집니다. 이제 마음을 넘어서 있는 것이 들어섭니다. 그러면 '나'는 무한한 '하나' 안에서 자신을 잃어버립니다."

그는 이렇게 설명을 이었다. "고요한 마음은 생명의 의미 전체를 깨닫는 데 필수적이야. 그런데 무엇인가 되고 싶은 바람, 어떤 결과를 얻고 싶은 욕망이 있다면 모순이 생길 수밖에 없고, 모순이 있는 곳에는 고요한 마음이 있을 수 없어. 그러므로 시간의 결과인 생각은 영원한 것을 절대로 깨달을 수 없고, 시간을 넘어서 있는 것을 절대로 알 수 없다네. 자네 생각의 본성 자체가 과거와 미래에 속한 것이기 때문에 그것은 살아 있는 현재를 충분히 자각할 수 없고, 또 그로 인해 지금 안에 담긴 사실을 완전히 알아차리지 못하는 거야. 시간의 산물인 생각은 자신의 대립 쌍을, 자신의 모순을, 자신이 직접 창조하고 있는 모든 문제를 제거하려고 애쓰기 때문이지. 생각은 그저 목적을 따를 뿐이야.

생각의 본질을 간파해서, 생각하는 자와 생각이 함께 끝이 나면, 바로 그때 실재를 깨닫게 되는 거라네."

나는 말했다. "물질적 수단이든 정신적 수단이든 소위 영적 수단이든, 그런 것들을 통해 행복을 추구한다면 결국 스스로 착취당하는 꼴임을 잘 알겠습니다. 이 상태는 내가 자초한 것입니다. 물질적 차원이든 정신적 차원이든 영적 차원이든 상관없이 자기 바깥에서 행복을 구할 때 저는 이 약탈자를 창조하는 것입니다. 이 약탈자는 자연의 변덕으로 난데없이 생긴 것이 아닙니다. 구하기만 할 뿐 절대 얻을 수 없는 물질적, 정신적, 영적 만족을 저 스스로 강박적으로 추구한 결과로 생긴 것입니다."

"그렇지. 전적으로 옳은 말이야. 그런데 거기에는 좀더 살펴봐야 할 미묘한 문제가 있다네. 사람들은 마음속으로 저항하고 있는 무엇인가를 갖고 있는데, 그것들은 그들이 '악(the evil)'이라고 부르는 자신들의 행동에 대한 결과이지. 어떤 이들은 악한 짓을 저지르는 사람들을 죽임으로써 악을 파괴했다고 생각하고 또 어떤 이들은, 자신들이 보기에, 이 사회의 악에 대해 책임이 있는 사람들을 감옥에 보내서 악을 없애려고 해. 그러나 그들은 악을 더하고 있을 뿐이야. 왜냐하면 그들은 자신들도 악을 창조하는 일에 한몫을 담당하고 있음을 알아보지 못하기 때문이지.

그른 방법으로는 결코 바른 행위를 확립할 수 없다네. 살인자를 똑같이 잡아 죽인다고 해서 평화는 오지 않아. 그냥 똑같이 살인자가 될 뿐이지. 집단과 국적과 종교와 사상에 따라 서로의 편을 가르는 한, 공격수와 수비수가 생겨나고 공수는 계속 전환될 거야. 자신이 그동안 무지와 전통과 습득과 이상과 추종을 통해서 어떻게 조건화되었는지를 알아보기 전까지는 평화와 자유가 절대로 들어설 수 없어.

악으로는 악을 이길 수 없고, 악에 맞서 행동한다고 해서 이길 수도 없는 법이라네. 그럴수록 더 많은 공격과 악을 낳을 뿐이지. 이 분열이 어떻게 생겨나는지 이해할 때에만 자신에게, 이 세상에 평화가 찾아올 수 있다네. 평화는 절대로 공격의 결과가 될 수 없어. 평화가 전쟁을 통해서 생겨나는 법은 없네. 전쟁의 원인들, 즉 공격성, 서로 다른 국적과 민족과 종교, 이 모두를 우리가 이해할 때에만 그것들은 사라질 것이고, 그런 후에야 평화는 찾아올 거야. 그러면 창조되지 않은 그것, 늘 현존하는 그것, 즉 사랑, 신, 평화가 들어설 거야. 평화는 자네가 창조할 수 있는 것이 아닐세. 사랑-평화는 세상이 생겨나기 전에도 존재했던 일치의 근본 원리이며, 지금 유일한 실재야. '내가 유일한 존재다. 나 말고 아무도 없다.'

영성은 모든 것을 포함한다네. 그 안에는 아무런 차이도 분열도 없고, 지위나 다른 무엇을 얻겠다는 바람 또한 없지. 무지의 그물에 걸리지 않으려면 모방과 전통, 그리고 자네보다 모르는 자들의 권위의 노예가 되기를 거부하면서 스스로 생각할 자유를 지켜야 하네.

세상의 관념은 이기심에 깊이 뿌리내리고 있어. 이기심의 온갖 미묘한 영향과 환영과 두려움과 모순의 온갖 잔뿌리를 뻗치면서 말이야. 사람은 무의식중에 두려움을 통해 행동하면서 무책임해지고, 그 결과 혼돈과 무질서의 수렁에 더욱 빠지고 말지.

이해와 조정을 통해 의식적으로 행동하면 순수한 사고로 이어지고, 이는 다시 순수한 행위로 통하며, 이 행위는 공격성과 이기심과 증오와 살인과 조금의 관련도 없지. 그제야 늘 지금에 머무르는 현존을 깨닫게 될 거야. 이 현존은 그 어떤 개인이나 집단이나 국가 안에서도 결코 자신에 맞서지 않는다네.

자네도 선과 악이 그 자체로 존재하지 않음을 이해할 걸세. 선악은 우리가 자기 행동의 결과를 가리키는 단어에 불과해.

이러한 행동들은 자신이 품는 생각의 특성에 따라 미리 결정되어 있고, 이런 생각은 속박된 자아의 무지로 인해 일어나는 거야. 그러므로 우리가 사는 세상의 슬픔과 갈등을 제거하려면 반드시 자아를 이해해야 해.

실재의 표현인 그리스도 의식을 방해하는 것을 알아차리는 일이 급선무라네. 이것이 자네가 세상에서 할 일이야. 사람을 계속 무지에 가두는 달콤한 말이나 관념을 전하는 일이 아니라 말일세. 믿음은 마음을 편협하게 하지. 모든 것을 있는 그대로 보고, 그것들이 어떻게 생겨나는지 이해할 때라야 마음은 속박에서 풀려난다네.

그 원인을 이해할 수 있는 깨끗한 마음, 비판과 적개심과 애국심과 종교 의례와 정치 술수로 흐트러지지 않는 마음, 어떻게 인류가 조건화되어 있는지 꿰뚫어 보는 마음, 이런 마음을 품을 때 그것들은 사라질 거야. 자유로운 마음에만 진정한 영감이 깃들지. 이것이 그리스도의 요가일세.

기도할 때 자신과 신을 별개로 여기지 말고, 외부에서 영감을 구하지 말게나. 자칫하면 분리의 환영 속에서 길을 잃게 될 테니. 하나의 생명만이 존재함을 알고, 형제자매에 깃든 이 생명이 자네 것임을 알게. 그 한 생명은 분열되어 있지 않아. 자네와 형제는 이 무한한 생명 안에서 서로 분리될 수 없네. 몸에는 심장, 폐, 간, 신경체계, 뼈, 팔다리 등과 같은 수많은 부위가 있지만, 그 모두가 한 몸을 이루고, 같은 피가 몸속 모든 장기에 흐르고 있지. 서로 다른 모든 민족도 한 몸의 모든 장기와 마찬가지이고, 한 생명이 품은 만유 역시 그러하네.

진리 안에서 그것들은 존재하지 않아. 진리가 존재의 전부이고, 진리는 결코 나뉘어 있지 않네. 분리는 사람의 마음이 지어낸 환상이야."

이것을 끝으로 그는 말을 멈췄고 나도 말없이 있었다. 달리 아무것도 할 수 없었다. 내 마음은 생각을 그쳤다. 나는 이미 듣는 법을 배운 상태였다. 이 듣는 법이란, 그가 말하는 내용을 들으면서도 생각을 지어내지 않는 것을 넘어서, 자신에 대한 이해를 통해서 변혁이 일어나게 하는 것이었다. 그때 나는 이 자기 인식이 지혜의 열쇠이고, 자기 인식 없이는 지혜도 있을 수 없음을 알았다.

할 말을 잊은 채 의식을 바닥부터 휘젓는 이야기를 들어본 적이 있는가? 그 내용을 그대로 기억하지는 못해도 삶이 송두리째 바뀐다. 내부에서 거대한 변화가 일어나고 형언할 수 없는 해방감이 찾아온다. 이것이 내가 내 벗의 말을 들을 때마다 느꼈던 늘 새로운 해방감이었다. 철석같이 따라다녔던 과거가 사라지고 있었다.

우리는 잠시 앉아 있었다. 그러나 당시 내게 시간이란 존재하지 않았다. 과거와 미래는 지금 안에서 사라졌고 지금이 유일한 시간이었다. 이 깊은 침묵 속에 실재가 있었다. 그 실재가 전부였고 하늘과 땅의 모든 권능이었다. 그 권능은 사랑이었다.

사람들은 현재에 살지 않기 때문에 희망이 더욱 중요해진다. 하지만 곰곰이 생각해보면, 희망은 항상 미래의 어느 시점에 있다. 그러나 미래는 오직 마음속에만 존재한다. 사람은 결코 과거도 미래도 아닌 항상 현재에만 살아 있다. 지금은 바로 이 순간 창조적이고, 순간순간 늘 새롭다. 그 안에서 기억은 사라지고 사랑이 유일한 실재가 된다.

아마 당신도 그런 경이로운 경험을 해본 적이 있을 것이다. 하지만 이미 지나간 그 순간을 잡으려 할 때는 '지금'인 이 순간을 결코 경험할 수 없다. 지나간 순간은 경험이요, 기억이다. 과거와 미래는 마음속을 제외하고 어디에도 존재하지 않는다. 지금은 바로 이 순간 창조적이며, 창조성은 매 순간 자신을 새롭게 한다. 그러므로 마음속을 제외하고는 과거와 미래는 결코 존재하지 않는다. 이것을 이해하면 시비와 분리와 국적과 교리에 대한 기억이 사라지고, 살아 있는 현재를 방해하는 것이 아무것도 남지 않는다. 살아 있는 현재가 유일한 실재이고, 유일한 실재는 곧 사랑과 지혜다. 이것이 모두의 아버지 하느님이다. 그리스도의 요가는 다른 모든 요가보다 위대하다. 그리스도의 요가는 모든 것을 포함하고, 모든 것이기 때문이다. 그리스도의 요가는 전부이고 지금, 오직 지금 존재한다!

신은 당신의 완전함 속에서 지금 존재한다! 지금! 신 홀로 존재한다!

이것을 깨달으면, 실재 안에 높낮이도 선악도 있을 수 없다. 이런 것들은 사람의 마음속에만 존재할 뿐이다. 이것이 스스로를 가둔 조건화이다. 이미지와 믿음과 관념과 구분과 어제와 내일 등등 마음이 지어내는 모든 것을 포함하여 마음 그 자체를 이해하려면, 자아의 창조물인 단죄와 판단 없이 자아 그 자체를 이해하려면, 반드시 그 전에 마음의 날조가 멈추어야만 한다. 마음이 곧 거대한 환영이자 그 환영의 원인이기 때문이다. 마음은 알지 못한다. 마음이 아는 것은 실재가 아니라 실재에 대한 관념에 지나지 않지만, 마음은 그것을 실재라고 믿는다.

신에 대한 관념은 신이 아니다. '신'이라는 말도 신이 아니다. 진짜 신은 영원하고, 자신의 완전함 속에서 늘 현존하고, 오직 하나다. 마음이 고요해질 때라야 이것을 경험할 수 있다. 마음은 자신의 한계를 자각하고서야 투쟁을 멈춘다. 그때 비로소 마음속에 존재하는 미래의 무엇이 아니라 지금에 있는 실재가 존재한다!

이것은 스스로 경험해야 한다. 다른 누가 대신해줄 수 없다. 교사나 구루 없이 홀로 걸어야 하는 길이다. 미지의 그것 안으로는 혼자만 들어갈 수 있다. 다른 방법이 없다. 이것이 내가 직접 경험하고 이해한 바다. 이것이 그리스도의 요가였다.

미지의 것을 경험할 때 교사는 방해물이 된다. 교사가 있을 때 학생도 있기 마련이다. 하지만 마음이 고요해지면 전자도 후자도 없고, 경험하는 자도 경험도 없다. 자아가 영원한 순간 속으로 사라지기 때문이다. 이런 말조차 부적절하다. 말은 결코 미지의 것을 드러낼 수 없다. 미지의 것은 외부가 아닌 내부에서만 드러날 수 있다.

진리는 이용될 수 있는 무엇이 아니다. 행위의 세상에서 어떻게든 이용하려는 생각으로 진리에 접근하는 순간 그것을 놓치게 된다. 진리와 내가 분리되어 나 따로, 진리 따로 있게 된다. 하지만 그런 것은 진리일 수 없음을, 진리에 대한 관념에 지나지 않음을 이해하면 그때 비로소 진리가 들어선다. 진리를 삽이나 곡괭이처럼 도구로 이용할 순 없다. 이 말인즉슨 내가 진리보다 위대하다는 것인데 이는 불가능하다. 하지만 진리를 깨닫고 진리를 이용하려는 바람 없이 그저 진리가 일하게끔 내맡긴다면, 진리는 우리 삶과 관계에 근본적인 변화를 일으킨다. 진리의 일손은 폭넓고 광범위하며 무제한적이다.

진리를 도구로 이용하려는 순간, 그것은 더 이상 진리가 아니라 정신 작용에 불과하다. 이 정신 작용은 자아의 투영에 지나지 않는 기억, 분열, 선악, 증오, 질투, 적개심 등 마음의 모든 환영을 포함한다.

하지만 진리가 내 안에서, 나를 통해서 마음의 방해 없이 일하게끔 내맡긴다면, 진리는 사람의 생각을 뛰어넘는 광범위한 영향을 부지불식간에 미친다. 그러면 진리, 미지의 것, 신, 뭐라고 부르든 '그것'이 지닌 해방의 힘을 경험하게 된다. 미지의 것은 이름이 없고 예측이 불가능하기 때문에, 마음은 그것을 이용할 수 없다. 다만 마음이 고요해질 때 진리는 일을 하고, 진리의 일손은 광범위하고 폭넓으며 무제한적이다. 여기에 자유와 지고의 행복과 늘 현존하는 무한한 생명의 권능과 영광이 있다.

"잘 들어라. 누구든지 어린이와 같이 순진한 마음으로 하느님 나라를 맞아들이지 않으면 결코 거기 들어가지 못할 것이다."[*]

6장

✧ ✧ ✧

우리는 둘 다 참된 명상 상태에 있었다. 그렇게 얼마나 있었는지 모르겠다. 시간의 세상으로 돌아왔을 때 나는 젊어진 느낌이 들었다. 내 벗도 그렇게 느꼈는지 "괄목할 만한 변화일세. 몇 년은 젊어 보여"라고 말했다. 내 몸은 가벼웠고, 내 마음은 기민하고 명료했다. 이제 나는 실재가 쓸 수 있는 더 나은 도구가 되어 있었다. 바로 이를 위해 실재는 우리를 창조한 것이다.

나는 만사가 잘될 것임을 알았다. 나는 더 이상 지난 경험과 기억을 안내자로 삼지 않았다. 이제 내 바깥에는 아무 안내자도 없었다. 그때 내 벗은 내게 이렇게 말했다. "유일한 안내자는 미지의 것, 창조되지 않은 것뿐일세. 내 경험이 자네 경험보다 훨씬 더 풍부할지는 몰라도 내 경험조차 더 이상 자네를 안내하지는 못한다네. 이제 길벗으로서의 내 우정만이 자네 가슴이 원하는 것을 줄 수 있어. 하지만 진정한 안내는 자네 내면에서 올 거야.

장차 우리는 아직 명확하지 않은 문제들을 초연하게 함께 다룰 것이고, 우리 둘 안에 거하는 생명인 신의 사랑과 지혜를 통해서 그 길이 드러날 걸세. 나 혼자서는 아무것도 아니야. 우리 둘 안에 있는 신의 생명이 몸소 일을 한다네. 주 예수께서는 이렇게 말씀하셨지. '나 혼자서는 아무것도 아니다. 내 안에 항상 머무르시는 분은 아버지이시고, 아버지께서 몸소 일하고 계시다.' 우리 안에서도 마찬가지야. 신 홀로 살아 계시네. 그러므로 우리가 생명을 방해하는 것을 이

357

해하게 될 때, 그것은 더 이상 방해물이 아니게 될 거야."

우리는 이른 아침부터 현관의 홀에서 쭉 머물렀고 이제 점심시간이었다. 나는 이렇게 말했다. "저는 그동안 음식을 너무 많이 먹은 것 같은데 오늘 점심도 그냥 우유 한 잔만 부탁드려도 될까요?" 그래서 우리는 점심 대신 우유를 마셨다.

우리는 내가 세상에서 할 일과 여행할 나라에 관해 많은 이야기를 나눴다. 그때 이후로 나는 미국, 캐나다, 영국, 스코틀랜드, 오스트레일리아, 뉴질랜드, 남아프리카, 중국, 일본, 중동 곳곳을 방문했다. 내 치유 성과는 경이로웠다. 하지만 나는 아무것도 아니기에 치유를 일으킨 장본인이 내가 아님을 알았다. 나는 이 점을 똑똑히 배웠고, 그저 영이 이끄는 대로 나아갔다.

나는 점심을 먹고 나서 니블룽 리충 산의 정상에 도전해보고 싶다는 이야기를 조심스레 다시 꺼냈다. 산이 어서 올라오라고 손짓을 하는 듯 보였다.

내 벗은 이렇게 말했다. "실제로 등산을 시도하기 전에는 자네가 절대로 단념하지 않을 것임을 잘 알겠네. 그렇다면 몇 가지를 협의하세. 우선 실력 있는 짐꾼을 구해야 하는데, 마침 이 지역에는 세상에서 내로라하는 짐꾼이 많아. 우리는 여러 단계로 나눠서 오를 거야. 니블룽 리충에 오르는 것은 절대로 쉬운 일이 아니니까. 최소한 열흘 이상 걸릴 거라네. 오르는 길에 캠프도 몇 군데 설치해야 하고. 밧줄과 장비도 필요한데 마침 내게 그것들이 있다네. 이제 곧 겨울이 닥칠 거라서 등산을 하려면 지금 당장 해야 해. 겨울이 오면 눈이 많이 쌓여서 가망이 없거든. 사나운 눈 폭풍의 위험도 도사리고 있는데, 한 번 눈 폭풍이 일어나면 며칠간 지속되지. 이 중 하나라도 걸리면 살아남을지조차 기약할 수 없어. 우리가 자네를 여기로 데려온 것은 등산을 하기 위함이 아니라 자네의 작업을 위해서였네. 그래서 자네 목숨을 위태롭게 하는 일은 피하고 싶네." 그는 다짐을 받으려는 듯 나를 바라보았다.

나는 이렇게 답했다. "감사합니다. 벗님께서 제게 베푸신 이 모든 것이 수포로 돌아가지 않도록 유념하겠습니다."

그는 이렇게 말했다. "만약 우리가 버섯처럼 생긴 저 윗부분을 통과하지 못하면 그때는 등산을 포기하는 걸세."

"네, 물론입니다!"

등산 준비는 이렇게 단번에 시작되었다. 전에 내가 남알프스와 스코틀랜드의 험한 암벽을 오르기 직전에 설렜던 기억이 살아났다.

나는 등산이라면 환장해서 새로운 도전에 항상 응하곤 한다. 그러나 이번에는 예전처럼 무모하게 굴지 않겠다고 다짐했다. 여기에 굳이 적지는 않겠지만, 젊은 시절 나는 위험한 짓을 밥 먹듯 했다.

노련한 스무 명의 짐꾼과 나와 내 벗으로 이뤄진 등산대가 꾸려진 후 우리는 출발했다. 그날 아침이 지금도 생생히 기억난다. 빙하의 바닥까지 가는 8킬로미터의 첫 여행길은 상대적으로 쉬운 편이라 우리는 해가 뜨기 전 일찍 길을 나섰다.

아침 7시경 빙하의 바닥에 도착했다. 그러자 내 벗은 빙하의 오른편에 있던 돌출부에 첫 번째 캠프를 꾸리기 시작했다.

그는 이렇게 설명했다. "이 빙하의 길이는 24킬로미터야. 설선*에 베이스캠프를 세우고 우리에게 필요한 물건 대부분을 갖다 놓을 거

---

* 雪線: 높은 산에서 사철 눈이 녹지 아니하는 부분과 녹는 부분의 경계선. (표준국어대사전)

라네. 저기에 도착한 후 향후 계획을 다시 논의하세."

그래서 우리는 다시 길을 떠났고 이내 수목한계선을 통과해 탁 트인 곳에 다다랐다. 바람이 매섭게 불어 여정이 쉽지 않았다. 우리는 위험한 크레바스를 건널 도구가 없어서 빙하의 가장자리를 따라 걸었다. 이 빙하는 시퍼렇고 새하얀 것이 유난히 아름다웠다. 크레바스 중 일부는 폭이 최소 6미터를 넘는 것도 있었는데, 행여 저기로 추락한다면 목숨을 부지할 수 없을 것이다.

모진 바람에도 불구하고 우리는 빠르게 나아갔다. 암벽을 등반하는 것은 그럭저럭 수월했지만 암석 사이에 여러 해 동안 박혀 있었던, 유리처럼 매끄럽게 변한 얼음 구간을 오르는 것은 쉽지 않았다. 다행히 우리에게는 빙산용 부츠가 있었다. 내 부츠는 발에 딱 맞고 너무도 편안했다. 내 벗과 나는 발 크기가 거의 똑같았고, 나는 그의 부츠 중에서도 길들여진 부츠를 신고 있었다. 게다가 나는 가죽을 부드럽게 하려고 야크 버터를 부츠에 바르기까지 했다. 덕분에 부츠가 발목에 착 감기는 것이 내게 안성맞춤이었다. 등산을 할 때는 이런 부츠가 꼭 있어야 한다. 크기도 맞고 발목도 확실히 잡아줘야 한다. 그래야 미끄러운 빙벽에서도 발을 안전하게 디딜 수 있다.

내 벗이 앞장섰다. 그는 얼음에 컷스텝*을 내는 데 전문가였다. 내로라하는 등산가들과 수도 없이 등산을 했어도 내 벗만큼 실력 있고 정확히 판단하는 전문가는 못 봤다.

우리는 전체 거리 중 절반 정도에서 첫날 휴식을 취했다. 상당히 빨리 도착한 셈이었다. 짐꾼들은 짐과 함께 나중에 도착했다. 우리는

---

* cut step: 절벽이나 빙벽을 등반할 때, 발을 디딜 자리를 만드는 것을 말한다. (체육학사전)

빙하 옆에서 알코올램프에 불을 붙였고, 뜨거운 커피와 고기와 보리 빵과 버터와 치즈를 먹었다. 시장기를 느끼던 차여서, 먹고 나니 기분이 좋아졌다. 공기도 상쾌하고 신선했다. 그날 우리 등산대는 내 벗이 정해준, 거대한 두 바위 사이에 비바람이 들이닥치지 않는 곳에서 노숙했는데 행여 산사태가 일어나더라도 안전한 곳이었다. 우리는 잠시 담소를 나누었다. 나는 내 벗이 기도에 대해 가르쳐주기를 바랐지만 그는 이렇게 말했다. "내일 아침에 상쾌하게 일어나려면 자는 것이 낫겠네. 지금은 그것이 자네에게 최선의 기도야. 날이 어느 정도 밝으면 바로 출발하세."

그래도 나는 한 번 더 청했다. "지금 등산 중이기는 하지만 작업을 완전히 뒤로 미룰 필요는 없지 않을까요?"

"아닐세. 그렇게 하고 싶지 않아. 더 적당한 때가 오면 작업을 하세."

우리는 장갑과 방한모를 쓰고 침낭 안으로 쏙 들어가 이내 푹 잠들었다. 나는 내 벗이 방한모를 잡아당겨 깨울 때까지 곤히 잠들어 있었다. 눈을 떠보니 이제 막 아침 햇살이 빛나기 시작하고 있었다.

그는 이렇게 말했다. "아침 식사를 마칠 때쯤이면 날이 훤해질 거야." 나는 부츠를 신고 재킷을 입은 뒤 30분가량 아침을 먹었다. 그런 뒤 다시 길을 떠났다.

우리는 한 시간가량 순조롭게 행보하다 절벽 앞에 멈춰 섰다. 얼음이 바위에 단단히 얼어붙어 있는, 깎아지른 절벽이었다. 내 눈에는 이 난관을 돌파할 방법이 보이지 않았다. 내 벗은 이렇게 말했다. "우선 오늘 아침 우리가 왔던 곳으로 내려가는 방법이 있네. 그런 다음 이 절벽의 반대편으로 돌아가면 되는데 그렇게 하면 꼬박 하루를 허비하지. 다른 방법은 여기서 절벽을 오르는 걸세. 저기 툭 튀어나온 바위에 밧줄을 던져서 걸고 바위가 하중을 버텨준다면 절벽을 오르기가 수월할 거야. 내가 먼저 올라간 뒤 자네를 끌어 올리고, 짐꾼 둘도 차례대로 끌어 올리세. 그러면 그 둘이 나머지 일행과 짐을 담당할 거야."

만사가 계획대로 진행되었다. 바위는 단단히 붙어 있었고 내 벗은 단단한 빙벽을 타고 올라갔다. 그 뒤에 내가 올라갔고, 우리는 짐꾼과 짐을 모두 안전하게 위로 끌어 올렸다.

모두가 그 절벽 위에 오르자 짐꾼 대장은 저기 오른쪽에 있는 돌출부 아래에 캠프를 치면 중간 지점이 될 것이라고 했다. 그리고 더 위쪽에도 캠프를 또 하나 칠 예정이었다. 우리는 수 세기 동안 눈과 바람으로 얼음처럼 단단히 굳어버린 땅에 발 디딜 곳을 찍으면서 나아갔다.

마침내 우리는 오른쪽 돌출부를 넘어섰고 거기에 캠프를 설치했다. 이제 정상까지 1,800미터 남았다. 위험천만한 여행의 셋째 날을 이렇게 보냈다.

내 벗은 이렇게 말했다. "앞으로 사흘 안에 정상에 도착해야 해. 그러지 못하면 너무 늦어버린다네. 회오리바람이 불기 시작하면 가망이 없어."

그래서 우리는 캠프를 세웠고 다음 날 진짜 등산을 시작했다. 이제 우리는 늘 밧줄을 사용했다. 나와 내 벗과 짐꾼 둘, 이렇게 우리 넷은 서로를 밧줄로 연결한 채 산을 올랐다. 다른 짐꾼 여덟은 뒤에서 따라오고 있었다. 짐꾼들은 모두 전문 산악인이었고 밧줄을 다루는 솜씨가 일품이었다. 그들은 아래 캠프에 두고 왔던 것들을 다음 캠프를 위해 날랐다.

내 벗이 앞장섰고, 그 뒤로는 '남자^{Namza}'라는 이름의 짐꾼이, 그 뒤로는 내가, 맨 뒤는 '시파호^{Sipaho}'라는 이름의 짐꾼이 뒤를 이었다. '남자'는 '덮다'라는 뜻이고, '시파호'는 '악이 비껴가다'라는 뜻이다.

내 벗은 얼음도끼를 능숙하게 다뤘다. 도끼를 두 번 내리치면 발 디딜 곳이 하나씩 척척 생겨났다. 그렇게 꾸준히 나아가다가 버섯 모양 정상을 마주하게 됐다. 내 벗은 이렇게 말했다. "올라갈 곳이 있는지 내가 가서 확인해보겠네."

그러나 나는 이렇게 말했다. "혼자 가지 마세요. 제가 함께하겠습니다."

"아닐세. 혼자가 더 편해. 아무 일도 없을 거야. 전날 밤 자네가 말했던 믿음은 다 어디로 갔나? 바람에 날아가기라도 했나?"

나는 내 마음을 천천히 다독였다. 아직 내게는 벗겨낼 제약이 많았다.

그렇게 내 벗은 혼자 길을 나섰다. 한 시간이 지나도 돌아오지 않아 우리는 걱정하기 시작했다. 그가 없는 동안 눈사태도 한 번 크게 일어났다. 아까 그는 재빠르게 얼음도끼를 찍어가며 나아갔고 불과 몇 분 만에 시야에서 사라졌었다.

이윽고 그가 무사히 돌아오자 너무 기뻤다. 나는 이렇게 말했다. "아직은 저에게 산을 움직일 만한 믿음이 없습니다. 하지만 제 믿음도 자라고 있습니다. 이번이 제 믿음을 시험해볼 좋은 기회였습니다."

그는 나를 쳐다봤지만 별다른 말이 없다가 잠시 뒤 입을 열었다. "내가 확인한 바로는 길이 딱 하나밖에 없어. 저 깎아지른 암벽을 타고 오른 뒤 눈 덮인 원뿔 모양 머리를 건너면 정상으로 이어지는 저 돌출부로 갈 수 있을 거야. 만약 눈이 단단히 버텨주면 성공할 것이고, 그러지 못하면 저 돌출부를 향해 30미터 정도 미끄러질 거야. 여기 눈은 푹신하고 부드러운 것 같네.

이것이 우리가 살려야 할 유일한 기회일세. 그래도 내 생각에는 우리가 이 원뿔을 무사히 넘을 수 있을 것 같네. 자네 생각은 어떤가? 계속 가겠나?"

나는 그의 눈을 바라보며 이렇게 답했다. "설마 여기까지 와서 제가 돌아간다고 하겠습니까?"

그는 흡족한 듯 웃으며 이렇게 말했다. "자네가 그렇게 말할 줄 알았지."

우리는 다시 서로를 밧줄로 묶고 아주 위험한 얼음 작업과 바위 작업을 했다. 우리는 우리를 막고 있던 원뿔의 옆면에 손을 뻗었다. 눈은 단단히 굳어 있었고 우리는 돌출부에 다다랐다. 내 벗은 나중에 돌아오는 길은 더 어려울 것이라며 이렇게 말했다. "다음 캠프는 여기에 설치해야겠네. 장담하건대 이 길이 유일해. 전에는 이 길을 아무도 찾아내지 못했어. 얼음으로 덮인 저 가파른 암벽을 돌아갈 수 없어서 그랬을 거야."

나는 이렇게 말했다. "벗님께서 어떻게 거기를 오르셨는지 모르겠습니다. 저 암벽에 감히 도전할 사람은 벗님 말고 아무도 없을 겁니다."

내 벗은 "암벽에 매달린 상태에서 얼음에 발 디딜 곳을 파내는 것이 좀 어려웠지"라고 겸손하게 답했다. 내가 "무슨 빨판이라도 달린 줄 알았지 뭡니까"라고 말하자 우리는 한바탕 웃었다. 몇 시간 동안 유지된 긴장이 풀리면서 터져 나온 안도의 웃음이었다.

우리는 그 돌출부에 도착했고, 다른 이들도 뒤이어 도착한 뒤 밤에 묵을 캠프를 설치했다. 이제 산 정상이 약 600미터밖에 남지 않았고 우리는 성공을 확신했다. 다음 날은 푹 쉬었다. 그다음 날 마지막 관문을 앞두고 체력을 비축하기 위함이었다.

마지막 날 우리는 해돋이와 함께 출발했고 정오경 정상에 도착했다.

녠첸탕라 산맥 전체가 한눈에 보였다. 반대편 계곡 아래로는 길이가 80킬로미터, 폭이 48킬로미터 정도 되는 남 초^{Nam Tso} 또는 텡그리 노르^{Tengri Nor}라고 불리는 호수가 보였다. 호수는 녠첸탕라 산의 하단에 위치했지만 그 높이만 해도 해발 4,500여 미터였다. 이 호수로 흘러드는 강줄기를 세어보니 서른 개나 되었다. 그중 상대적으로 큰 강이 두 개 있었는데 하나는 느강 추^{Ngang Chu}, 하나는 트리 추^{Tri Chu}였다.

왼편에는 사람의 발이 닿지 않은 곳이 펼쳐져 있었다. 사람이 도무지 살 수 없을 환경으로 보였다. 하지만 오른편으로는 호수 옆으로 집 몇 채가 있었다. 수천 미터 아래에 놓인 집들은 마치 핀^{pin}의 머리처럼 잘 보여서 손으로 집어낼 수 있을 것만 같았다.

이것이 날것 그대로의 티베트였다. 내 벗의 말에 따르면, 저 계곡에 사는 사람들은 태어나서 죽을 때까지 쭉 거기서만 산다고 한다. 그중 아무도 계곡 바깥을 본 적이 없을 것이다. 나는 그곳이 너무나 아름답기에 아무도 나갈 생각을 하지 않을 것 같다고 답했다.

그는 이렇게 답했다. "맞네. 정말 낯선 땅이지. 그런데 저들에게는 바깥세상이 훨씬 더 낯설 거야."

우리는 뜻했던 바를 이뤄냈다. 절대 잊을 수 없는 전율이 이는 경험이었다. 니블룽 리충 정상에 오른 사람은 우리가 유일했다!

모두 다 행복해했다. 만족감이 벅차올랐다. 우리는 뜻했던 바를 이뤄냈다. 이것은 좋은 징조였다. 나를 이를 알아차렸고 내 벗도 동감했다. 그날 오후 우리는 하산하기 시작해서 해가 질 녘에 캠프에 도착했다. 그때 광경은 너무도 황홀해 형언할 수 없다.

하산은 예상보다 어렵지 않았다. 우리는 잠사르를 떠난 지 딱 열흘 만에 다시 잠사르에 돌아왔다. 절대 잊지 못할 경험이었다. 등산도 이를테면 훈련의 일부였다. 이제껏 그랬듯이 예상했던 어려움은 막상 마주하자 쉬 사라졌다. 참으로 기적적인 방식으로 난관이 해결되었다.

자기 이익을 위해 신을 도구로 이용하려 애쓰지 않고 진리-신이 기능하도록 내맡길 때, 신은 폭넓게 확장하면서 무제한적으로 완전하게 일하신다. 여기에 그리스도 요가의 비밀이 있다. 신은 몸소 일하신다. 이것이 참된 믿음이며, 나는 니블룽 리충 산을 오르면서 이것을 체감했다.

우리가 돌아온 날 저녁에, 마을이라 하기에는 너무 작지만, 어쨌든 마을 사람들 모두가 마중을 나왔다. 마을 사람들은 거의 다 이번 등산대원 중 누구 하나라도 친척으로 두고 있었다. 다들 등산 소식을 궁금해했다. 모두 기쁨이 넘쳤고, 등산대가 돌아왔다는 소식은 그날 밤 잠사르의 끝에서 끝으로 다 퍼져나갔다. 이를 축하하기 위해 모두가 마을 가운데 자리한 회관으로 모였다. 저마다 '창'이라는 전통 맥주와 티베트 빵의 일종인 참파, 그 외 다른 음식을 많이 챙겨왔다. 이를 기념하는 차원으로 서로 달걀도 주고받았다. 먹을 것이 아니라 일종의 기념품이어서, 개중에는 1년이 넘은 달걀도 있었다! 마을에는 조화로운 행복이 밤새 한가득했다.

나와 내 벗은 거처부터 갔다. 우리는 열흘 동안이나 씻지 못했다. 그렇다고 열흘이 나의 최장 기록은 아니었다. 더 오랫동안 씻지 못한 채 등산을 한 적도 있었다.

우리는 거처에 딸린 연못에 들어갔다. 연못에 흘러들어오는 물은 상쾌하고 따뜻했으며, 우리는 물이 빠져나가는 끝에서 씻었다. 그리고 깨끗한 옷으로 갈아입은 뒤 마을 회관으로 내려갔다.

내 벗은 말했다. "마을 사람들이 우리를 위해 회관에 차린 음식을 가서 먹어야 한다네." 그래서 우리는 맛있게 먹었다. 놀랍게도 거기에는 내가 가장 좋아하는 음식인 구운 닭고기와 구운 감자도 있었다.

내 벗은 인간의 발길을 결코 허락한 적 없던 산의 정상에 우리가 어떻게 올라갔는지를 티베트어로 자세히 설명했다. 가장 어린아이조차 우리가 니블룽 리충 산을 등반한 이야기에 푹 빠질 정도로 다들 아무 소리도 내지 않았다. 게다가 내 벗은 목소리가 너무 좋아서 일단 그 목소리를 들으면 계속 귀 기울일 수밖에 없다.

티베트 여성들은 모든 면에 있어서 남성들과 동등하다. 티베트 여성 중에는 뛰어난 등반가도 많이 있다. 티베트 여성들은 쟁기질도 하고 땅도 파고 나무도 하고 물도 나른다. 여성들은 집 안팎에서 남성들 못지않게 능숙하고, 물건을 사고파는 실력은 남성들보다 훨씬 낫다.

남녀노소 모두 티베트 맥주 창을 한껏 마셨다. 티베트인은 다들 날 때부터 행복한 사람들이다. 그들이 싸우는 모습을 보기란 매우 어렵다. 그들은 술을 마실수록 더욱 행복해진다.

티베트 농부들 사이에서는 윤리 의식이 매우 느슨하다. 사실상 아무도 그런 데 신경 쓰지 않는다. 특히 그날 밤은 더욱 거리낌이 없어 보였다. 티베트인은 하나같이 아이들을 무척 아낀다. 결혼 전에 아이를 낳은 여성을 보더라도 아무도 이상하게 여기지 않는다. 결혼

여부와 무관하게 어느 정도 나이가 찬 티베트 여성 중에서 아이가 없는 경우는 매우 드물다. 티베트 사람들보다 행복한 사람들은 세계 어디에도 없을 것이다.

여기서 겨울을 나는 것은 참으로 가혹한 일이다. 겨우내 기온이 영상이 되는 일이 별로 없다. 하지만 이곳 사람들은 이미 이 날씨에 적응했고 다른 기후 조건은 모르기 때문에 이 모든 것을 당연하게 받아들인다.

내 벗 덕분에 잠사르는 태평성대를 누렸다. 남녀노소 할 것 없이 모두가 그를 존경했다. 그가 품은 지혜와 사랑과 이해가 비결이었다. 나는 단 한 번도 그가 비난하거나 단죄하는 말을 하는 것을 들어본 적이 없다. 그는 진정 진리의 화신이었다. 그의 마음은 조건에 매여 있지 않아서, 진리는 방해받거나 제한받지 않고 그를 통해 일할 수 있었다.

새벽녘이 되어서야 우리는 잠자리에 들 수 있었다. 그때까지만 하더라도 나는 피곤한 줄 몰랐지만 일단 몸을 누이자 만족감에 젖어 죽은 듯이 잠들었다.

일어나 보니 해가 중천에 있었다. 이제 나는 니블룽 리충 산을 동경하는 마음이 아니라 만족감을 느끼면서 바라볼 수 있었다. 나는 내 벗에게 이렇게 말했다. "오늘 아침에는 웅장한 느낌이 듭니다."

그는 이렇게 말했다. "맞아. 그런데 이제 우리는 다시 작업을 시작해야 하네."

나는 답했다. "산에서 기도에 대해 질문을 드렸는데, 오늘 그것에 대해 말씀해주시기를 청합니다."

그는 이렇게 물었다 "자네에게 기도란 무엇인가?"

"음. 보통 저는 무엇인가 필요하거나 곤란하거나 아플 때 기도합니다. 때로는 감사기도를 드리기도 하죠."

그는 이렇게 답했다. "그렇겠지. 그런데 가만히 보면 주로 불확실할 때 기도하지 않던가? 이도 저도 못 하는 상태에 있거나 불행하거나 혼란스러울 때 말이야."

"예, 행복하거나 만족스러울 때 기도하는 사람은 거의 없죠."

그는 이렇게 말했다. "그렇다면 기도가 어느 정도 만족감을 선사함이 틀림없어. 그러지 않았다면 다들 오래전에 기도를 그만두었을 테니까. 구하면 받는다. 자기 믿음의 크기에 따라서 받는다. 이것은 그냥 기도의 자연스러운 결과일 뿐이야. 그렇지 않은가? 예수는 '이미 받았다고 믿으면 갖게 될 것이다'라고 말씀하셨는데, 이것은 진실일세.

하지만 자네는 기도할 때 이러저러한 형태로 만족감을 찾고 있네. 높은 수준이든 낮은 수준이든, 만족감을 추구하는 마음에게 거의 맹목적이다시피 한 믿음의 정도에 따라 어느 정도 만족감이 따르기도 하고 말이야. 하지만 기도보다 더 훌륭한 것이 있네. 기도의 방식을 이해하고 나면 그것이 무엇인지 밝힐 수 있을 거야.

자, 기도한다고 할 때 자네는 어떻게 하는가? 문구를 반복하고 자세를 취하는 등의 일을 하면서 답을 구하지 않나? 이렇게 답을 구할 때 마음이 다소 잠잠해지기는 하지. 이런 고요 속에서 만족감이 느껴지기도 하고, 마음이 어떤 답을 받기도 하고 말이야. 하지만 이런 기도는 기도하는 그 자신을 이해하는 데는 별 도움이 못 돼. 자신을 이해할 때라야 비로소 특정 결과를 추구하고 요구하며 얻기 위해 애쓰는 상태를 넘을 수 있다네."

그는 이렇게 말을 이었다. "기도할 때 자네는 누가 도와주기를 희망하며 항상 손을 내밀지. 하지만 희망을 품을 때 절망도 따라오는 법이야. 자네는 어떤 것은 잃으려고, 어떤 것은 얻으려고 악전고투하네. 하지만 기도는, 자신을 기도하게 만든 조건을 지어내는 일로부터 마음을 풀어주지는 못해. 그래서 항상 불확실한 상태가 지속되기 마련이고, 이 상태에 처할 때 마음은 다시 기도로 내몰리지. 그러니 문제를 지어내는 일로부터 자신의 마음을 해방하는 것이 해결책일세. 그렇지 않겠나?

기도는 기도하는 자에게 달려 있다네. 뭔가를 청할 때는 수 세기 동안 누적된 무의식적 경험이 작용하고, 청하는 자의 의식 상태에 따라 뭔가가 주어지는 거라네. 이를 두고 예수는 '받았다고 믿으면 갖게 될 것이다'라고 말씀하셨지.

하지만 마음은 항상 선과 악, 성공과 실패, 건강과 질병, 소유와 무소유 등과 같은 대립 속에서 살고 있지 않던가? 마음의 사고 과정을 전부 이해할 때라야 그 너머로 갈 수 있다네. 이것이 기도보다 훨씬 중한 일이지.

기도는 탄원자에게 아무 해결책도 제시하지 못하고, 기도 자체도 탄원에 대한 해결책이 되지 못해! 기도로 자신이 원하던 것을 얻을 수도 있겠지. 그렇게 된다 하더라도 마음은 또다시 뭔가를 청할 것이고, 이 결핍 상태에서 벗어나게 해달라고 또 기도할 거야. 그러므로 관건은 기도에 대한 피상적인 답을 구하는 것이 아니라, 문제를 만들고 또 거기서 풀려나기를 바라는 마음의 사고 과정 전체를 이해하는 거라네.

세상은 수 세기 동안 평화를 위해 기도해왔건만, 평화는 언제나 저 멀리 있어 닿을 수 없었네. 전쟁의 원인을 이해하지 못하면서 어찌 평화를 위해 기도하는 것일까? 실패의 원인을 이해하지 못하면서 어찌 성공을 위해 기도하는 것일까? 병의 원인을 이해하지 못하면서 어찌 건강을 위해 기도하는 것일까? 슬픔의 원인을 이해하지 못하면서 어찌 기쁨을 위해 기도하는 것일까?

아무 문제가 없을 때에는 아무도 기도하지 않는다네. 갈등에 처하고 해결할 수 없는 난관에 봉착할 때에만 사람들은 기도를 하지.

관건은 마음의 모든 과정을 이해하는 거야. 마음, 곧 자아가 문제의 원인이야. 이를 이해하면 마음은 더 이상 재잘대지 않고 또 강제로 고요하게 만들 필요도 없어진다네. 앞서 설명했듯이, 바른 명상을 통해서 마음은 고요해지기 마련이야. 이 고요 속에 실재가 있고, 실재가 들어서면 아무런 문제도 없어. 자아만이 자기가 기도의 소재로 삼고 있는 문제를 홀로 지어내고 있을 뿐이네. 이를 해결하는 방법은 문제의 원인을 이해하는 것뿐이야. 문제의 원인은 바로 자네, 즉 자네의 자아야. 실재 안에서 아무런 실체가 없는 자아를 있는 그대로 이해할 때, 그 자아는 사라지고 문제 또한 사라진다네. 그리고 자네가 창조하지 않은 실재가, 창조성 자체인 실재가 즉시 들어서지. 이것이 '진정한 기도'라네. 이것이 존재야. 이 존재의 영향력과 가없는 무제한적 상태는 직접 경험하지 않고는 알 도리가 없어."

나는 지어낸 침묵이 아니라 자아의 방식과 자아의 실체를 이해할 때 오는 침묵에 들었다. 이 깊은 침묵 속에서 내 마음은 내 벗이 표현한 '재잘대기'를 멈췄고, 그러자 거기에 실재가 있었다. 그 순간 나는 실재에는 아무 문제도 없음을 알았다. 그 순간 문제는 본래의 무無로 사라졌다. 실재만이 존재하는 전부였고, 창조적인 실재는 만들어질 수 없는 것이 아니었다. 만들어진 것은 모두 마음이 직접 지어낸 문제였다. 나는 마음이 문제를 해결할 수 없음을 알았다. 하지만 마음이, 곧 내가, 그 모든 것을 이해한 순간 마음은 더 이상 재잘대지 않았고 문제도 더 이상 존재하지 않았다. 이것이 자기 인식의 개화開花였다. 자기 인식 없이는 해결책도 없다. 이것이 진정한 기도였다. 이 참된 명상을 통해 실재는 폭넓게, 무제한으로 작용했다. 신께서 당신 집을 오롯이 차지하신 것이다.

7장

✧ ✧ ✧

나는 '그리스도의 요가'를 이해하기 시작했다. 하지만 이것은 이름에 지나지 않으며 이름 자체는 아무것도 아니다. 나는 언젠가는 꼭 쓰려고 했던 이 책에 붙일 이름을 항상 찾아왔지만, 이제 나는 이 점을 이해할 수 있다. 나는 대부분의 사람들이, 어리석은 마음이 자양분으로 삼는 이름이나 제목이나 지위나 서열이나 관념 등에 끌린다는 것을 안다. 마음은 오직 자신을 구성하고 있는 것, 즉 말과 관념과 믿음 등만 먹고 살 수 있다. 마음은 자신의 어리석음을 알아보지 못할 때 마음을 뒤흔드는 문제들을 계속 생산해낸다. 마음은 문제의 원인이 자신임을 알아보고 자신과 자신의 양상을 이해하기 시작할 때까지 계속 재잘대기 마련이다.

미숙한 마음은 언제나 문제를 생산해낸다. 미숙한 마음은 자기 수준에서 문제를 해결하려고 애쓴다. 그럴수록 더 많은 문제를 양산하고, 끝없는 인과 관계의 사슬이 꼬리에 꼬리를 물게 된다. 마음이 이 모든 사태를 자신이 어떻게 야기했는지 이해할 때라야 이 사슬은 끊어진다.

정치인, 경제 전문가, 교조주의자, 각종 신념을 따르는 자들은 미숙한 마음의 산물에 지나지 않는다. 이들을 따르는 자들의 마음 역시 이끄는 자들의 마음을 구성하고 있는 요소들과 같은 것들로 구성되어 있다.

혼자 힘으로 생각해보기 전에는 이 자기 최면 상태에서 깨어날 수 없다.

세상의 모든 단어와 책을 모아 놓는다 한들 도움은커녕 방해만 된다. 마음에게 자기 조건을 강화하는 데 유리한 것들만 떠먹이게 될 뿐이다. 그런 마음은 결코 창조적일 수 없다.

이 책을 읽고 있는 독자는 창조성을 획득하는 법을 배우고 싶어할지 모른다. 이 책을 읽는 동안 내가 창조적으로 되는 방법을 보여주리라고 착각할 수도 있겠다. 특정 기법을 연습하면 자신이 창조성을 띨 수 있을 것이라고 생각할지도 모른다. 하지만 그것은 불가능하다.

하루에 여덟 시간씩 악기를 연습한다고 해서 창조성을 획득할 수 있겠는가? 책을 쓰고, 작곡하고, 시를 쓰고, 발언하고, 연설한다고 해서 창조성을 끌어낼 수는 없다. 설령 자신이 완벽한 연설가나 작가나 화가라 하더라도 '나'라는 생각이 자리하는 한 창조성은 결코 깃들지 않는다. 마음 너머로 가는 길, 유일하게 창조적인 그 길을 가로막는 것은 '나', 곧 자아가 아니겠는가? 자아가 사라지기 전에는 창조성이 절대 들어설 수 없다.

자아가 있는 곳에 갈등도 있기 마련이다. 정녕 그렇지 않은가? 자기 마음을 들여다보면 저절로 수긍이 갈 것이다. 갈등이 남아 있는 한 창조성은 절대로 들어설 수 없다. 갈등은 창조적 행위를 방지하지 않는가? 마음이 대립 쌍에 사로잡힌 한 창조성을 몰아내는 갈등도 함께하기 마련이다. 마음이 고요할 때라야 비로소 창조적 상태에 접어들 수 있다. 창조성은 만들어지는 것이 아니다. 그저 존재하는 것이다. 마음이 스스로를 이해하고, 자신의 방식을 이해하고, 자신을 표현하려는 욕구를 이해하고, 얻기 위해 분투하는 과정에서 야기되는 모순을 이해할 때에만 창조성은 가동된다. 사람 안에 깃든 신의 그리스도-영만이 홀로 창조적이다. 이것은 우리가 만들어낼 수 없는 무엇이다.

마음이 자신의 요구에서 풀려나 완전한 침묵에 들 때라야 창조성이 들어설 여지가 생긴다. 대부분의 사람들에게 창조성이란 뭔가 중요한 일을 하고 다른 사람이 된 듯한 자기 과시의 느낌이다. 이런 창조성은 자아의 허영심과 무지만 키우고 도리어 창조성의 상태를 파괴한다.

창조성은 자아가 부재하고 모든 대립이 침묵하는 순간순간 존재한다. 자아가 창조적으로 되려고 애쓰는 한 창조성은 결코 있을 수 없다. 자아가 끝장날 때라야 창조성이 들어선다. '나 스스로는 아무 것도 아니다.' 유일하게 창조적인 분은 바로 아버지이시다. 오직 그분만이 일하실 때, 진짜 창조성이 존재한다.

방금 내가 한 말은 사람의 손으로 성서에 기록된 예수의 말씀과 형태는 다르지만 내가 의도한 바를 충실히 전하고 있다. 그렇다고 말 자체 혹은 그 말뜻이 창조성을 전할 수 있다는 의미는 아니다. 창조성은 자아가 부재할 때에만 가동될 수 있고, 그때 창조성은 아무런 반대나 갈등 없이 폭넓게 무제한적으로 일한다.

✦✦✦✦✦

만약 내가 이 책이 수용될지 거부될지를 염려했다면, 이 책을 결코 쓸 수 없었을 것이다. 자아가 방해했을 것이다. 하지만 자아가 스스로를 이해할 때, 현실이 있는 그대로 보이고 현실에서 달아나려는 욕구도 더 이상 남아 있지 않게 된다.

자신이 애착하는 관념이나 믿음에 따라 반응하고 있을 뿐이라면, 당신은 이 글을 읽고 있는 것이 아니다. 당신은 당신 마음을 구성하고 있는 것에 반응하고 있을 뿐이며, 여기서 얻는 바는 참으로 미미할 것이다. 하지만 이 글을 자아를 이해하고 마음의 조건화된 상태를 이해하는 수단으로 읽는다면 변혁이 일어날 것이다. 변혁은 마음 안에서 일으킬 수 있는 무엇이 아니다. 변혁은 실재의 작용을 방해하던 것들이 사라진 후 자연스레 뒤따르는 결과이다. 오직 만물을 있는 그대로 볼 때, 비로소 마음은 재잘댐을 멈춘다. 이 고요가 깔린 후 '실재가 존재한다.'

우리는 날마다 꾸준히 작업했다. 우리는 심도 있게 토론하면서 숨겨진 것들을 밝혀 드러냈다. 내게 꼭 필요한 과정이었다. 그동안 나는 정신적 개념에 불과한 갖가지 요가 체계에 정신이 팔려 있었기 때문이다. 물론 그 덕에 놀라운 일들을 많이 행할 수 있었지만, 나는 이런 체계들이 신의 사랑이자 지혜인 그리스도의 자유로 가는 길에 어떻게 방해가 되는지 알게 되었다.

진리나 새로운 사상 등을 논하는 책들을 유심히 보면 대부분이 '정신'에 국한되어 있다. 여기서 '정신'은 마음속에서 지어낸 모든 것을 뜻한다. 마음이 지어내는 것은 진리가 아니고 진리에 대한 관념일 뿐이다. 물론 마음을 집중하고 요가 수행을 하면 경이로운 일을 해낼 수 있기도 하다. 하지만 유심히 본다면 그때도 자아가 작용하고 있음을 알 것이다. 그리스도의 요가는 자아, 곧 마음이 고요해질 때에만 가능하다.

내 벗은 이런 말로 가르침을 시작하곤 했다. "마음을 구성하고 있는 것을 이해할 때에만 마음 너머에 있는 실재가 드러날 수 있네. 하지만 자아가 있고 다른 무엇이 또 있는 이원성의 상태에서는 자아가 항상 앞에 나서기에 진리가 존재할 수 없어. 그러면 진리는 목적을 위한 수단으로 전락하고 말지. 하지만 진리는 수단이 아니고 시작도 끝도 없어. 그러므로 자네가 품고 있는 것은 자아의 확장에 불과하다네."

이 진실을 다시 아로새긴 뒤 우리는 토론을 시작하곤 했다.

한번은 이런 질문을 던진 적이 있다. "생각이 그치고 나면 아무것도 알 수 없게 되어버리지 않을까요?" 어쩌면 독자도 지금 나와 똑같은 의문을 품고 있을지 모르겠다. 나 역시 사람들에게서 이런 질문을 받은 것이 한두 번이 아니다.

내 벗은 이렇게 말했다. "만약 내가 자네에게 그런 질문을 한다면, 자네는 이 도전에 반응하고는 생각을 시작하고 말 테지! 그러므로 생각이란 도전에 대한 반응이야. 하지만 이런 반응은 언제나 과거의 결과일 뿐이야. 마음은 과거에 속한 것들로 구성되어 있고 새로운 무엇을 모르거든."

나는 이렇게 답했다. "네, 잘 알겠습니다."

"내가 몇 분 뒤에 다른 질문을 던지면, 자네는 그것도 도전 거리로 받아들이고 또 생각을 시작하겠지."

"네, 그 또한 맞는 말씀입니다."

그는 이렇게 말을 이었다. "자, 그러면 반응이란 대체 무엇일까? 도전은 항상 새로운 것일 수도 있지만, 이에 대한 반응과 답은 기억과 경험에서 나온다네. 그렇다면 반응은 항상 오래된 거야. 그렇지 않겠나?

만약 내가 자네에게 '신이 있다고 믿는가?'라고 묻는다고 해보세. 그러면 즉각적으로 반응할 테지. 하지만 그것은 조건화된 반응에 불과해. 신을 믿지 않기 때문에 '아니오'라고 답할 수도 있겠고, 신이 존재한다고 믿기 때문에 '예'라고 답할 수도 있겠지. 그런데 어떻게 답하든 그것은 신이 존재한다 또는 존재하지 않는다는 믿음으로 이미 조건화된 마음이 보이는 반응일 뿐이야. 자기 기억이 들려주는 대로 믿거나 믿지 않거나 할 뿐이네.

자네의 기억이란 경험의 결과일세. 경험은 곧 지식이고, 지식은 과거에 속한 거야. 하지만 지식이나 경험을 통해서는 신을 알 수 없어. 자네의 생각이란 과거의 배경에 대한 반응이야. 자신의 생각이란 개인적 수준과 집단적 수준 등 여러 다른 수준에서 자신의 성장 배경, 인종, 신념, 믿음, 지식, 관습, 의식과 무의식에 따라서 나오는 반응일 뿐이야. 그래서 생각은 결코 새로울 수 없네. 마음이 지금 받아들이는 것도 그 순간이 지나면 낡은 것이 되고 말아. 자네는 오직 지나간 순간, 곧 기억에 대해서만 생각할 수 있네. 마음이 고요할 때, 오직 그때만 현재를 알 수 있어. 현재에 관해서 생각하는 것은 불가하다네.

생동하는 그 순간 속에서 자네는 다만 알아차릴(aware) 뿐이야. 그것이 무엇인지도 모르고 자아도 사라졌기 때문에 생각이란 것이 불가능하지. 지나간 순간은 기억이지만, 생동하는 순간은 현재 속에서 지금 살아 있거든. 그 경험에 관해 생각하기를 원하는 순간, 자네 따로 경험 따로 존재하게 되네. 하지만 경험은 과거이고 순간순간 항상 현존하는 생동하는 그것이 아니야. 이 순간에 '나'란 존재하지 않아. 살아 있는 현존, 영원한 실재가 있을 뿐이지. 하지만 그것이 무엇인지는 몰라. 그 순간이 지나고 나면, 다시 붙잡으려 애써도 성공할 수 없어. 이제 지나갔기 때문에 기억이 되었고, 자네는 다만 과거와 이미 알고 있는 것에 관해 생각할 뿐이야. 이미 알고 있는 것은 항상 과거에 속한 것이네. 하지만 늘 현존하는 순간은 항상 새로운 것이지. 그래서 그것은 생각의 대상이 될 수 없는 걸세. 그것은 항상 마음 너머에 있어. 마음이 고요해지면 경험만 존재한다네. 마음이 가동되면 자네 따로 경험 따로 존재하게 되네. 하지만 경험은 과거야. 그렇지 않나? 이것을 제대로 이해하는 것이 지극히 중요하다네. 그러지 않으면 그리스도의 요가를 절대로 알 수 없을 거야.

이제 자네는 생각은 스스로를 새롭게 할 수 없음을 이해했네. 생각은 언제나 낡은 것이고, 생각이 오래된 것들을 갱신할 뿐이야. 자신이 처한 조건, 자신이 따르는 전통, 자신이 속한 인종, 자신의 경험과 믿음 등이 그것이지. 생각은 자신이 투사한 것만 알 수 있고, 이미 경험한 것만 인식할 수 있다네.

생각이란 단지 재인식에 불과해. 생각은 자신을 넘어서는 것은 그 무엇도 알 수 없어. 생각이란 단지 상징이요 단어요 이미지요 경험이며, 이것들이 없다면 생각도 존재하지 않음을 이제 자네도 이해할 거야. 생각은 결코 창조적일 수 없지. 생각은 과거의 것만 알고, 자신이 모르는 것에 대해서는 전혀 알 수 없다네. 생각은 자신을 넘어선 것을 경험할 수 없어. 생각은 오래된 것만 인식할 수 있고 새로운 것은 절대로 인식할 수 없네. 자네가 지금 경험하고 있는 것은 결국 기억이 된다네. 자네 생각은 그 기억의 산물이야."

나는 이렇게 말했다. "이토록 쉽게 풀어주신 덕분에 생각이 마음속에 있는 것에 제한된다는 점을 제대로 이해했습니다. 생각은 새로운 것을 결코 알 수 없고 오래된 것만 알 따름입니다. 생각은 마음을 넘어선 것을 절대로 알 수 없습니다. 생각은 마음속에 있는 것만 투사할 수 있을 뿐이며, 그것이 바로 기억입니다."

그는 이렇게 말을 이었다. "사실 이 점에 관해서는 헷갈릴 것이 전혀 없다네. 차분히 들여다보면, '나'라는 것은 기억으로 구성된 스스로에 대한 정신적 인식일 뿐이고, 이 기억을 말과 이미지와 상징으로 경험하고 있을 뿐임을 알 수 있거든. '나'라는 생각이 이렇게 과거를 경험하는 한 우리는 새로운 것을 절대 발견할 수 없어. 그러므로 그것은 미지의 것인 신이나 실재도 절대로 경험할 수 없지. 미지의 그것은 상상할 수 없는 무엇, 창조되지 않은 무엇, 규정될 수 없는 무엇이며, 이를 표현할 상징이나 단어는 없다네.

'신'이라는 말이 곧 신은 아니야. 신은 이미지도 아니요, 생각도 아니야. 그랬다면 신이 무엇인지 자네가 알았을 테지. 신은 마음을 넘어서 있기 때문에 그것은 불가능하다는 점을 자네도 알 거야. 마음은 기지의 영역에서만 기능할 수 있어. 미지의 영역에서는 기능할 수 없다네."

나는 이렇게 말했다. "이제 그 점을 분명히 알겠습니다. 미지의 것에 관해 생각하는 즉시 마음이 작동하고, 미지의 것을 기지의 영역으로 끌어내리려 부단히 애쓰지만 그것은 명백히 불가합니다. 미지의 것은 기지의 것이 결코 될 수 없기 때문입니다. 링쉬라 은수자님께서 이 점을 명백하게 밝혀주셨습니다."

그는 이렇게 말했다. "맞네. 생각이 그칠 때에만 미지의 것이 존재할 여지가 생긴다네. 그러므로 그때는 어떻게 '나'가 미지의 것을 경험할 것인지는 궁금하지도 않게 된다네. '나', 마음, 자아는 다 같은 거야. 자아란 관념과 이미지와 단어와 상징의 다발에 불과하고, 이 모두는 사실 기억이라네. 자아는 자신의 투사물만 인식할 수 있을 뿐이지.

마음이 미지의 것을 경험했음이 틀림없다고 말할 때, 마음이 경험한 것은 미지의 것이 아니라 자신의 투사물이야. 그것은 분명 미지의 것은 아니지만 마음은 그것을 미지의 것이라 믿고 있다네. 하지만 마음이 자신의 투사물을 미지의 것으로 착각했다는 것을 스스로 이해하고 나면, 마음은 고요해지고 더 이상 실재를 찾겠다고 동요하지 않게 돼. 그런 뒤 이 침묵 속에 미지의 것이 존재한다네. 그런 후에야 미지의 것이 방해받지 않고 무제한적으로 일하게 되지. 생각은 과거와 기억에 제한되지만, 미지의 것은 늘 지금 존재해. 그것은 항상 아무 제한 없이 순간순간 새롭다네."

그는 잠시 말을 멈춘 뒤 다시 말을 이었다. "자신이 미지의 것을 경험하고 있다고 여길 때, 그것은 실은 마음의 새로운 감각을 표현할 뿐이야. 하지만 감각이나 관념은 미지의 것이 아니야. 미지의 것은 결코 인식될 수 없어. 미지의 것은 그저 '존재할' 뿐이야. 그것은 창조되는 것이 아니야. 자네가 지어내는 것은 마음, 곧 자아의 투사물이요 미지의 것에 대한 관념에 불과해. 자네는 미지의 것을 창조할 수 없어. 이제 자네도 이 점을 잘 알겠지?"

나는 "네, 아주 분명하게 알고 있습니다"라고 답했다.

그는 이렇게 설명했다. "실재가 들어서기 위해서는 생각의 과정을 전부 다 이해해야 한다네. 생각의 과정은 자아, 곧 마음의 작용일세. 자아가 기억과 경험과 관념과 이미지와 상징의 다발에 불과하다는 것을 스스로 이해할 때, 자아는 더 이상 미지의 것을 경험해보겠다고 애쓰지 않고 고요해진다네. 마음에게 고요를 강제하지 않고 마음 스스로 완전히 고요해질 때, 그 고요 속에 실재가 존재하지."

자아의 껍질을 하나하나 벗겨내는 이 토론은 참으로 만족스러웠다. 나는 내 벗이 전하고자 하는 바를 귀담아들었다. 이 내용이 독자에게도 기지의 것이 미지의 것을 결코 알 수 없음을 깨닫는 데 도움이 될 것임을 알기에 이 대화를 전하는 것이다. 여러분도 생각은 과거의 표현일 수밖에 없음을 이해하게 될 것이다.

지금이, 늘 현존하는 지금이 곧 실재다. 바로 이 순간에 생각은 끝난다. 생동하는 순간순간에 머물 때 시간은 사라진다. 그러나 마음속에 있는 과거나 미래에서 자유로운 상태에서, 생각하고 있지 않을 때라야 이것을 경험할 수 있다. 과거는 기억이고 미래는 희망이나, 이 희망은 과거의 투사물에 불과하다. 우리는 오직 과거의 관점에서만 미래를 생각하기 때문이다. 순수한 생각은 순간순간 지금의 드러남인 영감을 통해 찾아온다.

이를 두고 예수께서는 이렇게 말씀하셨다. "그러므로 미래를 염려하지 말라. 순간의 괴로움은 그 순간으로 족하다."*

한번은 내가 이런 질문을 한 적이 있다. "예수의 말씀을 포함해서 예언자들의 말씀이 진리를 어떻게 드러내고 있는지 풀이해주실 수 있는지요?"

그는 이렇게 답했다. "자네도 알다시피, 말은 진리를 드러내지 못하네. 예수께서는 '죽이는 것은 말이다'라고 말씀하셨는데, 이는 말이 진리를 숨긴다는 뜻이야. 우리는 진리를 위해서 이성을 사용할 수 있지. 그러나 이성도 진리의 입구인 침묵의 대문을 지나기 전에는 그쳐

---

* 마태복음 6:34. 저자가 성경을 정확히 인용하기보다는 자기 기억과 문맥에 따라 조금씩 다르게 적는 경우가 종종 있다. 그런 경우에는 공동번역성서 개정판을 그대로 싣지 않고 저자의 표현을 살려서 옮겼다.

야만 하네.

소위 거룩한 말씀인 성서는 사람의 손으로 기록한 것임을 염두에 두게. 신약 성서는 예수가 그 당시 사형 수단인 십자가형을 당하고 150년 뒤에야 기록되었지. 오늘날 서양은 사람들을 죽이는 방법이 더 다양해졌어. 교수형 밧줄, 단두대, 전기의자, 총, 폭탄 등의 도구를 이용해서 말이야.

만약 누가 다른 사람을 죽이면 그를 살인자라고 부르고는 그를 죽이겠지. 그러나 살인자를 죽이는 사람 역시 살인자가 되는 것이 아니겠나?

오늘날 사람들은 자기 방식대로 신을 믿지 않는 자들을 죽이면서 자신이 신을 섬기고 있다고 여긴다네.

이 믿음의 결과로 오늘날 대량 학살이 전 세계에서 일어나고 있다네. 사람들의 동의 없이 죽이면 교수형을 당하지만, 사람들의 동의 하에 죽이면 훈장을 받아. 그래봤자 살인은 살인이야. 변명의 여지가 없어. 신의 대리자라고 자처하는 자들이 무고한 사람들을 죽이라며 특공대를 축복하고, 살상 무기까지 축복하지 않나. 그들은 시대를 역행하는 야만성에다 자네와 내가 수긍할 수 없는 신적 속성을 부여해. 성서를 읽어보면 내 말이 사실임을 알 거야. 그런데도 사람들은 그 책을 말 그대로 '거룩한 책'이라고 부른다네.

그렇지 않다고, 이제 시대가 바뀌어서 인류도 바뀌었다고 말할 사람도 있을 거야. 그런데 정말로 달라졌을까? 인류는 더욱 교묘해졌고 100년 전보다 더 많은 사람을 죽이고 있다네. 순식간에 훨씬 더 참혹한 결과를 가져오면서 말일세.

오늘날 우리는 활과 화살 대신 총과 폭탄을 사용하지. 이제 우리에게는 수천 명을 죽일 수 있는 폭탄이 생겼고, 극심한 고통으로 태워버리는 소이탄이란 것도 생겼어. 화살보다 훨씬 더 고통스럽게 할 무기를 만들어놓고는 문명이 발달했다고 말하지. 그래, 수천 명을 한 번에 죽일 수 있는 도구를 개발하는 데는 성공했지. 그래봤자 살상 도구 아니겠나? 사람들을 어떤 식으로 죽이든 살인은 살인일 뿐이야. 그 목적은 변함없어. 치명적인 무기일수록 오히려 인도적이라고도 말하는데, 정말 그럴까? 이 모든 대학살의 원인은 국적과 인종과 종교와 믿음과 이상에 자리한 분열 때문이야. 이상주의자야말로 가장 위험한 사람일세. 이상을 실현하기 위해서는 무자비해져야 하거든. 그들은 자기를 반대하는 사람들을 다 죽여버린다네.

사람들은 물질보다 대의를 위해서 서로를 죽일 때가 더 많다네. 자기 이상을 수호하기 위해 상대를 죽여야 하는 거지. 교회에 가서 사랑의 신에게 기도하고 신을 아버지로 모시는 자들이 대량 학살을 지시하는 모습을 우리는 목도하고 있네. 이것이 진리라고? 어불성설이지! 영성은 모두를 아우르는 법이야. 누구는 사랑하고 누구는 미워한다면 그건 사랑이 아닐세. 그것은 거짓 영성이고 모순을 살아가는 거야.

선지자 예수께서는 하느님과 이웃을 사랑하라고 말씀하셨지. 신을 사랑하는 길은 이웃을 사랑하는 길밖에 없어. 그런데 왜 우리는 이웃을 사랑하지 않을까? 단지 다른 종교와 국적을 가졌다는 이유만으로 사랑하지 않는 거야. 그러므로 대체 이상이란 무엇인지, 믿음이란 무엇인지, 국적이란 무엇인지, 종교란 무엇인지에 대해 제대로 살펴야만 하지 않겠나? 이런 것들은 미성숙한 마음들이 만들어낸 산물이지 않겠나? 상식을 갖춘 자에게는 너무나 명백한 사실이지.

열왕기 상권 7장 21절에 따르면, 솔로몬이 성전 현관 좌우로 기둥을 세워서 오른쪽 기둥은 자킨^{Jakin}, 왼쪽 기둥은 보아즈^{Boaz}라고 명명했어. 이 성전은 사람의 손으로 지은 성전이 아니라 신께서 몸소 창조하시고 거하시는, 살아 계신 신의 성전을 상징한다네. 생명은 몸을 창조했고, 생명은 곧 신이야. 생명 자체인 신에게서 떨어진 생명이란 결코 없기 때문이지. 한 예언자는 '영원하신 이께서 말씀하신다. 나는 유일한 자(One)다. 나 말고 아무도 없다'라고 전했네. 또 예수께서는 '아버지께서 당신 안에 생명을 갖고 계시듯 아들도 자신 안에 생명을 갖도록 허락하셨다'라고 말씀하셨지.

자, 그런데 자킨과 보아즈는 무슨 뜻일까? 영어에서 'J'는 사실 동방의 'Y'에 대응하네. 그러므로 자킨은 사실 야킨^{Yakin}인 것이야. 이는 '하나'라는 뜻이네. 만물의 토대를 이루고 있는 일치의 원리를 나타낸 거지.

온 우주를 관통하고 있는 보편적 수학 요소는 이 하나에서 나와 펼쳐졌다가 다시 하나로 돌아간다네. 이 수학 요소는 살아 있는 생명이 아니고 한 생명이 일으키는 것들에 대한 인식일 뿐일세.

수학 요소의 균형을 맞추기 위해서는 필수불가결한 요소가 필요하네. 그래서 목소리를 뜻하는 '보아즈' 기둥이 있는 거지. 목소리는 창조주의 살아 있는 표현이야. 목소리는 오직 영에게만 있으니까. '태초에 말씀이 있었다. 말씀은 신과 함께 있었고 신이 곧 말씀이셨다.'

이 구절의 뜻은 명백하네. 성전에 들어가려면 이 두 기둥을 통과해야 한다는 거야. 사람의 손으로 짓지 않은, 살아 계신 신의 사원에 있는 조화로운 우주에 대한 상징인 거라네.

이를 두고 예수는 '이 성전을 허물라. 내가 사흘 만에 다시 세우겠다'라고 말했다네. 진리에 무지한 자들은 돌로 쌓아 올린 회당을 두고 하는 말이라 생각했지만, 예수는 살아 계신 신의 사원을 뜻한 것이었어. 오늘날 대부분의 사람들은 돌로 쌓은 건물을 신의 사원으로 여기고, 이것을 사람의 손으로 짓지 않은 성전보다 훨씬 더 중요하게 여기지. 신에 대한 자신들의 관념이 신 자체보다 중요한 거야.

교리와 신조는 우리를 손으로 지은 건물로 인도하는 편협한 길일세. 하지만 예수께서는 손으로 지은 건물이 아니라 내적 사원으로 들어가는 길을 보여주셨지. 우리가 참이 아닌 것들, 즉 거짓인 것들을 분별하기 시작함에 따라 내적 사원에서 생명의 모든 신비가 차례차례 연속해서 펼쳐질 거야.

이 말의 뜻은 명백해. 교회나 영적 지도자나 성직자를 통하는 길이 아니라 내면에 거하는 살아 있는 그리스도인 한 생명을 통해 하나가 되라는 거야. '다른 길로 넘어오는 자는 도둑이요 강도다.'

이 내적 신비를 펼치는 일은 단지 만족감을 얻거나 호기심을 채우기 위함이 아니고 사람들 대부분이 원하는 물질적 혹은 영적 이득을 얻기 위함도 아닐세. 우리가 풍요로운 사랑과 자비의 품에서 생명을 더욱 나누게 하려는 거야. 이 일은 마음이 자신이 날조한 것들이 어리석다는 것을 스스로 깨달을 때에만 이루어질 수 있어.

'관념 너머에 있는, 살아 있는 그리스도는 목자이다. 아버지의 생명과 아들 안에 깃든 생명은 다르지 않다. 아버지 홀로 살아 계신다.'

아버지는 문지기이시며 모든 이를 알고 계신다네. '이 보잘것없는 자들 중 어느 누구도 잃지 않을 것이다.' 그들은 아버지 목소리를 알 것이요, 이방인을 따르지 않을 거야. 그들은 진리를 알기에 분리를 설교하는 자에게서 돌아설 걸세. 이방인을 따르는 자들은 염소와 같아.

여기서 이방인이란 분리 속을 사는 모든 이를 뜻하는 것이 아니겠나? 하지만 신의 그리스도는 모든 영혼 안에 깃든 생기生氣일세. 이것이 알려지면 안팎으로 넘나드는 일이 가능해지네. 즉 진리가 드러나면 인류의 구원인 생명나무를 잡고 있으면서도 상대적 세상으로 들어가 신께서 당신을 사랑하는 자들을 위해 세상에 마련하신 좋은 것들까지도 모두 누릴 수 있게 되지.

예수께서는 매우 분명하게 이렇게 말했다네. '이사야가 무어라고 예언했느냐? ― 이 백성이 입술로는 나를 공경하여도 마음은 나에게서 멀리 떠나 있구나. 그들은 나를 헛되이 예배하며 사람의 계명을 하느님의 것인 양 가르친다 ― 이 말은 바로 너희와 같은 위선자를 두고 한 말이다.' 여기서 예수가 구약에서 언급한 내용은 이사야 29장 13절의 말씀이라네. '영원하신 분께서 말씀하셨다. ― 이 백성은 말로만 나와 가까운 체하고 입술로만 나를 높이는 체하며 그 마음은 나에게서 멀어져만 간다. 그들이 나를 공경한다 하여도 사람들에게서 배운 관습일 따름이다.'

예수께서는 또 이렇게도 말했지. '내게는 이 우리에 없는 다른 양들도 있다. 나는 그 양들도 데려와야 한다. 그들은 내 음성(내면의 그리스도의 음성)을 들을 것이요, 그러면 한 무리, 한 목자가 될 것이다.' 즉 세상의 모든 국가와 민족이 결국 외부에서 내부로 돌아서서 모든 이 하나하나 안에 깃든 신의 영에 귀 기울일 걸세. 이렇게 해서 분리는 사라지고 한 생명, 한 신, 한 목자, 한 무리만 남게 될 거야.

보편적 생명과 개별적 생명은 하나로서 똑같다네. 분리란 있을 수 없어. 분리는 오직 사람의 마음속에만 존재하지. 이 생명은 우리의 모든 필요를 채워주네. 이를 두고 예수께서는 이렇게 말했지. '나와 아버지는 하나다. 나 스스로는 아무것도 아니다. 내 안에 계신 아버지의 영이 일하시는 것이다.' 이것이 그리스도 요가일세. 요가란 결합을 뜻하지. 신의 한 영 안에서 결합된 모두를 뜻하고, 그 영은 곧 사람 안에 있는 그리스도야. 그러므로 그리스도 요가란 모든 이 하나하나 안에 머무는 신의 영인 그리스도 안에서 일치를 이룬다는 뜻일세.

자아가 무엇인지 또 어떻게 작용하는지 이해할 때 비로소 사람이 저지르는 모든 어리석은 행동들이 사라질 수 있다네. 마음이 고요할 때 내면의 성전이 드러나지. 창조되지 않은 그 침묵 가운데 창조적 이해와 자비와 사랑이 존재한다네. 이런 것들 없이는 사람들 사이에 선의란 있을 수 없어. 바른 행동은 바른 수단을 통할 때만 나온다네. 그른 수단은 공허함과 죽음만 가져올 뿐이고. 평화와 사랑은 외부가 아니라 내부에서 온다네. 이것들은 사람이 지어내지 못해. 사람이 자신을 이해할 때 즉시 들어서는 것들이지."

그는 이 말을 끝으로 하루의 강의를 마쳤다. 선지자 예수의 말씀이 인류 구원의 길을 드러내고 있음을 밝혀주는 새로운 관점이었다.

그 뒤로는 잠시 침묵이 이어졌다.

이 침묵을 먼저 깬 것은 나였다. "네, 우리는 의도적으로 대량 학살을 기획합니다. 그 결과로 더 많은 살인자를 만들어냅니다. 우리를 불행과 부패와 파멸의 수렁에 빠지게 한 자는 다름 아닌 우리 자신입니다. 타인들을 조직적으로 대량 학살하는 일에 몰두할 때, 우리는 우리 삶 속에 다른 재앙들을 한 무더기 끌고 오는 것이며, 이 죽음의 왈츠는 끝나는 법이 없습니다. 우리는 영원한 가치를 경시하고 거 짓 가치를 선호하며, 그 결과로 소위 천재지변*을 맞이합니다. 하지 만 신의 뜻은 죽이는 것이 아니라 살리는 것입니다. 재산과 권력을 쟁취하겠다는 야망, 자신의 이상을 굳게 지키겠다는 결의는 결코 지 치지 않을 듯해 보입니다. 참으로 소경이 소경을 파멸로 이끄는 형 국입니다."

그리고 나는 다음의 성서 구절을 인용했다. "잘 들어두어라. 우리 는 우리가 알고 있는 것을 말하고, 우리의 눈으로 본 것을 증언하는 것이다."

그러자 내 벗은 진실한 마음으로 이렇게 기도했다.

"오 거룩한 영이시여, 당신 현존을 가리고 있는 모든 것들이 우리 에게 드러났습니다. 오직 사랑과 함께할 때 우리는 거짓된 것들을 꿰 뚫어 봅니다. 사랑이시여, 이제 두려움과 증오와 투쟁은 자아와 함께 모두 사라졌습니다.

오 나의 사랑이시여, 이제 우리는 서로에게 겨눈 칼끝을 보았기에 오직 당신 안에 머무를 것이고 오직 당신 뜻대로 움직일 것입니다.

홀로 당신 현존만이 우리 기쁨이며, 당신 현존 안에서 내적 빈곤 은 모두 사라졌습니다.

오 성심이시여, 우리는 그 안에서 사랑하나이다.

당신의 사랑, 우리의 사랑, 오 거룩한 사랑이시여."

---

* an act of God: 보통 불가항력, 천재지변으로 번역한다. 사람의 힘으로 막을 수 없는 자연적 현상을 가리키나, 여기서는 신의 징벌이라는 뜻도 내포한다.

+ + + + +

그의 얼굴과 몸은 사람의 이해를 넘어선 신의 사랑과 영광스러운 빛으로 휩싸였다. 그의 말은 사랑이라는 옷에 달린 찬란한 진주와도 같았다.

그는 진정 온 세상 모든 이에게 친구였다.

8장

❖ ❖ ❖

다음 날 아침 기상 후 나는 내 벗에게 이렇게 말했다. "예언자들이 돌려 말한 까닭은 영적 이해가 충분히 깊어진 사람들만 참뜻을 읽게 하려는 것이었음을 이제 알았습니다."

그는 이렇게 답했다. "맞네. 지금까지는 쭉 그랬었지. 하지만 이제 우리는 말의 뜻을 숨기는 일 없이 분명하게 전해야 하네. 거짓된 것들이 명명백백하게 드러날 때가 왔어. 그래야 거짓된 것들이 이해되어 사라질 수 있고 그 결과로 세상이 겪는 고통의 원인이 제거될 테니까 말일세. 자네는 어떤 경우에도 돌려서 말하거나 진리에 대한 관념을 지어내서는 안 되네. 자네는 거짓된 것을 드러내야 해. 거짓을 분명하게 이해하고 나면 진리가 드러나지. 진리는 만들어지는 것이 아니기 때문이야.

오늘날 세상 모든 고통의 원인인 마음의 과정을 전부 이해할 수 있도록, 이제부터 우리는 더욱더 자세히 살펴볼 걸세. 우리는 거짓을 전보다 더욱더 제대로 꿰뚫어 보아야 하네."

그날 아침 들었던 말을 놓고 볼 때 앞으로 강도 높은 작업이 진행될 것임을 짐작할 수 있었고 과연 그러했다. 그의 말에 각별히 주의를 기울여야 했다. 그러지 않았다면 그가 설명할 때 핵심을 놓쳤을 것이다.

이제 내 마음은 깨끗하고 깨어 있었고 나 역시 이를 인지한 상태였다. 나는 그의 말을 보다 깊은 차원에서 이해할 수 있었다. 그는 이렇게 말문을 열었다.

"오늘은 기억을 주제로 다뤄보세. 나는 자네가 허다한 갈등의 원인인 기억의 의미를 철저히 이해하기를 바라네.

특정 과학 분야와 관련된 '사실' 같은 기술 지식을 습득하는 경우를 사실적 기억이라고 칭하세. 사실적 기억이 없다면 다리나 철도 엔진이나 자동차나 집 같은 것들을 만들 수 없지. 사실적 기억은 자신에게 일어난 유쾌하거나 불쾌한 일에 대한 기억과는 완전히 다르다는 것을 자네도 알 걸세.

만약 누구는 자네에게 불쾌한 말을, 다른 누구는 유쾌한 말을 했다고 생각해보세. 그러면 자네는 즉시 자신의 반응에 사로잡히고 이것이 곧 기억이 되지. 불쾌한 말을 한 사람을 다음에 만나면 불편한 기억이 떠오르지 않겠나? 그때 자네가 느끼는 감정은 어제의 기억에 대해 분개하며 나타나는 반응이야. 또 자네는 유쾌한 말을 한 사람을 다시 볼 때도 어제의 기억을 갖고 만나지만, 이때는 반응이 사뭇 다르지. 그럼에도 기억이 작동하고 있다는 점에서는 똑같아. 앞으로 이것을 심리적 기억이라고 부를 거야.

자, 이렇듯 우리에게는 사실적 기억도 있고, 감정적으로 반응하는 심리적 기억도 있다네. 그래봤자 심리적 기억은 여전히 기억일 뿐이야. 마음을 들여다보면 자신이 유쾌한 기억은 붙들려고 하고, 불쾌한 기억은 치우려 한다는 것을 알게 될 거야. 차원에 상관없이, 마음은 곧 기억이요 기억이 곧 마음이며 실재 안에서 실체가 하나도 없음을 깨닫기 전까지는 이러저러한 반응이 끊이지 않을 거라네.

이제 자네는 사실적 기억이든 심리적 기억이든 기억-마음이 과거의 결과라는 점을 이해하기 시작했네. 그것의 토대는 제한된 상태인 과거야. 이 점을 이해했지?

이것을 매우 세심하게 살펴보세. 우리는 새로운 것을 만날 때 오래된 것, 즉 기억에 대한 반응과 함께 만나지. 자, 그러면 어떤 결과로 이어지겠나? 과거, 즉 오래된 것이 새로운 것을 제한하게 된다네. 도전은 항상 새로운 것이지만, 새로운 것을 경험하는 과정에서 새로운 것이 오래된 것으로 제한되고 말지. 이런 상황에서는 새로운 것을 철저히 깨달을 수 없어. 자네가 새로운 것을 오래된 것의 반응과 함께 만나기 때문이고, 그것은 다시 오래된 것에 더해진다네. 그래서 새로운 것을 절대로 자유로이 깨달을 수 없는 거지. 과거, 즉 오래된 것이 자네의 경험을 제한하고 있기 때문이야.

지금 자네 마음을 잘 들여다본다면, 자신이 새로운 것을 어떻게 만나고 있는지 알게 될 걸세. 만일 자네 마음이 종교적 편견이나 민족주의나 이상으로 고착화되어 있다면, 자네는 새로운 것을 이해할 수 없어. 오래된 것이 이해를 장벽처럼 가로막으면서 새로운 것에 반응할 때는 그 오래된 것이 계속 강화되기 때문이야. 곧 알게 되겠지만, 이것은 모두 불완전한 경험일세. 이 불완전한 경험은 수면 위로 계속 떠올라 자네를 뒤흔들 거야. 그래서 한 생각에 집중한다는 것은 불완전한 다른 모든 생각들을 억압한다는 것과 같은 뜻이지.

이 불완전한 경험이 왜 자네를 힘들게 하는 걸까? 불완전한 경험이란 기억이고, 기억이란 마음속에 새겨진 인상이기 때문이라네. 하지만 제반 진실을 이해하고 나면, 진리는 마음 너머에 있기 때문에 결코 기억일 수 없음을 이해하게 될 거야. 그러므로 진리는 기억에서 자유롭고 항상 새롭다네. 이것을 이해할 때 자네는 완전한 경험만을 누릴 수 있어. 이제 마음을 구성하고 있는 것들을 왜곡 없이 제대로 식별하기 때문이지.

만약 자신의 기억을 새로운 것을 해석하는 준거로 사용한다면, 새로운 것이 오래된 것으로 변해버린다는 사실을 자네는 알아차릴 거야. 오래된 것, 즉 기억을 충분히 이해하지 못할 때 자네는 그것을 간직하고 싶어하네. 그렇지 않나? 사실 간직할 수밖에 없어. 무엇인가에 대해 진실을 완전히 이해할 때에만 그와 관련된 기억이 하나도 남지 않게 됨을 알게 될 걸세.

우리가 기억을 어떻게 애지중지 가꾸는지 살펴보세. 우리는 만트라를 반복하고, 책을 읽고, 종교적 믿음과 사상을 신봉하고, 그 외 온갖 잡동사니로 마음을 가득 채우지. 이런 상태에서 새로운 것을 만나면 어떻게 되는가? 오래된 것의 선입견을 품은 채 새로운 것을 만나는 거야! 기억이 새로운 것보다 더 중요한 것이 되지. 그렇지 않나?"

혀가 굳어버린 것만 같아서 아무 말도 할 수 없었다. 변혁이 일어나고 있었다. 전에 깨닫지 못한 것이 이해되고 있었다. 마음이 작동하는 방식과 마음 자체에 대한 이해가 보다 명확해졌다. 나는 이것이 곧 나 자신이고, 이 환영을 나 홀로 창조했음을 깨달았다.

그는 이렇게 말을 이었다. "젊을 때는 미래에 목을 매고, 늙어서는 과거에 젖어 산다니! 왜 그럴까? 그 이유는 단지 우리가 지금을, 현재를 살지 않기 때문이야. 사실 미래를 현재보다 중요한 것으로 만들 때 우리는 현재를 살아갈 수 없어. 이것을 분명히 이해할 때 자신과 상대에 대한 완전한 이해가 들어서는 거야. 자신, 즉 지금 있는 그대로의 나를 이해하는 데 기억은 필요하지 않아. 기억은 자신을 이해하는 데 걸림돌일세. 기억의 실체를 이해할 때라야 기억은 그 중요성이 사라진다네.

마음을 주의 깊게 살펴본다면, 새로운 생각과 새로운 느낌은 마음이 기억에 사로잡혀 있지 않을 때에만 찾아온다는 사실을 알아차리게 될 거야.

만일 자네에게 아무 기억도 없다면, 자네 소유와 믿음과 종교와 국적은 중요성을 잃어버리네. 기억은 갈등의 원인인 자아를 강화해. 그래서 자네가 기억을 제대로 이해해야 하는 거지. 기억을 이해할 때 기억은 중요성이 사라져버린다네.

하지만 기억이 어제와 오늘과 내일을 창조하고 빚어내고 있음을 이해한다면, 현재와 미래로 투사되는 것은 바로 과거임을 이해하게 될 걸세. 살아 있는 현재를 깨닫지 못했기에 생기는 일이니까 말일세.

영원한 그것, 미지의 그것을 어찌 과거와 기억을 통해서 깨달을 수 있겠는가? 그런데 이것이 소위 진리를 추구한다는 자들이 벌이는 짓이야. 그들은 기억을 통해서 실재를 깨달으려고 애쓰지. 이것이 그들이 늘 추구하면서도 결코 찾아내지 못하는 이유일세. 자아의 투사, 즉 기억의 허구성을 밝히는 것이 자네가 할 일이야. 자아의 투사인 기억이 사실이라는 가정도 거짓임을 밝혀야 하고. 그래봤자 기억은 기억일 뿐이네.

실재는 '나', 즉 기억이 존재하기를 그칠 때에만 들어설 수 있어. 기억을 통해서는 실재를 절대 알 수 없음을 깨달으면, 이 심리적 기억이 실재를 가로막는 방해물인 자아를 유지한다는 것을 이해하게 될 걸세. 이 진실을 이해하고 나면 거짓된 것들은 떨어져 나갈 거야.

기억은 삶을 지루하고 공허하게 만든다네. 기억으로 인해 갈등 속에서 살게 되기 때문이야. 다만 심리적 기억은 방해가 되지만 사실에 대한 기억은 일상생활에 꼭 필요해. 이런 기억마저 없다면 서로

소통하는 것조차 불가능하니까 말일세."

나는 이렇게 말했다. "기억이 무엇인지 이해하려면 기억을 있는 그대로 봐야 함을 이제 알겠습니다. 그러면 기억은 더 이상 새로운 것을 방해하지 않습니다. 새로운 것이 늘 새로우려면 어제를 통해 반응해서는 안 됩니다."

그는 이렇게 답했다. "그렇다네. 이것을 이해하고 나면 실재, 곧 '지혜'가 자네의 안팎에서 일할 걸세.

자네는 영적 동반자에 대해 말하지만, 자네가 말하는 영적 동반자는 분명 그것에 대한 개념일 뿐이야! 이것을 깨달으면 거기서 자유로워질 걸세. 그렇지 않겠나? 이것이 자유이고, 자유 안에 실재가 있다네. 내 말 이해했는가?"

나는 이렇게 답했다. "네, 이제 정말로 이해했습니다."

이 말을 끝으로 그는 나 혼자서 곰곰이 숙고할 시간을 가지라고 법복을 거둬 들고는 자리를 떠났다.

✦✦✦✦✦

내 마음은 기억의 오랜 상처들을 놓아버리고 있었다. 나 자신이 중요하다는 환상에 사로잡힌 것은 바로 나였음을 이해할 수 있었다. 여러 기억이 계속 떠올랐고 이제 나는 기억의 과정 전체를 이해할 수 있었다. 그 모든 불완전한 경험이 이제 완전해지고 있었다. 나 자신이 갈등의 원인임을 깨달았기 때문이다. 기억들이 중요성을 모두 잃고 사라지고 있었다. 나는 그것들을 두려움이나 분노나 단죄 없이 초연하게 바라봤다. 그것들은 '나'라는 것의 결과일 뿐이었다.

나 자신을 제대로 이해하는 순간 나는 자유로웠다. 내가 바로 원인이었다. 내가 나타내는 반응은 내 조건화의 파수꾼이었다. 조건화는 결코 실재가 될 수 없는데 말이다. 실재에는 반응이라는 것이 없다. 오직 자아만 반응을 할 뿐이다. 내가 자아를 이해하지 못해서 자아가 반응을 하는 것이다.

자아를 밝혀냄, 이것이 곧 자유였다. 나는 기억, 생각, 과거, 미래가 다 '나'이고 내가 여기서 분리되어 있지 않음을 이해했다. 내가 기억과 생각과 반응에서 분리되어 있지 않고 이것들이 내가 만든 것이요 기억의 산물이며 아무런 실재성도 없음을 이해하자, 나는 두려움과 증오와 허영과 시기를 모두 놓아버렸다. 나는 더 이상 판단도 단죄도 하지 않았다. 그때 나는 주 예수께서 "판단받지 않으려거든 판단하지 말라"고 말씀하신 뜻을 이해했다. 그러자 이 모든 조건화-생각-기억이 희미해졌다. 나는 그것이 실재가 아님을 이해했다. 그것은 자신이 지어낸 것들에 묶여 있는 자아였다.

나는 지금 이 순간 독자 여러분도 자아를 이해할 때 찾아오는 자유를 느낄 수 있을지 궁금하다. 이것이 변혁이 일어나는 방식이고, 이것이 실재가 제한 없이 힘차게 기능하는 방식이다. 하지만 우리는 실재를 순간순간 경험할 수 있을 뿐이다. 실재는 살아 있는 현재이고, 그 어떤 조건에도 매여 있지 않다. 그러므로 현재를 살아가는 것이 곧 그리스도의 요가이다.

◆◆◆◆◆

점심을 알리는 공이 울리고 나서야 나는 세상의 시간으로 돌아와 시간이 얼마나 흘렀는지 인지했다. '영원'의 느낌이 당시 내게 아주 강렬했다.

그사이 내 벗은 마을에 내려가 있었다. 나는 그를 마을 회관에서 만났다. 그는 팔로 내 어깨를 감싸며 이렇게 말했다. "자네 얼굴을 볼 때마다 큰 변화가 일어나 있군."

그리고 이 말도 덧붙였다. "자네에게 반가운 소식이 있어. 노르부 가족이 돌아왔는데 자네를 보고 싶어하더라고. 노르부는 아주 아름답지. 자네가 노르부 안에서 가슴에 속한 사랑, 꼭 이해해야 할 사랑을 일깨운 것 같아. 나는 노르부가 오늘 아침 자네에 대해 말할 때 그 눈빛을 보고 알 수 있었네."

잠시 말을 멈춘 뒤 그는 다시 말을 이었다. "자네에게는 자석 같은 매력이 있기 때문에 주의할 필요가 있어. 그러지 않으면 타고난 치유자의 사명을 해낼 수 없을 거야. 자! 노르부가 집에 와서 자네 빨래와 집안일을 좀 거들고 싶다고 하는데 차마 거절할 수 없었어. 우리는 자원봉사를 거절하는 법이 없거든. 무조건적 봉사를 통해 사랑이 들어서기 때문이지."

나는 이렇게 답했다. "벗님 말씀 잘 알겠습니다. 저도 봉사를 통해 표출되는 사랑을 전에 경험한 바 있어서 그 의미를 충분히 이해합니다."

그는 이렇게 말했다. "맞네. 참사랑은 마음이 아니라 가슴에 딸린 거야. 사랑은 한갓 생각이 아닐세. 사랑은 그보다 훨씬 더 심오하고 의미심장하지. 사랑이 없으면 생명은 아무 의미도 없어. 비극적이게도 대부분 사람들의 삶 속에는 사랑이 빠져 있다네. 그들은 성숙하지 못한 채 늙어가지. 사랑에 대해 글을 읽고 토론하지만 생명의 진짜 향기는 결코 맡아본 적 없다네. 그래서 생명을 풍부하게 하는 가슴의 온기가 애석하게도 빠져 있다네. 사랑이 없다면, 뜻한 무슨 일을 하더라도 아무 문제도 해결할 수 없을 거라네.

생각으로만 순결해지려고 애써봤자 반대로만 될 뿐이야. 그 과정에 사랑이 하나도 없기 때문이지. 진심으로 사랑하는 것이야말로 순결해지고, 순수해지고, 부패와 멀어지는 길이라네. 머리로 문제를 해결하는 것은 터무니없는 이야기이고, 종교를 통해서 접근하는 것은 유치하며 어리석은 짓이지. 본능적인 행동으로 문제를 바로잡거나 온갖 금기 사항으로써 문제를 바로잡는 것은 다른 사람과 맺는 관계에 대한 이해가 부족하다는 걸 보여주는 꼴이야. 상호 관계 안에서 일어나는 자신의 생각-감정-반응을 알아차리는 것이 자아를 밝혀내는 과정이고, 이 과정을 통해 실재가 들어선다네.

자신을 철저히 이해할 때에만 우리는 비로소 자아 너머에 있는 것에 닿을 수 있어. 사랑은 우리가 창조할 수 있는 무엇이 아니야. 자아가 밝혀지는 과정을 통해 자아가 죽었을 때 들어서는 것이 사랑일세."

✦✦✦✦✦

내 벗을 보면 볼수록, 그의 말을 들으면 들을수록, 크나큰 지혜와 심오한 이해에 감탄을 금할 수 없었다. 아무런 말 없이 그와 함께 있는 것만으로도 나는 자아를 넘어선, 마음을 넘어선 무엇을 경험할 수 있었다. 마음속에 있는 것은 말로 담을 수 있지만, 마음을 넘어서 있는 것은 말로 담을 수 없고 직접 경험하는 것만이 가능하다.

9장

❖ ❖ ❖

오후에 차를 마시고 있을 즈음 노르부가 도착했다. 노르부는 계곡에서 자라는 중국 양귀비꽃을 머리에 꽂고 있었다. 노르부는 진귀한 그림처럼 보였다. 부끄러워하는 기색이 조금도 없었다. 나는 너무나도 자연스럽게 우리에게 말을 거는 그녀의 모습에 놀랐다. 그토록 자유로운 모습을 전에는 이성에게서 본 적이 없었다. 나는 그녀가 어떻게 자유를 습득했는지 알아차렸다. 내 벗이 그녀를 아낌없이 지도 편달했던 것이리라.

두려움 없이 진솔하게 내 눈을 응시하는 그녀의 커다랗고 파란 눈을 바라보고 있자니, 그녀의 마음에서 모든 환상이 걷혔음을 알 수 있었다. 우리 둘 사이에 불편한 느낌은 하나도 없었다. 노르부는 환한 얼굴을 하고 영어를 매력적인 억양으로 훌륭하게 구사했다. 말하면서 웃음을 지을 때 드러나는 가지런한 치아와 입 모양 역시 매력적이었다. 아름다움과 자유로움으로 고양된 노르부의 됨됨이에 나는 깊은 인상을 받았다.

나는 이렇게 말했다. "노르부, 당신은 정말로 아름답군요." 하지만 노르부는 내 말로 인해 조금도 불편해하지 않았다.

노르부는 이렇게 말했다. "여기 와서 당신을 좀 돕고 싶은데 허락해주실래요?"

나는 이렇게 답했다. "노르부, 당신이 와주시면 정말 좋지요. 그런데 제가 할 일이 많아서 바라는 만큼 시간을 함께 보내지는 못할 것

같아요."

그녀는 "열두 살 때부터 스승님께 가르침을 받아서 사정을 잘 압니다"라고 말하면서 감사를 담아 내 벗을 쳐다봤다.

나는 말했다. "네, 저 역시 벗님께 이루 말할 수 없는 큰 빚을 지고 있습니다. 그중 하나를 말하자면, 자아를 이해하는 법을 배웠습니다. 덕분에 어리석은 자아라는 거품이 아주 제대로 터졌죠." 우리 모두는 그 과정을 잘 알고 있었기에 한바탕 웃었다.

우리 셋의 관계는 아무 긴장 없이 자연스러웠다. 그때 나는 진정한 관계의 의미를 알았다. 사랑이 없으면 그 어떤 관계도 불가하기 때문이다.

나는 노르부만큼 집안일을 잘하는 여성을 본 적이 없다. 그녀는 계곡에서 따온 야생화로 매일 탁자를 꾸몄다. 우리에게 필요한 일은 무엇이든 척척 해냈고, 제한된 재료를 가지고도 맛있는 요리를 내놓았다. 한시도 쉬는 법이 없었다. 셔츠나 양말 같은 옷까지도 말끔히 정리했다. 그녀는 우리가 편히 지낼 수 있도록 모든 일을 해주었다.

하루는 내가 노르부에게 이렇게 말했다. "노르부, 당신이 저를 망쳐놓고 있어요. 이런 정성 어린 대접을 받다 보니 이제 다른 사람에게는 절대로 만족하지 못할 것 같아요." 이 말을 듣자 노르부의 얼굴은 기쁨으로 환해졌고, 그 모습이 어느 때보다도 더 예뻐 보였다. 사실 내가 내 벗의 거처에 머무는 동안 노르부는 점점 더 아름다워졌고 나는 그 사실을 그녀에게도 말해주었다.

저녁에 공부를 쉬고 있으면 노르부는 기타 반주를 하면서 인도 노래와 티베트 노래를 아름다운 고음으로 불러주었다.

나중에 할리우드에서 영화를 제작하는 친구에게 노르부 사진을 보여주면서 그녀에 관해 이야기를 들려준 적이 있다. 친구는 그녀를 할리우드로 데리고 와서 내가 한 이야기를 중심으로 히말라야에 관한 영화를 찍고 싶어했지만, 나는 불가능할 것이라고 답했다.

어느 날 저녁에 우리는 바깥세상에 대해 이야기를 나눴는데, 그때 나는 노르부에게 이렇게 말했다. "제가 온 바깥세상에는 현학적이고 가식적인 사람들로 넘쳐나요. 사람들 대부분은 앞에서는 친절한 척하지만 뒤에서는 험담을 해요. 사실 그들 대부분은 위선적이고, 꽤나 괜찮다고 하는 사람들도 이러저러한 틀에 갇혀 있답니다.

노르부, 사람들이 당신을 멀리서 볼 때는 상징이자 우상으로서 당신을 사랑할 거예요. 하지만 무리로 들어가 함께 지내면 악의를 품고 질투한다니까요. 그러면 그들이 품었던 당신에 대한 상징은 허망하게 끝나버리고 그들은 다시 도피처로 삼을 상징을 찾아다닙니다. 그들의 마음은 관념으로 꽉 찬 반면 가슴은 텅 비어 있어요. 하지만 정말로 중요한 것은 가슴속에 있는 거잖아요.

사람들 대부분은 자신이 이러저러해야 한다는 관념에 매달려요. 자신을 있는 그대로 보는 것을 두려워하죠. 그래서 이상을 만들어 도피처로 삼아요. 그러면서 자유는 더욱더 멀어지죠. 자신을 비난하지 않고 판단하지 않고 있는 그대로 볼 때 자신의 거짓된 상태가 엷어지고 창조되지 않은 실재가 이내 들어섭니다. 자신의 생각과 느낌과 반응의 일련 과정을 식별하고 자신을 진정 있는 그대로 바라볼 수 있는 사람은 극소수입니다. 사람들은 자신을 보기보다 관념 뒤로 숨으려합니다. 하지만 자신을 있는 그대로 보고 이해할 때에만 자유와 아름다움과 사랑은 존재합니다. 이것들은 창조된 것이 아니니까요. 거짓된 것들이 사그라지면, 늘 현존하는 영원한 자유와 아름다움과 사랑이 들어섭니다."

그때 나는 진리에 관해서 남녀 간에 아무런 차이도 없음을 알았다. 남자와 여자는 모든 면에서 동등하며 진리를 가리고 있는 것, 즉 자아를 인식하는 정도에 따라서 진리를 깨달을 수 있다.

노르부는 방해가 되기는커녕 보물 같은 존재였다. 나는 그녀의 행동에 묻어 있는 지혜를 보고 배웠다. 그녀의 행동은 자아의 속박에서 해방된 무의식으로부터 자연스럽게 흘러나왔다.

노르부는 우리 관심을 끌려는 시도조차 하지 않았고 늘 아낌없이 봉사하고 헌신할 준비가 되어 있었다. 자신을 위해서는 아무것도 구하지 않았다. 그럼에도 자유로웠기에 전부를 소유했다. 나는 그녀가 대립의 이원성을 벗어났음을 알 수 있었다. 인생의 동반자로서 이보다 완벽한 사람이 있을까 싶었다.

노르부는 우리와 지내는 동안 기쁨과 행복으로 충만했다. 때때로 우리 토론에 참여하기도 했는데, 나는 그녀가 지닌 지혜와 이해에 감탄을 금할 수 없었다.

내 벗은 나와 단둘이 있을 때 이런 말을 했다. "나중에 자네가 이곳을 떠나게 되면 노르부는 자네가 상상하는 것 이상으로 자네를 그리워할 걸세. 자네란 사람은 만나는 사람들의 가슴마다 파고 들어가는구먼. 내 가슴에도 자네가 들어와 있기에 나도 자네가 많이 그리울 거야. 자네가 이 땅을 밟은 뒤로 자네는 만났던 모든 이의 가슴속으로 들어와버렸어.

여기 오크 사원장과 게쉬 린포체와 퉁 라의 편지를 받게나. 각각의 편지마다 깊은 애정이 담겨 있더군."

나는 이렇게 말했다. "네. 저 역시 벗님과 모두를 사랑합니다. 벌써부터 이별을 생각하면 가슴이 먹먹해지는데 그날이 오면 못 견딜 것 같습니다. 사실 저는 종종 이런 질문을 떠올리곤 합니다. '진정한 벗들이 여기 있는데 왜 내가 여기를 떠나야 하는 거지?' 하지만 벗님께서 어떻게 답하실지 알기에 애초에 말을 꺼내지 않았습니다."

"맞네. 나도 자네 심정을 잘 알지. 우리도 자네를 사랑하니까 자네가 계속 여기에 있으면 정말 좋겠지만, 그만큼 자네가 세상에서 할 일이 많지 않은가. 그래서 차마 자네를 붙잡을 수 없는 것이고."

그때 나는 그들의 신뢰를 받기에 나 자신이 너무나 부족한 것만 같았다. 망망대해에 떠 있는 작은 나뭇조각처럼 느껴졌다. 내 생각을 읽었는지, 내 벗은 다시 이렇게 말을 이었다.

"자아는 아무것도 아니고, 아무것도 할 수 없음을 명심하게. 진짜 일을 하는 이는 바로 '영'이야. 자아는 도리어 방해가 될 뿐이지. 이것을 깨닫고 나면 더 이상 자아는 방해하지 않을 걸세."

나는 즉시 안도감이 들었다. 더 이상 괜한 책임감을 느끼지 않았다. 이 일을 주관하는 위대한 힘이 있었고, 내가 자아를 벗겨낼수록 이 힘은 더욱 커질 것이었다. 두려움도 나를 떠났고 나 자신이 무가치하다는 생각도 사그라졌다. 나는 예전에 그가 내 자아를 벗겨내주었을 때로 돌아갔다.

두려움은 오직 자아가 판칠 때에만 존재한다. 그때 나는 그것을 이해했고, 내 얼굴을 바라보던 그도 나의 이런 상태를 이해했다.

노르부가 우리에게 온 날 밤, 우리는 그녀가 라싸에 갔다가 돌아오면서 겪은 일을 들으면서 거의 자정까지 깨어 있었다. 끝부분에 노르부는 이렇게 말했다. "다시 돌아와서 기뻐요. 거기서 불교용품과 예식에 둘러싸여 있을 때 저는 자신감을 모조리 잃은 것만 같았거든요."

내 벗은 이렇게 말했다. "노르부, 자신감에는 두 가지 종류가 있단다. 하나는 어떤 기술을 획득했을 때 숙련자로서 느끼는 자신감이야. 이런 유형의 자신감은 피상적임을 잘 알 거야. 반면 마음의 활동적 영역과 잠재적 영역, 다른 말로는 의식적 영역과 무의식적 영역 둘 다에서 자신을 이해할 때 나오는 자신감도 있단다. 의식의 표층과 심층을 모두 이해할 때, 강력한 자기주장이나 기만한 상황판단에서 나오는 자신감이 아니라 현상을 있는 그대로 보는 데서 나오는 자신감이지.

자신이 구원을 받았다고 믿는 자신감이나 과장이나 성취에서 나온 자신감에는 두려움이 따르기 마련이야. 하지만 종교 예식의 본질을 이해하고, 자신이 사람들과 상황과 관념과 맺고 있는 관계를 이해할 때, 그 이해에 힘입어 너는 모든 권위에서 풀려날 거야. 그렇게 되면 더 이상 강단 위의 스승과 강단 아래 제자가 분리되지 않지. 이를 이해하고 나면 너는 시간과 권위를 조금도 의식하지 않게 될 거야.

이런 자신감은 사랑과 애정으로 그득하지. 누군가를 사랑할 때 높낮이는 존재하지 않아. 사랑은 그 자체로 자신의 영원이기 때문이야.

존재의 이런 상태에 내적 고요가 깃들지. 이 고요 안에 사랑과 친절과 관대와 자비가 자리하고. 이 존재의 상태가 바로 아름다움의 본질이야. 이 본질을 놓친 채 예복과 종교용품으로 자신을 치장한다면, 높고 낮음이라는 환영으로 통하는 감각의 가치를 강조하는 셈이고, 이는 갈등과 분리로 이어진단다.

그리스도 혹은 붓다의 자신감은 신속하고 유연한 마음에 놓여 있어. 그러나 이것은 소수에게만 허락된 특권이 아니야. 오직 한 생명만이 존재하는 것을 자각하고, 그 생명을 방해하는 것을 자각하는 자라면 그게 누구든 생명은 그 안에서 완전히 일할 거야."

그때 나는 노르부가, 이해에서 나오는 자유와 당시 노르부가 발하던 존재의 향기를 어떻게 얻었는지 이해할 수 있었다.

나는 이렇게 말했다. "노르부, 지혜의 샘 같은 분을 항상 곁에 둘 수 있는 것은 정말 큰 특권이에요. 저도 그럴 수 있으면 좋겠어요."

"그렇게 해도 돼요. 우리도 당신을 항상 곁에 두고 싶은걸요."

내 벗은 그녀를 바라보고는 "노르부"라는 한마디 말로 타일렀다.

그러자 침묵이 흘렀다. 우리는 저마다 자신만의 생각에 잠겼다. 몸을 초월한 사랑의 조화로운 느낌이 대기를 가득 채웠다.

내가 먼저 침묵을 깨고 이렇게 말했다. "분리란 어디에도 존재하지 않아요, 노르부. 영 안에서 우리는, 절대로 끊어질 수 없는 영원한 사랑의 줄에 항상 함께 걸려 있는 진주 구슬이에요."

그녀가 "저도 알아요. 잠시 욕심을 부렸지만, 이제 욕심이 사라졌어요. 분리는 마음에만 존재할 뿐 가슴에는 절대로 존재하지 않잖아요"라고 말할 때 그녀의 눈에 눈물이 차올랐다.

그러자 내 벗이 이렇게 말했다. "노르부, 저녁을 차리는 것이 어떻겠니? 저녁을 들고 어서 자러 가야지. 거의 자정이 다 되었네. 너도 좀 피곤해 보이고."

노르부는 버터로 찐 감자와 차가워진 구운 닭고기를 가볍게 내놓았다. 우리 모두 자정 야식을 맛있게 들었다.

다음 날 아침은 명랑한 분위기였다. 모두 즐거웠다. 밤잠이 기적을 이뤄낸 듯했다. 노르부가 티베트 노래를 부르는 것이 들렸다. 노르부에게 무슨 노래인지 물어봤더니 "제가 직접 지은 노래예요"라고 답했다.

나는 "가사를 영어로 말해줄래요, 노르부?"라고 물었다. 노르부는 그냥 웃으면서 아침을 차리기 시작했다.

아침 식사를 마치고 내 벗은 나에게 이렇게 말했다. "오늘은 계곡으로 올라가세. 앞으로 자네 할 일에 도움이 될 내용을 더 자세히 다뤄보자고."

그래서 우리는 경치를 즐기며 계곡으로 올라갔고 이끼로 덮인 바위에 앉았다. 바닥에는 야생화, 야생 양귀비, 야생 장군풀꽃이 활짝 피어 쫙 깔려 있었고, 철쭉도 활짝 피어 우리를 에워싸고 있었다. 위대한 현인의 말씀을 듣기에 최적의 장소였다.

그는 감미로운 목소리로 이렇게 말문을 열었다. "'분명히 말한다. 너희가 여기 있는 형제 중에 가장 보잘것없는 사람 하나에게 해준 것이 바로 나에게 해준 것이다.' 예수께서 이렇게 말씀하셨다는 기록이 남아 있는데, 나는 자네가 이 말씀의 참뜻을 일상에서 관찰해보기를 바라네. 그렇게 할 때 진정한 행복이 들어설 것이기 때문이야.

사람들은 이 위대한 진리를 깨닫고 있지 못해. 사람의 마음이 서로를 가르는 분리와 이상과 믿음에 사로잡혀 있기에 그렇다네.

신과 인간과 우주가 하나라는 관념은 진리를 드러내지 못해. 사실 그 관념은 자네가 습득한 정신적 이미지일 뿐이야. 자네는 그리로 도망치고 싶어하지. 그 결과로 실재에 눈이 멀게 돼. 하지만 그것이 관념에 지나지 않음을 간파한다면, 자네는 그 너머로 가서 그 진리를 경험할 수 있게 된다네.

주의 깊게 살펴본다면, 자네의 생각이란 자신을 규정하는 특정 조건이 표현된 것일 뿐이고, 조건화가 없다면 생각도 존재하지 않음을 알게 될 거야. 자신이 무엇이라고 믿느냐에 따라서 생각도 따라가는 법일세. 자네가 사회주의자라면 사회주의자처럼 생각할 것이고, 자본주의자라면 그렇게 생각할 테지. 자신을 개신교 신자라고, 힌두교 신자라고, 천주교 신자라고 믿는다면, 자네 생각은 그 믿음을 따라갈 거야. 쌓이고 쌓인 자신의 지식과 배움은 기억이 되고, 이것이 자네를 제한하고, 이러한 제약 속에서 자신의 생각이 형성되는 거라네.

이러한 조건이 곧 자네를 이루고 있어. 그러니 자신을 규정하는 조건들을 이해하지 못한다면 자네가 생각하고 행하는 것은 죄다 그 배경을 따를 수밖에 없는 거야. 자네도 이 점을 잘 알고 있지 않나? 다른 사람들의 이야기만 들어봐도 그들을 규정하는 조건들이 뭔지 알 수 있을 거야. 그 덕에 자신도 이해할 수 있을 걸세. 자신 안에서 근본적인 변화를 일으키려면 이러한 조건화가 어떻게 생겨났는지를 반드시 이해해야 하네. 이것을 이해하고 나면 자아도 이해할 것이고, 자아가 어떤 식으로 연루되었는지도 이해할 걸세. 이것을 왜곡하지 않고 초연하게 바라볼 때, 자유가 들어서지. 이 자유 안에 그 어떤 조건에도 묶이지 않은 실재가 있다네.

사람들 대부분은 책을 통해서 지혜를 추구하지. 생명을 알고 있다고 자처하는 소위 전문가를 따르면 생명을 이해할 수 있다고 여기지만, 안다고 자처하는 자는 사실 아무것도 모른다네. 일부는 철학 모임이나 종교 단체에 나가기도 해. 하지만 그러한 탐구는 그치는 법이 없지. 확실한 사실은 이해와 지혜가 이런 방식으로 발견될 수 없다는 거야. 그렇게 하는 것은 모방이고, 모방은 이해가 아니니까. 관념을 덥석 받아들이는 것은 이해가 아닐세.

자신의 견해가 모순될 때 자신의 조건을 강화하거나 귀를 막는다면, 이해는 조금도 동틀 수 없어. 이해하기 위해 노력하는 사람도 일부 있지만, 이들도 자기 관념을 바꾸는 것에 지나지 않아.

변혁은 자신의 생각이 일어나는 곳부터 바라보기 시작할 때 찾아오는 거야. 그러면 자아가 무엇인지도 이해하게 되지. 자아란 자네의 조건이야. 자아란 자네의 조건이 투사된 것이지 않겠는가?"

나는 이렇게 답했다. "네, 이제 보다 분명히 이해했습니다."

"생명은 조건화에서 자유롭다네. 그래서 생명이 창조적인 거지. 창조적이고자 한다면, 생명의 표현을 방해하는 자아를 반드시 이해해야 하네. 바른 사고는 자신을 이해할 때 찾아오지. 자신을 이해하고자 한다면 자신의 생각-느낌-반응의 과정을 반드시 알아차려야 하는데, 이 일련의 과정은 자신의 축적된 과거의 반응일 뿐이야. 과거가 어떻게 축적되었는지 이해할 때 자유가 찾아온다네."

나는 조심스레 끼어들며 "점점 더 명확해집니다"라고 말했다.

"우리는 자신의 관념과 믿음과 두려움과 적대감을 인지해야 해. 그리고 자신의 생각-느낌-반응의 과정은 현재에 영향을 미치고 있기 때문에 우리는 그 모든 과정을 꿰뚫어 봐야 해. 그러지 않으면 자신의 조건을 그대로 표현하기만 할 테니까. 이것 역시 분명히 이해했지?

자네 생각을 특정 틀에 맞춘다면, 자네 생각-느낌-반응의 과정은 그 틀 안에서 일어날 거야. 이 점 역시 잘 알겠지? 자네 생각은 자네 배경에 따라서 꼴을 갖춰 나가지. 이것을 이해할 때 지어내지 않은 고요가 자리하게 되네. 마음이 강요 없이 자연스레 고요해지는 거야. 이때 마음, 곧 자아는 자신을 있는 그대로 인식하게 되고 따라서 자신을 투사하는 일을 멈추기 때문이지. 그러면 자아는 자신이 스스로를 조건화한 장본인이며 자신이 이 조건화에서 분리되어 있지 않음을 이해하고는 달아나려는 시도를 그만둔다네. 만사를 있는 그대로 바라볼 때, 만사에 대한 이해가 들어설 거야. 이 이해 안에 자유가 있고, 이 자유 안에 실재가 있어. 마음이 더 이상 자기 짐에 짓눌리지 않을 때 자네는 이 자유를 경험하게 될 거야.

예수께서 '아버지'라고 불렀던 생명을 깨닫고 나면, 예수나 다른 깨달은 스승들이 지녔던 권능의 신비가 이해될 걸세. 이것은 관념에 불과한 마음의 산물일 수 없어. 그것은 생명 자체에 내재한 살아 있는 의식이야.

예수께서 사람이 지닌 불완전함을 봤을 때, 그는 다름 아닌 사람 자신이 그 원인임을 이해했다네. 그러므로 자신의 배경을 제대로 이해하지 않는다면, 우리의 느낌과 생각은 그 배경이 투사된 것에 불과하다네. 이러한 자기 인식이 없다면 깨달음은 불가능해.

신이 무엇인지에 대한 관념에서 마음이 자유롭지 않다면, 실재를 절대로 깨달을 수 없어. 그런 경우 실재가 무엇인지에 대한 관념만 있을 뿐인데 그것은 진리가 아니야. 기존 관념이 마모되면 또 다른 관념이 생성되기 때문이지. 실재는 관념 너머에 있어. 마음 너머에 있지. 그리고 외부가 아니라 내부에서 찾아와. 마음의 모든 환상이 어떻게 생겨났는지 이해해서 그 모두가 사라질 때라야 실재를 깨닫게 될 거야."

나는 이렇게 말했다. "그리스도의 요가란 곧 자아로부터의 자유임을 알겠습니다. 자아가 죽고 나면, 만물의 창조주이시자 사람의 마음을 넘어선 지성을 지니신 신께서 몸소 당신 일을 하십니다. 마음이 자신만의 결론을 도출하기를 멈출 때 이 지성이 작동합니다."

그는 답했다. "맞는 말일세. 하지만 그것 역시 아직은 관념일 뿐이야. 자네가 말한 것이 진실일 수는 있어도 진리는 아니야. 진리는 마음이 고요할 때에만 경험될 수 있어. 나는 자네가 진리를 경험하기를 바라네. 이것이야말로 참으로 중한 일이지. 지적인 이해는 여전히 정신적인 것이지 영적인 것은 못 돼. 영적인 것은 오직 참된 명상을 통해서만 들어설 수 있어."

우리는 잠시 앉아서 명상했다. 관념이나 이미지를 화두로 삼는 명상이 아니라, 진리가 아닌 모든 것을 알아차리는 명상이었다. 나는 그 모두가 거짓임을 알아차리고 마음이 작동하는 모습과 애지중지하는 희망과 관념을 바라보았다. 이 모든 것이 자아의 투사에 불과함을 이해하자 그것들은 모두 사라지기 시작했고 그럴수록 '존재(BEING)'를 더더욱 자각할 수 있었다.

모든 권능과 지성과 사랑이 어서 일할 수 있도록 자아가 죽는 순간만을 기다리고 있었다. 자아만이 이 일을 가로막고 있었기 때문이다.

✦✦✦✦✦

당시 내가 이 축복의 상태에 얼마나 오래 머물렀는지 모르겠다. 내가 지어내지 않은 고요가 있었음이 내가 아는 전부다. 침묵이 들어섰고, 그 침묵 속에 영원한 창조성이 있었다.

말로는 이 상태를 그려낼 수 없다. '나'는 거대한 '그저 있는 나(I AM)' 속으로 사라져버렸다. 아버지께서 몸소 창조하신 사원을 통해 일하고 계셨다. 본래 그것이 당신께서 사원을 창조하신 목적이었다. 모든 권능과 지혜와 사랑이 영원히 늘 현존했다.

나는 자아란 아무것도 아니며 스스로 아무것도 할 수 없음을 이해했다. 자아는 고유의 힘이 하나도 없었다.

모든 번뇌가 그쳤고 나는 만족했다. 과거에 대한 내 생각과 이미지는 항상 새롭고 생동하는 순간인 현재, 즉 실재 속으로 사라졌다. 그때 나는 내 벗이 '자신의 속박에서 해방된 자아'라고 말했을 때 뜻한 바를 이해했다. 이에 대해 수백만 단어라도 쓸 수 있겠지만, 그렇게 하더라도 정신적 개념을 넘어서 있는 존재(BEING)의 환희를 드러내지는 못할 것이다.

10장
❖ ❖ ❖

우리가 계곡 아래 거처로 다시 내려올 때 나는 마음이 흡족했다. 내 벗도 이를 감지했나 보다. 그는 이렇게 말했다.

"자네가 부드럽고 조화롭게 일취월장하는 모습을 보니 참으로 기쁘네. 자네가 여기를 떠날 때가 오면 나도 참 섭섭할 거야."

나는 이렇게 답했다. "동감입니다. 벗님께서 보여주신 친절과 배려에 저는 감사할 따름입니다. 말로는 도무지 표현할 길이 없습니다. 하지만 아직도 저는 제가 이런 대접을 받을 자격이 없다고…."

내 말이 끝나기도 전에 그는 이렇게 말을 잘랐다. "자신이 가치 있냐 없냐는 중요하지 않아. 세상에 위대한 것들을 선사하는 자들은 절대로 이런 문제로 고민하지 않아. 그들은 '지성'이 자신을 통로로 삼아 현현함을 깨닫고 있을 뿐, 자신이 이 일에 합당한지 아닌지에 관한 생각이 마음에 들어오는 법이 없어. 예수께서는 이렇게 말씀하셨지. '너희는 내가 아버지 안에 있고 아버지께서 내 안에 계신다는 것을 알지 않느냐?' 하지만 자네는 마음의 기저에서 자신이 무가치하다는 생각을 품고 있네. 이런 생각이 단지 자네 배경과 자네 조건화의 결과임을 당장이라도 이해한다면, 다시는 그런 식으로 생각하지 않게 될 걸세."

그의 말은 따끔한 회초리와 같았으나 사랑과 애정이 담겨 있었다. 순간 내가 얼마나 어리석었는지 알 수 있었다. 나는 어릴 적 숱하게 듣곤 했던 말의 영향을 여전히 받고 있었다. "얌전히 잠자코 있어라!" 나는 더 이상 그 감정에 묶여 있지 않았다. 그 감정은 그날 그 자리에서 사라져버렸다.

사실 이 문제로 지적을 받은 것은 이번이 처음은 아니었다. 전에 링쉬라 은수자도 온화하게 타일러주신 적이 있다. "우리는 자네의 가치에 대해서는 별 관심이 없어. 어떻게 해야 '진리'가 세상에 가장 잘 알려질 수 있을까에 대해서만 관심을 두거든. 자네는 좋은 도구이고 이 과정을 거치고 나면 더욱 훌륭한 도구가 될 거야."

우리가 거처에 도착하기 전부터 노르부는 문간에 나와 기다리고 있었다. 노르부는 빛이 났다. 그녀는 녹색과 흰색 체크무늬를 넣어 직접 만든 빨간 모직 재킷을 입고 있었고, 머리에는 야생 양귀비를 꽂고 있었다.

노르부의 얼굴은 행복에 젖어 환하게 빛났다. 웃을 때 짓는 눈과 입 모양도 아름다웠다.

나는 노르부에게 이렇게 말했다. "노르부, 오늘 너무나 아름다워요. 저를 위해 차려입은 건가요?"

그때 내 벗이 끼어들었다. "이거 둘 사이가 갈수록 깊어지는구먼."

그는 노르부와 나 사이에 언제라도 활활 타오를 준비가 된 깊은 애정의 불씨가 숨겨져 있음을 알고 있었다. 결국 내가 이곳을 떠날 날이 다가올 때 이별이 힘겨워질 것을 그는 염려했다. 나 역시 이를 잘 알고 있었다. 내게는 그녀를 품을 거대한 사랑이 있었고, 그 순간 노르부를 내 팔로 안을 수 있을 것만 같았기 때문이다.

나는 내 벗 앞에서 노르부 손을 잡고 이렇게 말했다. "노르부, 당신을 아주 많이 사랑해요. 항상 사랑할게요."

웃고 있던 그녀의 눈에 눈물이 스며들었다. "저도 당신을 아주 많이 사랑해요. 당신이 우리 곁을 떠나면 몹시도 그리울 거예요. 하지만 당신은 해야 할 일이 있고, 저는 우리가 함께한 추억을 간직할 수 있으니 슬퍼하지 않을게요."

그러자 나는 만사가 잘될 것임을 직감했다. 나는 그녀의 손을 잡고 내 벗에게 우리를 축복해달라고 청했다.

그는 이렇게 말했다. "이것이 내 계명일세. '내가 너희를 사랑하듯 너희도 서로 사랑하여라.'"

우리는 그 말의 의미를 잘 알고 있었다. 육신을 넘어선 진정한 영적 사랑을 하라는 뜻이었다.

우리는 자리에 앉아 점심을 먹으며 '대생명(Life)'의 활기를 얻었고 웃음이 끊이지 않았다. 우리 셋을 하나로 묶어주는 사랑 덕분에 근심 걱정 하나 없이 영원 같은 시간을 행복하게 보냈다.

오후에 노르부는 토론에 참여하기 위해 우리와 함께 앉았다. 노르부 역시 나름의 깊이가 있었고, 나는 우리가 하는 토론(내 벗은 토론이라고 불렀다)에서 노르부가 얻는 바가 크다는 것을 알 수 있었다.

내 벗은 자신이 교사나 스승이라고 자처하거나 그런 암시조차 한 적 없었다. 이것이 그가 거짓을 밝혀 드러내는 방식이었다. 혼자 힘으로 진리를 깨달을 수 있게 하기 위함이었다.

내 벗은 우리 둘을 바라보면서 "이것이 내 계명일세. '내가 너희를 사랑했듯이 너희도 서로 사랑하여라'"라는 말로 다시 대화를 시작했다. "이것은 주 예수의 말씀인 동시에 내가 자네들에게 전하는 말이기도 하네.

그리스도의 요가는 자유일세. 거짓 모두를, 나에 관한 전부를, 곧 자아를 모두 이해하면 자유가 찾아오지. 사실 그것들은 다 같은 것이거든. '나'를, 자아를 이해하지 못할 때, 자아가 무지에 빠져 자신의 희망과 욕망에 사로잡힐 때, 이를 계속 극복하기 위해 끊임없이 분투하게 되기 마련이고 그 결과 자유는 불가능해진다네. 하지만 자신을 이해하면 극복할 필요가 아예 사라지지. 자네들도 이제 이 점을 잘 알겠지?"

우리는 마치 한 사람처럼 "예"라고 대답했다.

그런 뒤 그는 말을 이었다. "욕망을 하나 정복하고 나면 앞으로도 욕망을 몇 번이고 정복해야 하네. 적을 대할 때와 마찬가지야. 적을 몇 번이고 정복해야 하는 거지. 이것이 전쟁이 늘 일어나는 이유라네. 욕망 하나를 정복하는 순간 정복할 다른 욕망이 또 나타나고 말지. 그 결과로 우리는 정복하는 대상을 절대로 이해하지 못한다네.

극복이라는 것은 사실 억압의 다른 형태에 불과함을 자네들도 알게 될 거야. 억압하는 대상을 이해할 수는 없는 법이지. 따라서 자신이 억압하는 것에서도 절대 자유로워질 수 없게 된다네. 자네들도 최근에 이 일을 경험하지 않았던가? 이제 자네들은 더 이상 애정을 억압하지 않아. 오히려 애정에 자유가 동행해서 사랑으로 더욱 생동하게 되었지. 참사랑이 존재할 때 욕구는 자리할 곳이 없고, 사랑만이 자유로이 표현된다네."

노르부가 이렇게 답했다. "스승님, 이제 저도 알겠습니다. 제가 온 가슴으로 사랑할 수 있음을 알았습니다. 그리고 이제 마음이 아니라 가슴으로 오롯이 사랑하기 때문에 저는 욕망에서 자유로워졌습니다. 당신께서 저에게 사랑에 이르는 길을 보여주셨습니다."

그는 이렇게 답했다. "아니야, 자네가 스스로 찾아낸 거야. 나는 사랑의 길을 자네에게 보여줄 수 없어. 그것은 자신만이 스스로 경험할 수 있는 것이거든. 그러니 그것은 내 경험이 아니라 자네가 직접 경험한 거야.

나 역시 그 자유를 알았다네. 그때 이후로 가슴의 사랑은 우리를 해방하지만 마음의 사랑은 우리를 속박한다는 사실도 아로새겨졌지. 가슴의 사랑은 주는 것이나 마음의 사랑은 욕망하는 거야. 둘의 차이는 극명하지. 하나는 신에게 속한 것이고 하나는 자아에게 속한 거야. 신의 사랑은 언제나 살아 있어 영원한 반면, 자아의 사랑은 자아가 죽으면 같이 죽고 말지. 자아가 실재의 그림자에 지나지 않듯, 자아의 사랑도 사랑의 그림자에 지나지 않는다네. 온 가슴과 온 영혼을 다해 누군가를 사랑하기 전에는 진정한 사랑을 절대 알 수 없을 거야. 그렇게 한 후에라야 사랑이 뜻하는 바를 알게 된다네. 두려움을 극복한다는 것은 두려움을 지연하는 것일 뿐일세. 그렇지 않겠는가? 자, 그러면 대부분의 사람들이 두려워하는 것은 무엇이겠나?"

나는 이렇게 답했다. "사람들 대부분이 두려워하는 것은 죽음이라고 봅니다. 예수께서는 사람이 풀려나야 할 최후의 두려움은 죽음이라고 말씀하셨습니다. 다른 말로 하자면, 죽음의 두려움에서 자유로워지면 진정으로 자유롭다는 뜻입니다."

"맞네. 가장 큰 두려움은 죽음에 대한 두려움일세. 지금 우리가 당면한 과제는 죽음의 두려움을 어떻게 극복할 것인가가 아니라 죽음의 의미를 오롯이 '이해하는' 거야. 이것은 노인들에게만 해당하는 이야기가 아니라 남녀노소 모두에게 해당하는 이야기지.

사람이 죽은 후에 완전히 끝나는지 아니면 계속 살아가는지의 문제는 믿음을 따르는 것으로는 해결할 수 없어.

사람이 영적인 존재라고 말하는 자들도 있고, 사람은 영적인 존재가 아니고 죽음 이후로는 아무것도 없다고 말하는 자들도 있지. 사람은 그냥 환경의 산물에 불과하다고 말이야. 하지만 둘 다 생각과 믿음을 통해 접근하는 방법이라서 문제를 해결하지는 못한다네.

자, 그런데 사람들은 대체 무엇 때문에 자기가 계속되기를 갈망하고, 또 그때 계속되는 실체란 대체 무엇일까? 사람들이 계속되기를 바라는 것은 그저 이름과 형태와 경험-지식-기억일 뿐이야. 그것이 자아의 실체이고 '나'의 실체야. 둘은 같은 거야. 바로 이것이 사람들이 계속되기를 바라는 거지. 자세히 들여다본다면 이 말이 정녕 사실임을 알 걸세.

이제 자네들은 자신의 기억과 경험과 생각이 곧 자신임을 이해했어. 자신의 사고 과정을 어느 수준에 갖다 놓든 자네들은 여전히 그것일 뿐이야. 사람들은 죽음이 찾아오면 자신의 실체인 이 사고 과정이 끝날 것을 두려워하지. 또 사후에 자신이 다른 형태로 존재했다가 다음 생에 다시 돌아올 것이라고 믿기도 하고. 그런데 이것 역시 믿음의 형태이자 사고 과정의 일부에 지나지 않아. 나는 지금 내세가 없다고 말하려는 것이 아니라 이에 대한 관념이 문제를 해결할 순 없음을 짚어주는 걸세.

분명 생명, 곧 영(Spirit)은 계속될 수 없어. 그것은 마음을 넘어서 있고 시간을 넘어서 있기 때문이야. 연속성은 시간(time)을, 어제와 오늘과 내일을 함의하지. 그러므로 초시간적인 것(timeless)은 연속성을 절대로 지닐 수 없어. 오직 시간에 속한 것만이 연속성을 지닐 뿐이야. 영원하고 늘 현존하는 것은 시작도 끝도 없고 따라서 연속성도 없네.

자네들이 표현할 수 있는 것은 자신이 알고 있는 것, 자신의 생각,

자신의 기억, 자신의 지식, 자신의 경험밖에 없어. 자신이 모르는 것을 표현할 수는 없네. 자네들은 자기 마음에 있는 것만 표현할 수 있을 뿐이야. 마음을 넘어서 있는 것을 표현할 수는 없지. 그래서 실재를 표현할 수 없는 거야. 그것이 무엇인지 모르니까. 이것을 이해할 때 마음은 고요해지네. 그러면 실재, 곧 영원(Eternal)을 자각하게 되고, 그것은 아무런 제한 없이 광대하게 기능할 걸세.

자신이 영적인 존재라고 되뇌는 것이 위안은 되겠지. 하지만 그것에 관해 생각할 때는 이미 시간에 사로잡혀 있는 것이 아니겠나? 따라서 그것은 영원한 것일 수 없어! 따라서 영적인 것도 아니지. 시간은 상대적이나, 영원한 것은 상대적인 것을 넘어서 있어서 시간에 종속되지 않아. 또한 미지의 것이기에 기지의 것에도 종속되지 않지. 그것은 기지의 것으로 표현될 수 없다네.

자네들 마음을 유심히 살펴보면, 자신이 모르고 있는 무엇이 아니라 이미 알고 있는 무엇이 계속되기를 자신이 원하고 있음을 알게 될 걸세. 이를 분명히 들여다보면, 이에 관한 진실도 알게 될 거야. 그러므로 현재 자네들이 갖고 있는 것은 자신의 생각이자 느낌에 지나지 않아. 자네들은 이것이 계속되기를 원할 뿐이야. 다른 것은 아무것도 모르기 때문일세.

현재 자네들은 미지의 것을 모르고 있기 때문에, 자네들이 계속되기를 바라는 대상은 분명 자신이 이미 알고 있는 거야. 그래서 자신이 이미 알고 있는 것이 끝이 날까 두려워하지. 하지만 계속되는 것이 끝나고 나면 남는 것은 실재밖에 없어. 그럼에도 끝내기를 두려워하지. 그래서 죽음을, 죽는 것을 두려워하는 거라네. 자네들은 어제에서 오늘을 거쳐 내일로 지속되기를 원해. 그래서 유토피아를 세우고 미래를 위해 살아 있는 현재를 희생하고, 계속되기를 바라는 욕망을 위해 훼방꾼들을 제거하지.

계속되는 것은 절대 자신을 새롭게 할 수 없어. 오직 순간순간 늘 현존하는 것만이 순간순간 다시 태어나고 새로워지지. 이 안에는 과거도, 미래도, 선악도, 기억도 존재하지 않아.

이 주제를 자세히 살펴보면, 계속 존재하는 것은 기억의 다양한 변주일 뿐이고, 기억에 매달리기 때문에 죽음을 두려워한다는 것을 이해하게 된다네. 시간을 초월해 있는 것이 존재하기에 앞서 시간에 속한 자아, 곧 기억이 죽어야만 한다는 점도 분명히 이해하게 될 거야.

마음은 시간 너머에 있는 것을 만들어낼 수도 없고 상상할 수도 없어. 마음은 시간의 결과, 과거의 결과인 것만을 알 수 있을 뿐이야. 마음은 자네가 읽었던 것, 자네가 현재 생각하는 것, 자네가 앞으로 바라는 것을 토대로 어제와 오늘과 내일에 대해 생각을 형성할 뿐, 순간순간에 오롯이 존재하면서 생각을 지어내지는 못해. 영원한 현재 속에서 살고자 한다면 거기에는 어제도 오늘도 내일도 없다네. 오직 지금만이 있을 뿐이지. 그래서 마음은 끝이 오는 것을 두려워해. 마음은 어제와 오늘과 내일에 매달리고 자신의 믿음과 이론에 매달리기 때문이지. 마음은 이 생각에서 저 생각으로 쉽게 옮겨 다니기에 확신이 없다네.

자네들이 당면한 어려움은 자신이 이제껏 쌓아왔던 모든 것들, 과거의 모든 경험들, 자신의 신념과 희망들, 이 모두에 대해 죽어야 한다는 거야. 그렇게 하는 것이 곧 죽음이겠지. 그런데 자네들은 바로 그렇게 죽어야 한다네.

자네들이 현재 알고 있는 것은, 이미 알고 있는 것 너머에 있고 시간을 넘어서 있는 미지의 것을 결코 드러낼 수 없어. 자네들이 알고 있는 것은 시간에 속한 것인데 시간은 초시간적인 것을 절대 드러낼 수 없지.

이 주제를 더 다루기 전에 자네가 이를 제대로 이해했는지 알고 싶군."

나는 이렇게 답했다. "네, 잘 이해했습니다. 제가 과거의 것들에 대해 순간순간 죽을 때 미지의 것, 실재가 들어섭니다. 계속되는 것은 진리를, 실재를, 미지의 것을 절대로 알 수 없습니다. 계속되는 그것은 자신의 투사물만 알 수 있을 뿐입니다. 시간 속을 살아갈 때, 유일하게 창조적인 살아 있는 현재보다 어제와 내일이 더 중요해집니다. 우리는 지나간 순간에 대해 죽어야 하고, 살아 있는 현재 속에서 살아야 합니다. 그러면 그 죽음 속에 생명이 존재합니다."

내 벗은 이렇게 말했다. "맞네. 자네 마음속을 들여다보면 살아 있는 현재 속을 살기 위해서는 어제도 내일도 있을 수 없음을 알게 될 거야. 이것이 기억의 결과이자 어제의 결과인 반응(reaction)이 아니라 진정한 행위(action)일세. 또 살아 있는 영원한 현재 속에는 죽은 것이 하나도 없음도 알아차리게 될 거야. 그래서 '죽은 자들이 죽은 자를 묻게 내버려두어라'라고 예수께서 말씀하신 거지.

창조성은 약동하는 생명이야. 사람은 생명을 창조하지 못해. 사람이 신을 창조하지 못하는 것과 매한가지야. 사람은 그저 신에 대한 관념만 지어내고 그것을 진리라고 여길 뿐이지. 하지만 이것이 얼마나 어리석은지 이해하기 전에는 자신을 진리에 눈 멀게 하는 이 환영에서 자신을 해방할 수 없을 걸세. 시간은 생명을 창조할 수 없어. 과연 그게 가능하겠는가?"

나는 이렇게 답했다. "시간을 거치면 자신이 창조적으로 될 수 있다고 여기는 사람들을 많이 알고 있습니다. 저는 시간 속에서 특정 기법을 숙달하는 것은 가능하지만 그렇다고 그 기법이 창조적인 것은 아님을 깨달았습니다."

"특정 기법을 숙달한다는 것은 습관에 지나지 않아. 하지만 습관은 창조적인 것이 아니라네. 기법을 숙달할 때는 늘 갈등과 투쟁이 따르기 마련일세. 그래서 기법은 창조적일 수 없지. 자아가 자신이 하고 있는 일과 갈등하는 한 창조적 상태는 불가능해. 마음이 갈라져 대립하는 한 갈등이 남아 있을 것이고 이것은 창조성을 부인하지."

나는 "그러면 어떻게 해야 창조성을 획득할 수 있나요?"라고 물었다.

그는 이렇게 답했다. "창조성을 획득하는 것은 불가능해. 자네가 할 일은 창조성을 부인하는 것을 '이해하는' 거야. 이것을 이해하는 것이 곧 자아를 이해하는 거지. 마음이 자아의 요구에서 자유로울 때 평화가 깃들고 이 평화 안에 창조성이 자리한다네. 창조성은 늘 현존하기에 노력이나 투쟁 없이 찾아오지. 창조성은 순간순간 존재해. 하지만 자네는 창조성을 표현할 수 있기를 바라며 창조성을 붙잡고 싶어하네. 창조성은 마음 너머에, 시간 너머에 있기 때문에 그렇게 하는 것은 불가능해. 그러므로 창조적으로 되기 위해서는 시간 안에서 기능하기를 멈춰야 해. 자아가 죽을 때 생명이 깃들고, 자연히 창조성도 존재하는 법이야. 이를 두고 예수께서는 자기 목숨을 살리려고 하는 자는 잃을 것이나 자기 목숨을 포기하는 자는 생명을 얻을 것이라고 이르셨지.

바람이 잦아들면 잔잔한 호수가 드러나듯, 마음의 문제들이 끝나버리면 창조적 존재가 드러나는 법이야.

'나 혼자서는 아무것도 아니다. 내 안에 계신 아버지의 영이 이 일을 하시는 것이다.'"

그는 기도하듯 눈을 감았고 다음 말이 생각 없이 그에게서 흘러나왔다.

"오 영원하며 살아계신 현존이시여, 나 혼자서는 아무것도 아닙니다. 하지만 당신과 함께라면 나는 모든 것입니다. 당신은 나뉘어 있지 않기 때문입니다.

저는 거룩한 이치에 따라 생각하고 거짓된 것을 살핌으로써 당신의 생생한 현존이 들어설 길을 냈습니다.

당신의 생생한 현존 안에 머물 때 시간 감각이 사라졌습니다. 당신은 영원하신 분이시기 때문입니다. 제가 보았던 시간은 제가 지어낸 생각에 불과했습니다.

개체성에는 실재가 절대로 존재할 수 없음을 이해했습니다. 오직 당신만이 실재하고 나뉘지 않기 때문입니다.

죄에도 아무 실체가 없음을 이해했습니다. 당신은 존재하는 모든 것이시고 당신 안에는 죄가 하나도 없기 때문입니다. 죄는 사람이 지어낸 것이고 사람의 마음속에만 존재할 뿐입니다.

당신은 진리이시며, 진리는 존재하는 모든 것입니다. 당신을 나눌 수 있는 것은 아무것도 없기에 당신은 나뉘어 있지 않습니다.

당신은 변하지 않습니다. 당신을 바꿀 수 있는 것이 아무것도 없기 때문입니다. 시간이 당신의 살아 계신 현존을 내게서 가리고 있음을 알아차렸을 때, 나는 어제에 대해 죽었습니다.

자아란 거짓을 참으로 믿는 오류에 불과함을 이해하자 살아 있는 진리가 나를 해방했습니다. 이제 자아는 죽었고, 당신 생명은 영원무궁토록 나의 것입니다.

오 복되시고 영원히 살아 계신 현존이시여."

✦✦✦✦✦

우리 둘은 그의 얼굴에서 스승들의 스승*을 목격하였다. 그의 얼굴은 이 세상에 속해 있지 않은 빛으로 휩싸였다.

나는 노르부의 손을 잡고 앉아 환희 상태에 빠져 있었다. 당시 시간이 멈춰버려 얼마나 오래 그렇게 있었는지는 모르겠다. 그때 나는 죽음이란 없음을, 영원한 생명이 죽음을 삼켜버렸음을 알았다. 그 평화, 그 침묵이 곧 실재였고, 죽음에 대한 두려움은 더 이상 남아 있지 않았다.

---

* 예수 그리스도를 가리킨다.

11장

✤ ✤ ✤

시나브로 하루하루가 지나가면서 티베트 본연의 모습이 드러나는 겨울이 시작되었다. 지난밤 동안 내린 눈이 잠사르를 하얗게 덮었다. 잠사르를 덮은 눈 이불은 최소 여섯 달 이상 남아 있을 것이었다. 낮에는 햇살 덕분에 기온이 따뜻하지만 밤에는 영하로 내려갔다.

나는 머지않아 내가 왔던 세상으로 돌아가야 함을 잘 알고 있었다. 하지만 당시 바깥세상은 아득히 먼 곳에 있는 듯이 보였다. 최근 몇 개월 동안 나는 바깥세상을 까맣게 잊고 지냈다.

내가 분명히 아는 한 가지는 내가 환골탈태했다는 것이었다. 이제 나는 더 이상 진리에 관해 이 생각 저 생각으로 옮겨 다니지 않았다. 변화무쌍했던 내 관념이 사라져버렸다. 어리석은 갈등은 이제 끝났다. 이제 나는 가장 진보한 생각조차도 관념일 뿐 진리가 아님을 이해했기 때문이다.

내가 이를 이해한 즉시 진리에 관한 모든 관념이 사라졌다. 이제 더 이상 영적인 갈망도, 육적인 갈망도 남아 있지 않았다. 둘 중 무엇도 소유할 수 없음을 이해했다. 마음이 유연해지자 자유가 들어섰고, 이 자유 안에 진리가, 진리 안에 사랑이 존재했다.

사랑이 곧 진리다. 하지만 우리는 진리가 무엇인지 모른다. 그래서 사랑이 무엇인지도 모른다. 우리는 사랑에 관해 말하지만 그것은 사랑이 아니다. 그것은 우리가 마음으로 지어낸 관념에 지나지 않고 따라서 사랑이 아니다. 우리가 사랑에 관해 생각할 때, 우리는 사랑 자체가 아니라 자신이 사랑하는 사람에 관해 생각할 뿐이다. 하지만 우리는 그를 사랑하는 것인가? 아니면 단지 그 사람을 소유하고 있는 것인가?

소유욕이 있는 곳에 질투와 두려움이 있다. 그것은 사랑이 아니다. 사랑이 아닌 것을 찾아내고 나면 우리는 사랑을 경험하게 된다. 분명 사랑은 소유, 질투, 두려움을 뜻하지 않는다. 하지만 소유하려 할 때는 두려움과 질투가 들어선다.

내가 전하고 있는 내용을 독자 여러분이 소리 내어 읽는다면 자신을 이해하는 데서 오는 변혁을 경험하게 될 것이다. 그러면 사랑이 아닌 것을 이해할 것이고, 그 이해가 일어나면 거짓된 것은 사라지고 사랑이 즉시 들어설 것이다. 사랑은 지금 존재하고, 사랑을 위해 길을 내면 사랑은 즉시 일하기 때문이다.

당신은 남편을, 아내를, 자식을 사랑하지 않는다. 당신은 그들을 소유하고 이용하고 두려워하고 질투한다. 이를 인식할 때, 당신은 이것이 사랑이 아님을 이해할 것이다. 욕구를 달래는 것은 사랑이 아니다.

당신은 걸인을 만나면 동전 한 닢을 쥐여주고 돌아선다. 그것이 사랑인가? 그것으로 그날의 선행을 했다고 여길지도 모르겠다. 그런데 그것이 사랑인가? 자신이 인류를 사랑한다고 여길지도 모르겠다. 그런데 정말로 그러한가?

지금 우리는 사랑이라는 주제를 탐구하고 있다. 사랑을 중심으로 탐구해 들어갈 때 우리는 사랑이 아닌 것들을 이해하게 된다. 그러면 우리는 사랑과 관련해 자신을 이해하기 시작한다. 그렇게 할 때 사랑이 아닌 것으로부터의 자유가 찾아오고, 이 자유 속에 사랑이 존재한다. 사랑은 우리가 창조할 수 있는 것이 아니기 때문이다.

당신은 사랑을 소유할 수 없다. 사랑이 당신을 소유해야 한다. 사랑이 당신을 소유할 때 당신은 더 이상 두렵지 않고, 질투하거나 소유하려 들지도 않을 것이다.

사랑을 주거나 받는 일에 연연하고 있다면, 그때 사랑은 오간 데 없게 된다. 그 사랑은 마음의 표현일 뿐 가슴의 표현이 아니다.

혹시 자신과 거지의 차이에 대해 생각해본 적이 있는가? 거지는 누더기를 걸친 데 반해 당신은 좋은 옷을 입고 있을 수도 있다. 거지는 아무것도 없지만 당신은 많은 것을 소유하고 있을지도 모른다. 하지만 이것은 피상적인 차이에 지나지 않는다. 좀더 깊이 들여다본다면, 그 역시 당신과 똑같음을 알게 될 것이다. 그에게도 똑같은 생명이 깃들어 있고, 당신이 살아 있듯 그도 살아 있고 똑같이 창조되었음을 알게 될 것이다. 당신도 거지이다. 처지가 좀 낫기는 해도 거지는 거지다.

당신을 규정하는 조건을 제거하고, 거지를 규정하는 조건을 제거하고 나면 당신과 거지는 같을까, 다를까? 당신 안에 있는 생명과 거지 안에 있는 생명은 아무런 차이가 없을까? 우리가 자기 제약을 통해 창조한 사회로 인해 당신과 거지는 다를 것이다. 이것이 우리의 조건을 유지한다.

자선단체에 기부하는 행위를 숭고하다고 할 수는 있지만, 그것을 사랑이라고 할 수는 없다. 그때 여전히 자신이 무대의 중심에 있지 않은가? 어쩌면 당신은 조건에 억눌린 자들을 동정할지도 모른다. 그것이 사랑인가? 이 조건화의 원흉은 누구인가? 바로 당신이다. 하지만 나는 당신의 동기나 행위를 캐묻지 않을 것이다. 그렇게 하면 마음이 불편해지고 겁이 날 테니까. 당신은 자신을 들여다보기를 두려

위한다. 그런데 그러지 않는다면 이런 조건들이 어찌 사라질 수 있겠는가? 자신의 조건화 과정을 이해하지 못한다면, 자신의 조건을 통해서 이런 조건들을 영속시키는 셈이 아니겠는가?

당신은 이런 상태에 대해 사회를 공격하지만 사실 그것은 회피이다. 당신은 자신의 실상을 직면하지 않으려고 이 문제를 파고들기를 두려워한다. 자기 실상을 일깨워주는 것들을 마주하기를 좋아하지 않는다. 그래서 사회의 희생양들을 동정한다. 그들은 당신의 희생양이 아니던가? 이 문제를 제대로 들여다본다면 당신은 자신이 어떻게 이 사회를 만들어왔는지 이해하게 될 것이다.

용서가 사랑인가? 자신은 용서하기 때문에 스스로를 사랑스러운 사람이라고 여길지도 모른다. 자, 제대로 살펴보자. 당신은 왜 용서하는가? 누군가 자신을 모독하면 상처받고 분노하고 기억한다. 그런 다음 용서한다. 왜 그럴까? 당신이 여전히 무대의 주인공이기 때문이고, 이것이 용서할 의지를 북돋아준다. 그런데 그것이 사랑인가? 이때에도 여전히 당신이 주인공이 아니던가? 내적으로든 외적으로든 자신을 과시하는 것은 사랑이 아니다. 자아가 사라진 자리에 들어서는 것이 사랑이다.

이렇듯 동정, 용서, 소유욕, 질투는 사랑이 아니다. 사랑하는 자는 이 모든 것들에 아랑곳하지 않는다. 마음이 사랑을 갖고 장난치는 한, 사랑은 발붙일 곳이 없다. 마음은 사랑을 변질시킬 뿐이다. 마음은 사랑을 부인하기에 사랑을 낳을 수 없다.

사랑에 관해 글을 쓰는 것은 사랑이 아니다. 사랑에 관해 말을 하는 것 역시 사랑이 아니다. 그것이 과연 사랑인가? 사람들이 사랑에 관해 이야기할 때 그들 안에 과연 사랑이 조금이라도 있는지 한번 살펴보라.

사랑이 '존재할' 때, 우리는 사랑에 대해 아무 말도 하지 않는다.

사랑은 사고팔 수 있는 것이 아니다. 사랑은 시간 너머에 있다. 시간에 속한 것만을 사고팔 수 있다. 이것이 우리의 고통과 불행이 늘어나는 이유이다. 마음은 문제를 만들어내고 다시 문제를 해결하려고 애쓴다. 하지만 해결은 불가능하다. 사랑이 없기 때문이다. 마음이 더 이상 문제를 해결할 필요가 없을 때라야 사랑이 들어선다. 오직 사랑만이 문제를 해결할 수 있다. 마음이 작동할 때는 그 가슴에 사랑이 없음을 이해하게 될 것이다. 마음이 작동하는 동안, 마음은 마음에 속한 것들과 시간에 속한 것들로 가슴을 가득 채운다. 하지만 사랑은 시간에 속한 것이 아니다. 사랑은 시간에 속한 것들이 침묵할 때 들어선다. 그러므로 문제를 해결하는 방법은 마음을 잠재우고, 마음이 작동하는 방식을 이해하고, 자신이 무엇인지, 자신이 무엇을 하고 있는지 이해하는 것이다. 그러면 자신이 문제임을 알게 될 것이다. 하지만 우리는 사실을 직면하기를 두려워한다. 그래서 문제가 절대로 해결되지 않는 것이다.

우리는 교회를 짓고, 새로운 단체를 세우고, 글을 쓰고, 설교를 하고, 새로운 구호를 채택하고, 새로운 정당을 만들고, 회의를 연다. 이런 모임을 세계평화를 위한 무슨 무슨 단체라고 부른다. 그래서 문제를 해결했는가? 아니다! 문제를 더욱 복잡하게 만들었을 뿐이다.

문제란 마음의 산물임을 이해했다면, 문제를 해결하기 위해 마음이 기존의 낡은 배경지식으로 새로운 방법을 쥐어 짜내기를 멈추게해야 한다. 그런 후에야 사랑이 들어선다. 그러기 전에는 불가하다. 사랑이 함께하면 우리의 모든 문제가 해결된다.

우리는 온 인류가 형제이므로 형제적 사랑을 실천해야 한다고 말하면서 단체를 만든다. 하지만 이것 역시 마음의 영역을 벗어나지 못한다. 그렇지 않은가? 이것을 모두 이해하고 나면, 이 모든 소동이 끝난다. 사랑이 들어섰고, 사랑이 지금 존재하기 때문이다. 사랑은 우리가 지어낼 수 있는 것이 아니다.

그때 우리는 사랑이 무엇인지 알 것이다. '하나(One)'를 사랑하는 법을 모르는데 자신이 세상을 사랑한다고 말하는 것은 아무 뜻도 없다. 하나를 진실로 사랑할 때라야 비로소 그 사랑 안에서 전체를 사랑하는 법도 알게 된다. 한 사람을 사랑하는 법도 모른다면 타인을 향한 자신의 사랑은 거짓이기 때문이다. 하나를 진실로 사랑할 때 당신은 모두를 사랑하는 것이다. 그때 가슴이 충만해지고 마음은 지어내기를 멈춘다. 이 안에서 우리의 모든 문제가 해결된다. 그때 우리는 예수께서 "네 이웃을 자신처럼 사랑하라"라고 말씀하신 까닭을 이해하게 될 것이다. 여기에 진정한 행복이 있다.

사랑에 대한 가르침이야말로 내가 내 벗과 게쉬 린포체에게 배운 최고의 가르침이었다. 그들의 가르침이 내게 길을 내주었듯이, 내 말이 당신에게 길을 내주기를 바랄 뿐이다.

✦✦✦✦✦

나는 내 벗에게 이렇게 말했다. "벗님은 제가 이곳을 떠날 때가 오고 있음을 말씀하지 않으시는군요. 저 역시 벗님께서 제가 떠나기를 원하지 않으신다는 것을 알지만 그래도 떠나야만 함을 잘 알고 있습니다. 이제 그때가 얼마 남지 않은 것 같아요."

그는 이렇게 말했다. "맞네. 자네가 그 말을 꺼내기를 기다리고 있었어. 그 생각을 자네 마음에 불어넣은 것은 실은 나일세. 그 말을 내가 아니라 자네가 먼저 꺼내도록 말이지. 자네도 잘 알겠지만, 자네가 많이 보고 싶을 거야. 사실 우리 모두 자네를 직접 만날 수 있었던 때를 참으로 그리워할 걸세. 하지만 자네가 세상에 나가 일할 때 나도 함께할 거야. 그것은 내 일이기도 하니까 말일세. 나는 다른 조력자들과 함께 자네 곁에 있을 거야. 그즈음 조력자들 중 일부는 몸을 떠난 상태이기도 할 테고.

이제 자네도 사람들 대부분이 피상적인 의식 상태임을 잘 알 걸세. 사회 문제와 자신의 불안으로 마음이 시끄러운 채 일상에 정신이 팔려 있는 거지. 자신의 조건화에 따라 자신에게 영향을 미치고 있는 의식의 심층을 인지하고 있는 자는 극소수야. 자신의 허영과 갈망과 증오와 질투와 두려움과 일상 행위로 인해 눈코 뜰 새 없이 바쁘기 때문이지. 그들은 자신의 일상 행위에 영향을 미치고 있는 자신의 조건에 대해 무지하다네.

사람들은 대부분 지위와 권력과 부와 육체가 줄 수 있는 모든 것을 위해 분투하지. 그 결과로 더욱 심화된 조건을 지어낸다네. 이 제약된 의식의 깊은 차원이 스스로를 표면에 투사하면서 몸과 마음에 온갖 소란을 야기하지.

또 의식을 높고 낮음으로 구분하면서 높은 의식이 영적인 존재라고 말하는 사람들도 있어. 하지만 이것 역시 자신들이 되고자 하는 갈망을 투사한 것이 아니겠나? 이것 역시 한갓 믿음에 지나지 않아. 여전히 마음에 속해 있는 정신적 개념일 뿐이야. 높은 의식의 존재에 대한 믿음은 자신의 조건화를 보지 않겠다고 도망치는 것과 같다네. 그러면 조건화에서 절대로 벗어날 수 없어. 자신이 스스로를 어떻게 조건에 가두었는지 보기 전까지 그들의 조건은 그대로 남아 있을 걸세.

나는 자네가 마음의 활동을 지켜보면서 철저히 이해하기를 바라네. 마음이 벌이는 정신적 활동의 깊은 양상을 이해하지 못한다면 자신과 타인의 관념에 사로잡히게 될 거야. 이것만큼은 자네가 꼭 피했으면 하네. 자네가 영적인 존재가 되는 일에 관해 무엇을 생각하든, 어떻게 생각하든, 그래봤자 그것은 그냥 자네 사고 과정의 산물일 뿐이고 따라서 시간의 산물일 뿐이야. 시간의 산물이기 때문에 그것은 절대로 초시간적인 것이 될 수 없어. 그리고 오직 초시간적인 것 안에만 '지금' 존재하는 영적인 존재가 있다네. 그것은 자네가 창조해내거나 빚어낼 수 있는 것이 아니야. 그것은 마음을 넘어서 있지."

나는 당시 그가 밝혀주는 위대한 진리를 이해하기를 열망했기에 감히 이렇게 말했다. "자신을 규정하는 조건을 해제하려면, 그것을 잠재의식이라 부르든 다른 무어라 부르든, 숨어 있는 부분을 모조리 이해하고 의식의 수면으로 끌어올려야 합니다. 이것은 오랜 시간이 소요될 수밖에 없는 과정이죠."

그는 이렇게 답했다. "이와 관련된 애매모호하고 복잡한 온갖 혼동, 곧 숨겨진 기억을 남김없이 이해해야 하네. 하지만 시간은 이를 밝히는 수단이 될 수 없어. 그러한 드러냄은 시간에 속한 것이라 절대로 영원한 것이 될 수 없기 때문이야. 그러므로 시간에 속하지 않은 다른 즉각적인 방법이 반드시 있어야 하지. 즉각적인 해방이 있어야만 실재가 들어설 거야. 이렇듯 시간의 방법인 분석은 영원을 절대로 드러낼 수 없고 조건을 심화시킬 따름인데, 자네도 점차 이를 이해하게 될 거야.

이제는 자네 행위의 원인이 기억이라는 것을 이해하지 않나? 다른 무엇이 되기를 원할 때, 그 열망은 실재를 숨기고 있는 기억을 더욱 강화한다네.

이 정신적 과정을 철저히 살펴보세. 먼저 대부분의 사람들이 주로 머물고, 반응하고, 다른 의식의 층보다 아주 조금 더 알고 있는 의식의 표층이 있지. 다음으로는 기억의 층이 있어. 뭔가를 알고 싶어 할 때, 사람들과 상황에 반응할 때 기억이 가동되고 자네는 그것에 맞춰 행동하게 되지. 기억이 없다면 반응도 없고 행동도 없어. 그렇지 않겠나? 자네 행동은 기억의 결과야. 순간순간 자네는 기억의 안내를 따르는데, 기억 말고는 아는 것이 거의 없기 때문이지. 자네는 자신의 기억에 사로잡혀 있네, 이 조건이 자네를 규정하고, 자네는 형성된 자신의 조건에 따라 행하고 반응하는 거야. 이해했는가?"

"네, 똑똑히 이해했습니다."

"기억을 넘어서 더 깊은 층으로 내려갔다고 생각해보세. 그러면 고요한 상태에 다다를 거야. 소위 진공과도 같지. 그것이 의식의 본질이라네. 따라서 의식은 모든 층을 관통해.

무엇이 되고자 할 때는 행위가 따라오기 마련일세. 그 행위는 자네 기억의 결과일 수밖에 없고. 자네는 기억 말고는 아는 것이 없기 때문이야. 무의식에 숨어 있던 이 모든 조건화를 이해할 때라야 비로소 앎이 생긴다네. 이 모든 것을 이해하고 나면 자네가 창조하지 않은 침묵이 들어설 거야. 기억에서 의식의 표층으로 올라오는 생각의 흐름이 더 이상 이어지지 않을 거야. 기억의 흐름이 끊기지 않는 한 침묵은 있을 수 없어. 그리고 기억이란 의식의 표층으로 올라오는 자네의 조건일 뿐이지. 어쩌면 자네는 통제나 반복을 통해 의식의 표층

433

에 입마개를 억지로 채울 수도 있어. 그러면 마음은 잠시 잠자코 따를 테지. 하지만 통제된 기억, 즉 혼란은 여전히 남아 있는 상태라 계속 꿈틀댈 것이고 결국에는 그 영향력에 무릎을 꿇게 되기 마련일세. 잘 따라오고 있는가?"

"네, 잘 따라가고 있습니다. 그리고 지속적인 변혁이 일어나고 있습니다."

당시 나는 내 마음의 깊은 곳을 들여다보고 있었지만 아직 바닥까지 완전히 보는 것은 아니었다. 하지만 머지않아 모든 것이 드러날 것임을 알았기에 기쁜 마음으로 기다릴 수 있었다.

그는 내 마음을 자기 손바닥이라도 보듯이 계속 말을 이었다.

"무엇이 되고자 하는 욕구가 남아 있는 한, 그런 상황에서는 '자아', '나', '내 소유'라는 관념이 강화될 수밖에 없고 그 결과로 자신의 제약, 기억, 곧 자아가 더욱 강화된다네.

되고자 하는 갈망이 하나도 남아 있지 않을 때라야 이 모든 의식의 껍질을 툭 벗겨낼 수 있지. 그러므로 자네는 '되어감(becoming)'의 과정을 반드시 이해해야 해. 되어감이란 우리가 이미 알고 있듯이 실재에서 멀어지는 길이야. 사실 되어감은 실재를 숨기고 있는 것을 도리어 강화한다네. 되어감의 환상을 좇는다는 것은 자신의 기억을 양식으로 삼아 홀로 버티는 거야. 그때 자네 손에 남는 것은 실재가 아닌 재밖에 없게 되지. 어쩌면 신께서 나를 안내하신다고 말할지도 모르지. 그래봤자 그것은 그냥 관념이요 기억에 지나지 않아. 깊이 살펴보면 과연 그러함을 자네도 알게 될 거야. 내 말 이해했는가?"

모든 것이 명확했다. 내 마음에는 아주 환하게 동이 트고 있었다. 나는 그가 전하는 말의 의미를 모두 이해할 수 있었다. 내 마음은 변혁이 일어나는 중이었다.

"생명은 나뭇가지 하나에 그치지 않아. 생명은 나무의 모든 가지인 동시에 나무에 활력을 불어넣는 원천이야. 그러므로 생명의 아름다움과 위대함을 이해하기 위해서는 생명의 모든 과정을 이해해야 하지.

자기 존재 상태를 전부 알기 위해서는 자기 존재가 어떻게 구성되어 있는지를 반드시 알아야 하네. 자신을 구성하고 있는 모든 형태의 조건을 알아차려야 해. 피상적인 조건뿐만 아니라 정신적인 조건, 소위 영적인 조건까지도 말일세. 잠재의식에 담긴 내용을 전부 이해하고 나면 자네는 기억이란 무엇인지, 자기 생각이란 무엇인지 이해하게 될 걸세. 자기 가족, 자기 인종, 자신의 종교적 믿음, 자신의 다양한 경험과 관련된 자신의 생각 등등 그 모두를 이해하게 될 거야! 자네는 그것들이 실재가 아님을 이해하게 될 거야. 그것들은 자네가 바라볼 수도 있고 알 수도 있는 것이기 때문이지. 하지만 실재는 알수 있는 무엇이 아니야. 실재를 뺀 나머지 모든 것이 이해되고 사라질 때, 실재가 기능하는 것만을 비로소 경험할 수 있을 뿐이야.

분석 과정에 대해서 살펴보세. 분석할 때 자네는 기억과 반응과 그 원인을 하나하나 다 파헤치고 그것들을 해결하겠다며 하나하나에 완전히 빠져들지. 사실 그렇게 하려면 무한한 시간과 인내와 관심이 필요해. 결실 하나 없는 이 기나긴 분석은 절대로 끝나지 않는 시간의 과정을 거치는 일이고, 시간(time)의 과정은 절대로 초시간적인 것 (Timeless)을 드러낼 수 없음이 분명하네. 그 결과로 분석을 할수록 조건에서 풀려나는 것이 아니라 자신의 조건을 더욱 강화하기만 할 뿐이지. 무슨 말인지 알겠지?

지금 자네 모습은 어떠한가? 자네는 자신을 제한하고 있는 낡고 지난 기억과 오래된 전통과 관념과 믿음 등을 품은 채로 현재, 즉 새로운 그것을 만나지. 현재를, 지금을 자신의 조건을 가지고서 만나고 있는 거야."

나는 이렇게 답했다. "네, 무슨 말씀인지 알겠습니다. 저는 어제의 반응으로 오늘을 만나고 있습니다."

"맞네. 자네는 이미 단계마다 각각의 반응을 분석하고 하나하나 해결하려고 시도하는 등의 낡고 진부한 분석 과정을 알고 있어. 하지만 이런 방법을 쓸 때 자신을 해방하겠다는 이 과정이 도리어 조건을 심화한다는 것을 이해하겠는가? 왜냐하면 자네는 아직 어제에 사로잡혀 있고 똑같은 방식으로 내일을 만날 것이기 때문이야.

진정한 자유는 시간을 필요로 하는 자유가 아니라 즉각적인 자유여야 한다네. 시간을 필요로 하는 자유는 속박이기 때문이지. 그러므로 시간과 기억의 요소 없이 자유라는 주제 전체에 접근해야 해. 거듭남과 변혁은 시간의 문제가 아니라네. 그것은 지금 바로 이 순간에 있어. 그런데 어떻게 해야 이 일이 가능하겠는가? 이것이 관건이야.

내 말을 주의 깊게 듣고 따라온다면, 자네는 마음이 깨끗이 텅 비워지는 것을 직접 경험하게 될 걸세.

자네 기억이 어제에서 비롯했음을 이해할 때 자네 마음에 무슨 일이 벌어지겠는가? 새로운 것을 만나려면 자네는 어제로부터 자유로이 새로운 것을 만나야 하네. 그러면 새로운 그것, 실재가 어제로부터 해방돼. 실재가 지금 존재하지. 실재는 자네가 창조하는 것이 아니야. 기억만이 창조되는 것이고, 기억만이 무한한 실재가 기능하는 것을 방해하지.

436

자, 지금 자네 마음 상태를 들여다보게. 자네가 오늘을 만나면서 더 이상 어제에 매달리지 않을 때, 거짓에 관한 이 진실을 이해할 때, 거짓인 것을 이해할 때, 거짓은 떨어져 나간다네. 자네를 모든 조건에서 완전히 해방하는 것은 진리밖에 없어. 그러므로 거짓에 관한 진실을 이해할 때 자네는 즉각적으로 모든 조건에서 자유로워지는 것이 아니겠는가?"

"네, 지금 그 자유를 느끼고 있습니다. 이제 선택하려는 욕구도, 매달리고 싶은 중심 이미지도, 되고자 하는 욕구도 하나도 남아 있지 않습니다. 이 진실을 이해함에 따라 저는 어제로부터 자유롭습니다. 영원한 현재는 지금 저에게 실재입니다."

"좋네. 그 무엇이든 그에 관한 진실을 이해하면 더 이상 그것에 관해 논쟁을 벌이지 않게 되는 법이야. 기억과 믿음과 국적에 관한 진실을 단죄와 비난 없이 바라보고 그것들이 거짓이라는 진실을 이해할 때, 자네는 그 모든 주제로부터 자유로워지네.

자네를 자유롭게 하는 것은 바로 진리일세. 거짓된 것들에 관한 진실을 이해하면 즉각적인 자유가 들어서네. 실재는 이 자유 속에서 아무런 제한 없이 강력하게 일하지. 우리 가슴과 마음은 진리를 통해 자유로워져. 거짓인 것들의 실체를 이해할 때 진리가 존재한다네! 진리는 그저 존재하기 때문이야. 진리는 자네가 창조해내는 것이 아니야."

그 순간 나는 그 자유를 느꼈다. 그 순간은 과거에서 자유롭고 항상 새로운 '살아 있는 현재'였다.

어제를 품은 채 새로운 것을 만나면 그것은 낡은 것이 되어버린다. 하지만 그것이 내 자아임을 이해하고 그것이 거짓임을 보았을 때, 곧 나의 자아였던 나의 조건은 그때 그 자리에서 사라졌다. 자아가 아무것도 아님을 깨닫자 실재가 '즉시' 들어섰다.

그 순간 시간과 과거에서 벗어난 자유를 경험하면서 나는 내 벗이 뜻한 바를 알았다.

이 글을 적고 있는 지금, 나는 당신도 과거에서 벗어난 자유를 경험하고 그 결과 순간순간 새로운 그것을 만날 것임을 직감한다. 이렇게 할 때 모든 것이 가능하다. 과거가 더 이상 방해하지 않기 때문이다. 자신을 괴롭히는 것은 과거가 아니던가? 과거가 현재에 영향을 미치고 미래로 투사되기 때문이다. 하지만 실재는 과거나 미래보다 위대하다. 실재는 항상 현존하는 살아 있음이다.

과거가 허구임을 모를 때 과거는 현재에 영향을 미친다. 과거로 인해 두려워하고, 과거로 인해 증오한다. 자신을 제약하는 조건을 바라보고 이를 이해하는 즉시, 과거에서 해방되고 마음의 모든 내용이 밑바닥까지 드러난다. 나는 전에 링쉬라 은수자께서 당신이 가르친 전체 맥락을 내 벗이 상세히 풀어줄 것이라는 말뜻을 이제 이해했다.

그렇다. 이것이 진정 그리스도의 요가이다.

완전한 자유.

사람의 아들은 신의 아들이 된다!

12장

✧ ✧ ✧

계곡이 눈으로 뒤덮였지만 우리는 빙하 옆의 선호하는 장소로 올라갔다. 니블룽 리충 산에서 바람이 매섭게 불어왔지만 아랑곳하지 않았다. 한겨울에 히말라야 산맥을 도로 넘는 여행을 이제 곧 시작해야 할 참이었다. 고개를 넘다가 눈보라로 사망한 사람이 한둘이 아니었기에 절대로 만만치 않을 것이다. 하지만 나는 만사가 잘될 것임을 알았다. 전에 링쉬라 은수자를 만나러 갈 때 얻은 자신감이 그대로 남아 있었다. (1부 10장을 참고하라.) 게다가 산 사면에 높게 자리한 트락체 사원까지 도로 갈 때 내 벗이 동행할 예정이었다. 게쉬 린포체가 거기서 나를 기다리고 있었으며 나는 이 위대한 현인을 다시 볼 수 있다는 생각에 가슴이 설렜다.

우리가 집 근처로 돌아올 즈음 노르부가 애장하는 기타를 자신만의 주법으로 신비롭게 연주하는 소리가 들려왔다. 이 연주에는 생동하는 무엇이 실려 있어서 가슴에 곧장 꽂혔다. 그것을 딱 꼬집어 말할 수는 없었지만 연주는 경이로운 느낌을 가슴에 깊이 아로새겼다. 노르부는 자기 영혼이 느끼는 바를 그대로 표현하고 있었다.

내 벗은 이렇게 말했다. "저것 좀 들어보게! 노르부가 이렇게까지 깊이 있게 느낌을 표현하는 것을 듣기는 나도 처음이야. 영혼이 노르부의 감정을 그대로 쏟아내고 있어. 노르부가 기타를 독학했다는 말을 아무도 믿지 않을 거야. 노르부는 연주자인 동시에 노래 자체야. 노르부는 정말로 창조적인 예술가라서 서양으로 간다면 노르부의 연주와 노래를 들으려 수천 명이 몰려들 걸세."

"이게 다 벗님 덕분이 아니겠습니까?"

그는 이렇게 답했다. "꼭 그렇지는 않아. 노르부의 실력은 자네가 오고 난 뒤에 꽃을 피웠다네. 노르부 안에 사랑의 엄청난 힘을 불러 일으킨 것은 자네일세. 어머니의 사랑, 아이의 사랑, 연인의 사랑이 하나로 어우러졌네. 나는 사람이 이토록 완전히 변하는 모습을 본 적이 없어. 실로 노르부는 성모마리아에 가까워지고 있다네."

"네, 정말 그렇습니다. 노르부는 이제껏 만나본 중에서 가장 아름다운 사람입니다. 제가 왔던 세상으로 노르부를 같이 데려가면 정말 좋겠어요."

"노르부도 자네와 가고 싶어하지만 지금은 그럴 수 없어. 의심할 여지 없이 자네들은 쌍둥이 영혼이야. 둘이 함께할 때가 오고야 말 거야. 아마 이번 생은 아니겠지만, 둘이 지리적으로 더 가까운 곳에 놓일 때 다시 만나게 될 거라네. 이 말을 노르부에게도 들려주게. 자네가 떠날 때 노르부가 겪을 아픔을 달랠 수 있을 거야. 다른 사람들 사이에서는 좀처럼 볼 수 없는 이 사랑의 아름다움을 지탱해줄 걸세."

우리가 현관에 도착하자 노르부가 마중을 나왔다. 그녀는 그 어느 때보다도 찬란했다.

"노르부, 저는 당신 연주가 마냥 좋아요. 위대한 예술혼이 담겨 있거든요. 당신을 데려갈 수 있으면 참 좋겠지만 벗님께서 당장에는 그럴 수 없다고 말씀하시네요. 노르부, 제가 당신을 아주 많이 사랑하는 거 잘 알죠? 제 사랑을 꼭 기억해줘요. 이 사랑은 소유하려는 사랑이 아니에요. 절대 꺼지지 않는 빛으로 영혼을 밝히는 사랑이랍니다. 이 사랑의 불꽃이 꺼지지 않게 잘 간직해주세요. 이 사랑은 우리 모두 안에 거하고 우리를 하나로 묶어주시는 그리스도의 영이니까요.

제가 더 이상 이곳에 없을 때, 벗님께서 말씀하시겠지만, 영 안에는 분리가 없음을 기억해줘요."

그녀는 이렇게 말했다. "저도 이미 그걸 알아냈어요."

그런 뒤 나는 그녀에게 내 벗이 알려준 내용을 전해주었다.

그녀는 얼굴이 환해지더니 기쁨의 눈물을 흘리면서 이렇게 말했다. "알아요! 저는 지금 만족해요. 영 안에서 분리란 존재하지 않아요."

우리 셋은 장작불 주위에 둘러앉았다. 이날 내 벗이 했던 말은 우리에게 참으로 큰 깨우침을 주었다. 그는 나뿐만 아니라 노르부도 염두에 두고 말을 했다.

그는 게쉬 린포체처럼 말문을 열었고, 내가 앞으로 하게 될 여행에 대해 들려주었다. 사실 그날 나는 내 벗이 아니라 게쉬 린포체가 직접 말하는 듯한 인상을 받았다.

그는 이렇게 이야기를 시작했다. "오늘로 내가 칼림퐁에서 자네를 만난 지 21주가 되었고, 자네가 잠사르에 도착한 지는 정확히 8주가 되었구먼. 며칠 안 된 것 같은데 말이야. 나는 지난 기간 동안 우리 작업에 많은 성과가 있어서 흡족하다네. 자네가 도로 칼림퐁에 도착하면 정확히 30주가 채워질 거야. 우리는 처음부터 그렇게 일정을 기획했었네.

트락체 사원까지는 노르부와 내가 동행하겠네. 거기에서 자네는 게쉬 린포체님과 2주 동안 함께 지내게 될 거야. 그다음에는 린포체님께서 오크 계곡까지 자네와 동행할 것이고, 거기서 그곳 사원장과 함께 3주간 더 머무르게 될 걸세. 린포체님은 자네가 앞으로 해야 할 일에 더욱 잘 준비되도록 함께 시간을 보내기를 원하시네. 그런 다음 자네가 떠나기 전에 자네 벗들이 모두 다시 모이는 특별한 모임이 마련될 거야. 나를 포함해서 퉁 라, 창 타파, 말라파, 다르 창이 참석할 거라네. 린포체님은 링쉬라 은수자께서 전처럼 자네에게 오셔서 말씀해주실 수 있을 때 그 모임을 열기를 희망하시네. 이 모임까지 마친 후에는 내가 전에 자네를 처음 만났던 칼림퐁까지 동행할 거야. 그 이후로는, 영적으로는 혼자가 아니지만, 물리적으로는 자네 혼자서 다녀야 할 거라네."

그는 "우리의 사랑이 자네와 함께할 거야"라고 말하면서 노르부를 바라봤다.

노르부는 이렇게 답했다. "네, 맞아요. 당신을 사랑하는 우리의 생각이 늘 당신과 함께할 거예요."

나는 이렇게 답했다. "저 역시 제 생각에 사랑을 담아 보내겠습니다. 이제 저는 아스트랄계를 유영할 수 있기 때문에 벗님과 노르부를 찾아뵐 겁니다. 저는 이곳에서 참사랑의 진정한 의미를 배웠습니다. 우리의 소중한 관계에서 주고받은 생생하고 사랑스러운 기억을 담고 있는 이곳을 꼭 방문하겠습니다."

내 벗은 이렇게 말했다. "세상에서 가장 위대한 것은 사랑일세. 사랑은 다른 모든 것 위에 있지. 사랑은 완벽한 자유를 선사하네. 뿐만 아니라 모든 문을 여는 열쇠요, 모든 문제를 해결하는 해결사야. 사랑이 없으면 가슴과 마음은 아둔해지네. 사회 활동에 열정적으로 참여할 수도 있겠고, 일생을 종교 예식에 바칠 수도 있겠지. 하지만 사랑이 없으면 그런 덕행도 그냥 관념일 뿐이야. 온갖 활동을 다 하더라도 사랑이 없으면 삶은 절대로 풍요로울 수 없어.

자기가 신을 믿는다고 말하면 그게 다른 사람을 사랑한다는 뜻도 될까? 신을 믿는다고 자처하는 자들이 세상의 절반을 파괴하고 수백만 명을 불구로 만들어 고통받게 하지 않았던가? 자신들로 인해 희생된 자들에게 그들이 과연 사랑을 조금이라도 품고 있을까? 나는 아니라고 보네!

소위 믿는다는 자들이 종교적 무관용을 일으키는데 이것은 종교 분쟁으로 이어지지. 그들은 신을 입에 올리지만 정작 가슴에는 사랑이 하나도 없어. 그래서 신앙인이라고 자처하는 사람들로 인해 세상이 두 쪽으로 나뉘어 반목하는 것이 아니겠는가?

신앙인이 아니라 한 인류로 존재할 때라야 우리는 비로소 행복하게 공존할 수 있어. 그런 후에야 우리는 이기심을 버리고 의식주와 같은 생필품을 생산하는 수단을 아낌없이 공유하게 될 거야.

그런데 현실은 어떠한가? 사람들은 신이라고 일컫는 초지성적 존재에 대한 관념을 품고는 이 관념에 자신을 동일시하지. 하지만 그것은 자신들의 사고 과정이 투사된 것에 불과해. 그들의 사고 과정은 사랑을 결코 알 수 없어.

한 사람을 진정으로 사랑할 때 모두를 사랑할 수 있는 거야. 그때 가슴은 사랑으로 충만해지고 모두를 따뜻하게 품을 수 있지. 가슴에 사랑이 없다면 자네는 말로 먹고살고 말로 유지되는 존재일 뿐이야. 만유의 아버지 하느님을 숭배한다고는 하나 종교적 편견과 계급의식을 버릴 생각은 전혀 없게 되지. 마음이 관념과 신념으로 가득한 반면 가슴은 공허하기 때문이야.

이해하고자 한다면, 반드시 가슴에 사랑을 품어야 하네. 이것은 단순한 말이 아니라 불멸의 진리야. 사랑은 자네가 가꿀 수 있는 것이 아니야. 마음이 방해하지 않는다면 그 즉시 사랑이 몸소 찾아온다네. 가슴이 텅 비어 있을 때 자신과 사람들 사이에 친교란 불가능하다네.

친교가 없는 곳에는 사랑도 없어. 사랑이 있을 때는 그 온기가 가슴을 따뜻하게 하지. 그러면 심리학도 철학도 필요 없다네. 사랑은 스스로 영원하기 때문이야.

사랑이야말로 사람들 대부분이 자기 삶에서 잃어버린 핵심 요소야. 그들이 맺는 관계에는 이 온유와 친절과 자비가 빠져 있어. 그래서 함께 모여 문명을 세우고 세계를 복원하겠다고 하지만 정작 아무것도 만들어내지 못하지. 그들은 줄 수 있는 것이 말밖에 없거든. 그들의 마음과 가슴은 세계를 재건하려는 계획으로 가득하지만 정작 가장 중요한 요소가 빠져 있네. 그것 없이는 아무 문제도 해결할 수 없네. 그 진짜 문제는 관계야. 사회체계도, 청사진도, 개혁도 아니야. 그런데 앞서 계속 실패했으면서도 쉴 새 없이 개혁하고 또 개혁하고, 이 단체 저 단체를 부지런히 설립하지. 이것은 모든 문제를 해결할 수 있는 유일한 사랑과 선의가 빠져 있기 때문이야.

관계 맺음이 문제의 핵심인데, 사랑과 선의가 없다면 관계 맺음은 불가하네. 그러므로 이 일의 관건은 혼동을 더욱 키우는 체계나 개혁이 아니라 관계 맺음이야. 관계를 바로 이해하지 못하는 한 바른 행동도 있을 수 없고, 에고에게 딸린 문제들도 해결할 수 없어. 자아를 이해하지 못한다면 관계 맺음이란 있을 수 없어. 자아를 이해할 때라야 지혜가 솟아나고, 지혜가 자리해야 사랑이 들어서는 거야.

사랑이 없다면 제아무리 명석하다 한들 아무 문제도 해결할 수 없네. 상대와 관계를 맺지 못한다면 우리는 계속해서 더 큰 혼란을 야기할 뿐이야.

자네는 사랑과 선의를 논하는 책들을 읽지만, 그런 책들 대부분은 허튼소리나 수다일 뿐이야. 자네는 신에 대한 믿음 뒤로 숨는 대신 자신의 공허한 마음과 가슴을 인정함으로써 자신 안에서 실재를 다시 발견해야 해. 오직 창조적 지성, 창조적 이해만이 세상에 행복과 평화를 선사할 거야. 세상이란 무엇인가? 자네와 나, 우리와 같은 모든 이들, 우리가 바로 세상일세."

그런 뒤 그는 이렇게 말했다. "나는 자네 둘 각자에게 직접 말한다는 느낌이 들게끔 표현하려 했네. 각자가 스스로 생각해보게 하기 위함일세. 제3자를 칭하듯 말하면 자기 변혁의 효과가 사라지거든."

"네, 맞습니다. 벗님께서 말씀하시는 동안 저를 제약하는 조건들을 깊이 살펴보게 되더군요."

"맞네. 자기 인식만이 지혜를 가져오지. 지혜가 자리할 때 모든 문제의 해결책인 사랑이 자네에게 들어선다네."

이렇게 저녁에 나누는 대화는 내 삶의 큰 낙이었다. 내 벗이 들려주는 이야기는 나 자신을 비난하거나 단죄하거나 두려워하지 않고 바라보게 하는 효과가 있었다.

나는 노르부를 쳐다보며 이렇게 말했다: "제가 이곳을 떠나면 이 완벽한 친교의 밤을 계속 누릴 수 있는 당신이 부러울 거예요. 여기서 나눴던 대화는 내게 지대한 영향을 미쳤거든요."

"저한테도 그랬어요"라고 그녀는 답했다. "당신이 오기 전에는 저는 사랑이 무엇인지 정말 몰랐어요. 저는 당신이 오고 나서 활짝 피어난 꽃과 같아요. 우리는 여기 앉아 사랑에 관한 위대한 진실에 귀 기울였고 진실의 양분을 함께 흡수했죠. 이제 제 가슴은 사랑으로 충만합니다. '하나'를 진정으로 사랑하는 것이 뜻하는 바를 알았거든요.

이것을 이해한 저는 이제 제가 이해한 대로 다른 이들도 이해하도록 돕고 사랑할 수 있어요."

이 말을 마친 뒤 그녀는 주방으로 가서 부지런히 저녁을 준비했다.

나는 우리 모두가 소유욕 없이 완벽하게 자유로이 사랑을 경험할 수 있다는 것이 놀라웠고, 남의 눈에 자신이 어떻게 보일까 염려하는 일 없이 서로 툭 터놓고 이야기할 수 있다는 것도 경이로웠다. 이런 생각을 내 벗에게 말했다.

"맞네. 우리는 거짓을 믿음으로써 거짓을 지탱해. 그 결과 자신을 이해하는 데 실패하지. 우리가 불행한 것은 마음에 무식하게 지시를 내리고 있기 때문일세. 그 결과 자기 불행의 원인을 이해하지 못하는 거야. 이것을 이해할 때 자유가 즉시 들어선다네.

우리는 자신만의 의견과 믿음을 형성하지만, 그것들은 새로운 지식이 드러남에 따라 바뀌어간다네. 그러나 실재는 바뀔 수 없고, 바뀔 수 있는 것은 실재가 아니야. 실재-신-사랑은 바뀔 수 없고 늘 우리 안에 현존한다네. 바뀔 수 있는 것이 실재가 아님을 식별해내기 전에는 우리 안에 있는 이 실재를 깨닫지 못할 거야.

병과 죽음에 관한 고정 관념을 건강과 생명의 관념으로 바꾸면, 전보다는 좀 나아지겠지만 그것 역시 마음에 속한 거라네. 이것을 깨달을 때, 이러한 긍정적 관념조차 그 대립 쌍과 함께 사그라지고 애쓰지 않아도 그 자리에 실재가 부드럽게 들어서지.

실재는 선악도 질병도 죽음도 모른다네. 오직 사람만이 스스로를 슬픔과 갈등에 옭아매는 이런 믿음을 지어내는 거야.

자신을 이해함으로써 진리-실재를 경험하면, 그것에 관한 견해를 더 이상 세우지 않게 될 거야. 이제는 그냥 알고 있기 때문이지. 자기 자신을 이해하지 못한다면 다른 것도 이해할 수 없는 법이야. 이해의 근원은 자네 안에 있으니까 말일세.

자신을 이해하고자 한다면, 자네는 반드시 타인과 맺고 있는 관계와 자신의 반응과 두려움과 적개심과 신념 등을 이해하고 또 이런 것들이 어떻게 생겨났는지도 이해해야 해. 상대에 대한 자네 반응을 거울로 삼아 자신의 생각-느낌-반응을 식별함으로써 자네는 자신을 이해할 수 있어. 자신을 이해할 때, 자신이 그동안 어떻게 조건에 속박되었는지도 이해하게 될 거야. 자신이 어떤 조건과 신념과 견해와 두려움을 품고 있는지 알게 될 거야. 이 모두는 오직 자네 마음에만 뿌리를 내리고 있어서, 자네가 거기다 실어주는 힘을 제외하고는 아무런 힘도 없다네.

만약 고정된 관념과 신념이 자네 마음을 좌우한다면, 자네는 무엇이 거짓인지 모르기에 그 무엇에 대한 진실도 절대 알지 못할 거야. 그러나 자네 마음이 이해를 얻어 유연하고 자유롭다면, 자네는 거짓을 간파할 것이기에 참된 의미를 경험할 걸세. 거짓은 자네가 지어낼 수 있지만 참은 자네가 지어내지 못해. 참은 항상 현존하기 때문이지. 그러면 자네는 자신이 다른 이들과 맺고 있는 관계, 세상과 맺고 있는 관계를 알게 될 거야. 다른 모든 이들처럼 자네 안에도 전체가 똑같이 있거든. 자네는 일부의 결과가 아니라 전체의 결과야. 전체는 분열되어 있지 않네. 이것이 자네가 어떤 견해도 의심도 전혀 품을 수 없는 실재일세. 오직 이 이해만이 필수적인 중대한 변화를 개인 안에 먼저 가져온 다음 세상 안에 가져올 거야. 세상이란 개인들이 모인 것이니까 말일세. 이를 깊이 살펴본다면, 바로 이 세상을 이렇게 만든 것이 우리 자신임을 이해하게 될 걸세. '뿌린 대로 거두리라.' 외부는 내부를 그대로 따라가는 법이야.

자네 마음을 들여다보면, 지금의 사회를 이렇게 만든 것이 바로 자신의 생각-느낌-반응임을 이해하게 될 거야. 사회는 우리 자신의 투사이고 세상 역시 그러하네.

자네가 잔혹하고, 적대적이고, 삐딱하고, 탐욕스럽고, 시기하고, 질투하고 증오로 가득할 때, 자네는 몸과 환경에 자신의 정신 상태를 그대로 옮겨놓게 된다네.

자신을 탐구하려면 참으로 정직해야 해. 타인을 대하는 자신의 생각-느낌-반응을 알아차려야 하지. 그러면 자네는 자신이 무엇인지 이해하게 될 거야. 실재를 숨기고 있는 것이 무엇인지, 또 자아가 얼마나 나서기를 좋아하는지 이해하게 될 거야. 예수께서는 '사탄아, 내 뒤로 물러서라'라고 말씀하셨지. 사탄이란 실재를 숨기고 있는 거짓말쟁이, 사기꾼, 곧 자아를 가리키네.

실재의 작용과 비길 수 있는 것은 아무것도 없어. 실재의 작용은 사람의 마음을 넘어서며 창조적 지혜와 사랑과 권능으로 드러난다네. 거짓된 것이 죽고 나면 실재가 나타나는 거지. 그러면 참된 관계가 들어서는데, 참된 관계에는 자유와 행복과 번영과 사랑과 애정이 깃들어 있다네.

마음의 깊은 층들에 도사리고 있는 숨겨진 자아가 있네. 이 자아는 유아기부터 형성되어왔고 우리의 동기 대부분은 일련의 오해 뒤에 숨겨져 있지. 그래서 내면이 혼란스럽고 분노와 편견으로 가득한 거야. 욕망이 상충할 때 마음속에서는 아주 격렬한 전투가 벌어지네. 우리가 사실로 여기는 이 조건들로 인해 우리는 칭찬하고 수용하고 거부하고 단죄하고 비난하지. 이 모두가 거짓이고, 이 모두가 어떻게 생겨났는지 이해하기 전에는 거기서 풀려날 수 없어. 이 모두가 거짓임을 알아보고, 이 모두가 자아일 뿐임을 이해할 때, 자아는 스스로를 투사하기를 멈추게 돼. 자신이 그 원인임을 이해했기 때문이야. 악마란 곧 자아야. 자아는 이 사실을 알아야 해. 그러면 자아는 더 이상 자신을 투사하기를 원하지 않고 작동을 멈추지. 그러면 지어내지 않은 침묵이 들어선다네. 자아가 작동을 멈추면, 사랑이자 지혜이자 창조성인 실재가 부드럽게 들어서게 되지. 자아가 길을 비켜주면 실재가 기능한다네. 이것이 '주를 위해 길을 비키라'는 말의 뜻일세.

지금 내 말이 이해되는가?"

나는 이렇게 답했다. "그 어느 때보다도 분명히 이해했습니다. 의식의 수면에서 벌어지는 일을 자각할 때 마음이 무엇으로 구성되어 있는지 이해할 수 있음을 알았습니다. 그러면 의식의 보다 깊은 층들은 숨겨진 갈등과 복잡한 생각-감정-반응들을 포기합니다. 이것을 이해할 때 마음은 강요 없이 침묵에 들고, 이 침묵 속에 자유가 들어섭니다. 실재를 숨기고 있던 것이 이제 사라지면서 실재가 '존재하게' 됩니다."

"맞는 말이야. 하지만 지적인 이해로 그쳐서는 안 되고 능동적인 변화가 반드시 일어나야 하네. 마음이 죽어버린 나무토막을 포기할 때 실재인 생명이 그 자리를 차지할 거야. 그러나 자네 마음이 말을 계속 뽑아낼 뿐이라면 마음은 관념으로 가득 채워지고 가슴은 사랑이 없어 텅 비어 있을 거야."

"네. 맞습니다. 자신이 뭔가를 믿고 있을 때 왜 그렇게 믿게 되었는지 알아내야 합니다. 다른 신념에 대해 적대적이라면 그 이유도 식별해내야 합니다. 그러면 이것이 실재의 영역이 아니라 믿음의 문제에 불과함을 이해하게 될 겁니다. 또 뭔가를 불신하고 있다면 불신하는 이유에 대해서도 똑같이 들여다봐야 하고, 자신에게 선입견이 있다면 그 이유도 똑같이 살펴봐야 합니다."

"그렇다네. 도망칠 곳은 없어. 문제를 이해하려면 문제를 직면해야 하지. 자네가 아주 소중하게 여기는 관념조차도 여기서 제외될 수 없어. 이렇게 할 때 자네는 자신이 어떻게 길들었는지 이해하게 될 걸세. 이 작업을 하지 않으면 자유란 결코 있을 수 없어. 신봉하는 관념이 있는 자일수록 어렵겠지만 반드시 해야 하는 일이 이 철저한 정화 과정일세."

"단지 저의 생각-감정을 통제하고, 제동을 걸고, 시비를 가리는 말만 하는 것은 귀한 시간을 허비하는 것임을 알겠습니다. 저는 제가 왜, 어떻게 조건화되었는지 이해해야 합니다. 제가 생각-감정을 통제하기만 한다면, 이해는 불가능합니다. 제 조건을 이해할 때만 저는 해방됩니다."

"맞는 말이야. 자네가 저항하든 거절하든 수용하든, 자신의 조건 형성을 지키려고 노력할수록 자네는 더더욱 편협해지고 무심하게 되어버려. 자네는 자신의 무지를 보호하기 위해 투쟁을 벌이지. 하지만 자신에 관한 진리를 알 때 그 투쟁은 끝난다네. 그러면 마음은 고요해지고, 이 고요 속에 실재가 들어선다네."

"저도 방금 그것을 경험했습니다. 그래서 무슨 말씀인지 잘 압니다."

"자네는 마음에 들어 있는 것을 이해하기 위해서 마음을 들여다봐야 하네. 그러면 마음이 속도를 점차 줄이게 되지. 마음을 강압하거나 분석하기 시작하면 자네는 대립 쌍을 만들어 혼란을 더하게 될 뿐이야. 그러나 마음을 구성하고 있는 것을 완전하고 초연하게 바라본다면, 자네 사고 과정의 일부에 불과한 소위 '높은' 생각까지 포함해서 모든 생각-느낌을 아무런 제한도 비교도 시비도 없이 바라본다면, 자네는 제한도 없고 시비의 판단도 없고 비교도 없고 변하지도 않는 '그것'을 자각하게 될 거야. 모든 사고 과정 너머에 있는 의미심장한 그것, 실재하고 영원한 그것 말일세.

자네는 실재를 분리된 개체가 아니라 전체로 인식하면서 이 과정을 계속 해나가야 해. 그렇게 하면 지적 혼란과 신념과 견해와 분리에서 벗어난 완벽한 자유를 누리게 될 거야. 자네는 주 예수께서 아셨던 것처럼 그리스도의 요가를 알게 될 거야. 항상 내면에 머무르시는 아버지께서, 자네의 어리석고 하찮고 편협한 조건을 강화하는 일이 아니라 당신 일을 몸소 수행하실 거라네.

종교적(religious)이 된다는 말의 근원적 의미는 특정 종교조직에 의존한다는 것이 아니라 그리스도의 요가를 따른다는 걸세. 특정 종교조직에 가담하면 신념이 완고해지면서 분리와 투쟁으로 이어져 도리어 반종교적으로 되어버리지.

분리는 지금껏 이어진 불화, 경제적 참사, 전쟁, 기아, 탄압에 대해 책임이 있어. 그리고 사람이 바로 그 원인이야. 자기 마음을 들여다보기만 하면, 자신을 똑바로 응시하고 있는 이 '분리'라는 원인을 찾아내게 될 걸세.

사람은 스스로에게 여러 딱지를 붙이지만, 오직 하나의 생명만이 모두를 지탱하고 있을 뿐이야. 이것을 이해할 때 자네는, 국가나 사회나 교리 일체에 제한되기를 거부했고 모두에게 자비와 연민을 보였던 사람*을 이해하게 될 걸세.

참된 종교는 모든 교리와 국적과 이상을 훌쩍 넘어선다네. 이것을 이해할 때 만유 안에 있는 하나, 하나 안에 있는 만유를 깨닫게 되기 시작하지. 이것은 세계의 평화와 번영, 그리고 개인의 행복으로 이어지는 길이야. 우리가 진정한 의미에서 종교적으로 될 때 그 결과로 우리 영혼과 세상에 평화가 깃들 것이기 때문이네. 내면의 평화가 세상에 반드시 들어설 거야. 분리에서 해방된 모든 영혼 안에서 깨어난 그리스도-영의 내적 평화와 지혜와 사랑이 반드시 세상에 들어설 걸세."

"네, 주 예수께서는 분리와 교리만 설교하는 자들을 놓고 이렇게 말씀하셨습니다. '이사야가 너희 같은 위선자들을 두고 적절히 예언하였다. ― 이 백성은 입술로는 나를 공경해도, 마음은 내게서 멀리 떠나 있구나. 그들은 사람의 계율을 교리로 가르치며, 나를 헛되이 예배한다.'"

그는 이렇게 답했다. "맞는 말이야. 예수께서는, 오늘날 대부분의 사람들에게는 지대한 의미가 있을지 몰라도 정작 본인들을 황폐하게 만드는 전통과 교리가 비현실적임을 보여주셨네. 그들은 거기에 사로잡혀 있어서 이를 인식조차 하지 못해. 사람들은 예식과 전통과 허례허식을 숭배하나, 그들이 숭배하는 것이 도리어 그들을 파괴하지. 그것들은 애석히도 분리와 적개심과 투쟁과 전쟁과 불행이 넘쳐나고 사랑과 연민이 부족한 곳에서 공허하게 울리는 감언이설에 불과하다네.

바른 생각은 오직 자네가 거짓을 이해할 때라야, 거짓을 이해하

---

* 예수 그리스도를 가리킨다.

고 거짓에 관한 진실을 알 때라야 들어설 수 있어. 거짓에 관한 진실이란, 거짓은 그냥 거짓이라는 거야. 이것을 이해하면 바른 사고가 가능해지네. 바른 사고는 자유요, 제한된 생각은 억압일세."

"네, 오직 사랑만이 인류의 문제들을 해결할 수 있음을 알겠습니다. 우리가 탐닉하고 있는 심리학이나 철학이나 체계나 이상으로는 이 문제들을 절대 해결할 수 없습니다. 이러한 것들은 마음에 속해 있으니까요. 우리는 여전히 분리에 사로잡혀 있고 서로를 불신합니다. 우리는 이런 모습을 날마다 목도합니다. 사람들 대부분은 종교적 신념과 정치적 이상과 국적에 속박되어 있습니다. 사람들은 맹목적으로 도살장에 들어가는 양과도 같습니다."

"그렇다네. 하지만 그 정도의 이해로는 충분치 않아. 자아를 알아차리고 자아의 정체를 간파할 때에만 자네는 자신의 제한된 생각을 발견할 수 있거든. 자네는 자신이 단지 타인을 모방하고 있음을 알아야 해. 또 현재 자신이 스스로 생각할 능력이 없고 적개심을 품고 사고하는 버릇이 이미 배어 있음도 알아야 하지. 이런 습관은 자네와 타인에게 모두 파괴적일세.

자네는 만사를 있는 그대로 보아야 하네. 그러면 마음을 구성하고 있는 것들을 올바로 식별한 마음에 혼동이 하나도 없게 될 거야. 마음에 속한 이 모든 것을 치우고 나면, 지혜이자 사랑인 항상 현존하는 실재가 온 인류의 가슴에 들어설 걸세."

그가 눈을 감고 나지막한 목소리로 심오한 의미가 담긴 다음의 말을 했을 때 나는 그리스도의 현존을 느꼈다.

"나를 보내신 분이 내 곁에 계십니다.

나는 그분 맘에 드는 일을 항상 하기 때문에 그분은 나를 홀로 두지 않으십니다.

'나는 있는 자 그로다(I AM THAT I AM).'

내 생명나무의 수많은 가지 위에서 나는 사랑 노래를 불렀습니다.

내 사랑 노래는 녹음 사이로 메아리쳤고, 내 노래를 들은 자들은 그들과 내가 하나임을 깨달았습니다. 그러자 내 생명만이 그들의 양식이 되었습니다.

시간의 세상에 잠들어 있는 영혼들은 여전히 내게로 깨어날 수 있습니다. 억겁의 시간이 파도치더라도 내 영원한 상태는 그대로이기 때문입니다.

내 노래의 리듬은, '나의 장대한 자유로 들어오라'고 부르는 내 음성을 기다리는 가슴들을 뛰게 합니다.

그래서 나는 일어나서 갔습니다. 일어나서 갔습니다."

✦✦✦✦✦

그가 마지막 문장을 말할 때 노르부가 내 옆에 있었다. 나는 노르부의 손을 잡고 함께 그의 얼굴을 바라보았다. 거기서 우리는 해처럼 빛나는 주의 얼굴을 볼 수 있었다. 절대로 잊을 수 없는 경험이었다.

그날 저녁은 나를 위해 마련된 최후의 만찬과도 같았다. 내일 아침 우리는 히말라야를 다시 넘는 긴 여행을 떠나야 했기 때문이다. 그의 기도는 잠사르의 거처에서 머물렀던 경이로운 시간에 대한 감사기도였다. '이곳에 영원히 머무를 수 있으면 얼마나 좋을까'라는 생각이 들었다. 내 벗이 그 생각을 읽었는지 이렇게 말했다.

"우리 역시 자네가 여기서 우리와 함께 지낼 수 있기를 간절히 바라네. 하지만 자네도 알다시피, 이 일을 안내하고 있는 우리보다 높은 존재들이 있어. 우리 안에 있는 생명이 그들 안에도 똑같이 흐르고 있지. 자신의 개인적 욕구보다 높은 것들을 우선할 때 장대한 축복이 결국 우리를 찾아올 걸세."

우리는 최후의 만찬을 들기 위해 식탁에 앉았다. 이것이 마지막 식사임을 다들 알고 있었지만 우리 모두는 아주 행복했다.

노르부는 그녀의 특별 요리 중 하나인 차갑게 응고시킨 닭고기, 삶은 달걀, 직접 만든 빵과 방금 꺼내어 신선한 야크 버터를 내놓았다.

저녁을 먹은 뒤 우리는 내일 아침 일찍 출발해야 함에도 평소보다 늦게까지 깨어 있었다. 나는 기분 같아서는 밤을 새울 수 있을 것 같았다. 내 벗과 노르부도 그런 기분이었을 것이다. 노르부는 자신이 선호하는 가락을 기타로 연주하면서 직접 작곡한 사랑 노래를 불러주었다. 여러 해 전에 들었던 그녀의 아름다운 연주와 노래가 지금 이 순간에도 내 귀에 그대로 들리는 듯하다. 노르부는 창의성을 타고난 예술가였다. 노르부는 악보 없이 연주하고 노래했다. 노르부의 음악은 독창적이었고 심오한 의미를 실어 날랐다. 시시때때로 변하는 하늘의 모든 빛깔이 그녀의 음악 속에 다 담겨 있었다.

불이 사그라지면서 방을 검붉은색으로 낮게 비추었다. 평화가 이곳 모두를 포근히 덮고 있었다. 우리 셋은 붙어 앉아 있었고, 노르부의 말을 빌리자면, 다시는 채워질 수 없을 이 공간에 대해 생각하고 있었다.

곧 헤어져야 하지만 살아 있는 모든 영혼 안에서, 그리고 하나로 존재하는 그리스도 영 안에서 이별은 불가능함을 우리 모두가 침묵 속에서 느끼고 있었다. 이것이 우리를 하나로 이어주었고 우리의 기억은 아침 이슬처럼 언제나 생생할 것이었다.

내 벗은 먼저 일어나더니 내일 아침 여행을 준비하겠다면서 자리를 떴다. 그러자 노르부가 내 옆으로 와서 머리를 내 어깨에 기댔다. 이것은 우리 사이에 처음 있었던 일이었고, 나는 갈망이 채워지면서 깊은 만족감을 느꼈다. 어느새 노르부는 잠들었고 나도 얼마 뒤 잠에 빠졌다. 얼마나 지났을까. 한순간인지, 한 시간인지, 한 세기인지 모르겠다. 수 세기 동안 잠들었다가 깬 기분이었다. 참으로 경이로운 경험이었다. 우리는 동시에 깨어난 듯했다.

내 벗이 우리 앞에 서 있었다. 그는 웃음을 지으며 이렇게 말했다. "방금 자네들은 몸을 벗어난 상태를 동시에 경험했네. 완벽한 축복의 상태이지. 몸을 떠나 높은 차원에서 영혼으로서 존재하는 경험을 한 거야. 하나되려는 자네들의 열망이 영적으로 완전하게 성취되었던 거라네. 하지만 이곳에 돌아올 때는 그 상태의 향기만 가져올 수 있다네.

나는 자네들이 동시에 몸을 떠났다가 다시 동시에 돌아오는 것을 지켜봤어. 자네 둘은 똑같은 경험을 동시에 했네. 영혼 상태에서 자네들의 갈망이 정점까지 채워졌지. 몸에 깃든 생명의 힘이 영적 근원이 있는 곳으로 솟아오를 때 느껴지는 환희라 할 수 있네."

노르부는 이제 이루 말할 수 없을 정도로 한껏 행복하다고 했다. 이별에 대한 생각 자체가 싹 사라졌다고도 했다. 이것은 영혼이 포용한 결과였고, 우리에게서 물리적 접촉을 유지하고픈 갈망은 사라졌다.

이것은 마음이 소유욕을 텅 비워내고 가슴이 사랑으로 충만할 때 누구나 누릴 수 있는 경험이다.

참사랑은 주고받는다는 생각 없이 그저 주고받는 것이다. 참사랑을 깨닫는 길은 그것을 직접 경험해보는 것뿐이다. 내 어휘를 총동원하더라도 형언할 수 없는 그것을 설명하기란 불가능하다.

내 벗은 "그것은 진정 살아 있는 현존의 축복 기도"였다고 말했다. 그동안 그의 수고는 이 환희로 정점을 찍었다. 이것이 이 요가, 그리스도 요가를 통해 성취할 수 있는 최고 단계이다.

13장

✤ ✤ ✤

머리 위로 구름 한 점 없이 청명한 하늘엔 수백만 개의 별이 알알이 박혀 있었고, 계곡과 산들은 겨울 눈으로 덮여 있었다. 해가 뜨기 전이었다. 나는 익숙하지만 여전히 고혹적인 이 장면을 바라봤다. 검푸른 아침 하늘을 바탕으로 돋을새김이 된 새하얀 산들이 거대한 보초처럼 우뚝 서 있었다. 눈 이불이 덮인 계곡과 빙하 전체가 동쪽 빛을 받아 윤곽이 드러났고, 손을 뻗으면 산에 닿을 듯 보였다.

이제 갓 뻗어 나온 아침햇살이 니블룽 리충 정상을 어루만지는 모습을 지켜봤다. 몇 주 전에 자랑스레 올라서서 가슴에 아로새겨진 산꼭대기가 빛날수록 별빛은 희미해졌다. 해가 산들 위로 점점 솟아오르면서 곧 우리 거처의 현관을 비출 참이었다. 여기서 겪었던 아름다운 기억이 떠올라 나는 깊은 상념에 빠졌다.

검붉은 태양이 오렌지색으로 바뀌는 경이로운 장관이 펼쳐지면서 산봉우리도 죄다 불타는 듯이 보였다. 아침햇살이 거처를 비추기 시작할 때 누군가 내 옆에 있음을 감지했다. 내 벗이었다. 그는 내 어깨에 손을 올리면서 이렇게 말했다. "오늘 아침이 딱 이랬으면 했는데 바람대로 됐군."

"이 기억을 아로새겨 항상 간직하겠습니다. 제게 너무나 소중한 이 모두와 벗님을 뒤로하고 떠나야 해서 일말의 슬픔을 느낍니다. 그래도 제가 히말라야를 넘어서 지금은 아득히 머나먼 곳처럼 보이는 저 세상에 돌아가더라도 벗님께서 저와 함께하실 것임을 알기에 위안이 됩니다."

바로 그때 친숙한 공 소리가 계곡 위아래로 웅웅 울려 퍼졌다. 노르부가 아침이 준비됐다고 알리는 신호였다. 그런데 이날은 마치 산이 "가지 마. 가지 마"라고 나지막이 말하는 듯했다.

그런 뒤 노르부가 우리가 서 있던 곳으로 올라왔다. 그녀는 찬란했다. 상쾌한 아침 공기로 상기된 장밋빛 볼이 그녀에게 안성맞춤인 빨간 모직 조끼와 잘 어울렸고, 나는 그녀에게 그런 내 마음을 말해주었다.

나는 이렇게 말했다. "아침에 해가 뜨는 거 봤어요?"

그녀는 이렇게 답했다. "그럼요. 당신 뒤에 있었어요. 그런데 당신이 깊은 생각에 빠진 것 같아서 조용히 있었죠."

"그랬군요, 노르부. 하지만 당신도 이 모든 아름다움의 일부예요. 당신은 여기에 한 몸처럼 잘 어우러져요. 산들이며, 계곡이며, 은빛 달님이며, 별들이며, 뜨고 지는 태양이며, 당신까지. 저는 이 모든 것과 당신을 항상 제 가슴속에 간직할게요."

그녀의 사랑스럽고 커다란 파란 눈에서 눈물이 솟아났다. 그러면서도 그녀는 행복으로 밝게 빛나면서 웃음을 지었다. 당시 그녀의 가슴이 사랑으로 충만했기에 말하지 않아도 나는 그녀의 마음을 느낄 수 있었다.

아침 식사 후 잠사르 촌장 다스 체링Das Tsering이 전에 내가 깜장 왕자라고 이름 붙인 검정 씨말과 조랑말 여러 마리를 데리고 왔다. 이제 깜장 왕자를 원래 주인에게 돌려줄 때가 왔다. 노르부의 아버지는 노르부의 아름다운 적갈색 암말을 데리고 왔다. 전에 노르부가 라싸로 갈 때 봤던 말이었다. 그 말은 기운이 솟구쳤고 고삐를 당기면서

459

노르부를 맞았다. 내 벗은 즐겨 타던 조랑말과 그가 페데 종에서 짐을 실을 용도로 골랐던 조랑말을 끌고 갔다. 촌장은 커다란 갈색 조랑말에 올라탔고 짐을 실을 노새를 뒤에 끌고 갔다.

촌장은 "조금이라도 도움이 될까 싶어 동행하겠습니다"라고 말했다. 나는 그에게 "산모와 아이는 좀 어때요?"라고 티베트어로 물었다.

촌장은 내 벗을 감사의 눈빛으로 바라보면서 티베트어로 "건강합니다"라고 답했다. 내 벗이 아이를 받아주었기 때문이다.

그렇게 우리는 여행을 시작했다. 내 벗이 앞장섰고, 다음에는 노르부, 그다음에는 나, 맨 뒤에는 다스 체링 촌장이 붙었다. 출발할 때는 추웠지만 해가 뜨자 기온이 크게 상승했다. 햇빛이 눈에 반사되면 눈이 따갑다. 그래서 나는 선글라스를 꺼내서 썼다.

노르부는 말 타는 모습까지도 사랑스러웠다. 말을 타고 캬 추 강을 따라 길을 오르내릴 때 노르부는 마치 말과 한 몸이 된 것처럼 능숙했다. 여름에 캬 추 강은 얼음과 눈이 녹아내려서 강물도 불어나고 세차게 흐른다. 그런데 겨울에는 유속이 느리고 얕은 곳이 다 얼어붙어서 참으로 대조적이다.

우리는 오후 4시경 데첸 종Dechen Dzong에 도착했다. 길이 눈으로 거의 다 덮여 있었음에도 상당히 잘 이동한 편이었다. 겨울에는 눈보라를 뚫고 고개를 넘어야 해서 위험하고, 봄여름에는 녹아내린 눈과 얼음으로 강물이 불어나서 위험하다. 자동차 사고로 사망하는 서양인들이 부지기수이듯 이 길을 오가면서 사망하는 티베트인들도 부지기수이다. 이렇듯 강과 고개에서 티베트인들이 숱하게 목숨을 잃지만 친척들 말고는 아무도 사망률에 관심을 두지 않는다.

그날 밤 우리는 내 벗이 잘 알고 지내던 그곳 촌장의 집에서 황송

한 대접을 받으면서 하룻밤을 묵었다.

데첸 종은 딩아 레^{Dinga Lhe} 강이 캬 추 강과 합류하는 곳에 위치하고 있다. 딩아 레 강 위로 대나무 다리가 있었지만 우리는 다리를 이용하지 않았다. 강폭이 좁고 물이 얼어 있어서 강을 쉽게 건널 수 있었다.

다음 날, 우리는 젠쉬에 도착했다. 앞서 2부 3장에서 말했듯이 젠쉬에는 아주 비옥하고 웅장한 계곡이 있다. 여기에는 노르부의 삼촌 내외가 살고 있었고, 그들은 이 지역에서 무역을 주도했다. 그들은 야크와 당나귀 행렬을 여러 개 거느렸고, 동물들은 다 해서 2,000마리나 되었다. 티베트 무역상 중 일부는 상당히 부유하다. 그들은 상품을 나르는 대가로 상품의 일부를 받았고 그래서 비용이 거의 들지 않았다.

게쉬 린포체가 우리를 기다리고 있는 사원인 트락체 곰파는 약 5킬로미터 거리에 있었다. 그래서 노르부는 친척 집에 머물렀고 나와 내 벗은 사원으로 향했다.

사원에 다가갈수록 게쉬 린포체를 다시 볼 수 있다는 생각에 가슴이 설렜다. 그를 만나 진주 같은 지혜의 말씀을 듣는 것은 진정한 기쁨이다. 산기슭에 도착하자 사원장이 보낸 여러 라마승이 마중 나와 짐을 들어주었다. 우리는 산 아래에 있는 마구간에 조랑말을 맡긴 다음, 암벽을 쪼아 만든 무수한 계단을 오르기 시작했다.

중간 정도 오르자 게쉬 린포체와 사원장이 마중 나오는 모습이 보였다. 게쉬 린포체가 들려주신 이 행복한 인사말을 항상 간직할 것이다. 자네가 빨리 보고 싶어서 애가 탔노라는, 자네는 내 사랑하는 아들이라는, 자네와 함께 오크 계곡으로 가는 여정을 함께하려고 그

먼 길을 여행했다는 말씀 말이다.

나는 이렇게 말했다. "저 역시 린포체님을 다시 뵙고 말씀을 들을 수 있기를 간절히 바랐습니다. 린포체님을 뵙고 싶어하는 여인도 있습니다. 제가 린포체님 이야기를 수도 없이 들려주었거든요."

그는 이렇게 답했다. "그럼, 잘 알고 있네. 이름은 노르부('귀한 보석')이고 말이야. 어서 데려오게."

"이미 노르부를 아세요?

"알다마다! 나는 자네를 항상 지켜보고 있다네. 자네에 관한 모든 것을 알고 있지." (나는 게쉬 린포체가 아스트랄체로 여행할 수 있다는 사실을 잠시 잊고 있었다.)

그래서 우리는 다른 날 게쉬 린포체에게 노르부를 데려갔다. 그녀는 그를 보자 그의 옷단에 입을 맞추었고 그는 노르부를 이렇게 축복했다. "딸아, 일어나거라. 너를 보니 참으로 흡족하구나. 멋진 미래가 너를 기다리고 있어. 노르부, 남자만 요가의 대가가 되라는 법은 없단다."

이 말씀은 노르부에게 진정한 축복이었다. 나는 덩달아 기뻐한 나머지 나도 모르게 게쉬 린포체와 내 벗과 사원장이 보는 앞에서 그녀에게 입을 맞추었다. 너무나 자연스럽게 그렇게 되었다. 게쉬 린포체는 즉흥적으로 일어난 이 일을 보고 이렇게 말했다. "나의 아들딸아, 신께서 너희를 축복하시기를."

그러자 내 벗은 전에 내게 들려주었던 말을 다시 한 번 했다. "당신 뜻을 행하도록 우리 모두를 하나로 묶고 있는 것은 신의 사랑이라네."

그런 뒤 게쉬 린포체는 우리 모두를 당신의 거처로 초대해 또 한 번 영혼의 자양분이 되는 경이로운 이야기를 들려주었다. 그의 말씀이라면 몇 시간이고 들을 수 있었는데 가르침이 너무 짧게 느껴져 참으로 아쉬웠다.

그는 이렇게 말을 시작했다. "이제 내가 말할 내용은 지위고하를 막론하고, 부의 유무와 개인 특성과 무관하게, 모두에게 보편적으로 적용된다네.

남녀 간에, 남성들 간에, 여성들 간에 불평등이 존재하는 듯 보이지만 실재 안에서는 아무런 차이도 없어.

우리는 하나같이 괴롭고, 자신만의 문제를 갖고 있고, 걱정과 슬픔과 기쁨을 걸머지고, 만남과 헤어짐, 건강과 질병을 안고 살아가지. 다들 그렇게 살아가. 자신이 누구든 무엇이든 상관없이 모든 이는 해방되기를 원하고 탈출구를 찾고 있네. 우리는 다 똑같아. 다를 게 하나도 없지.

자신이 슬픔과 괴로움에 처해 있는데 거기서 벗어나려고 애써 봤자 짐만 더할 뿐이야. 회피해서는 슬픔과 괴로움을 이해할 수 없으니까 말일세. 사랑하고 이해할 때라야 슬픔과 괴로움을 이해할 수 있어. 누군가를 사랑하는 것이 그를 이해하는 법이라네. 무언가를 사랑하는 것이 그것을 이해하는 거야. 그러나 마음이 수다만 떨고 가슴에 사랑이 하나도 없을 때 우리는 '사랑'이라는 관념에 놀아나게 되지.

누군가를 사랑할 때 국적이 무슨 의미가 있겠는가? 서로의 차이가 무슨 의미가 있겠는가? 가슴이 공허할 때는 분류가 아주 중요해져서 사람을 계층과 국적에 따라 나누게 되지. 반면 누군가를 사랑할 때는 아무런 차이도 없게 되지 않는가? 가슴에 관대함을 품을 때는 아무런 차이도 없어. 아낌없이 자신을 내어줄 뿐이지. 진정으로 진리를 추구하는 자에게는 아무런 차이도 존재하지 않아. 사랑을 아는 것

463

이 곧 진리이기 때문일세. 그러나 특정 행로를 계속 고집할 때 사랑은 오간 데 없어지네. 그 개념 자체에 배제가 함의되어 있기 때문이야. 그러나 진리는 모든 것을 포함하는 거야. 다른 집단에 맞서 특정 집단에 호소하는 것은 정치가나 미성숙한 자들이 벌이는 저열한 속임수라네.

무엇이든 거기서 달아나지 않고 직면할 때 우리는 그것을 이해할 수 있어. 회피에서 자유로울 때 우리는 비로소 이해하게 된다네. 행복하다는 것은 사랑한다는 것이고, 사랑한다는 것은 행복하다는 거야. 그러면 분열도 분리도 존재하지 않아. 사랑은 시간과 거리를 메우기 때문이지. 사랑할 때 풍요를 느끼고 모든 것을 기꺼이 나누려 하지. 가슴이 충만할 때 우리를 가르는 마음에 속한 것들은 사라져버린다네.

마음은 세계 혁명에 관한 청사진, 종교 예식과 순결과 덕행에 관한 청사진으로 그득하지. 하지만 유일한 해결책인 사랑이 빠져 있다면 관계를 제대로 형성할 수 없네. 관계를 이해하지 못한다면 자연에서 도를 닦는다고 한들, 산꼭대기에서 참선을 한들, 독수공방을 한들, 다른 그 무엇을 한들, 바르게 행동할 수 없다네. 따라서 문제의 관건은 관계일세. 그리고 자기 인식이 없다면 그 어떤 관계도 맺을 수 없지. 그런데 관계에서 벗어나는 것은 사실 불가능해. 정글이나 산에 들어간다 하더라도 관계의 그물은 이어지기 마련이거든. 관계 안에서 자신을 이해하게 되는 법이야. 그 안에서 자네는 자신이 어떻게 생각하고 느끼고 행하는지 이해할 수 있어. 생각은 반드시 자신의 활동을, 자신의 작용을 알아야 하네.

사랑이 있을 때에만 참된 종교, 참된 순결이 가능한 법일세. 진정한 사랑이 존재할 때, 순결은 문젯거리가 아니야. 사랑이 없을 때 순결의 관념에 골몰하게 되는 법이거든. 마음에 속한 순결의 관념이 아니라 사랑 그 자체가 들어설 때 순결에 관한 문제는 해결된다네.

가슴을 풍요롭게 하는 것은 마음의 과정이 아니라네. 그러나 마음의 작동 방식을 이해하면 사랑이 들어서지. 사랑은 단어가 아니야. '사랑'이라는 단어가 곧 사랑은 아닌 거지. 자네가 사랑에 관해 말할 때, 그것은 사랑이 아니라 마음에 속한 관념이야. 실체를 가리키는 단어가 곧 실체는 아님을 깨달으면, 시비와 덕목과 다른 자질을 고수하는 마음은 훼방 놓기를 멈춘다네. 그러면 사랑이 들어서지. 사랑은 마음에서 지어낸 것이 아니어서 '항상 새롭고' 신선하다네. 미덕과 순결은 오직 여기에 있어."

그런 뒤 그는 눈을 뜨고 이렇게 물었다. "지금 내 말을 잘 이해하고 있지?"

나는 이렇게 답했다. "네, 전부 이해했습니다. 사랑이 늘 새롭고 산뜻할 때는 아무런 문제가 없습니다. 사랑은 이래야 한다, 저래야 한다는 관념을 마음이 형성하려고 시도할 때만 사랑은 실재성을 잃어버립니다."

"맞는 말이야. 자네를 자유롭게 풀어주는 것은 바로 진리일세."

나는 게쉬 린포체의 위대한 지혜를 알아볼 수 있었다. 그는 우리에게 억압과 억제 같은 사랑에 대한 관념이 아니라 사랑의 실재를 보여주고 있었다. 마음이 그리는 순결은 사랑이 아니었다. 그 순결은 성적 충동을 무턱대고 억압하는 것일 뿐이었다. 그러나 관계를 이해하면 마음은 자신이 지어낸 것들을 알아차리고 훼방 놓기를 멈췄다. 그러면 늘 새롭고 산뜻하며 마음이 아니라 가슴에 속한 사랑이 들어섰다.

우리는 사랑을 창조하지 못한다. 사랑은 늘 현존하는 것으로서, 마음에서 사랑을 지어내지 못함을 이해할 때 들어선다. 마음은 사랑이 어떠해야 한다는 관념만 지어낼 뿐 사랑을 창조하지 못함을 이해할 때, 그 마음이 침묵에 든다. 그때 사랑이 '존재한다.' 그러면 아무 문제도 없다. 모든 문제가 사랑 안에서 해결된다. 사랑이 곧 신이고 신이 곧 사랑이며 그 외에는 아무것도 존재하지 않기 때문이다. 그외 모든 것은 한갓 마음의 환상에 지나지 않는다. 마음을 이해할 때 환상은 사라진다. 그러면 사랑이 완벽하게 자기 일을 한다. 사랑은 스스로 영원하다.

게쉬 린포체가 말하는 내용에는 항상 다른 무엇이 있었다. 그는 곧장 문제의 본질을 파고들었다. 우리 모두 이것을 알고 있었다. 말의 깊은 의미가 펼쳐지면서 마음에 변혁이 일어나고 있었다. 나는 전에도 비슷한 말을 들었을 수 있다. 그럼에도 린포체의 이 말은 지금 이 순간도 내게 변혁의 효과를 내고 있다. 늘 새로움, 이것이 진리의 아름다움이다.

사원장의 방에 식사가 차려졌다. 우리는 모두 한 식탁에 앉았다. 사원의 총책임자인 사원장이 상석에 앉았다. 그의 오른편에는 게쉬 린포체가, 왼편에는 내 벗이 앉았다. 노르부와 나는 사원장의 맞은편에 앉았다.

식사는 아주 행복한 가족 모임 같았다. 게쉬 린포체는 노르부에게 티베트어로 "며칠 더 우리와 함께하면 어떻겠니?"라고 물었고, 사원장의 허락을 구하듯 그를 쳐다봤다. 여성이 사원에 머무르는 것이 관습에는 안 맞았지만, 나는 사원장이 이를 선뜻 허락했음을 알 수 있었다. 티베트의 가장 위대한 현인과 함께 지낼 영광스러운 기회를 얻은 것에 대해 노르부는 한껏 기뻐했다.

그렇게 노르부는 내 벗과 잠사르로 돌아가기 전에 이곳에서 나흘을 우리와 보낼 수 있었다. 나흘 동안 게쉬 린포체의 가르침은 최고조에 이르렀다. 이토록 고무된 그의 모습을 전에는 본 적이 없었다.

마침내 내 벗과 노르부가 떠나는 날이 오고야 말았다. 게쉬 린포체와 나는 조랑말을 타고 젠쉬까지 배웅했다.

그날 아침 노르부가 나를 꼭 안아준 모습이 지금도 생생하다. 그녀는 눈웃음을 지었지만 그 사이로 눈물이 흘렀고 입술이 파르르 떨렸다. 그러자 게쉬 린포체는 내 어깨에 손을 올리면서 이렇게 말했다. "사랑하는 나의 딸, 노르부. 나 역시 나중에는 사랑하는 내 아들과 육으로 헤어져야 한단다."

그런 뒤 그는 그녀 손을 내 손에 쥐여주며 이렇게 말했다. "신께서는 뜻하신 바가 있어서 우리 모두를 하나로 묶으셨다. 신의 생명은 영원한 사랑이라는 단단한 하나의 사슬로 우리를 묶고 있고, 이 사랑 안에 분리란 존재하지 않아."

나는 내 벗을 나중에 오크 계곡에서 다시 만나 함께 칼림퐁까지 갈 것임을 알고 있었다. 그는 평소처럼 친근하게 내 어깨에 손을 올리면서 이렇게 말했다. "여보게, 곧 다시 보세." 그런 다음 내 벗과 노르부는 잠사르를 향해 발걸음을 뗐다. 우리는 선 채로 그들이 가는 모습을 지켜봤다. 그들은 시야에서 완전히 사라질 때까지 여러 번 뒤돌아보며 손을 흔들었다.

나는 내가 두고 온, 아침이슬처럼 항상 신성할 그 무언가가 여전히 나의 곁에 있다고 느꼈다. 게쉬 린포체는 내 생각을 읽었는지 이렇게 말했다. "사랑이 곧 신이고 신이 곧 사랑이라네. 그리고 신은 죽거나 사라지지 않아. 신의 사랑은 시간과 공간 너머에서 항상 새롭고 산뜻하다네."

우리는 오후 늦게 사원에 도착했다. 사원장이 우리를 기다리고 있었다. 사원장도 얼굴을 뚫고 빛나던 노르부의 아름다운 영혼을 언급했다.

게쉬 린포체는 이렇게 말했다. "온 아시아를 통틀어 노르부만 한 미인이 있을까 싶네."

노르부는 만나는 모든 이에게 세월이 흘러도 결코 바래지 않는 기억을 새기고 영향을 미쳤다.

그 후 일주일 동안 나는 게쉬 린포체와 매일 산책을 하면서 앞으로 내가 할 일에 대해 이야기를 나눴다. 나는 그의 충고를 귀담아들었다. 그와 함께하는 모든 순간이 좋았다. 아무 말이 없을 때조차 마냥 행복했다.

하루는 그에게 이렇게 물었다. "제가 이토록 사랑하는 사람들을 왜 두고 떠나야만 하나요?"

그러자 그는 멈춰 서서 나를 보며 이렇게 말했다. "신께서 세상을 이토록 사랑하시어 당신 아들을 세상에 보내셨으니, 그에게 귀 기울이는 자는 거짓을 이해함으로써 참인 것을 이해하게 될 거라네. 그러면 진리가 그들을 자유롭게 하리니. 인류의 스승들 중 가장 위대하신 스승께서 세상을 사랑하신 것처럼 자네도 세상을 사랑해야 해. 그에게 귀 기울인 자들은 신의 자녀가 되었지. 그들은 육이나 사람의 뜻으로 난 존재가 아니라, 시간과 공간을 초월해 지금 이 순간 영원토록 살아 있는 신의 늘 현존하는 영에게서 난 존재일세."

14장

✤ ✤ ✤

트락체 곰파는 티베트에서 가장 아름다운 수도원 중 하나이다. 트락체 곰파는 산의 높은 곳에서 지금은 눈으로 덮인 토빙 추 계곡을 내려다보고 있었다. 저 멀리에는 라싸에 위치한 포탈라궁의 금빛 지붕이 햇빛을 받아 반짝이는 모습이 보였다.

매년 이 시기는 해가 지면 밤이 차갑다. 모든 것이 얼어붙는다. 이 시기에 밤하늘은 대개 구름 한 점 없고 수백만 개의 별이 수정처럼 얼어붙은 눈에 반사되어 계곡 전체가 은은하게 빛난다. 눈이 내리는 시기에는 세찬 바람이 가세해 눈보라를 일으켜 3미터 이상 눈이 쌓이는 곳도 생긴다. 눈보라가 일어나면 한 치 앞도 보이지 않는다.

계곡을 터벅터벅 오르내리며 티베트 안팎으로 짐을 나르는 야크와 당나귀 행렬이 보였다. 이 일은 여름이든 겨울이든, 비가 오든 눈이 오든, 뙤약볕이 내리쬐든 아니든 상관없이 시계추처럼 매일같이 반복됐다.

때가 차면 나 역시 오크 계곡으로 돌아가는 여행을 떠나야 한다. 그런 다음 총 320킬로미터 정도 되는 링마탕과 칼림퐁까지 갈 것이었다. 얼음과 눈으로 덮인 강과 고개를 넘어 오크 계곡으로 향하는 여행이 2주 안에 시작될 참이었다.

게쉬 린포체는 겨울에 이동할 일이 생기면 직접 올라탈 야크 말고도 다른 야크도 여러 마리 데리고 갔다. 야크는 히말라야에서 눈 덮인 고갯길을 앞서가며 길을 내주는 최고의 자연산 제설도구이다.

야크 여러 마리가 눈 위를 터벅터벅 걷고 나면 위험천만한 고개에 길이 금방 생긴다.

우리는 라싸에 들르지 않고 우회하기로 결정했다. 자신들이 뭐라도 된 듯 으스대는 관리 몇 명 때문에 시간을 낭비해서 얻을 것이 하나도 없었기 때문이다.

그래서 여행을 시작하는 날이 되었을 때 우리는 기분이 아주 좋았다. 우리는 사원을 나와서 가파른 계단을 내려간 뒤 우리와 함께할 동물들이 있는 곳으로 향했다.

무역로는 캬 추 강이 토빙 추 강과 합류하는 지점부터 캬 추 강을 따라 나 있었다. 우리는 오른쪽 길로 빠지면서 토빙 추 강과 키 추 강을 삼각형 모양으로 이었다. 우리는 무역로 대신 남파Nampa라는 곳으로 이어지는 길을 따라 이동했다. 자주 이용되는 길은 아니었지만 길 상태는 꽤나 괜찮았다. 이 길은 토빙 추와 키 추 강이 합류하는 삼각지에 자리한 라싸를 가로질렀다. 우리는 룽상Lungsang 고개를 넘은 뒤 라싸보다 16킬로미터 정도 더 멀리 있는 키 추 강에 도착했다. 겨울철에 무역로는 진창으로 변해 여행하기 어려워지는데 결과적으로 우리는 32킬로미터 정도의 힘든 길을 단축한 셈이었다.

둘째 날 우리는 오후 4시경 종토Jongto 곰파에 도착해 거기서 묵었다. 이 길로 가면 키 추 강을 건너지 않아도 된다. 겨울에 키 추 강은 언 곳과 얼지 않은 곳이 섞여 있어서 위험하다. 진리에 대해 거의 아는 것이 없는 라싸의 관리들을 상대하는 것보다는 시간과 노력을 아끼는 편이 더 좋았다. 그래서 우리는 라싸를 우회함으로써 관행을 거스르는 경로를 택했다. 사실 그들에게는 진리가 없었다. 그들은 전통과 예식에 사로잡혀 있었다.

다음 날 우리는 추-셔Chu-Shur 계곡에 도착했다. 여기서 키 추 강은 넓게 퍼지면서 수많은 섬들이 생겨난다. 폭이 3.2킬로미터를 넘는 곳들도 있다. 추-셔 계곡에 자리한 마을에는 45미터 정도가 되는 기도의 벽이 있었다. 알록달록하게 채색된 여러 신들이 벽에 새겨져 있었다. 이 계곡도 상당히 비옥한 곳이나 겨울인 지금은 사방이 눈밭이었다.

우리는 캄바 라Kamba La 고개를 넘었다. 이 고갯길은 강가에서 시작되어 지그재그로 오르내리는 길이다. 그런 다음 우리는 착삼Chaksam 나루에 도착했다. 여기서 우리는 오른편 위쪽에 자리한 초코량체 곰파Chokoryangtse Gompa라는 아름다운 사원에서 묵었다.

그곳 사원장은 게쉬 린포체를 아주 잘 알고 있어서 우리에게 편안한 방을 제공해주었다. 밤새 푹 쉴 수 있어서 행복했다.

다음 날 아침 우리는 창 포 강의 오크 계곡 방향으로 나루를 건넜다. 그런 다음 해발 5,200미터 정도 되는 냡소 라 고개를 오르기 시작했다. 고개 정상에 오르자 창 포 강으로 내려가는 길이 보였다. 위대한 브라마푸트라 강(창 포 강)은 눈 사이로 굽이쳐 흐르고 있었다. 강 양옆의 산들은 과묵한 파수꾼처럼 서서 수 세기 동안 강이 흘러가는 모습을 내려다보고 있었다. 사람들은 이 강을 두고 세상에서 가장 성스러운 강이라고들 한다.

저 멀리 몇 킬로미터 떨어진 곳에 얌드록 쵸라는 이름의 청록색 호수와 페데 종 마을이 보였다. 내가 페데 종 촌장에게 빌려 타던 조랑말을 돌려줘야 해서 게쉬 린포체는 우리가 이곳에서 밤을 보낼 것이라고 했다. 우리가 도착하자 마을 사람들은 우리를 성대하게 환대했다. 내 벗이 받은 환대도 정말 대단했지만 게쉬 린포체가 받은 환대는 그 이상이었다. 우리는 식사를 대접받았고 숙박 시설도 친절하게 제공되었다.

나는 촌장에게 그동안 빌려준 검정 조랑말을 감사히 잘 탔노라고 말했다. 그러자 촌장은 그냥 여행을 마칠 때까지 계속 타고 다니라고, 돌려받는 일은 자신이 알아서 하겠다고 답했다. 그 말을 들었을 때의 기쁨은 형언할 수 없다. 어느새 깜장 왕자는 내게 아주 소중한 존재가 되어버렸기 때문이다. 이제 우리는 서로를 속속들이 알았기에 이제 와서 다른 말로 바꾸고 싶지 않았다. 게쉬 린포체는 촌장에게 감사를 표하면서 이렇게 말했다. "자네 말이 무사히 돌아오도록 내가 잘 챙기겠네."

우리는 최소한 열 개 이상의 코스 요리로 구성된, 아주 호화로운 식사를 대접받았다.

먼저 우리는 다진 고기를 페이스트리*에 싸 먹었다. 다음에는 얇게 썬 물고기와 절인 양파를, 그다음에는 민달팽이 스프를 먹었다. (먹을 당시에는 그 맛이 정말 훌륭했다. 재료의 정체를 안 것은 나중이다.) 다음으로는 으깬 삶은 계란이, 그리고 건포도가 들어간 쌀밥이 나왔다. 잼이 들어간 만두, 삶은 돼지고기, 양고기 조각 등도 차례대로 먹었다. 티베트 전통 맥주인 창도 마음껏 마실 수 있었다. 오늘날 내가 그날처럼 똑같이 먹는다면 분명히 소화 불량에 시달릴 것이다. 하지만 그 당시에는 양이 딱 적당했다.

페데 종은 내가 지난번 여름 끝물에 봤을 때와는 사뭇 다른 모습이었다. 이제 이곳도 겨울에 접어들었다. 땅은 눈으로 덮여 있었고 눈에 파묻힌 풀을 뜯기 위해 눈을 파헤치는 야크들이 보였다. 호수는

---

* pastry: 밀가루 반죽에 유지를 넣고 접었다 밀대로 미는 과정을 반복하여 여러 겹의 얇은 층과 결이 생기도록 반죽하여 구운 과자 또는 빵. (우리말샘)

지난번보다 청록색이 더욱 진해진 듯이 보였다. 참으로 기억에 오래 남을 장관이었다. 그때 봤던 모습이 지금도 눈에 선하다. 여름에 봤을 때 이곳은 야생화가 형형색색 가득 피어 있었지만 지금은 온통 새하얀 눈뿐이었다. 호수에 물고기가 헤엄치는 모습이 뚜렷이 보였다. 물에 염분이 있어서 어는점이 낮았기 때문이다.

페데 종은 몹시 추웠다. 하룻밤을 묵고 갈 수 있어서 참 다행이었다. 그런데 해가 머리 위로 뜨자 오전 10시부터 오후 3시까지는 무척 더웠다. 이 시간 전후로 기온이 영하로 뚝 떨어지기는 하지만, 눈이 내리거나 돌풍이 부는 것을 생각하면 이 정도는 약과였다.

이제부터는 낯선 길이었다. 전에 내 벗과 함께 올 때는 랑 추 강을 따라 걸었는데, 이번에는 낭가즈Nangartse 고개를 넘어가야 했다. 눈도 내리고 몹시 추운데다 강풍까지 불어서 이날은 별 진전이 없었다. 홍고Hongo라는 곳에 도착하자 그곳 촌장이 우리를 초대해 잠자리를 제공해주었다. 우리는 정중앙에 자리한 커다랗고 둥근 난로에 빙 둘러앉아 몸을 녹이다가 앉았던 자리에 그대로 잠들었다.

다음 날 우리는 4,500미터 정도 높이에 있는 카로Karo 고개라는 곳을 넘었다. 정상에 서자 저 멀리서 하얀 눈의 캔버스 위에 빨간 지붕을 인 집들이 점처럼 보였고, 계곡 안팎을 오가면서 굽이쳐 흐르는 강도 보였다. 양쪽으로는 만년설을 모자처럼 쓴 산들이 6,000여 미터 높이까지 우뚝 솟아 있었다.

게쉬 린포체는 우리가 그날 저녁에는 곱시Gobsi에 도착하기를 바란다고 했다. 그래야 다음 날 저녁에 간체에 도착해 거기에 있는 사원에서 하루를 온종일 쉴 수 있을 것이라고 말이다. 반가운 소식이었다. 추운 겨울 날씨 탓에 험난한 길이 종종 있었음에도 우리는 매우 빠르게 강행군하고 있었다. 그래서 나는 딱 하루만 여행을 잠시 멈추고 푹 쉴 수 있으면 좋겠다고 답했다.

그는 이렇게 말했다. "이제 자네도 세상의 지붕이라는 이곳을 겨울철에 자네 혼자 여행하도록 내가 내버려둘 수 없는 이유를 알았을 거야."

나는 이렇게 답했다. "네, 이번 여행을 마치고 나면 세계 어디에 가더라도 못 오를 곳이 없을 것 같습니다. 하지만 저는 이번 여행의 모든 순간을 즐기고 있고, 다른 방식으로는 여행하고 싶지 않습니다. 린포체님과 함께 할 때 저는 완벽한 믿음을 갖습니다."

"그래. 하지만 자네는 사람이 아니라 신에게 믿음을 두어야 하네."

다음 날 밤 우리는 간체에 무사히 도착했다. 그곳 사원장이 다시 우리를 환영해주었다. 지난번에는 내 벗과 묵었는데 이번에는 게쉬 린포체와 지내게 되었다. 내가 지난번에 묵었던 숙소가 다시 제공되었다. 집에 온 듯 편안했다.

우리는 다음 날도 거기서 온종일 쉬었다. 나는 오전 10시까지 푹 잤다. 원기가 회복되어 오크 계곡까지 남은 여행이 부담스럽지 않았다. 이제부터는 길도 순탄했다. 야크 떼와 당나귀 떼가 수없이 오가면서 길이 잘 닦여 있었다. 낮에는 길이 진창이었지만 해가 지면 땅이 날카롭게 얼어붙었다. 그래서 매일 우리는 해가 떨어지기 전에 목적지에 도착하려고 노력했다. 겨울에 티베트를 여행하는 일을 절대로 얕잡아 봐서는 안 된다. 오크 계곡에 도착하는 데는 닷새가 더 걸렸다. 이제 당분간 여행은 없을 것이다. 나는 오크 계곡에서 게쉬 린포체와 몇 주 동안 머무를 것이었고, 내가 이곳을 떠나기 전에 다른 벗들도 올 예정이었다. 벗들을 다시 만나고 또 한 번 경이로운 회합

이 열릴 것이라는 생각에 가슴이 설렜다.

오크 사원장은 우리를 보고 크게 반가워했다. 그는 매우 기뻐하면서 나를 환영해주었고, 내가 정말로 보고 싶었다고 말했다.

그러자 게쉬 린포체가 "내가 뭐랬나? 대체 뭘 어떻게 하기에 다들 자네를 보고 싶어 이렇게 안달이 나는 건가?"라고 말하면서 크게 웃었다. 노르부를 두고서 나를 놀리는 말이었다.

"네, 저는 노르부를 항상 기억할 겁니다."

"노르부도 항상 자네를 기억할 걸세."

나는 오크 사원에서 매우 행복했다. 날마다 게쉬 린포체는 더 많은 것을 가르쳤고, 사원장 역시 내가 그를 마지막으로 본 이후 장족의 발전이 있었다. 당시 내 벗이 그에게 들려줬던 말은 그가 대오각성하게 할 힘이 있었다. (1부 8장을 참고하라.)

이따금 게쉬 린포체는 사원장에게 와서 이야기를 함께 들어보라고 권했다. 나는 사원장이 그 권고를 받아들여 기뻤다. 그 역시 그렇게 하면서 우리와 일체감을 느꼈다.

질문을 던져서 대화의 첫 단추를 끼우는 것은 대개 내 몫이었다. 그러면 게쉬 린포체가 지혜의 보따리를 풀어내곤 했다. 하루는 우리 셋이 저녁 식사를 마치고 앉아 있을 때 나는 이런 질문을 던졌다. "완고한 마음은 어떻게 다뤄야 합니까?"

린포체는 이렇게 답했다. "전에도 이 주제를 다룬 적이 있기는 하지만 질문을 했으니 다시 답하겠네. 고정 관념에 사로잡혀 자신의 무지를 드러내는 것이 완고한 마음이라네. 완고한 마음은 이해 능력이 없어. 왜냐하면 굳어버린 마음은 줄 수도 받을 수도 없고, 자신의 조건에만 사로잡혀 있기 때문이지. 그래서 그 마음은 진리가 아닌 자신의 조건만을 반영할 수 있다네. 완고한 마음은 무지해. 자신이 고수하는 관념과 믿음을 넘어서 볼 수 없기 때문이야.

이것을 이해하기 시작하면, 다른 이들의 관념으로 가득 찬 마음을 재빠르게 알아차릴 수 있을 걸세. 바로 그 이유 때문에 그 마음은 스스로 생각할 능력이 없는 거지. 소위 지식인들만 봐도 그들은 다른 이들의 관념으로만 가득할 뿐 독창적인 사고를 하는 것이 불가능하다네. 물론 박학다식할 수도 있겠지. 그게 어쨌단 말인가? 오히려 그것으로 인해 제한되고, 그 상태를 그대로 표현할 뿐인데."

"맞습니다. 지식인들의 마음은 다른 이들이 말하는 내용으로 꽉 채워져 있어 결코 독창적인 사고를 할 수 없습니다. 그래서 늘 권위자들의 말을 인용하죠."

"그렇다네. 유연성이 없다면 이해도 있을 수 없어. 사람이 고착 상태에서 풀려나면 경직된 마음을 감지하는 것은 쉬운 일이지. 경직된 마음 안에는 진리가 하나도 깃들 수 없어. 진리는 자신의 조건을 자각하는 마음을 항상 펼치고 있다네. 진리는 우주에 깃든 원동력이고 사람 안에도 똑같이 깃들어 있어. 우주에 원기를 불어넣는 생명과 인류 안에서 약동하는 생명은 따로 존재할 수 없으니까 말일세.

사람이 자신의 제한된 생각에서 스스로를 해방할 때, 생명은 사람의 신적 본성인 그리스도를 펼쳐낸다네. 그리스도는 영원하고 늘 현존하며 죽음도 질병도 모르지. 그리스도는 대립 속에서 있지 않기 때문이야. 이것이 지금에 '존재함(Being)'일세. 그러나 무언가가 되고자 하는 갈망이 있는 한, 그 대립 쌍 사이에 갈등이 존재하기 마련이야. 생명과 죽음, 건강과 질병, 성공과 실패 등등. 이 갈등이 그치면 실재가 '지금' 곧장 들어선다네. 실재는 늘 현존하지."

"네, 의식이 제한된 생각에서 풀려날 때에만 비로소 존재를, 지금에 머무는 존재를 인식할 수 있음을 알겠습니다. 또 저는 '존재 (Being)'는 '되어감(becoming)'을 통해서는 절대 깨달을 수 없다는 것도 알겠습니다. '되어감'은 언제나 미래에 있기 때문입니다. '되어감'은 늘 내일 이루어지나 그 내일은 절대 오지 않습니다. 이것은 '존재'를 깨닫기에 앞서 반드시 그쳐야 할 투쟁입니다. 내가 과거와 미래에서 풀려나고, 제한된 생각의 실체를 이해하고, 그것이 어떻게 생겨났는지 이해해서 제한된 생각에서 풀려날 때라야 비로소 '존재'가 들어섭니다."

"맞는 말이야. 그런데 자네는 지금 존재를 자각하는 동시에 바깥 세상도 여전히 보고 있어. 자네는 신체도 지각할 수 있고 정신으로 창안한 것도 지각할 수 있어. 또 눈을 감으면 생명의 온갖 소리를 들을 수도 있고. 그런데 그것들은 모두 알려진 것(the known)이야. 상대적인 것이지. 실재가 아니라네. 그것들이 상대적임을 알 때라야 비로소 그 너머에 있는 것을 깨달을 수 있다네. 상대적이지 않은 미지의 그것(the Unknown)을 말일세. 자네가 보고 듣고 만지는 모든 것이 창조적이지 않음을 이해하면, 그 즉시 존재가 들어서지. 그러면 불가지한(Unknowable) 인식이 찾아온다네. 그것은 '지금' 존재해! 그것은 창조되는 것이 아니라 창조하는 것이라네!

존재를 자각하는(aware of Being) 자와 단순히 무언가가 되어가고 (becoming) 있는 자는 사뭇 다르지. 소위 진리를 탐구하는 학생들 대부분은 끊임없이 무언가가 되려 하는 단계에 머물러 있네. 되어가는 자는 시간에 사로잡혀 있어. 반면 존재를 자각하는 자는 더 이상 시간에 사로잡혀 있지 않아. 그는 시간이 영원을 드러낼 수 없음을 알기 때문이지. 내일은 결코 영원한 현재를 지금 드러낼 수 없다네. 어제와 내일에서 자유로울 때 비로소 영원한 현재가 드러나지. 마음이 시간에서 해방되는 찰나의 고요한 순간조차도 영원한 현재를 깨닫기엔 충분하다네.

요가 수행은 바깥세상에 대한 감각을 닫고 내적 감각에 집중하는 형태 중 하나일세. 하지만 이런 방식으로는 마음 너머에 있는 영원한 현재를 절대 드러낼 수 없어."

"네, 무슨 말씀인지 잘 알겠습니다. 저는 정신적 활동인 집중이, 정신적 활동이 아닌 무엇을, 마음 너머에 있는 그 무엇을 결코 드러낼 수 없다는 사실을 이미 경험했습니다. 집중을 통해 마음을 고요하게 만들었을 때 찾아오는 자유의 느낌도 이미 경험한 바 있습니다. 저는 의식이 마음의 모든 국면과 제한된 생각을 속속들이 꿰뚫는 삼매(Sumhadi) 상태도 경험해보았습니다. 그러나 이것도 여전히 되어가는 과정이고, 이미 알려진 것이며, '존재'를 자각한 것은 아닙니다. 기지의 것은 미지의 것을 결코 드러낼 수 없고, 창조된 것은 창조되지 않은 것, 유일하게 창조적인 그것을 결코 드러낼 수 없습니다. 저는 되어감이 거짓이라는 가르침을 받은 후에야 비로소 영원한 현재를 깨달았습니다. 아버지와 내가 하나라는 영원한 현 상태를요. 이것은 제한된 마음이 품는 관념이 아니라, 자아가 영원한 현재로 사라지는 순간 존재하는 실제적인 창조적 상태였습니다. 바닷물과 같은 성분인 물방울이 바다로 사라져 이제 바다가 되었듯이, 사람 안에 담긴 영도 모든 영과 똑같습니다. 영은 나뉘어 있지 않기 때문입니다.

저는 제가 지금 신적 이성(Divine reason)을 사용하고 있음을 압니다. 그리고 신적 이성은 이성 너머에 있는 것을 절대로 드러낼 수 없음도 압니다. 신적 이성조차도 마음에 속한 것이기 때문입니다. 마음이 미지의 것을 결코 알 수 없고 따라서 투쟁을 멈춰야 한다는 것을 스스로 이해해서 잠잠해지기에 앞서, 이성은 반드시 멈춰야 합니다. 갈등이 그치면 마음은 고요해지고, 이 고요 속에 실재가 존재합니다. 실재는 항상 존재하고 늘 현존하며, 마음이 자신의 한계를 이해하는 순간 실재는 시간을 거치지 않고 들어섭니다.

저는 제 마음이 날조하기를 그칠 때 그 마음이 고요해지는 것을 지켜봤습니다. 그러자 실재가 존재했습니다. 오히려 실재가 무엇인지 결코 알 수 없음을 깨달았을 때, 저는 실재가 무엇인지 알았고 저의 투쟁은 끝이 났습니다."

미동도 없이 우리 토론에 깊이 빠져 있던 사원장이 입을 열었다. "저도 이제 변혁(transformation)이 무엇을 뜻하는지 알겠습니다. 당신 말에 귀 기울이는 동안 변혁이 일어나고 있었습니다. 저는 제 마음을 이해할 수 있었고, 그것이 어떻게 작동하는지, 무엇이 실재가 일하는 것을 방해하고 있는지도 이해했습니다. 저는 저 자신을 분명히 이해할 수 있었고, 제가 품은 신념과 믿음이 가짜라는 것도 이해했습니다. 방금 느낀 해방감을 어떻게 말로 옮길 수 있을까요? 제가 변했다는 것, 그것이 제가 아는 전부입니다. 저는 이제 더 이상 저의 낡은 생각과 신념에 사로잡혀 있지 않습니다. 그동안 지고 다녔던 육중한 짐이 떨어져 나갔습니다."

이 말을 들은 게쉬 린포체는 흡족해하면서 이렇게 말했다. "자네가 사원장에게 이토록 깊은 인상을 남긴 것을 보니, 앞으로 자네 말을 들을 자들에게도 깊은 인상을 남길 수 있겠군."

잠시 침묵한 뒤 게쉬 린포체는 말을 이었다. "순수한 생각은 과거나 미래, 건강이나 질병, 성공이나 실패, 선이나 악, 신이나 악마에 의해 제한되지 않아. 이것들은 모두 마음의 산물이기 때문이지. 이 관념들은 대립에 사로잡힌 자네의 조건화의 결과일세. 그리스도는 이 모든 조건에서 자유롭다네. 그리스도는 신의 아들일세. 어떤 식으로도 제한받지 않지. 아버지의 생명은 아들 안에 있어. 지금 바로 이 순간도 그렇지. 이 일이 일어나기를 기다릴 필요가 없다네. 그것은 항상 현존하기 때문이지.

모든 몸 안에는 활발한 지성(active Intelligence)이 깃들어 있다네. 이 지성은 '지금' 안에서 영원히 활동적이야. 그것은 몸 안에 있음에도 불구하고 몸 너머에 있지. 자네는 그것이 무엇인지는 몰라도 그것이 존재한다는 것은 알아. 그렇지 않은가?"

나는 이렇게 크게 대답했다. "네! 그것에 의해 제가 먹은 음식이 소화되고, 그것에 의해 제 심장은 몸의 모든 기관에 혈액을 공급해서 모든 세포에게 필요한 요소를 공급하고 노폐물을 제거합니다. 이 지성의 내적 조정에 의해 한겨울이나 한여름에도 체온이 일정하게 유지됩니다. 그렇다 하더라도 창조된 것은 '창조하는 것'에 대해 영원히 상대적인 대상으로 남아 있을 것입니다. 몸은 다른 모든 도구와 마찬가지로 닳고 쇠할 것입니다. 실재인 것, 즉 의식 자체, 생명 자체만이 영원하고 늘 현존하는 것으로 남아 있을 것입니다.

이제껏 제작된 기계 중 인체에 필적할 만한 것은 하나도 없습니다. 인체가 행하는 이 모든 놀라운 일의 원동력은 분명 인체 바깥에는 존재하지 않습니다. 따라서 이 일은 내부에서 행해지는 것이라고 볼 수밖에 없습니다. 사람이 창조한 가장 정교한 기계도 사람 내부에서 창조된 것입니다. 따라서 우리는 피조물이 결코 창조주에 비길 수 없음을 깨닫습니다. 창조된 것은 끊임없이 요동치지만 '창조되지 않은 것'은 안정적으로 남아 있습니다. 창조된 것은 상대적이지만 '창조하는 것'은 영원하고 늘 현존합니다. 이처럼 우리는 영감과 천재성의 원천, 사랑과 지혜와 권능의 무한한 원천에 지속적으로 맞닿아 있습니다. 아버지와 나는 하나이기 때문입니다.

우리가 이 진실을 '논할' 때 그것은 상대적인 것이 되고 맙니다. 그때 그것은 단지 마음속 관념에 불과하기 때문입니다. 그러나 내 마음이 공식화하기를 그친다면 나는 이 영감과 천재성을 경험할 수 있습니다. 사랑과 지혜를 정의할 수는 없지만 그것을 경험하는 것은 가능합니다."

게쉬 린포체는 이렇게 답했다. "맞네. 관념과 이미지와 신념과 전통에 사로잡혀 그것들에 묶여버리면, 거기에는 더 이상 자유가 있을 수 없네. 그때 자네는 자기 신념과 관념과 전통과 한계에 따라서 생각하고 행동할 것이기 때문이지. 그것들은 실재가 일하는 것을 방해할 뿐이야. 실재야말로 그 외의 모든 것보다 위대한 것이라네."

나는 이렇게 답했다. "우리가 스스로 감옥을 만들어 그 안에서 살아간다는 말의 뜻을 이제 알겠습니다. 만약 우리가 관념과 신념만 바꾼다면 그것은 감옥의 종류를 바꾸는 것일 뿐입니다. 저는 교리가 답답하다는 이유로 기존 종교에서 다른 종교로 갈아타는 사람들을 좀 알고 있습니다. 그렇게 신흥 종교로 갈아타지만 그것 역시 여전히 마음에 속해 있고, 여전히 감옥이며, 실재가 아니라 실재에 대한 관념일 뿐입니다. 새 감옥이 이전 감옥보다 조금은 더 편할지 모릅니다. 그래봤자 감옥은 감옥입니다. 여전히 한계가 존재하고, 한계에 갇힐 때 이해는 불가능합니다. 마음이 무엇으로 구성되어 있는지 이해할 때 우리는 비로소 자신이 만든 감옥에서 풀려납니다."

게쉬 린포체는 평소의 말투로 말했다. "그렇다네. 대부분 사람들은 '존재'에 무지하지. 이것은 무지의 바다 수면에서 변덕과 관념과 감정의 물결에 따라 표류하다가 그 결과 아래로 잠기는 대중들을 보면 쉬 알 수 있다네. 그들은 건강과 행복을 찾겠다며 여기저기 우르르 몰려다니지. 그중 일부는 자신을 해방하려는 노력의 차원으로 자기 환경을 바꾸기도 하고. 하지만 그들은 건강과 부를 과시하려고 애쓰는 가운데 자신이 처한 조건의 틀에서 바둥거린다네. 잘못된 방향으로 몸부림치는 가운데 이 조건은 더욱 강화되고, 혼란에 빠진 그들은 자신들을 가르칠 수 있다고 자처하는 사람들에게 다가가지. 하지만 이러한 자칭 교사들은 자유로 통하는 열쇠가 없어서, 사람들을 사공이 없는 배에 올라타게 하고는 무지의 바다에서 이는 파도와 폭풍우 속에 방치할 뿐이야."

나는 이렇게 답했다. "네, 신이 자신들과 분리된 것처럼 말하는 사람들을 저도 접해봤습니다. 그들이 말하는 신은 그들을 위해 해줄 것이 아무것도 없는 상대적인 신입니다. 그 신은 그들과 분리되고 구별되는 어떤 존재에 대한 관념에 지나지 않기 때문입니다."

"사람들이 신과 악마, 선과 악, 건강과 질병, 성공과 실패, 소유와 무소유, 죄와 고통과 죽음 같은 대립 쌍에 사로잡혀 있다는 말에 나도 동감한다네. 이러한 것들은 그들에게 너무나 생생하지. 그것이 바로 오류이고. 그들은 늘 되어가는(becoming) 중이라 결코 완성되지(Become) 못해. 하지만 '존재(Being)' 안에는 오류의 감각도 감각의 오류도 없고, 따라서 파괴적인 요소랄 것이 전혀 없네. 존재 안에는 대립 쌍이나 극복할 것이나 정복할 것이 하나도 없기 때문이고, 따라서 두려움도 의심도 선악도 없기 때문이야. 그것들은 오직 마음속에만 존재하네. 자네도 직접 들여다본다면 과연 그러함을 알 걸세. 그것들은 사람의 마음속에서 번창하지. 그것들을 믿는 것이 곧 양분을 공급하는 일이기 때문이고, 그 결과 사람은 스스로를 제약하게 된다네.

진리와 오류가 뒤섞이면 건강과 질병, 선과 악, 생명과 죽음이 산출된다네. 그 속에서 진리와 거짓 둘 중 무엇이 더 위대하다고 누가 말할 수 있겠는가? 거짓을 식별할 때라야 비로소 오류는 사라질 거야. 오류는 제약된 마음 말고는 어디에도 존재하지 않기 때문이지. 진리는 마음 너머에 있고 자유롭다네. 우리가 거짓을 식별하고 이해하는 즉시 진리가 들어서지. 자네도 이 말이 무슨 뜻인지 알겠지?"

게쉬 린포체는 사원장을 쳐다보면서 물었다.

사원장은 "네, 완벽히 이해했습니다"라고 답했다.

그러자 게쉬 린포체는 이렇게 말을 이었다. "보고 듣는 힘은 물질에서 기원하는 것이 아닐세. 그 힘은 마음에서 비롯할 수밖에 없어. 그러지 않았다면 우리는 보고 듣는 것을 하나도 인지할 수 없을 거야. 마음이 제한되면 몸 또한 제한되기 마련이지. 그럼에도 마음은 물질에 아무 결정권이 없고 오직 몸의 반응을 통해서만 간접적으로 드러날 뿐이라고 말하는 사람들이 있어.

우리는 몸을 물질이라고 부르지만, 나의 이론에 따르면 몸은 대형을 갖춘 에너지일 뿐이고 그 배후에 이 대형을 조정하는 생명의 힘이 있음이 분명하네. 무지한 자들은 가장 높은 차원 대신 가장 낮은 차원에서 모든 일을 시작하게 하지. 그러나 이 과정을 뒤집어 만유의 근원에서부터 이 대형을 바라본다고 가정해보세. 그러면 만유가 무한한 존재와 이어져 있음을 끊임없이 발견하게 될 거야. 무한한 존재 안에는 분리도 오류도 대립 쌍도 있을 수 없어. 오류, 즉 환영이 머물던 신체적 의식은 사라져버리고 실재의 의식이 즉시 그 자리를 차지하지. 몸은 영원하고 늘 현존하는 한 생명에게서 떨어져서는 아무런 생명도 갖지 못해. 그러므로 자네가 육체에 집착하면, 육체 안에 있을 때조차 자유로운 실재 생명을 못 보게 되는 거라네. '나는 생명이다.' 나를 보고 있는 자는 아버지를 보고 있는 거야. '나는 지금, 그리고 영원토록 주 너의 하느님이다.'"

게쉬 린포체를 보자 그의 얼굴이 빛에 휩싸이는 것이 보였다. 그가 일어서서 만유를 축복하려는 듯 양팔을 앞으로 뻗자, 나는 수천 볼트의 전기로 충전되는 느낌을 받았다.

다음 말을 끝으로 그는 강의를 마쳤다.

"오 무한자(Infinite One)시여, 사람의 도움 없이 풍성히 자라는 작물에 물을 주시는 분은 당신이십니다. 사람은 그저 씨앗을 심었을 뿐이며, 땅을 빚으시고 햇빛과 빗물을 내려주시는 이는 당신이십니다.

저는 당신께 이르는 길을 찾아내지 못한 사람들에게 동의하지 않을 것입니다. 모든 이는 그 길을 도움 없이 스스로 찾아내야 하기 때문입니다."

나는 당신 것이기에 이제 만유가 내 것임에 기뻐합니다. 오 무한자시여."

✦✦✦✦✦

거기 앉아 있는 동안 우리는 고양되고 변혁되고 있었다. 내 마음은 멈춰 있었다. 나는 생각조차, 미동조차 하고 싶지 않았다. 그 순간 느꼈던 환희 상태에 머물러 있기만을 원했다.

나는 그의 지혜와 사랑의 아름다움을 제대로 형언할 수 없다. 여기에 기록한 것은 그 가르침의 향기에 불과하다. 그렇지만 나는 글을 쓰고 있는 지금 이 순간에도 그때의 환희를 느낄 수 있다.

얼마 후 그는 일어서서 밖으로 나갔다. 해가 지기 시작하던 참이었다. 우리는 그를 따라 발코니로 가서 계곡을 내려다보았다. 초모라리 산은 오렌지빛 하늘을 배경으로 하얀 거인상처럼 반짝이며 우뚝 서 있었다. 해가 지면서 분홍과 빨강이 영롱하게 어우러진 장관이 연출되었다.

계곡 전체를 덮고 있던 눈 위로 구름이 몰려들자 계곡은 모습을 감췄다. 그러자 색이 점점 어두워지면서 남색과 보라색으로 변해갔고 구름이 장엄한 초모라리 산을 덮더니 정상만 남았다. 해가 사원 뒤로 사라지자 별들이 저 위로 모습을 드러내며 구름 위로 은은한 빛을 흩뿌렸다.

게쉬 린포체의 강의에서 길어 올린 황홀한 생각을 품고서 우리는 해넘이의 추이를 전부 지켜봤다. 대자연이 펼쳐내는 이 웅장한 장면을 넋을 잃고 바라보니 다른 세상에 온 것만 같았다. 당시 나는 지상이 아닌 곳에 와 있는 듯했다.

15장
❖ ❖ ❖

오크 계곡에서 지내는 동안 시간이 시나브로 흘러갔다. 게쉬 린 포체는 내가 세상에 돌아가서 해야 할 일을 위해 날마다 나를 가르쳤다. 내가 오크 계곡을 떠나야 할 때가 다가오고 있었다. 내가 알던 세상에서는 전혀 몰랐던 조화와 사랑이 항상 자리하는 이곳을 떠나야 한다는 생각에 서글퍼지기도 했다.

내가 이곳을 떠나기 이레 전에 나의 친한 벗들, 즉 양탕 사원의 게쉬 다르 창, 곤사카 사원의 게쉬 말라파, 타코후 사원의 게쉬 통 라, 라싸에 몇 주간 갔다가 돌아온 오크 사원의 창 타파, 그리고 내 벗이 모두 여기로 모였다. 내 벗은 내가 그와 처음 만난 곳인 칼림퐁까지 나와 동행하기 위해 잠사르에서 그 먼 길을 온 참이었다.

이 중에서 내가 누구를 제일 좋아하는지 말하기란 쉽지 않다. 각자의 매력이 있기는 하지만 사랑과 다정함을 보여준다는 점에서는 다 똑같다. 그래도 굳이 순서를 매기자면 이렇다. 게쉬 린포체, 내 벗, 통 라. 나머지는 다 똑같이 좋다. 당장 이곳에 링쉬라 은수자는 없었지만 나는 내가 그를 곧 보게 될 것임을 알고 있었다.

내 벗이 편지 한 통을 건네주자마자 누가 보낸 편지인지 단번에 알았다. 노르부였다. 편지를 읽은 뒤 내 벗에게도 보여주었다. 우리 둘 사이에 비밀은 존재하지 않았기 때문이다. 나는 그에게 이렇게 말했다. "오늘로부터 3년 안에 제가 칼림퐁으로 돌아오겠노라고 노르부에게 전해주세요. 칼림퐁에서 노르부와 벗님을 같이 만나겠습니다."

"그래, 거기서 다시 만나세."(그런데 이 일이 실제로 정확히 3년 뒤에 일어났다. 마치 셋이 단 한 번도 헤어진 적이 없었던 것처럼 누구도 늙거나 변하지 않았다. 이것이 가장 놀라운 점이었다.)

게쉬 린포체, 내 벗, 퉁 라, 창 타파, 다르 창, 말라파, 사원장, 나. 이렇게 우리 여덟은 참으로 행복한 식구였다. 우리는 함께 웃으며 다양한 주제를 놓고 이야기꽃을 피웠고 지난번 모였을 당시의 기억을 즐겁게 회상했다.

나는 각자 그동안 어떻게 지냈는지 하나하나 다 듣고 싶었다. 그중 가장 흥미롭고 기분 좋았던 일은 퉁 라와 내가 서로 생각을 예전만큼 쉽게, 아니 전보다 훨씬 더 잘 읽게 되었다는 것이다. 사원장도 이제는 대화에 빠지지 않고 적극적으로 참여했다. 나는 그가 교리라는 껍질을 대부분 벗겨냈음을 알 수 있었다.

사원장은 정말로 환골탈태했다! 나는 그가 정말로 변한 것 같다고 그에게 말해주었다.

사원장은 이렇게 답했다. "맞아요. 당신이 떠난 뒤 게쉬 린포체님과 장시간의 토론을 숱하게 가졌습니다. 저는 제 마음이 되뇌고 지어내고 믿는 것들이 거짓임을 알 수 있었습니다. 그러자 그것들은 사라져버렸고 저는 말로 도무지 설명할 수 없는 자유를 느꼈습니다."

나는 이렇게 말했다. "맞아요. 당신을 다시 보자마자 달라졌음을 단번에 알았습니다."

사원장은 이렇게 말했다. "그런데 당신과 당신의 벗이 온 다음에야 이 변혁이 일어났다는 것이 참으로 희한합니다. 그 전에는 게쉬 린포체께서 저에게 이런 주제를 한 번도 언급하지 않으셨어요. 제 어리석음에 일침을 놓고 일깨워주신 분은 바로 당신이십니다. (내 벗에게 몸을 돌리면서) 저를 호되게 꾸짖으셨을 때의 기억이 지금도 아주 생생합니다."

게쉬 린포체는 핵심을 곧장 파고들면서도 아주 온화하게 설명했다. 내 벗은 정반대였다. 그는 거짓의 핵심으로 곧장 들어가서 그것이 거짓에 불과함을 백일하에 드러냈다. 게쉬 린포체는 좀더 부드러웠다. 그는 상대가 잘못 생각한 지점을 조용히 보여주는 반면, 내 벗은 문제의 밑동을 곧장 내리쳐서 베어버렸다. 둘 다 위대한 숙련가였다. 나는 둘이 가르치는 방식의 큰 차이점을 알 수 있었고, 내게 두 방식 모두 필요하다는 것도 알고 있었다.

그런데 링쉬라 은수자는 이 둘과 또 달랐다. 은수자가 내 벗이나 게쉬 린포체보다 위대한 스승이라고 말하려는 것은 아니다. "나는 이 세상에 속해 있지 않다네"라는 그의 말을 통해 그가 어떤 느낌인지 짐작해볼 수 있을 것이다.

그들 모두는 저마다 내 삶에서 중요한 역할이 있었고, 나는 그들과 완벽히 맞았다. 통 라, 다르 창, 말라파, 창 타파, 사원장은 내 훈련 과정에서 특별한 역할을 수행했다. 그때를 되돌아보니 모든 것이 아주 분명하게 보인다. 나는 이 모든 것이 사람의 마음이 고안한 계획이 아니라 마음의 한계를 훌쩍 넘어서는 계획에 딱 들어맞았음을 이제 안다. 깊이 들여다보면, 이곳에서 우리의 존재는 사람의 모든 이해와 뜻을 훌쩍 넘어섬을 알 수 있다. 우리는 신의 영에게서 태어났기 때문이다. "지상의 누구도 아버지라고 부르지 말라. 네 아버지는 하늘에 계신 분, 한 분밖에 없기 때문이다."

어느 저녁 우리는 사원장 방에 모여 초모라리 산을 내다보고 있었다. 달빛이 산을 비추고 있었다. 하늘과 계곡은 구름 한 점 없이 쾌

청했다. 커다란 통나무는 잉걸이 되어 붉은빛을 은은하게 발하고 있었다. 그렇게 우리 여덟이 그곳에 모여 있을 때 링쉬라 은수자가 한가운데 나타났다. 나는 바로 그때 그에 관해 깊이 생각하던 차라 별로 놀라지 않았다.

아마도 링쉬라 은수자가 자기 모습을 드러내기에 충분한 엑토플라즘이 방 안에 있었던 것이리라. 물론 우리가 그것을 염두에 두고 모여 있었던 것은 아니지만 말이다. 그는 다음과 같이 말문을 열었고 나는 그가 한 말을 영원히 기억할 것이다.

"전에 약속한 대로 오늘 이렇게 왔습니다. 오늘 밤에도 한동안 같이 있었지만, 여러분께 모습을 드러내서 말을 할 수 있는 것은 지금 이 순간만 가능합니다."

나는 그 말뜻을 이해했다. 어쩌면 그는 저녁 내내 우리와 같이 있었는지도 모르겠다. 분명 그가 이곳에 있음을 감지했기에 나도 그를 생각하고 있었던 것이리라. 하지만 우리 모두가 초모라리 산을 바라보며 같은 생각을 품기 전에는 그가 모습을 드러낼 만큼의 엑토플라즘이 충분히 모이지 않았던 것 같다.

사전에 좌석을 따로 조정하지도 않았는데 그가 나타나서 특히 기억에 남는 밤이었다. 전혀 예기치 못했지만 아주 자연스러웠다. 그가 모습을 드러낼 수 있는 최선의 방법이었다.

은수자는 내게 이렇게 말했다. "지금은 아득히 멀게 느껴지는 세상으로 자네가 돌아가기 전에, 하고 싶은 말이 있어 이렇게 찾아왔다네."

그는 늘 그랬듯이 자신이 전하고 있는 내용이 진리임을 확신하면서, 이번에도 천천히 그리고 신중하게 말했다. 우리 모두는 그의 말이 진리임을 알았다.

그는 이렇게 말했다. "우리는 생명의 표현이야. 한갓 관념에 불과한 것도 아니고 그 어떤 외부 요인에도 의존하지 않는, 살아 있는 현존의 표현이지. 이 현존은 다른 삼라만상에 대해서 책임이 있어. 자네가 누리고 있는 생명을 눈여겨본다면, 자네가 마음속에서 창조한 것이 살아 있는 현존이 창조한 것과 동떨어져 있음을 알 수 있을 걸세. 또 자네 마음속에 있는 것은 단지 자네가 듣고 배우고 경험하고 믿는 바에 불과하다는 것도 알게 될 테고. 이 기억들은 사라지고 말지만, 자신의 생명으로서 약동하는 살아 있는 현존은 영원한 창조성이고 유일한 실재임을 이해하게 될 걸세.

그러므로 자네는 육신을 창조한 지성이 육신을 창조하기 전에도 존재했고 육신이 비롯했던 질료로 사라지고 난 후에도 존재할 것임을 분명히 이해하게 될 거야. 형태가 비롯했던 지성과 질료는 영원히 남아 있다네. 영원한 것 바깥에는 아무것도 존재하지 않아. 모든 것은 영원한 것 내부에 존재하지. 하지만 자네가 마음속에서 영원한 것에 대해 그려볼 관념들은 그중 가장 위대한 관념조차도 결코 영원하지 않을 걸세.

나는 자네가 어떻게 이치를 따지면서 관념을 형성하는지 훤히 볼 수 있네. 마음도 나름 쓸모가 있지만 그것으로는 충분치 않아. 자네는 내가 말하는 내용에 대해 관념을 지어내면서 여전히 마음 안에서 기능하고 있어. 하지만 자네가 더 깊은 차원에서 귀 기울인다면, 드러남의 과정이 일어날 걸세. 나는 자네가 관념이 무엇인지 이해할 수 있도록 이 과정을 밟기를 바라네. 관념이 무엇인지 모르고 또 어떻게 형성되었는지 모른다면, 관념 너머에 있는 것을 절대로 경험할 수 없을 것이기 때문이야. 그럼에도 자네는 다른 이들에게 의존하고, 그렇게 함으로써 자신이 타인에게 기대야 한다는 쓸모없는 허상을 영속화하고 있어. 그런 다음 자네는 그 허상 뒤에 숨어서 '신은 사랑이시다, 신은 지혜이시다, 신은 생명이시다' 같은 말을 되뇌지. 그래봤자 그것들은 관념에 불과하지 않겠나? 전에는 자네가 타인이 하는 말에 의존했기 때문에 이것을 깨닫지 못했어. 자네가 신뢰하는 권위자가 제아무리 박식하더라도, 자네가 외부 권위에 의존하거나 타인의 말을 무턱대고 수용하는 한, 신은 결코 자네에게 실재가 될 수 없다네.

　그동안 자네는 다른 사람들의 말에 의존해왔어. 다른 이들이 자기 사고에 영향을 끼치도록 내버려두었고, 전통과 신념과 국적이 어느 정도 자네 삶을 지배하도록 허락했지. 자네는 이런 것들이 분리와 두려움과 제약과 혼동과 슬픔의 원인이라는 사실에 대해 무지했네."

　(그 순간 나는 은수자를 아주 분명히 볼 수 있었다. 은수자가 나를 상대로 말하는 내용이기는 했지만 다른 사람들도 그의 말에 집중했다. 모두의 관심 덕분에 엑토플라즘의 농도가 짙어지자, 순간 나는 링쉬라 은수자의 거처에 정말로 와 있는 것만 같았다.)

　그는 이렇게 말을 이었다. "자, 그러면 어떻게 해야 치유될 수 있을까? 전통과 신념과 제한과 분리에서 풀려나 혼자 힘으로 사고하는 것이 그 해법일세. 그렇게 해야만 무엇 하나라도 그에 관한 진리를 알 수 있어. 자기 신념과 관념에 사로잡혀 있다면 자네는 절대로 진리를 알 수 없네. 자신을 계속 가두고 있는 원인을 간파해야 하네. 자신이 자유롭지 않다면 다른 이를 해방할 수도 없어. 허상을 분명히 식별하게. 그러지 않고서 자유란 불가능해. 자유는 '지금' 존재하네. 하지만 의존의 허상은 자네를 계속 가둘 거야. 자네 마음속에 있는 것은 낡은 거라네. 자네는 낡은 것에서 벗어나 새로운 것을 자유로이 만나야 하네. 이 일은 낡은 것의 정체를 꿰뚫어 볼 때 가능해. 그러면 자네는 더 이상 낡은 것을 품은 채 새로운 것을 만나지 않게 될 걸세.

예수께서 알고 계셨던 생명(The Livingness), 지금 내가 알고 있는 생명, 그리고 자네 역시 완전히 알았으면 하는 생명은 미래나 과거에 딸린 무엇이 아니라 지금 이 순간 늘 현존하는 것일세. 자네 마음을 들여다본다면, 미래란 한갓 관념에 지나지 않음을 이해하게 될 것이고, 이 진실을 이해할 때 미래란 관념은 사라지고 말지. 그러지 않겠나? 지금 자네는 이에 관한 진실을 알고 있기 때문에 자유를 느껴. 미래에 누릴 자네의 생명이란 마음속 관념에 불과하고, 앞으로도 쭉 그럴 뿐 자신의 생명 자체는 절대로 될 수 없어. 실재에 대한 자신의 관념이 실재가 아님을 이해할 때, 자네는 실재를 관념으로 바꿔놓지 않기 때문에 지금 자네의 생명을 인지하게 될 거야. 내 말 알겠는가?"

나는 이렇게 답했다. "네! 아주 제대로 이해했습니다."

"자네 심장을 계속 고동치게 하는 것이 자기 가족도 자기 국적도 자기 교회도 전통에 대한 자기 신념도 아님을 이해할 때, 자네는 이제한들 너머에 있는 것을 보게 될 거야. 그것은 관념도 아니고, 자네 외부에 있는 그 무엇도 아니고, 내부에 늘 현존하면서도 이토록 놀라운 일을 행하는 무엇임을 알게 될 거야. 그렇다면 외부의 근원에 한시라도 의존해야 할 이유가 과연 있겠는가?

예수께서는 '내게로 오는 자는 자기 아버지나 어머니나 형제자매나 아내나 자식뿐만 아니라 자기 목숨까지도 제쳐두지 않으면 내 제자가 될 수 없다'라고 말씀하셨지. 이 말은 자네에게 아무리 가깝고 소중한 사람이나 사물이라 하더라도 그것에 의존한다면, 자네가 의

존적으로 변한다는 뜻일세. 그렇게 되면 자네는 만유의 배후에 있고, 만유 안에 존재하고, 만유보다 위대한 실재, 즉 늘 현존하는 생명을 끝끝내 모르게 될 거야. 자네가 외부 근원에 의지한다면 그로 인해 자네는 그리스도의 제자가 될 수 없다네.

자네는 그 무엇이라 할지라도 그리스도를 상징하는 외부의 것을 숭배하거나 거기에 의존하는 일을 한 치의 타협 없이 거부해야 하네. 자네는 진리와 실재 안에서 신을 경배해야 해. 외부의 것을 숭배할 때 자네는 노예가 되고 자신이 숭배하는 것의 환영에 묶이게 될 거야.

거짓을 이해하고 거짓이 어떻게 생겨났는지 이해할 때라야 비로소 거짓을 자각할 수 있네. 이 자각은 외부에서 끌어오는 것이 아니라 자네가 내부에서 거짓을 식별함으로써, 내부에서 직접 길어 올려야 해. 그러지 않는다면 자네는 또다시 외부의 권위에 의존하게 될 거야.

외부 반응으로 인해 흥분될 수도 있지만, 자극은 모두 효과가 똑같아. 술을 마시든, 미술 작품을 감상하든, 연주회나 종교 예식에 가든, 고상한 것에 열광하든, 비열한 것에 열광하든, 자극은 하나같이 자극일 뿐이야. 자네가 이것을 이해할 때 그것들은 사라질 걸세. 그러면 이 모든 것보다 위대한 것이 들어서지. 모든 허상에서 풀려난 자유 말일세. 그때 자네는 자극이 고차원이든 저차원이든, 가치가 있든 없든, 죄다 허상으로 이끌 뿐 자유와 진리로는 이끌지 않음을 이해하게 될 거야.

자네는 이미 조직적 종교와 정치와 예식과 국적과 전통이 사람으로 하여금 자신의 신념을 맹목적으로 따르게 하면서 족쇄처럼 사람을 구속한다는 점을 이해했네. 이것이 투쟁과 불행을 일으키지. 자네는 자네를 속이려고 양털을 뒤집어쓴 늑대에게서 양털을 벗겨내서 있는 그대로 봐야 하네. 이 일에 필요한 작업은 혼자서만 할 수 있어. 다른 이가 하는 말은 자네를 해방하지 않아. 그것은 자네가 폐기한 관념과 신념에 맞선 또 다른 관념, 또 다른 신념일 뿐이기 때문이야. 그래서 그것들은 결국 다 비슷하지. 혼자 힘으로 생각할 때라야 더 이상 다른 사람들과 신념과 관념과 예식과 나머지 모든 것에 기대지 않고 자유로울 수 있네.

어떤 이들은 단지 스스로 생각할 수 없다는 이유로 이러한 것들에서 물러나기를 어려워하지. 그들의 고정 관념은 마음에 너무도 단단히 박혀 있어서 거기에 사로잡혀 있는 거야. 이것이 그들의 배경지식이고, 그들은 이 바탕 위에서만 생각할 수 있어.

자네는 이러한 것들이 마음을 뒤틀리게 하고 편협하게 한다는 것을 알게 될 거야. 그 결과로 갈등이 일어나고, 갈등은 생각-느낌을 더욱 조건화해서 더 많은 불행을 일으키고 끝날 줄 모르는 인과의 사슬을 가동하지. 자네가 이것이 거짓임을 알아볼 때라야 비로소 이 연쇄 작용은 멈춘다네. 그것이 거짓임을 이해하고 나면 그것은 떨어져 나가고 그 즉시 자유와 실재가 들어설 거야. 그것은 늘 현존하기 때문이네. 그래서 자네 생각-느낌의 반응을 반드시, 부단히 자각해야 하는 거야. 그러면 자네는 환상의 그물에 걸리지 않게 될 걸세.

만약 자네가 격려와 희망과 용기를 주는 다른 이들에게 의존한다면, 그들이 제아무리 숭고한들 자네는 분리와 의존 속에서 다시 길을 잃게 될 걸세. 집단은 시작과 마침이 있기 마련이고 대개 서로 적대적이며 더욱 큰 혼란을 일으키곤 하지. 시작도 마침도 없는 것을 찾는 여행길은 자네 안에 있어. 다른 길은 죄다 자유와 진리가 하나도 없는 환영으로 오도할 뿐이네.

갈등과 슬픔을 똑같은 차원에서 해결하려고 애를 쓸수록 슬픔과 갈등과 좌절에 더욱 깊이 빠지기 마련이야. 그러나 자네 주위에서 일어나는 일들을 부단히 알아차리면서 계속 여행을 해간다면 늘 현존하는 실재, 즉 사랑이 표현되는 것을 막고 있는 것의 실체를 인식하게 될 걸세. 그때 자네의 여행은 '드러남'의 과정이 될 거야. 자네는 해방과 창조를 거듭거듭 경험하게 될 걸세. 자유와 진리는 오직 여기에 놓여 있어."

그는 이렇게 말을 이었다. "이 자유를 경험하고자 한다면, 상대가 제아무리 박식하다 하더라도, 그 누구에게도, 그 어떤 권위에도, 의존해서는 안 돼. 의존은 형태와 상관없이 불확실함과 두려움을 일으키기 마련이고 그 결과로 실재를 경험하는 것을 막기 때문이지.

오늘날 자네가 온 바깥세상의 신전에는 남아 있는 창조적인 이해가 전무하다시피 해. 그나마 세상에 남아 있는 희망조차 자기 인식이 부족한 나머지 땅바닥에 곤두박질쳤고. 자기 인식이 없다면 우리는 갈등과 슬픔과 혼동과 유혈 사태로 인도될 따름이네.

오직 자아의 실체를 이해할 때에만 자네는 자아를 넘어서 늘 현존하는 실재, 즉 사랑과 지혜를 확신하고 있는, 고요하고 평온하며 흔들림 없는 '존재'의 상태에 들어갈 수 있다네.

늘 현존하는 실재는 자네가 창조해내는 것이 아닐세. 자신이 실재의 방해가 됨을 자아가 스스로 알 때 늘 현존하는 실재가 가동되는 법이야.

예수께서 '사탄아, 내 뒤로 물러가라'라고 말씀하셨을 때 그분은 이 사실을 깨닫고 계셨다네. 자네도 유심히 지켜본다면 내부를 자각하게 될 거야. 그 내부란 사랑이고, 사랑은 실재의 지성적 표현일세. 그리고 내부를 깨달을수록 외부도 선명해진다네. 그런데 이것은 다른 이에게서 분리된 무엇이 아니라, 다른 이 안에서 실재하듯 자네 안에서도 똑같이 실재하는 무엇일세. 실재 안에는 분리도 분열도 없기 때문이지.

그러면 자네는 악을 그저 혼동에 빠진 마음의 표현으로 바라보게 될 거야. 악은 자아 안에서만 존재할 뿐 실체가 전혀 없어. 자아란 환영이요, 상충하는 기억과 관념의 다발일 뿐일세.

이것을 이해하면, 자네는 외부를 바라볼 때 너무나 많은 이들이 속아 넘어간 교활한 속임수와 가짜 놀음을 간파할 수 있게 될 거야. 그들은 이 혼동과 불행의 원인에 대해 무지한 채로 생각-느낌-반응을 통해서 자신들을 지배하고 있는 여론을 받아들이지. 이제 자네는 내가 드러남의 과정이라는 말로 뜻하는 바를 이해했네.

자신들이 무의식적으로 지어내고 있는 조건들에 저항하는 사람들이 참으로 많다네. 그들은 자신의 생각-느낌-반응에서 일어나는 인과관계를 단 한 번도 들여다보지 않아. 그러므로 자신의 생각-느낌-반응을 식별하고 이해하는 것은 참으로 중요하다네. 그런 후에라야 거기서 해방될 수 있어.

자네는 특정 신념을 따르는 사람이 자기 신념을 강화하는 것을 무엇이든 수용하는 모습을 보게 될 걸세. 반면 거기에 반하는 것은 이유 불문하고 거절하지. 그렇게 그들은 생각 없이 허우적대며 몸부림치기에 무지만이 남아 있게 된다네.

자네가 실재의 즉각적 현존을 깨달으면 아무런 구분도, 분리도 없게 될 거야. 만유가 다 똑같아진다네. 첫째와 꼴찌, 꼴찌와 첫째 모두가 똑같지. 살아 있는 현존 안에서 만유는 하나이기 때문이야.

분리란 있을 수 없고 따라서 구분도 있을 수 없어. 만유는 늘 현존하는 사랑의 왕국 안에서 하나야. 이 사실을 맨 나중에 깨닫는 자는 맨 처음 깨달은 자와 다르지 않아. 우리 모두는 지금 무한 안에 존재한다네. 무한 바깥에 그 무엇도 존재할 수 없으니, 우리 역시 무한 바깥에 있을 수 없어. 그러나 대부분의 사람들은 분리와 구별에 사로잡혀 있어서 이 사실을 모르고 있지.

모두가 이 사실을 이해할 때, 우리 모두는 살아 계신 하느님의 우주 사원에서 아버지의 영광과 온 인류의 형제애를 위해 기쁘게 살아갈 거라네."

그런 뒤 그는 주께서 만유를 축복하시듯 양팔을 들고 이렇게 말했다.

"오 복되신 이(Blessed One)여, 무지한 우리는 당신을 바깥에서 찾았으나 당신을 만날 수 없었습니다.

바깥이 환상임을 깨닫고 나서야 우리는 귀한 진주를 얻기 위해 자기 존재 속으로 깊이 들어갔습니다.

영감을 줄 것이라 여겼던 믿음 속에서 실제로 우리가 발견한 것이란 두려움과 의심의 바람에 나부끼는 빈껍데기였습니다.

우리가 분리의 경계를 넘어 당신 사랑의 날개를 펼치자 당신은 기뻐하시며 우리 가슴속으로 곧장 들어오셨습니다.

그러자 우리는 당신이 당신의 유일한 아들의 내면에 계신 그리스도이심을 알았습니다. 오 복되신 이여, 오 복되신 이여."

✦✦✦✦✦

은수자가 말을 마치자 잠시 깊은 침묵이 깔렸다. 그런 뒤 그는 게 쉬 린포체를 향해서 이렇게 말했다.

"사흘 뒤 정기 모임이 열리면 그때 다시 돌아오겠습니다. 모임이 끝나면 이 친구는 그가 왔던 세상으로 돌아갈 것이고, 그의 일이 완 수될 때까지 우리는 그를 지켜볼 것입니다."

그런 뒤 그는 우리를 떠났다. 나는 우리 한가운데 나타났다가 점 차 사라져가는 그의 장엄한 모습을 보면서 나도 이 아시아 최고의 현 인과 함께 가고 싶다고 느꼈다.

16장

❖ ❖ ❖

참으로 아름다운 겨울 아침이었다. 공기는 상쾌했으며, 초모라리 산의 해돋이는 신들만 누릴 법한 장관이었다. 이날 아침은 더욱 환했고 해돋이도 더욱 장엄했으며 초모라리 산은 더욱 아름다웠다. 해가 산 뒤에서부터 햇살을 창공으로 뿌리자 산 정상은, 청명한 푸른 하늘로 아직 숨어들지 못한 반짝이는 별들이 박힌 구름을 배경으로 한 거대한 다이아몬드처럼 반짝였다.

발코니에 서서 대자연의 파노라마가 점점 더 밝은 색조로 바뀌면서 서서히 창공을 밝히는 모습을 보고 있을 때, 라마승들이 "옴마니반메훔"을 읊조리는 소리가 들렸다.

그때 나는 꿈꾸는 듯한 상태였다. 링쉬라 은수자를 떠올리면서 그의 말을 다시 들을 수 있는 놀라운 기회가 다시 있기를 바랐다. 그때 뒤에서 인기척을 느꼈다. 내 벗이었다. 그도 눈앞에 펼쳐진 장엄한 광경을 즐기러 나온 것이었다. 평소대로 그는 친근하게 팔로 내 어깨를 두르고 이렇게 말했다.

"자네가 여기 있을 줄 알았네. 생각에 깊이 잠겨 있더군. 초모라리 산의 새하얀 눈과 떠오르는 태양 빛 덕분에 자네 실루엣이 더욱 짙어 보이는 것이 참으로 인상 깊었어. 새하얀 눈으로 덮인 산을 배경으로 산 정상이 태양 빛을 온 세상에 반사할 때, 그 장면의 한가운데 서 있는 자네 주위로 햇살이 점점 더 넓게 퍼지면서 자네 머리와 어깨가 커지는 듯 보였네. 이 모든 것이 어우러진 장관에 나도 깜짝 놀랐다네. 해돈이를 보면서 나는 자네와 자네가 앞으로 할 일에 대해 생각해봤어. 나는 몸으로는 자네와 함께하지 못하지만 영으로는 늘 함께할 거야."

그는 "오늘 아침에는 행위(action)에 대해 말하고 싶다네. 그러니 여기 앉아 보게"라고 말했다. 그래서 우리는 해돈이가 보이는 자리로 가서 앉았다.

그는 바로 시작하는 대신 잠시 침묵하면서 앉아 있었다.

시간이 얼마나 흘렀을까. 당시 우리에게서는 시간이 사라졌다. 고요한 변혁이 내 안에서 일어나는 듯했고, 그 침묵의 한가운데서 나는 그의 음성을 들을 수 있었다. 마치 그의 말이 내 안 깊숙이에서 들려오는 듯했다.

"개인이 곧 세상이라네. 개인의 변혁 없이는 세상의 변혁도 있을 수 없어. 세상이 처한 갈등의 뿌리는 바로 개인이기 때문이지.

사람들은 개개인이 갈등과 혼란에서 자유로워지기에 앞서 집단이 변해야 한다고 믿곤 하지. 사실은 정반대야. 개인의 변혁 없이는 대중에게도 자유가 찾아올 수 없네. 개인은 전체와 분리되어 있지 않기 때문에, 개인이 맺고 있는 관계를 이해하지 못한다면 변혁은 절대로 일어날 수 없어."

당시 나는 그의 목소리를 영원히 들을 수 있을 것만 같은 심정이었다.

그는 이렇게 말을 이었다. "개개인은 그가 처한 환경에 따라 사회적으로, 종교적으로, 인종적으로, 정치적으로 제한될지 몰라도, 우리는 전체의 산물이야. 자네는, 저마다 제한되는 방식이 다를 수는 있어도, 이 제약은 결국 분리의 과정일 뿐임을 이해하게 될 걸세. 그리고 자네가 이것을 이해할 때 비로소 근본적인 변화가 일어난다네. 자기 자신이 어떻게 조건화되었는지를 이해했기 때문이지.

세상은 어떤 종류의 행위를 절실히 필요로 하고 있어. 우리 모두는 행동하기를 원하지. 상반되는 이데올로기로 세상이 반쪽 나 있고 소위 종교 집단이 도리어 사람들을 가르고 있는 지금, 특히 우리는 어떻게 행동해야 할지 알고 싶어한다네.

지금 세상은 너무나도 불행하고 크나큰 혼란과 혼돈에 빠져 있어. 하지만 우리는 이 사태가 자신의 행동으로 인한 것임을 깨닫고 있지 못하지. 사실 우리가 곧 세상이기 때문이야.

자, 행위란 그 자체로 존재하는 것이 아닐세. 행위란 누구, 무엇, 혹은 어떤 생각에 대한 관계 속에서만 존재할 수 있어. 그러므로 우리는 무엇보다 행위를 먼저 이해해야 하네. 이를 이해하면 바르게 행동할 수 있을 거야.

행위(action)란 단지 행동(behaviour)일 뿐이야. 그렇지 않겠나? 그러므로 만약 우리가 자신의 조건에 따라서 행동한다면, 우리는 단지 패턴을 따르고 있을 뿐이야. 이것은 행위가 아니라 반응일 뿐일세. 자신이 이 패턴을 어떻게 습득했는지 모르기 때문에 우리는 이 그물에 사로잡혀 있는 거지.

만일 우리가 자기 행동을 특정 관념에 끼워 맞추려고 애쓴다면 그것은 더 이상 바른 행동이 아니라네. 특정 패턴에 순응하는 것일 뿐. 그렇지 않나? 이 중대한 주제를 이해할 수 있도록 깨어 살펴보기를 바라네. 이제 자네가 돌아갈 세상에서 이 주제를 직면해야 하기 때문일세.

그러므로 행동을 이해하려면 자네는 특정 패턴에 순응하려는 헛된 과정을 이해해야만 해. 순응의 이 공격적인 행동은 바른 행동일 수 없네. 바른 행동에는 반응이 없기 때문이지. 특정 패턴에 적응하는 것이 혼동과 투쟁의 원인일세. 그때 자네는 그것이 가짜임을 알아보지 못하게 되기 때문이야. 그때 자네 행위는 특정 패턴에 맞선 다른 패턴의 연속일 뿐이고, 따라서 평화와 조화를 불러올 수 없다네. 하지만 자네가 거짓을 거짓으로 알아본다면, 거짓은 사라지고 참이 남게 될 걸세.

생명 그 자체에 평화롭게 접근하는 것이 곧 바른 행동이라네. 생명을 자기 욕망을 채우는 도구로 전락시키려고 애쓰며 공격적인 방식으로 접근하는 것은 바른 행동이 아니야. 그것은 자아를 그대로 표현하는 것일 뿐이라서 슬픔과 갈등이 뒤따르기 마련이지. 그런 행동은 특정 관념의 결과이지 바른 행동이 아닐세. 바른 행동은 거짓에서 해방된 무제한적 상태에서 그저 기능할 뿐이야. 거짓을 제대로 이해할 때에만 바르게 행동할 수 있다네. 그리고 이를 이해하는 최선책은 바로 관계 안에 있고. 자네도 무슨 뜻인지 알겠지?"

나는 이렇게 답했다. "네, 우리가 각계각층에서 서로 맺고 있는 관계에서 완벽한 변혁이 일어나야 한다는 점은 분명합니다. 이 점은 종교적인 것이든, 정치적인 것이든, 사회적인 것이든 상관없이, 관념과 전통과 체계와 패턴에 순응하는 과정에 있는 개인과 집단의 활동을 깨어 지켜보는 자에게 누구나 자명합니다. 그저 순응해 나갈 때 우리는 우리를 응시하고 있는 재난의 벼랑 끝으로 내몰립니다. 그것을 무시하거나 그것에 만족한다고 해서 다가올 사태를 막지는 못합니다. 원인을 이해할 때라야 비로소 변혁으로 통하는 바른 행동을 할 수 있습니다.

저는 시간이 걸리는 변혁이 아니라 지금 당장 변혁을 일으키는 행동이 반드시 있어야 함을 알겠습니다. 시간은 영원한 것을 절대 드러낼 수 없기 때문입니다. 오직 이 영원한 상태에만 평온과 자유와 평화와 행복이 존재합니다."

그는 이렇게 답했다. "맞네. 그것이 우리 관심사야. 투쟁과 빈곤과 부정부패와 공동의 어려움과 파업과 소규모 전쟁이 세상 모든 곳에서 일어나고 있어. 결국 이것은 전 지구적 사태로까지 발전하지만, 그런다고 해서 문제가 해결되는 일은 없다네. 거짓을 이해하지 못했기 때문이지.

이 문제를 지적으로 토론하는 것은 쓸모가 없다네. 지금 이 내용을 내면에서 실제로 경험하는 것이 중요하지. 그러지 않으면 변혁은 결코 일어날 수 없으니까 말일세. 다른 사람들이 말한 것은 다 잊어버리게. 나는 지금 그 누구의 말도 인용하고 있지 않아. 그런 짓은 어리석다네. 이것은 다른 이의 말을 인용한다고 해서 이해되는 것이 아니라네. 자네는 다른 이를 따르지 않을 때라야 비로소 이것을 이해할 수 있어. 혼자 힘으로 찾아내야 해. 그러지 않는다면 자네는 다른 이들의 믿음에 그저 순응하게 될 뿐이야.

만약 자네가 특정 관념을 따르고 있다면 자네에게 이해란 존재할 수 없어. 자네는 그저 순응하고 있을 뿐이야. 그래서 관념이나 행동, 둘 중 어느 것이 우선하는지 아는 것이 참으로 중한 것일세. 만약 관념이 우선한다면, 자네는 그 관념에 순응하고 있을 뿐이야. 이것은 관념에 따라서 모방한다는 뜻이고 결국 적대감을 품게 된다는 뜻이지. 우리 문명의 골격 전체는 대립하는 관념들 위에 세워졌네. 그 때문에 우리가 혼동과 갈등을 겪는 거야. 대립하는 관념들로 인해 세상이 갈라져 있지 않던가? 관념의 과정을 전부 다 이해하지 못한 채 한쪽 편을 드는 것은 어리석고 유치한 짓이야. 미성숙하다는 증거지. 성숙한 사람은 인류의 고통과 전쟁과 기아를 해결하려고 애쓴다네. 하지만 한쪽 편을 든다는 것은 이러저러한 방식으로 제한된다는 것이고, 그렇게 되면 문제를 해결할 길은 영영 사라지고 말아.

만일 관념이 자네 행동을 일으키고 있다면, 바로 그 행동으로 인해 자네는 더욱더 큰 불행과 혼란을 지어낼 뿐이야. 그러나 자네 행동이 관념이나 기억 위에 기초하지 않음을 보고 나면, 오늘날 곳곳에서 일어나고 있는 일들과는 달리 절대로 뒤집거나 다시 세울 필요가 없는 상태가 들어설 거라네.

자네는 이러한 상태가 특정 관념에 순응하는 상태가 아님을 이해하게 될 거야. 관념이 대체 무엇인지, 관념이 어떻게 생성되었는지, 관념이 자기 행동을 어떻게 형성해왔는지를 이해할 때라야 그 상태가 가능하다네.

특정 관념의 거푸집에 따라 형성된 행동은 참된 행동에 해로워. 그런 행동을 통해 해결책을 찾는 것은 헛된 짓이야. 관념에 기초하지 않은 행위만이, 항상 새롭고 투쟁에서 자유로우며 상충하는 관념들의 적개심에서 자유로운 변혁을 일으킬 수 있네. 무슨 뜻인지 알겠는가?"

나는 "네" 하고 대답했다.

그는 이렇게 말을 이었다. "그렇다면 타인을 지배하려는 권력이나 계획이 참으로 사악하고 어리석다는 것을 자네도 잘 알 테지. 자신이 바라는 대로 타인을 생각하게 강요하는 것은 자신과 남들에게 결국 재앙이 되고 말지. 역사에 이런 사례는 차고 넘친다네. 세상은 혼돈에 빠져 있어서 모사꾼과 지도자를 만들어내고, 또 자신들의 제약으로 인해 자신들이 세운 지도자와 모사꾼을 매도해버리지.

사랑과 이해와 친절과 자비의 권능만이 유일한 권능이야. 실재의 이 권능만이 우리를 해방한다네.

계략과 권력에 사로잡힌 마음은 절대로 사랑을 알 수 없어. 사랑이 없다면 문제에 대한 해결책도 있을 수 없네. 어쩌면 자네는 이해를 미룰 수도 있겠고, 머리를 써서 이해를 피해 다닐 수도 있겠고, 임시방편으로 다리를 놓을 수도 있겠지. 하지만 선의가 빠져 있다면, 불행과 파괴는 갈수록 늘 수밖에 없다네. 사리 분별을 하는 자에게 이것은 명백한 사실이야. 오늘날 세상에 필요한 것은 더 많은 관념이나 청사진이 아닐세. 보다 위대하거나 나은 지도자도 아니고. 세상에는 돌봄과 사랑과 친절이 필요하다네.

그러므로 오늘날 세상에 필요한 것은 사랑과 친절을 품은 사람들이야. 그리고 다른 누가 아닌 자네와 내가 바로 그런 사람이 되어야 해. 내가 그러지 못할진대 다른 누가 그렇게 되기를 바랄 수 없는 노릇이네. 자네 안에 사랑과 친절이 없는데 어찌 다른 이에게 사랑과 친절을 기대할 수 있겠나?

특정 신을 숭배하는 것은 사랑이 아닐세. 사람들은 다들 자신이 마음속에서 지어낸 신을 숭배하고 나름의 믿음을 품는데, 이것은 다른 신을 숭배하여 다른 믿음을 품는 이와 맞서게 하지 않던가.

누구는 성화를, 누구는 석상이나 목상을, 누구는 신성에 대한 개념을 숭배하지. 자신이나 타인의 잔혹성을 직시하지 않으려는 기발한 방법이야. 그렇다고 이것이 문제를 해결하지는 못해. 사랑만이 유일한 해결책이야. 자신을 사랑하듯 자기 이웃을 사랑해야 하네. 자네가 만나는 모든 이가 자네 이웃일세. 이것이 진리야. 이것은 단지 관념으로 그쳐서는 안 되고 내면에서 일어나는 능동적 변혁이라야 해. 내부에 있는 것이 외부로 그대로 드러날 것이기 때문이지. 이것이 그리스도의 요가일세."

그가 말을 마칠 즈음 게쉬 린포체와 사원장이 밖으로 나와 우리 옆에 앉았다. 곧이어 나머지도 따라 나왔다. 이 시간에 해가 떠올랐고, 해가 높이 솟으면 늘 그렇듯 꽤 따뜻해졌다.

게쉬 린포체는 이 발코니에서 아침 해를 감상하는 것을 좋아했다. 아침 차도 주로 여기서 마시곤 했다. 얼마 후 몇몇 라마승이 일상적인 티베트 차를 들고 나왔다. 이제 나도 티베트 차를 다른 이들만큼 즐길 수 있게 되었다.

일상적인 대화가 오가던 중 통 라가 천천히 내 옆에 다가왔다. 나는 그의 마음을 읽을 줄 알았기에 그가 할 말이 있음을 감지했다. 그가 먼저 티베트어로 말을 걸었고 나는 영어로 답하면서 마음 읽기를 연습했다. 그러자 게쉬 린포체는 행복한 기분으로 우리에게 이렇게 말했다. "자네 둘 또 마음 읽기를 하고 있는 게지?"

나는 공손하게 "린포체님께서 먼저 시작하셨잖아요"라고 답했다.

이 말에 우리는 모두 웃었다. 이제 우리는 마음을 아주 쉽게 읽을 수 있었고 저녁에는 마음 읽기 놀이를 종종 했다. 통 라나 내가 틀리는 일은 거의 없었다.

우리 모두는 초인적 존재 따위란 존재하지 않음을 잘 알고 있는 지극히 평범한 사람들이었다. 초인적 존재는 진리가 아니라 관념에 지나지 않았다.

모든 일이 물 흐르듯 자연스러웠다. 자신이 대단하다고 여기는 어리석은 자들만이 상황을 부자연스럽게 만드는데 그것은 무지의 결과이다.

참으로 사랑스러운 아침이었다. 우리는 발코니에 남아 계속 햇살을 즐겼다. 점심시간이 되자 게쉬 린포체는 "자네, 이리로 와서 점심 들게나"라고 말했다. 내가 항상 그의 옆에 앉았기 때문에 그렇게 말한 것이다.

우리는 지난번 여기서 교령회를 열었을 때 앉았던 자리대로 탁자에 앉았다. 이 장소는 우리가 앉았던 당시 모습 그대로 유지되고 있었다. 게쉬 린포체의 맞은편에 내 벗이 앉았고, 내 벗의 오른편에는 다르 창이, 왼편에는 말라파가 앉았다. 게쉬 린포체의 오른편에는 내가, 왼편에는 사원장이 앉았다. 통 라는 내 오른편에, 창 타파는 사원장의 왼편에 앉았다. (1부 195쪽에 실린 좌석 배치도를 참고하라.)

지루할 틈이 하나도 없었다. 우리는 깨어 있었고, 우리 마음은 항상 맑고 섬세했다. 이런 정신으로 사는 것은 참으로 즐거웠다. 매번 식사가 끝나고 나면 게쉬 린포체는 우리가 받은 모든 것에 대해 감사의 기도를 바치곤 했다.

점심 식사 후 게쉬 린포체는 교령회가 다시 한 번 열릴 것이며 전처럼 우리 벗들을 다시 만날 수 있을 것이라고 공지했다. 몸을 떠난 자들은 물론이고 링쉬라 은수자처럼 여전히 몸을 입은 자들까지도 일부 포함해서 말이다. 이번 교령회는 그가 링쉬라 은수자와 사전에 조율한 대로 사흘 뒤인 일요일 저녁에 열릴 참이었다.

나는 이 소식을 듣고 아주 기뻤다. 내게 주어진 시간이 얼마 남지 않아서, 안 그래도 교령회가 언제쯤 열리는지 그에게 물어보려고 하다가 몇 번이나 망설였기 때문이다. 이제 엿새밖에 남지 않은 소중한 시간을 내 벗들, 특히 게쉬 린포체와 최대한 보내고 싶었다. 사실 그 역시 바로 이 목적을 위해, 라싸를 넘어서 트락체 사원까지 몸소 와서 내 벗이 잠사르에서 돌아올 때까지 나와 함께 있었던 것이다.

점심 식사 후 게쉬 린포체는 나를 그의 숙소로 안내했다. 매일 오후 그는 그렇게 나를 초대했다. 그때가 그가 내게 말하기 가장 좋은 시간이었다. 그런데 이날 나는 그가 내게 전할 아주 중요한 내용이 있음을 직감했다.

그는 이렇게 말을 이었다. "자네가 우리를 떠날 때가 다가오고 있군. 한편으로는 슬프고 한편으로는 기쁘다네. 내가 슬픈 것은 내가 다시는 육신을 입은 상태에서 자네를 볼 수 없기 때문이야. 그와 동시에 내가 기쁜 것은 내가 영 안에서 항상 자네와 함께할 것이기 때문이야. 내가 지금 쓰고 있는 이 몸뚱이를 내려놓을 때가 왔거든."

그의 말을 듣자 슬픔이 올라왔다. 하지만 몸을 입든 벗든 죽음과 분리가 결코 존재하지 않음을 알기에 한편으로 기쁘기도 했다. 이런 인식을 전하자 그의 얼굴이 환해졌다. 나는 갈수록 그에게 애착이 갔고 그 역시 이를 잘 알고 있었다.

그는 이렇게 말했다. "다른 이를 따르는 방식으로는 자네 문제를 절대로 해결하지 못한다는 것을 명심하게. 다른 이를 따르는 것은 아주 쉬운 일이야. 위대한 사람일수록 추종하게 되기 쉽지. 하지만 그것은 창조성을 쳐내는 짓이네. 추종자는 절대로 창의적일 수 없어. 이것을 이해할 때 자네는 더 이상 축음기가 되어 남들이 하는 말을 되풀이하는 대신 독창성을 발휘할 수 있게 되네. 나는 자네에게 직접 말하고 있어. 이것이 변혁이 일어나는 최고의 방법이기 때문이야. 자네도 이 점을 잘 이해하고 있지?"

내가 고개를 끄떡이자 그는 계속 말을 이었다. "자네가 다른 이와 맺는 관계 속에서 자신을 대면할 때, 자네는 자신을 이해하게 될 걸세. 관계는 자네가 자신을 대면하는 거울이기 때문이야. 그러나 이것은 종종 불쾌한 일이고 자네는 자신을 직면하기를 원하지 않아. 그래서 다른 이를 따름으로써 여기서 벗어나려고 애쓰지. 그 결과로 자네는 단죄하고 비난하면서 다른 이의 그늘 속에서 살아가는 거야. 새로운 사상의 최신 동향을 따르는 자들도 있지만, 그것 역시 자신을 직시하기를 피하는 시도일 뿐이야.

자신을 직시하려면, 자신을 단죄하거나 무턱대고 수용하거나 정당화하거나 동일시해서는 안 되네. 초연히 깨어 살피면, 자네는 표면에서 벌어지고 있는 일들을 이해할 것이고, 자네의 잠재적 반응들이 자신 앞에 드러날 걸세. 이 작업은 자네가 사고 과정을 이해할 때라야 비로소 이뤄질 수 있어.

자네의 사고는 자네가 쌓아왔던 기억에서 일어나며, 이것이 자네가 형성해온 조건이야. 이 사실을 이해할 때 자네는 자아와 자아가 작동하는 방식을 자각하게 된다네. 생각하는 자는 자기 생각과 분리되어 있지 않네. 이것을 이해할 때, 자네는 자기 생각에서 자신을 떼어놓으려 애쓰지 않게 될 거야. 그때 자네는 자기 생각들을 이해하기 시작할 것이고, 그럼으로써 자신을 이해하고 자신의 조건을 이해하게 될 걸세.

왜 자네는 생각 하나를 따로 떼어내서 바라보려고 하는가? 왜 한 생각만 붙잡고 다른 생각들에서 달아나려고 하는가? 자네 마음을 들여다본다면 그 이유를 이해할 수 있을 거야! 자네는 한 생각에만 집중하고 다른 생각들을 억누르면 자신이 그 생각들로부터 해방될 수 있다고 여긴다네. 하지만 그것은 불가능해. 억눌린 생각들이 자꾸 솟아나서 자네가 택한 생각에서 주의를 분산시킨다는 것을 결국 알게 될 거야. 이제 자네는 이런 방식으로는 자신도, 자기 생각도 절대로 이해할 수 없음을 알게 되었네. 자신을 이해하지 못한다면 바른 생각도 할 수 없는 법이야.

지난날 자네는 이런 것을 명상이라고 불렀지. 생각 하나를 따로 택해 집중하면서 자신이 명상을 한다고 여겼어. 하지만 이런 명상은 자네를 제한된 사고의 멍에로부터 풀어주지 못한다네.

왜 자네는 따로 화두를 정하는가? 화두를 정해 집중하면 나름 보상이나 기쁨이 올 것이고, 그 뒤로 숨을 수 있을 것이라고 여기기 때문이야. 그러나 특정 생각에 집중하겠다는 그 의도로 인해, 도리어 다른 생각들이 반기를 들고 우후죽순처럼 일어나 저항하게 되지. 그 결과로 자네가 택한 생각과 자네가 억누르려는 다른 모든 생각들 사이에 전투가 끊임없이 벌어진다네.

이런 식으로는 자네 마음을 이해할 수 없고, 자네가 구하는 자유를 얻을 수 없음을 이제 자네도 분명히 알았을 걸세. 하지만 생각들이 올라올 때마다 하나하나 직시하면서 그 뜻을 드러내야만 그것들은 마무리가 되어 다시는 일어나지 않게 된다네. 마무리가 되지 못한 생각들과 이해되지 못한 생각들만 계속 올라오는 법이거든.

그러므로 자기 생각을 통제하는 것이 아니라 이해하는 것이 중요하네. 만약 자네 마음이 자신이 욕망하고 축적한 것과 자신이 처한 환경의 틀에 스스로를 끼워 맞추고, 편협하고 제한되고 통제받는다면, 자네 마음은 절대로 자유로울 수 없어. 자신을 보호하겠다며 자신을 고립하는 이 과정은 정반대의 결과를 일으킨다네. 그렇게 할 때 자네는 두려움을 일으킬 수밖에 없거든. 어찌 두려움에 찬 마음이 아무 두려움도 없는 실재에 문을 열 수 있겠는가?

'자신이 곧 자신의 생각들임'을 보고 나면, 자네는 이해하기 시작할 거야. 그러나 자신이 자기 생각들과 분리되어 있다고 착각한다면, 그것들을 분리된 것처럼 바라볼 것이고 그럴수록 그것들을 두려워하게 된다네. 반면 자네 생각들이 자네가 창조한 것임을 알아본다면, 그것들은 더 이상 자네에게 영향을 미치지 못한다네. 이것을 이해할 때 비로소 자유가 들어설 거야. 이 자유 안에 실재가 있네. 그때 자네는 생각하는 자와 그의 생각 사이에 아무 갈등도 없음을 이해하게 될 것이고, 자네 마음은 더 이상 동요하지 않을 걸세.

이것을 이해하고 나면 마음은 스스로 고요해진다네. 고요를 강제하거나 훈련시킨 마음은 실재를 절대로 알 수 없어. 그런 마음은 실재를 받아들일 깜냥이 안 된다네.

자네는 철저히 조건화된 마음을 식별할 수 있어. 그 마음은 속박되고 소소하지. 소소한 마음은 소소한 신을 만들어. 사고 과정이 끝나고, 대립하는 것들과 더 이상 고군분투하며 싸우지 않을 때, 비로소 마음은 풀려나고 고요해지네. 이 고요 속에서 존재의 보다 깊고 넓은 상태가 펼쳐지지. 그러나 자네가 심원한 그것을 추구하기만 한다면, 그것은 상상과 사색으로 전락하고 할 거야. 실재가 존재하기에 앞서 이것을 반드시 멈춰야 하네.

그러므로 이해가 명상의 시작이며, 참된 명상은 실재의 입구일세. 이를 위해 따로 배울 기술이나 기법은 존재하지 않아. 그렇게 하면 도리어 자유와 자기 인식이라는 제1원칙에서 멀어지는 거야. 자기 인식이 없다면 자유 또한 없다네.

자네는 만사를 있는 그대로 봐야 해. 그러면 자신을 이해하게 될 거야. 오직 이 방법을 통해서만 마음은 고요해지고, 이 고요 속에서 실재는 존재의 무제한적 상태로서 기능할 걸세.

이렇게 할 때 참된 영감이 깃든다네. 그것이 우리가 원하는 바야. 과거에 쌓아온 것에서 풀려난 마음. 실재하는 그것, 새로운 그것을 방해하는 모든 것에서 풀려난 마음. 자네는 오래된 것, 과거의 방해 없이 새로운 것을 만나야 해."

이런 말을 처음 들은 것은 아니었지만, 이날따라 그의 말은 더욱 뜻깊었고 나의 더 깊은 곳까지 침투해 변혁을 일으켰다. 특정 관념이나 생각에 온갖 방식으로 마음을 집중해도 얻을 수 없었던 이해와 자유가 들어섰다. 나는 당시 모든 과거가 내 앞에서 일어나는 듯 느꼈고, 그것이 내가 부여한 힘 말고는 아무 힘도 지니지 못한 자아임을 알았다. 내 두려움은 내 제약으로 창조된 나만의 환영에 불과했다. 이것을 이해하자, 다른 방법으로는 불가능하고 오직 자기 인식을 통해서만 찾아오는 자유를 만끽할 수 있었다.

17장

✢✢✢

    교령회가 열리는 날의 저녁이 되었다. 구름 한 점 없는 청명한 밤 하늘에 머리 위로 달빛이 빛났고, 다이아몬드처럼 빛나는 별들이 알 알이 박혀 있었다. 보름달은 우리가 지난번 교령회 때 보았던 위치 그대로였다. 그러나 이번에는 새하얀 눈이 만물을 완전히 덮어 초모 라리 산과 계곡까지 하얗게 빛났다. 수백만 개의 다이아몬드 같은 별 들이 달빛과 함께 빛나자 그 형태가 어슴푸레 드러난 초모라리 산은 그 배경과 대조되어 더욱 하얗고 아름답게 빛나며 마치 파수꾼처럼 계곡을 굽어살폈다.

    이 모든 풍경이 절묘하게 아름다웠다. 바깥은 얼어붙을 정도로 추웠지만 우리 주위에는 온기가 감돌았다. 따로 난방을 한 것은 아니 었다. 그 공간에 있던 사람들은 다들 투모의 숙련가였고, 투모 기술 을 따로 사용하지 않아도 충분한 열기가 저절로 생성되었다.

    행복하고 조화로운 기대감이 감돌았고, 대기에는 전하가 가득했다.

    나는 오늘 밤 모임이 크게 성공할 것임을 직감했다. 이보다 완벽 한 조건을 갖추기란 불가능했다.

    그날 밤 게쉬 린포체는 지난번 교령회 때와 같은 방식으로 우리 에게 말했다.

    "사랑 그 자체는 '사랑'이라는 단어가 아닐세. 단어는 가리키는 대 상 자체가 아니야. 신 역시 '신'이라는 단어가 아니지. 하지만 대부분 의 사람들은 '신'이라는 단어가 일으키는 반응 때문에 그 단어에 만족한다네. 그들은 개념을 먹어 치우기에 그 단어가 그들에게 특정한 정신적 반응을 일으키는 거지.

그러나 말은 공허한 것일세. 말은 정신적 반응만 일으킬 뿐이야. 그러한 반응은 사랑도 아니고, 신도 아니야. 말의 실상을 알고, 말이 마음 안에서 어떻게 관념을 형성하는지 알 때라야, 비로소 신과 사랑이 말이 아니라는 것을 이해하게 되네.

말은 반응을 창조할 뿐이야. 이것이 반응(reaction)이 무엇인지는 다들 알아도 행위(action)가 무엇인지는 아는 이는 극소수인 까닭이지. '사랑'이란 말은 사랑이 아니고, '신'이란 말도 신이 아님을 이해할 때에만 행위가 일어난다네.

우리는 타인의 고통과 감정을 세심하게 살필 때라야 사랑이 무엇인지 알 수 있네. 하지만 사람들 대부분은 괴로움을 이해하기를 원하지 않아. 기도를 하거나, 구원자에 매달리거나, 환생 따위의 관념에 의지하거나, 뭔가에 집중하거나, 음주나 다른 중독에 빠지거나, 어떻게 해서든 괴로움에서 달아나고 싶어할 뿐이야.

굶주림에 제대로 시달리면, 어떻게 먹을 것인가에 대한 토론은 집어치우고 오롯이 음식만을 원하게 되지. 음식을 구하는 방법 따위는 개의치 않게 돼. 이렇듯 자신의 무관심과 어리석음과 편협함과 잔인함을 알아차릴 때라야, 우리는 비로소 괴로움을 이해할 수 있게 된다네. 괴로움을 직시하게 되고, 괴로움에서 벗어나기를 원하는 대신 괴로움을 이해하기를 원하게 되지. 이렇게 해서 우리는 괴로움의 원인을 예리하게 깨어 살피게 된다네. 그리고 우리는 자신에게 가까운 자들뿐만 아니라 모든 이에게 냉혹하게 굴지 않고 친절해지게 되네.

괴로움을 이해할 때, 우리는 타인의 괴로움에 민감해지고 도피하지 않게 된다네. 그리고 도피하지 않기 때문에 친절과 애정이 자리하게 되지.

애정-사랑(Affection-Love)은 지고의 지성을 필요로 하네. 세심해지지 않는다면 그 어떤 위대한 지성도 깃들 수 없네. 이 지성을 갖춘 자들만이 '사랑'이란 말이 사랑 자체가 아님을, '신'이라는 말이 신 자체가 아님을 알지. 이것을 이해할 때 사랑이 존재하고, 신이 존재한다네."

나는 그의 말이 진실임을 알았고 내 안에서도 그렇게 느꼈다. 나의 심층에서 변혁이 일어나고 있었다. 우리는 몇 분가량 이 침묵 속에 머물렀다. 나는 '신'이라는 말이 신 자체가 아님을 분명히 '알았다.' 하지만 내가 알고 있는 그것이 무엇인지는 형언할 수 없었다. 나는 당시 우리 모두가 그렇게 느꼈으리라 생각한다.

그런 뒤 린포체는 다시 입을 열었다. "지난 교령회 때보다도 오늘 밤의 조건이 훨씬 더 완벽하고, 더욱 많은 벗들이 참석할 것이네!"

과연 그의 말대로 훌륭한 조건이 마련되었다. 엑토플라즘의 연기가 방 안을 가득 채우더니 하나로 뭉쳐 거대한 구름이 되었다. 우리 모두가 저 높은 곳으로 들려 구름 위에 떠 있는 듯한 느낌이 지난번보다도 강렬하게 들었다.

이날 모인 자들의 윤곽이 아주 뚜렷해졌다. 교령회가 본격적으로 시작되자마자 나는 밀라레파가 이전처럼 축복의 인사를 건네는 소리를 들었다.

그런 뒤 밀라레빠는 특정 개인이 아니라 우리 모두에게 이렇게 말했다. "나도 우리 형제 게쉬 린포체의 연설을 귀담아들었다. 너희도 그의 말이 뜻하는 바를 제대로 이해했기를 바란다.

신-진리-사랑은 너희와 떨어진 무엇이 아니다. 신-사랑은 영원하고 늘 현존하며 유일한 실재이다. 하지만 혼동하고 조건화되고 제약된 마음은 신-사랑을 깨닫지 못한다. 그런 마음이 어찌 무제한적이고 무조건적인 실재-신을 깨달을 수 있겠는가? 그런 마음은 이미 자신을 제약했기 때문에 그 제약으로부터 스스로를 해방해야만 한다. 그런 후에야 그 마음은 자신을 넘어서 있고, 제약과 관념과 말을 넘어서 있는 그것을 깨달을 수 있다.

실재는 미지의 것이며 말은 절대로 그것을 드러낼 수 없다.

자아는 실재를 고안해낸다. 본디 자아는 본뜨고 따라 하기 마련이다. 자아는 허다한 관념이 담긴 책들을 수두룩하게 읽으면서 다른 이들의 관념과 경험과 말을 되풀이할 뿐이다. 자기 마음을 들여다볼 때 말의 실체를 알아차리게 될 것이다. 그러면 더 이상 모방하거나 따라 하지 않고, 다른 이의 말을 반복하지도 않게 될 것이다. 진리는 그보다 위대하고, 말과 관념 너머에 있기 때문이니. 그것들은 마음이 창조한 것임을 너희는 알게 되리라. 하지만 실재는 창조되는 것이 아니다.

사람들 대부분은 자신을 제대로 들여다보는 것보다 종교 서적을 읽거나 신에 대해 사색하는 것을 선호한다. 그러나 자아를 이해하지 않는다면, 자아가 무엇인지를 이해하지 않는다면, 실재를 깨닫기란 불가능하다."

그런 뒤 밀라레파는 내게로 와서 이렇게 말했다. "자네가 할 일은 우리에게 큰 기쁨이 될 걸세. 자네가 가는 곳마다 우리도 함께하면서 자네를 돕고 보호할 걸세. 자네가 할 일은 거짓을 발가벗기는 거야. 거짓을 단호하게 대해야 하네. 모든 거짓을 드러내야 하네. 그것만이 거짓을 해소하는 유일한 길이야. 거짓과 관련된 말의 그물에 걸리기를 거부하게. 거짓에는 아무런 근거가 없네. 거짓은 그저 거짓이며, 이것이 거짓에 관한 유일한 진실이네. 또한 거짓을 축소하거나 거짓이 실재처럼 보이게 포장하지도 말게. 그 또한 거짓이기 때문이지. 거짓이 사람들 마음속에서 어떤 식으로 위장하더라도, 설령 그들이 떠받드는 신념으로 위장하더라도, 자네는 그들이 물려받은 믿음에 절대로 동조하지 말고 이 정신적 고안물들이 허구임을 드러내야 하네. 그것들은 실재가 아니기 때문이야.

실재는 모두를 아우를 뿐 무엇 하나도 쳐내지 않는다네. 사람과 사람을 가르는 것은 죄다 거짓이야. 그것이 관념과 말이 하는 일이지. 진리는 말이나 글에 담긴 단어나 관념에서 발견될 수 없어. 자네가 이것을 깨달을 때라야 비로소 실재가 기능할 수 있다네. 실재가 기능할 때 무제한적인 지성과 사랑이 존재할 거야."

그런 뒤 밀라레파는 창 타파에게 가서 말했다. 창 타파는 오크 사원의 신탁이자 영매였다. 밀라레파는 게쉬 린포체가 히말라야 눈 속에 발이 묶였을 때 창 타파를 통해 린포체에게 음식을 전해주었고 말을 건네기도 했다.

그러는 사이 링쉬라 은수자가 내게로 왔다. 일주일 내로 그를 다시 볼 수 있어 참으로 기뻤다. 그의 거처에 방문했을 당시의 기억이 떠올랐다. 그는 그때 모습 그대로인 듯했다. 그것이 가장 놀라운 점이었다. 그의 얼굴은 마치 태양이 그의 안에서부터 빛을 발하는 듯 찬란했다. 나는 갈수록 그를 더욱 사랑하게 되었다. 그가 애정 어린 생각과 축복을 아낌없이 내게 주는 것을 보니 그도 분명 이를 알고 있었다. 내게 훌륭한 벗들이 있다는 사실이 새삼 고마웠다.

링쉬라 은수자는 이렇게 말했다. "나는 항상 자네를 따라다녔어.

자네가 내 거처에서 봤던 녠쳉탕가 산맥에 딸린 니블룽 리충 산에 올랐을 때도, 나는 자네와 함께 있었네. 내 거처에서 잠사르까지는 직선거리로 64킬로미터밖에 떨어져 있지 않지만, 그 사이가 미지의 첩첩산중이라 자네와 자네의 벗은 돌아서 가야 했고 총 240킬로미터를 여행했더랬지."

그런 뒤 그는 말을 이렇게 이었다. "자네로 인해 아주 기쁘네. 자네는 잠사르에서 충실히 작업을 했네."

나는 이렇게 답했다. "네, 맞습니다. 우리는 많은 주제를 상세히 다뤘고 그 과정에서 크게 깨우쳤습니다."

그는 이렇게 말을 이었다. "그러나 아직 부족하네. 나는 자네가 질서는 혼돈에서 나올 수 없음을 깨달았으면 하네. 질서를 세우겠다며 혼돈을 일으키는 방식으로는 질서를 세울 수 없어. 이렇게 잘못 생각하는 사람들이 수두룩하지. 많은 이들은 신께서 자신을 택하셔서 질서를 잡기 위해 혼동과 무질서를 일으키라는 명을 주셨다고 여긴다네. 하지만 그것은 무질서를 더할 뿐이야. 바로 이 때문에 전쟁과 경제적 위기가 끊임없이 일어나는 거지.

자네는 미래에 일어날 변혁을 추구하지. 그 결과로 이러한 악조건이 마침내 완전히 사라지기를 바라는 거야. 그러나 그런 변혁은 항상 미래에 놓여 있어. 항상 미래의 관점에서 생각하는 마음은 현재 안에서 행위할 수 없다네.

자네, 변혁(transformation)의 참뜻을 이해하는가?"

"네, 이해합니다. 미래의 변혁이 불가능하다는 것도 압니다. 변혁은 오직 지금, 순간순간에만 가능합니다. 거짓을 거짓으로 식별하고 참을 참으로 식별할 때, 참으로 받아들였던 것 안에서 거짓을 식별해낼 때, 우리가 이것을 '지금' 이해할 때, '지금' 변혁이 일어납니다.

변혁은 내일 일어나지 않습니다. 변혁은 지금이라야 합니다. 지금이 아니면 변혁은 조금도 가능하지 않습니다. 제가 거짓을 이해할 때 저는 거짓에 관한 진실, 즉 거짓은 거짓일 뿐이라는 진실을 이해합니다. 그러면 거짓은 사라집니다. 그러면 변혁이 지금 즉시 일어나고 이 변혁 안에 자유가 존재합니다."

은수자는 이렇게 말했다. "맞는 말이네. 반복은 속박된 마음의 투사임을 이해하고, 이에 관한 진실을 이해할 때 변혁이 들어서지. 분리와 갈등과 불행을 일으키는 것을 이해할 때 변혁이 즉시 일어나고, 그 진실은 해방의 힘을 지닐 거야. 진리를 인식하는 행위 자체가 변혁과 해방의 힘을 갖고 있고, 그 작용은 미래가 아니라 즉시 일어난다네. 변혁은 지금 존재할 수밖에 없기 때문이고, 그러지 않는다면 변혁은 조금도 가능하지 않아.

다시 세상에 돌아가면 자네는 세상의 숱한 거짓에 포위될 거야.

하지만 거짓을 순간순간 지각하는 행위가 곧 변혁이야. 기억이나 시간을 통해서는 진리를 찾을 수 없어. 진리는 과거도 미래도 아닌 '지금' 존재하기 때문이지. 진리를 내일 발견한다는 것은 불가능하고, 읽고 듣는 것 안에서 발견하는 것도 불가능해. 그것들은 관념일 뿐이거든. 진리가 자네에게 오는 것이지, 자네가 진리에게 가는 것이 아니라네. 자네가 진리를 향해 간다고 할 때, 그것은 자네 자아의 투사에 지나지 않아. 진리는 자네가 자아를 이해할 때 찾아오는 거야. 진리는 즉각적일세. 영원은 지금 존재하네! '지금'은 늘 새롭다네. '지금'은 과거의 반영이 아니야. 과거의 반영은 기억이기 때문이지. '지금'은 미래도 아니야. 미래는 마음에 속한 것이니. '지금'은 살아 있다네! 반면 과거는 죽어 있고 미래는 아직 태어나지 않았네.

오래된 것을 품은 채로 접근해서는 새로운 것을 발견할 수 없어. 오래된 것을 무겁게 메고 다니는 한 새로운 것을 경험할 수 없음을 깨달을 때라야, 오래된 것은 새로운 것 속으로 자신을 투사하기를 그치는 법이야. 알다시피 새로운 것은 지금 이 순간에만 존재한다네. 이미 지나가버린 순간은 늘 현존하는 지금일 수 없어. 마음속에 있는 것들은 새로운 것을 막는 장애물이야. 그러므로 자네는 과거의 제약에서 벗어나서 신선하고 새로운 그것에 접근해야 해. 그제야 자네는 순간순간 거듭나는 그것을 발견할 수 있을 거야.

자신이 변혁되기를 갈망하고 있다면 변혁은 절대로 일어날 수 없어. 이때 자네는 되어감의 관점에서 생각하고 있기 때문이야. 진리는 순간순간 지금 '존재'하네. 책에서 진리를 찾을 수는 없어. 진리는 오직 순간순간 미소 속에서, 눈물 속에서, 포옹 속에서, 사랑의 충만함 속에서만 발견될 수 있거든. 사랑이 없다면 진리 또한 없네. 사랑이 있는 곳에 변혁이 있는 법이네. 사랑은 순간순간 '존재하기' 때문이지. 이것이 진리일세.

자네가 이곳을 떠나더라도 우리는 자네와 함께할 거야. 만유 하나하나에 살고 있는 영 안에서 분리란 존재하지 않기 때문이지. 신은 나뉘어 있지 않아. 제약된 마음만이 이 위대한 진리를 숨기고 있어. 자네가 이것을 이해할 때 자네 믿음은 한결같을 것이고, 자네 사랑은 속박하는 대신 해방할 것이네. 속박하는 사랑은 사랑이 아니야. 속박하는 사랑은 마음에 속해 있지. 하지만 진리-사랑은 마음 너머에 존재하는 유일한 실재일세."

그런 뒤 그는 비켜서서 이렇게 말했다. "이제부터는 자네의 든든한 영적 안내자 성 안토니오가 자네에게 말할 걸세."

당시 나도 성 안토니오와 이야기를 나누고 싶었다. 그동안 나는 세상 방방곡곡을 다니면서 그에게 말을 건네왔고, 내 사명을 수행할 때 그의 영향력을 느낀 적이 자주 있었기 때문이다.

성 안토니오는 자신만의 방식으로 똑같은 진리를 드러냈다. 그는 손을 내밀어 이렇게 말했다.

"벗이여, 내 손을 만져보게. 지금 보다시피 나는 자성의 질료를 이용해 자네들 차원에서 기능하고 있다네. 자성의 질료는 만유가 창조된 보편적 질료의 한 양상이야. 이 질료에 다양한 양상이 있기는 하지만, 그렇더라도 모든 형태와 현현의 기저에는 단 하나의 질료만이 존재한다네. 자네는 지금 이 질료의 모든 양상을 갖고 있어. 자네가 그 모든 양상을 인지하고 있지 않더라도, 자네는 그 모든 양상 안에서 기능하고 있지. 당장은 자네가 물질이라고 부르는 것 안에서 기능하고 있지만, 물질은 단일한 질료의 한 양상일 뿐이야. 그것은 한 양상이기에 분리된 것이 아닐세.

자네가 신체 또는 물질을 떠나더라도 자네는 여전히 같은 질료 안에서 기능할 거야. 양상만 달라질 뿐이지. 자네는 앞으로도 다양한 양상을 겪을 것이고, 이런 양상들은 갈수록 섬세해질 거라네.

앞으로 자네 일을 해나갈 때, 자네는 자성체라고 알려진 것을 사용하게 될 거야. 자성체는 신체에 적합한 생명 에너지로 채워질 수 있지. 또 자네는 정신체와 영체도 동시에 사용하게 될 거라네. 지금 나는 자네 마음의 심리적 측면이 아니라 자네의 아스트랄체와 자성체 둘 다를 관통하는 어떤 질료를 뜻하고 있는 걸세.

이 보이지 않는 몸들과 연결되어 있는 중심을 통해서 우리가 자네를 도울 때, 영(Spirit)은 환자의 상태에 따라서 그것들 전부를 적절하게 사용할 거라네.

자네가 영적인 것들에 대해 말하고픈 영감을 받을 때는 우리가 보다 섬세한 몸들 혹은 중심들을 통해서 일하고 있는 것임을 알게. 하지만 진리는 이 모두를 넘어서지. 진리는 생명-사랑이야. 사랑은 마음이 과거, 즉 오래된 것에서 해방될 때 존재하네. 사랑은 항상 새로운 거야. 과거, 즉 오래된 것을 이해하고 나면 과거는 사라지고 그때 비로소 자네는 새로운 것을 만날 수 있어.

새로운 것을 만나고자 한다면 오래된 것을 지니고 있어서는 안 된다네. 그러면 오래된 것만이 투사될 뿐이지. 오래된 것은 기억이자 경험일 뿐이며 결코 새로울 수 없음을 이해한다면, 자네는 그 앎과 함께 새로운 것을 만날 수 있게 된다네. 새로운 것은 항상 새로울 뿐 절대로 낡지 않는다네.

그것이 진리이고, 그것이 사랑이야. 그것이 실재일세. 그러므로 새로운 것이 유일한 실재일세. 오래된 것은 실재가 아니야. 오래된 것은 자네를 제한하는 기억이요 경험일 뿐이네.

진정한 영적 치유는 자네가 오래된 것에서 자유로워질 때 일어난다네. 영적 치유는 항상 새롭기 때문이지. 내 말을 이해하겠는가?"

나는 이렇게 답했다. "네, 이해했습니다. 영은 항상 현존하고, 결코 낡지 않고 항상 새롭다는 것을 알겠습니다. 영은 늘 새로워집니다. 매 순간 영은 새로워지고, 이 순간 안에는 질병도 죽음도 과거도 미래도 존재하지 않습니다. 오직 '지금'만이 존재할 뿐이고, '지금'은 항상 새롭습니다. 이 '지금' 안에서 저는 참된 영감을 받습니다. 이 영감은 과거나 기억의 결과가 아닙니다."

"맞네. 나도 자네가 이해하고 있음을 알겠어. 이것을 이해한 상태에서 일을 한다면 자네의 일은 세상에서 크나큰 가치를 지닐 것이고, 세상의 변혁을 위해 자네와 함께 일하는 우리에게도 크나큰 가치를 지닐 거야.

앞으로 자네는 전에 자신이 읽었던 것을 그대로 되풀이하지 않을 거야. 오늘날 세상에서 가르치고 있는 자들 대부분은 다양한 레코드 판을 올려놓은 전축에 불과해. 하지만 자네는 음악가이자 음악 자체가 되어야 해. 이렇게 할 때라야 자네는 비로소 창조적일 수 있어."

그런 뒤 그는 이렇게 말했다. "자네와 이야기를 나누고픈 다른 이들도 있다네."

이날 모임은 내가 이제껏 겪었던 모임 중 가장 대단했다. 세상을 떠난 친구들이 많이 찾아왔다. 내 친구이자 요가 수행자였던 압둘Abdul 과 실룸Seelum은 고대 이집트 석판과 티베리우스* 재위 당시 사용되었던 금화와 값진 보석 등을 총 스무 점가량 갖다주었다. 그중 하나는 고대 그리스어로 기록된 양피지였다. 그 문서의 좌측 하단에는 판매 증서가 로마 필기체로 기록되어 있었다. 아마도 1세기 중에 한 뭉텅이로 매매된 것들처럼 보였다. (나는 몇 년 뒤 베일리 씨의 교령회에서도 유사한 물건을 받았다.)

고대 페르시아의 동방박사** 중 한 명도 만났고, 내 어머니와 다른 친구들과도 대화를 나누었다. 세상을 떠난 이들과 아직 지상에 몸을 입고 있는 자들이 끊임없이 방문하며 여섯 시간 동안 이어지던 교

---

* Tiberius: 로마의 제2대 황제로 재위 기간은 14~37년이다.

** Magi: 예수의 탄생을 축하하기 위해 팔레스타인 동쪽에서부터 온 이방 출신 현인. 혹은 별을 연구하는 점성가. (라이프 성경 사전)

령회는 새벽 3시경에 끝났다. 방 안에 열 명 남짓 있을 때도 종종 있었다.

세상을 떠난 이들을 직접 만나는 것보다 사후에도 생명이 이어진다는 것을 강력하게 증명할 방법은 없으리라. '영원한 생명'을 이해하면 죽음에 대한 두려움이 모두 사라진다. 교령회에서는 사적인 내용도 많이 언급되었고, 고향 사람들의 소식을 포함한 여러 정보도 제공되었다. 나는 바깥세상으로 돌아갔을 때 이날 들었던 내용이 정확한 사실임을 확인할 수 있었다.

한 친구가 세상을 떠난 날짜에 대한 정보도 이번 교령회에서 받았다. 믿기 어려울 수도 있다. 하지만 사실이다. 내가 고향에 돌아왔을 때 직접 확인한 내용이다.

모임의 마지막에 찬란한 빛이 나타났고, 빛 속에 주께서 나타나셔서 우리 모두를 축복하셨다. '영원무궁 살아 계신 그리스도'가 모든 이의 가슴속에서, 모든 영역에서 존재한다는 이 앎이야말로 모임의 절정이었다.

주께서는 "내 아버지 집에는 방이 많이 있다. 나는 너희 자리를 마련하러 간다. 내가 있는 곳에 너희 역시 있게 될 것이다"라고 아주 분명하게 말씀하셨다.

이것으로 교령회는 끝났다.

우리는 잠시 침묵하며 앉아 있었다. 저마다 자기 생각에 잠겨 있었다.

크게 도움을 받았던 이 훌륭한 벗들을 이제 곧 떠나야 한다는 생각이 마음을 스치자 나는 다소 슬퍼졌다. 게쉬 린포체도 내 마음을 읽었나 보다. 옆에 앉아 있던 그는 내 어깨에 손을 올리고 이렇게 말했다. "자네가 느끼는 것을 나도 느끼고 있다네. 자네가 무슨 생각을 하고 있는지 알지만, 오늘 밤 목격했듯이 사실 이별은 존재하지 않아. 그러므로 오직 신만이 살아 계시고, 우리가 그분 안에서 살아 움직이며 그분도 우리 안에서 살아 움직이신다는 이해를 품고 기뻐하게. 마음속을 제외하고 분리란 존재할 수 없어. 자네도 알다시피, 분리는 환상일 뿐이야."

우리는 그렇게 앉아서 한 시간 남짓 이야기했다. 그러다 나는 갑자기 너무 배고파져서 사원장에게 이렇게 말했다. "왜 그런지 모르겠는데 뭘 좀 먹어야 할 것 같아요."

사원장은 이렇게 답했다. "아침을 먹을 때가 되었거든요. 이미 준비해놓았습니다."

보아하니 사원장은 사전에 준비를 마쳤던 것 같다. 사원장의 시중을 담당하는 라마승 둘이 식사를 가지고 왔다. 아침 식사라기보다는 저녁 만찬에 가까웠다. 게쉬 린포체는 빵을 쪼갠 뒤 그것을 축복하고는 내가 이곳에 왔다가 머물렀다가 돌아가는 과정에 대해 참으로 따뜻하게 말했다. 사람의 이해를 넘어선 사랑으로 충만한 이 위대한 현인의 말을 듣는 동안 내 마음은 한없이 겸허해졌다.

여기 이 방 안에 나의 사랑하는 벗들이 있었다. 벗 이상의 벗들, 대자연의 대가ㅅ붂들. 그들의 앎과 사랑과 지혜는 우리가 처한 갈등의 세상에 알려진 바가 없었다. 그런 이 위대한 숙련가들이 우리 세상 사람들을 이처럼 돕고 있었다. 사람들이 자기 마음의 조건화된 상태를 이해함으로써 신에게 가슴을 열게 하기 위함이었다. 조건에 속박된 마음, 그것만이 치유의 권능과 실재의 사랑을 가로막는 유일한 장애물이었다.

아침 해가 초모라리 산 정상 뒤편에서 빛나기 시작했다. 우리는 발코니에 나가서 그 장엄한 광채를 지켜보았다. 해가 솟아나는 장면이 그날따라 훨씬 더 아름다웠다. 다채로운 햇살이 초모라리 산 정상을 중심으로 고정된 거대한 부챗살처럼 위로 펴져나갔다. 새하얀 수정 같은 눈은 그 현란한 광채를 반사했고, 라마승들이 나지막이 읊조리는 "옴마니반메훔" 소리가 점점 더 크게 울려 퍼졌다. 이 글을 쓰고 있는 지금도 그날의 장면이 아른거린다.

아침 예불이 끝난 뒤 우리는 각자 자기 방으로 들어갔다. 나는 침대에 누워 잠을 잤다. 그런데 누워 있는 동안 꿈인지 아닌지 확실하지는 않지만, 나는 의식이 깬 상태에서 지상에 속하지 않는 자들과 어울렸다.

나는 그렇게 정오까지 자다가 인기척을 느껴 눈을 떴다. 게쉬 린포체가 나를 내려다보고 있었다. 그는 이렇게 말했다. "영과 영혼과 육신 모두 다 생기를 되찾았군."

나는 이렇게 답했다. "지금 제 기분이 딱 그렇습니다."

그는 이렇게 말했다. "자리에서 일어나거든 계곡을 같이 걸으면서 이야기를 나누세. 내일이면 떠나야 하니 오늘은 자네와 시간을 함께 보내고 싶네. 영 안에서 분리는 존재하지 않지만 나는 마치 외동아들을 떠나보내는 것만 같다네."

가볍게 음식을 들고 나서 우리는 초모라리 산 방향의 계곡을 거닐었다. 나는 이렇게 말했다. "린포체님을 떠나게 되어 참으로 슬픕니다. 린포체님께서 몸을 입고 계신 모습을 더 이상 뵐 수 없다고 생각하니 더욱 애석합니다. 린포체님은 제게 아버지 이상이십니다. 뵈면 뵐수록 더욱 깊이 흠모합니다."

그는 이렇게 답했다. "자네가 몸을 입은 내 모습을 보기 오래전부터, 나는 자네를 아들처럼 사랑해왔네. 나는 자네가 일할 때 자네 곁에 오랫동안 함께 있었거든. 하지만 이제 곧 나는 생명을 도로 집어들기 위해 육신에서 자유로이 생명을 내려놓을 거야. 더 이상 육신으로 돌아오지 않고 다른 영역들에서 머물 거라네. 그래도 나는 자네의 훌륭한 안내자 성 안토니오처럼 계속 자네와 함께 있을 걸세."

그는 이렇게 덧붙였다. "잠언에 이런 말이 있네. '지혜를 얻으며 명철을 얻으라. 내 입의 말을 잊지 말며 어기지 말라.'* 그런데 이보다 고상하고 좋은 방법도 있어. '네 이웃을 너 자신처럼 사랑하라'라는 것이지.

사랑이 모든 문제에 대한 해답이야. 신이 곧 사랑이고 사랑이 곧 신이야. 그런데 사람들은 타인에 대한 적개심을 품은 채 신에게 접근하지. 하지만 적개심을 털어내고 가슴에 사랑을 가득 채울 때라야 비로소 신성에 다가갈 수 있어.

자네도 알다시피, 특정 종교를 따르고 있다고 하면서 정작 다른 종교를 따르는 자에게 적대적인 사람은 사실 반종교적이야. 그래서 소위 종교적인 사람이 더욱 위험한 거지. 서로를 대립시킴으로써 인류를 갈라놓는 이상을 추구하기 때문이야.

관념만큼 사람들을 갈라놓는 것도 없다네. 좌파 성향인 사람들도 있고 우파 성향인 사람들도 있지. 그들은 단지 관념을 추구하고 있을 뿐이야. 그들은 자기 생각이 다른 이의 생각보다 낫다고 여기는데, 이것은 적의와·투쟁과 유혈 참사로 이어진다네. 관념과 신념이 사람

---

* 잠언 4:5

527

들을 어떻게 갈라놓는지 이해할 때라야 평화와 사랑이 찾아온다네.

자신의 관념이 중요하다는 환상을 놓아버릴 때, 비로소 사랑이 사람의 가슴과 마음속으로 들어올 거야. 사람이 거짓을 알아차리는 즉시 사랑이 들어선다네. 그러면 사랑 자체인 아버지를 닮아 있고, 만물을 다스릴 마땅한 권한을 지닌 사람이 나타날 거야. 그런데 이 지배권은 많은 이들이 오해하는 것처럼 초자연적인 것이 아니야.

예수께서는 자신을 초자연적 존재라고 자처한 적이 결코 없네. 그러나 사람들은 자기 마음속에 초자연적인 것에 대한 관념을 세우고는 자기 마음속의 환상을 숭배해. 그들은 숭배에 빠져서 적개심과 증오와 질투로 가득한 자신의 실상은 보지 않으려고 애를 쓰지. 그러나 거짓을 이해할 때라야 참인 것이 '지금' 들어설 수 있는 법이야. 이것이 지혜일세. 거짓을 이해하고 또 거짓이 어떻게 생겨나는지 이해할 때 비로소 지혜가 들어선다네. 이렇게 할 때라야 많은 이들이 몸부림치는 속박 상태에 해방이 찾아올 거야.

지혜가 찾아오면 자네는 풀 한 포기도, 꽃 한 송이도, 나무 한 그루도 제 뜻대로 자라지 않음을 깨닫게 될 거야. 또 이 지상에, 이 지상 너머에 '무한하신 분'을 근원으로 삼지 않는 것이 하나도 없음도 깨닫게 될 거야.

그때 자네는 더 이상 무지 앞에서 침묵하거나 거짓 앞에서 멍하니 있는 대신, 이해를 통해서 오류를 바로잡게 될 거야. 자네는 더 이상 고통이 무엇인지 묻는 대신, 모든 문제를 해결하는 길을 보여주게 될 거라네.

생각-감정의 가장 높은 형태는 관념과 신념을 공격적으로 주장한다고 해서 오는 것이 아니라 이해를 통할 때 오는 거야. 우리는 우리 창조성의 근원을 오직 실재와 사랑 안에서만 찾을 수 있어. 그러면 자네는 더 이상 안전을 추구하지 않게 될 거야. 안전을 추구하는 자는 항상 결핍 상태에 있기 때문이지. 안전의 기반은 추구가 아니라 앎에 놓여 있어. 자네는 항상 현존하고 다함 없는 공급의 근원 속에서 지금 살고 있다네."

나는 오롯이 경청했다. 나는 관념을 자아내지 않고 자아를 이해하는 방식으로 경청하는 방법을 체득했다. 자기 인식이 곧 자유이자 변혁이었다. 이 자유 안에서 실재는 그 어떤 종류의 제한도 없이 기능했다.

나는 더 이상 우리가 처음 만났을 당시의 내가 아니었다. 철학적으로, 심리적으로 따지고픈 마음이 싹 사라졌다. 따지고픈 내용이 참이든 거짓이든 그다지 중요하지 않음을 이제 알았기 때문이다. 도리어 그것은 대개 정신적 구조물을 쌓아 올려 실재를 가로막는 장애물로 작용했다.

이것이 게쉬 린포체가 들려준 마지막 이야기였다. 또한 그가 의도한 바는 아니었겠지만, 일종의 마지막 충고이기도 했다. 그와 함께한 시간은 주로 이해를 통한 정화 작업이었고, 이 작업은 저마다 스스로 해낼 수밖에 없는 일이다.

그런 뒤 그는 이렇게 말했다. "나는 본래는 링마탕에 갈까 했지만 그러지 않기로 했네. 겨우내 여기서 지내려고 해. 내가 가장 사랑하는 이곳에서, 저 아름다운 산 뒤로 해가 뜨고 지는 모습을 볼 때마다 자네를 생각할 거야. 대신 자네의 벗이 칼림퐁까지 동행할 거라네. 그 후로는 영적으로는 아니겠지만 물리적으로는 이제 자네 혼자서 가야 해.

자, 이 십자가를 받게나. 어릴 때부터 내가 지녀왔던 성물이야. 내 아버지께서 주셨던 것인데, 수직과 수평이 만나는 중심에 다이아몬드가 박혀 있어. 이것은 아버지-어머니-신의 현현인 아들을 상징하네. 아들은 사랑과 지혜, 즉 진리 안에서 태어나지.”

그런 뒤 그는 십자가 목걸이를 빼서 내 목에 걸어준 다음 나를 축복해주었다. 나는 눈물이 뺨에 흘러내렸지만 그대로 두었다. 그 순간 그리스도가 내 안에서 깨어난 것 같았다. 그날 이후로 나는 완전히 달라졌다. 거지 옷을 벗어버리고 사랑의 두루마기, 즉 그리스도의 요가를 입은 듯했다. 이 옷단에 스치기만 해도 영혼은 고통에서 해방될 것이다.

18장

✧ ✧ ✧

나는 해가 뜨기 전에 일어났다. 내 벗과 함께 아침 식사 후 히말라야를 넘어서 칼림퐁까지 가는 여행을 떠나야 했기 때문이다.

학생 시절 휴가 기간에 스코틀랜드 고지대에서 지내다가 다시 학교로 돌아갈 때면 깊은 슬픔을 느끼곤 했다. 고향의 언덕과 헤더*와 호수와 강이 너무나 그리웠기 때문이다. 이날 아침에도 그때와 매우 비슷한 감정이 올라와 나는 내 벗에게 이 심정을 전했다.

아침 식사 자리에 다들 나와 있었다. 사원장이 나를 기다리고 있다가 작별 선물로 실크 스카프를 내 목에 걸어주었다. 스카프가 어찌나 얇고 부드럽던지 작은 편지 봉투에도 들어갈 정도였다. 작별 시 스카프를 선물해주는 것은 티베트 사람들에게 중요한 전통 의식이었고, 받는 사람에게도 매우 뜻깊은 상징이었다. 사원장에게 받는 스카프는 영원한 축복을 상징했다.

다음 날 게쉬 린포체와 사원장과 창 타파를 제외한 나머지 사람들은 오크 계곡을 떠날 예정이었다. 퉁 라, 말라파, 다르 창은 하 추 계곡 쪽으로 돌아갈 것이었다.

다르 창은 양탕 사원으로, 말라파는 곤사카 사원으로, 퉁 라는 타코후 사원으로 돌아갈 예정이었다. 앞으로 이런 대가들이 다시 모이는 일은 한동안 일어나지 않을 것이다.

---

* heather: 낮은 산, 황야 지대에 나는 야생화. 보라색, 분홍색, 흰색의 꽃이 핀다. (옥스퍼드 영한사전)

우리는 아침을 들기 위해 평소 모이던 장소에 앉았다.

게쉬 린포체가 일어나서 이렇게 말했다. "지상에서 사노라면 일생에 한 번씩은 잊지 못할 사건이 벌어진다네. 그런 일이 일어나면 우리는 그 기억을 항상 간직하게 되지. 그 일은 여느 봉우리보다 우뚝 솟아난 산봉우리와도 같기 때문이야.

그런데 그런 사건이 세계의 지붕 같은 이 고립된 땅에서 살고 있는 우리에게 일어났다는 점에 다들 동의할 걸세.

여기 내 사랑하는 아들이 거의 7개월 동안 우리와 함께 지내왔지만, 이제 그는 곧 우리 곁을 떠날 거야. 어쩌면 우리는 육신을 입은 그의 모습을 다시는 볼 수 없을지도 모르지. 하지만 우리는 그의 일을 도울 것이기에 영적으로는 그를 계속 볼 거라네. 그의 일을 돕는 것이 우리가 그의 세상에서 할 일이야. 우리는 짧은 기간 동안 두 차례 모였지. 이제 각자의 자리로 돌아가겠지만, 우리가 함께 지내면서 얻은 더욱 깊어진 이해가 늘 함께할 걸세.

그는 우리에게 지울 수 없는 인상을 남길 거야. 우리는 그가 누구인지 말할 필요가 없어. 우리 모두는 그가 지난 여러 세기 동안 우리와 함께 있었음을 알고 있기 때문이지. 그는 이 시대에 자신이 완수할 사명에 필요한 영혼과 경험을 갖고 돌아왔다네. 우리는 모두 다시 만날 것임을 알아. 이것을 기억하면 이별이 훨씬 수월하다네. 그러니 우리는 잠시만 작별을 고하는 거라네. 그는 우리의 사랑과 축복을 항상 품고 다닐 것이고, 신의 사랑이 그와 영원히 함께할 걸세."

그러고 나서 그는 모든 대가들에게 익숙한, 양손을 올리는 자세를 취한 뒤 자리에 앉았다.

모두가 나를 바라볼 때 나는 나를 휘감는 어떤 권능을 의식했다.

나는 일어나서 이렇게 말했다. "제가 무슨 말을 한들 제 가슴속에 있는 것을 드러내지는 못할 것입니다."

이제 나는 진정한 사랑을, 말 이상의 말을 하는 사랑을 발견했기 때문이다. 오직 사랑만이 모든 문제를 해결할 수 있었다. 인류에게 영향을 미치는 문제들은 사람이 스스로 만들어낸 것이었고, 이 문제들은 마음이 아닌 가슴을 통해서만 해결될 수 있었다.

나는 이렇게 말했다. "저는 무엇이 마음을 구성하고 있는지, 또 마음이 어떻게 조건들로 속박되었는지 마침내 이해했습니다. 우리가 맺고 있는 관계를 거울처럼 들여다볼 때, 그 사실을 편견 없이 아주 분명히 이해하게 되고, 바로 이 인식이 별다른 노력 없이 변혁을 일으킵니다.

그 사실을 있는 그대로 이해할 때, 바로 그 사실이 문제를 해결하는 진실이 됩니다. 자아가 문제임을 이해할 때, 그 사실을 숨기거나 피하려고 분투하지 않고 있는 그대로 받아들일 때, 즉시 변혁이 들어서고, 오직 이 변혁만이 문제를 해결할 수 있습니다.

이것이 참임을 인식할 때 마음에 고요가 자리하고, 이 고요 속에서 갈등은 그칩니다. 이 고요 속에 실재-사랑이 들어서고, 실재-사랑이 기능하면 아무 문제도 없습니다. 자아가 사라질 것이기 때문입니다. 이것은 매우 단순합니다. 그리고 단순한 사람은 이해할 수 있습니다. 이해는 소수가 아니라 만인을 위한 것이기 때문입니다.

실재는 '지금' 존재합니다! 그렇기 때문에 변혁은 즉각적입니다. 시간은 초시간적인 것을 드러내지 못합니다. 그러므로 내가 지금 존재하는 것을 이해하고, 새로운 것을 숨기는 오래된 것과 과거의 기억 없이 순간순간 자각하면, 내가 과거 없이 순간을 만나는 순간마다 새로운 것이 갱신됩니다. 이것은 지금도 가능한 일입니다.

제가 무슨 메시지를 전해야 할지 알겠습니다. 제가 할 일은 이미 육중한 짐을 지고 있는 마음에게 관념을 더 실어주는 것이 아니라 관념이 얼마나 거짓되고 현혹적인지를 보여주는 것입니다. 마음의 관념은 진리를 결코 드러낼 수 없고 아무 문제도 해결할 수 없습니다. 오직 사랑만이 능히 이 일을 해낼 수 있습니다. 과거와 신념과 기억이 마음에 부과하는 조건이 이해되어서 사라지는 즉시 사랑이 들어섭니다.

여러분과 함께 지내면서 얻은 사랑과 지혜에 대해 더할 나위 없이 감사드립니다. 여러분 곁을 떠나는 제 마음이 참으로 무겁습니다. 아시다시피, 저도 여러분 곁에 머물고 싶지만, 맡겨진 사명이 있어서 그럴 수는 없습니다. 이 과업을 수행할 때 여러분이 저를 도울 것이라 하시니 참으로 기쁩니다."

그런 뒤 나 역시 양팔을 드는 자세를 취해 모두를 축복하였다. 필요한 각종 시험을 모두 통과했기에 이제는 나도 그렇게 할 수 있는 권한이 있었다.

아침 식사 후 내 벗과 나는 그들을 떠났다. 나머지 사람들은 발코니에 서서 우리를 눈으로 배웅해주었다.

우리는 해가 솟아날 때 출발했는데, 그때 라마승들이 "옴마니반메훔"을 읊조리는 소리가 들렸다. 사원 전체가 내게 작별을 고하는 듯했다.

그날 아침의 해돋이는 유난히 아름다웠다. 내가 밤이고 낮이고 바라봤던 사랑스러운 초모라리 산도 반짝이는 보석처럼 아침 햇살을 반사하면서 내가 산에 품고 있는 애정을 자기도 알고 있노라고 화답하는 듯했다.

우리는 고개를 돌려 파리Phari로 향했고 추운 계절에 얼어붙은 시내를 수도 없이 건넜다. 가는 도중 우리를 서서 바라보는 눈표범도 두 마리 보았다. 평원은 야생 야크와 야생 토끼 말고는 무엇 하나 보이지 않아 아주 황량했다. 초모라리 산에서 불어오는 차디찬 바람이 평원을 휩쓸면서 파리로 향했다. 여름에 이 평원은 야생화가 흐드러지게 피어나 색의 향연이 열리는 곳이었지만, 겨울에는 눈으로 뒤덮여 그 풍경이 천양지차였다.

세상에서 가장 높고 가장 춥고 가장 불결한 곳인 파리로 진입하면서 야크와 당나귀 행렬을 여러 번 마주쳤다. 차디찬 눈 위에 앉아 마니차를 돌리고 손을 내밀면서 적선을 바라는 거지를 수도 없이 만났다. 그곳 여성들은 추위와 바람과 햇볕에서 피부를 보호하려고 야크 피와 진흙을 섞어서 얼굴에 발랐다. 추위와 바람과 햇볕에 피부가 한꺼번에 노출되면 매우 따갑기 때문이다.

거리는 수 세기 동안 버려진 쓰레기로 가득했다. 부랑아들이 추위와 똥과 오물에 개의치 않고 맨발로 뛰어다녔다. 개들의 사체가 길거리에 널려 있었지만 아무도 치울 생각을 하지 않았다. 살아 있는 개들은 달리 먹을 것이 없는지 죽은 개들의 사체로 연명했다.

우리는 오후 4시경 파리 주변에 자리한 방갈로에 도착했다. 땔감이 많이 있어서 불을 크게 피워 맛있게 식사했다. 나는 파리 시내에서 멀어져 다행이라고 내 벗에게 말했다. 하지만 파리 사람들은 그런 끔찍한 조건에 살면서도 행복해 보였다.

다음 날 아침, 우리는 토스트에 달걀부침을 얹어 먹은 뒤 25킬로미터가량 떨어진 가우차Gautsa라는 곳을 향해 출발했다. 뒤로는 초모라리 산이 햇빛을 받아 반짝이는 모습이 보였고, 앞으로는 광활한 평원 위에 수백 마리의 야크가 먹을 것을 구하기 위해 눈을 파헤치는 모습이 보였다. 여우와 토끼도 다들 먹을 것을 찾아다녔다.

우리는 도중에 야크 털을 나르는 야크 행렬을 만났는데 그중 일부는 당나귀였다. 흔한 풍경이었지만 볼 때마다 미소가 절로 지어지곤 했다. 여기서부터는 산비탈을 올라가야 했는데, 머리 위로 거대한 바위들이 매달려 있었다.

우리는 다리를 건넌 뒤 가우차에 도착했다. 그 다리는 오래전에 지은 부분과 새로 지은 부분으로 나뉘어 있었다.

오두막은 나무집들이 모인 작은 마을 안에 자리했다. 헛간 중 하나에 노새 몰이꾼 여럿이 티베트 맥주인 창을 기분 좋게 마시고 있었다. 이 티베트 사람들은 술에 취해서도 행복하고 쾌활했다. 서로 싸우는 일은 거의 일어나지 않았다.

내 벗은 그들에게 티베트어로 말을 걸었다. 우리는 둘 다 법복을 입고 있었기 때문에 그들은 호의를 아낌없이 베풀었다. 그들은 큰 헛간에서 노래하고 춤추기 시작했다. 그중 몇몇 춤은 아주 격렬했다. 엄청난 속도로 마구 돌다 보니 외투가 날아다닐 지경이었다. 새벽이 될 때까지 춤판은 계속됐다.

이른 아침에는 길이 꽝꽝 얼어 있었지만, 해가 떠오르자 눈과 진흙이 녹아내리면서 질척거렸다.

길은 아마 추 강의 주변을 따라 나 있었다. 아마 추 강은 4,500미터를 넘는 두 산맥 사이의 협곡을 통해 흘렀다. 아마 추 강은 심지어 겨울에도 얼지 않고 흘렀는데, 여름이 되면 산에 쌓인 눈이 녹아 무서운 기세로 흐르는 급류가 될 것이었다.

협곡의 끝에 다다르자 오늘 밤 묵을 링마탕 사원이 보였다. 나는 이곳 사원장이 우리 둘을 잘 알고 있기도 하고 내가 게쉬 린포체가 처음 만난 곳이기도 해서 기뻤다.

춤비 계곡에 들어선 뒤 링마탕 사원을 향해 나아갔다. 링마탕 사원은 계곡이 끝이자 협곡의 어귀에 자리했다. 히말라야를 넘을 때 지나갈 첫 마을인 야퉁이 저 멀리 보였다.

여기서 바랄*이라고 부르는 야생 양을 몇 마리 보았다. 이곳에서는 야생 곰이 농작물을 먹기 위해 산의 숲에서 내려와 출몰하기도 한다. 이곳 유목민은 표범과 늑대로부터 가축을 보호하기 위해 마스티프를 키우곤 한다.

링마탕 사원장은 우리를 다시 보더니 매우 기뻐했다. 이틀 밤을 묵고 가라고 청하기에 그의 말을 따랐다. 우리는 바깥세상을 차단하는 마지막 산맥을 넘기에 앞서 휴식을 취할 수 있어서 기뻤다.

춤비 계곡은 겨울마저도 아름다웠다. 야퉁은 잘사는 마을이었다. 돌로 집을 짓고 지붕널을 인 집들이 아마 추 강 좌우를 따라서 여기저기 박혀 있었다.

사원에 머무는 동안 나는 게쉬 린포체의 방에서 잠을 잤다. 이 사원에 도착하면 자기 방을 쓰라고 내게 미리 당부했기 때문이다. 우리는 곧 제펠Jepel 고개를 넘어야 해서 잘 먹고 잘 쉬었다. 겨울에는 나툴라 고개를 넘을 수 없었다. 지금 우리는 인도와 티베트의 경계에 해당하는 히말라야 산맥에 도착해 있었다.

---

* bharal: 솟과의 포유류. 어깨의 높이는 90센티미터 정도이고 염소처럼 뒤로 굽은 뿔이 있다. 티베트와 그 주변 산악 지대에 사는 야생 양이다. (표준국어대사전) 저자는 이 야생 양의 이름을 'Burrhal'로 표기하였으나, 인터넷에 일치하는 정보가 없어서 역자가 'bharal'로 바꿔 검색한 결과를 각주에 옮겼음을 밝힌다.

게쉬 린포체의 방에서 저녁 식사를 한 다음 조용히 앉아 있었는데 문득 그의 영향력이 느껴졌다. 내 벗도 그의 영향력을 느꼈나 보다. 내 벗은 다음과 같이 훌륭하게 설법했다.

"평화는 갈등을 부정하는 것이 아니야. 무턱대고 악을 부정한다고 해서 고결해지지 않아. 추함을 부인한다고 해서 아름다워질까? 반대되는 것을 추구하는 방식으로는 절대로 평화로워질 수 없어. 고결해질 수도 아름다워질 수도 없어. 반대는 항상 갈등을 함의하기 때문이야. 무엇이든 그것을 부인하는 것 자체가 갈등을 일으키는 거야. 정반대되는 것을 부인해서 고결함으로 이어지는 법은 절대로 없다네. 평화는 전쟁을 부인하는 것이 아닐세. 전쟁은 우리 자신의 투사이기 때문이지.

이상주의자가 이상을 따르지 않는 자들보다 더 많은 고통을 일으키지 않던가? 사람들을 분열시키는 데 이상이 단연 으뜸이라는 것은 명백한 사실이야. 전에도 자네가 린포체님에게 비슷한 말을 들은 적이 있음을 알지만, 이 내용을 이해하는 것은 자네 작업에 너무나 중요하기에 나는 반복해서 말하려 하네.

좌로 치우친 사람이든 우로 치우친 사람이든 단지 관념을 좇는 것이지 않던가? 자기 관념이 다른 이의 관념보다 중요하다고 여기기 때문에 갈등과 전쟁과 증오가 생겨나는 거야. 관념의 실체를 간파하고, 관념이 어떻게 우리를 분열시키고 있는지 알 때라야 화해가 들어설 자리가 생긴다네.

우리는 자신을 영국인, 미국인, 러시아인, 중국인, 인도인 등으로 여기고 있지. 안전해지고 싶은 욕구 때문에 집단에 집착하는 거야. 이렇게 동일시하면 안정감을 얻거든. 그러나 어떤 집단에 동일시하든 안전과는 무관한 분리와 해체와 전쟁을 내포하게 되기 마련일세.

이상주의자라면 누구나 품는 꿈이 있네. 좌가 됐든 우가 됐든, 모든 이가 자기 이상을 똑같이 믿는 것이 그것이지. 하지만 그런 일은 불가능해. 믿음은 언제나 분리되기 마련이거든. 믿음은 통합의 요소가 아니라 해체의 요소라네.

갈등이 내적으로 또 심리적으로 지속되는 한, 이런 갈등은 투사되기 마련이야. 자신의 내적 갈등을 이해하지 않은 채 평화를 구하고 단체를 세우려는 노력은 무의미하다네.

무턱대고 전쟁에 저항하면서 심리적인 내적 갈등은 내버려둔다면, 그 갈등이 계속 심해질 거라네. 하지만 전쟁을 야기하는 내적 갈등의 과정 전체를 이해한다면, 그때 자네는 전쟁광도 평화주의자도 아니게 되네. 자네는 완전히 달라질 거야. 자네는 자신 안에서 평화롭기 때문에 세상과도 평화로울 거야.

자네에게 필요한 것은 여기저기나 또 다른 무엇에 속하는 것이 아니야. 갈등의 원인을 이해하는 것만이 필요하다네.

사람들은 때때로 적을 갈아치우고, 그 일을 상당히 즐기는 듯이 보인다네. 그리고 이 놀이는 프로파간다*와 그들의 심리적 갈등으로 계속 유지되지.

그래서 사람들은 이상과 국적과 탐욕과 세력 확장을 통해서 전쟁을 조장하지. 그들은 전쟁을 먼저 내적으로 조장한 후 외적으로도 조장해. 평화를 원한다고는 하지만, 그렇게 하는 것은 분명 어리석음의 극치이자 항상 모순에 빠져 있는 미성숙한 마음의 절규일 뿐이야.

---

* propaganda: 어떤 것의 존재나 효능 또는 주장 따위를 남에게 설명하여 동의를 구하는 일이나 활동. 주로 사상이나 교의 따위의 선전을 이른다. (표준국어대사전)

자네는 항상 무엇이 되기를 바라지. 전쟁 영웅이나 백만장자나 고결한 사람이나 평화주의자나 그 밖의 모든 것 말이야. 그러나 되고자 하는 욕구 자체에 갈등이 내포되어 있다네.

평화는 무언가가 되고자 하는 욕구가 하나도 없을 때 존재하는 걸세. 되어감이 도리어 실재에서 멀어지는 것임을 이해할 때, 자네는 무엇이 되기를 멈추게 될 거야. 되기를 멈추면 실재가, 창조성이 들어서지.

그러면 자네는 안전을 구하지 않게 될 거야. 안전을 구하는 마음은 늘 두려움에 떨고 있고, 창조적 존재로서 누리는 기쁨을 결코 알지 못한다네. 자네 안전의 기반은 추구가 아니라 앎에 놓여 있어.

생각-느낌의 최고 형태는 이상주의자가 자신의 이상을 공격적으로 밀어붙여서 얻어지는 것이 아니라 자기 인식과 신적 이해를 통해서 획득되는 거야.

이를 위해서는 마음과 가슴이 평화롭고 고요해야 해. 그러면 갈등이 없는 상태가 어떠한지 알게 될 거야.

모든 전쟁이 저마다 다른 전쟁을 일으키듯 모든 갈등도 저마다 다른 갈등을 일으키는 법이야. 갈등을 끝내고자 한다면, 자네는 반드시 자아를 이해해야 해. 자기 인식이 있을 때에만 비로소 안팎으로 갈등에서 해방되기 때문일세.

대량 학살, 기아, 고통, 파괴 등의 문제를 자기 수준에서 붙들고 늘어질 때 세상은 도리어 고통을 심화하게 되지. 사람들은 탐욕과 악의를 재구성하는 데만 관심을 두네. 그래서 혼동과 적개심이 절대로 끝나지 않아. 이러한 혼동과 적개심은 자신 안에 깊이 박혀 있는 뿌리를 다루기 전에는 계속 남아 있을 거야.

그러므로 개혁가가 문제는 바로 자신임을 이해함으로써 자신부터 근본적으로 바꿔놓기 전에는 참된 가치를 내면에서 깨닫기가 불가능하고, 그가 그런 상태에서 벌이는 일은 도리어 갈등과 고통을 더할 뿐임이 참으로 명확하지 않은가?

괴로움을 몸소 경험하고서야, 자기 고통을 유지하는 것이 바로 자신임을 깨달아 자신이 꾸는 필멸의 꿈에서 깨어나는 경우가 종종 있다네. 수단과 방법에 대해 덜 생각할수록 자네는 자신을 더 많이 이해하게 될 것이고, 대립의 갈등이 아니라 영원한 가치를 지닌 평화를 더 빨리 누리게 될 거야.

이해를 얻은 자의 입술에는 지혜가 묻어나지만, 이해가 부족한 자의 등에는 매질이 떨어진다네.”

그가 말을 마친 뒤에도 나는 한동안 계속 귀 기울이고 있었다. 이제 나는 단순히 말만 듣는 것이 아니라, 보다 깊은 이해를 통해 나 자신을 바라보면서 듣는 법을 배운 상태였다. 그러한 ‘바라봄(seeing)’ 자체가 곧 자유이자 변혁이었다.

나는 사원장도 자아가 드러나는 방식의 깊은 명상에 잠겼음을 알 수 있었다. 이것이 진정한 명상이었다. 한 생각에만 집중하고 나머지는 배제하는 방식은 바른 명상이 아니다. 그런 방식으로는 갈등에서 벗어날 수도 없고 실재를 깨달을 수도 없기 때문이다.

그날 밤 나는 잠을 푹 자면서 편히 쉬었다. 그리고 다음 날 아침 상쾌한 기분으로 일어났다. 제펠 고개를 오를 준비가 되어 있었다.

우리는 일찍 출발했다. 깊이 쌓인 눈을 여덟 시간 동안 헤치면서 산을 올랐고, 눈이 허벅지까지 쌓인 곳도 여러 번 지나쳤다. 마침내 고개 중간 높이에 있는 오두막에 도착해 거기서 밤을 지냈다.

나는 다음 날의 여행이 최악이 될까 봐 염려했다. 고개에서 맞는 눈보라는 끔찍한 경험이기에 부디 눈보라가 없기를 희망했다. 바람이 심할 때는 몇 미터 앞도 보이지 않는데, 이 시기에는 흔히 벌어지는 일이었다. 길에 눈이 높게 쌓이면 이를 헤치고 나가기가 거의 불가능했다. 이미 한 번 겪어본지라 또 겪고 싶지는 않았다.

이미 겪어본 적이 있어서일까. 공평하게도 이번에는 가는 내내 맑았다. 햇볕이 뜨거웠다. (한겨울에도 낮에는 햇볕이 불쾌할 정도로 뜨거워질 수 있다.)

고개 정상에 도착하자 시킴 주의 주도主都인 강토크가 저 아래 보였다.

고개 건너편에 바로 오두막이 또 한 채 있기에 우리는 거기서 밤을 보냈다. 통나무에 불을 붙여 저녁을 먹었다. 그런 다음 잉걸이 붉은빛을 은은히 발할 때까지 서로의 곁에 앉아 있었다. 촛불도 방에 어슴푸레하게 빛을 발하고 있었다.

나는 다시 게쉬 린포체의 영향력을 느낄 수 있었다. 분명 그는 지금 여기에 있었다. 내 벗에게 말했더니 그 역시 똑같은 영향력을 느끼고 있었다. 그는 이렇게 말했다. "몇 분만 가만히 있어보세. 그분을 눈으로 볼 수도 있겠어."

우리는 가만히 있었다. 얼마 지나지 않아서 게쉬 린포체의 형상이 나타나는 모습을 볼 수 있었다. 이번에는 그를 분명히 볼 수 있었고, 이제 나도 이런 식의 출현에 무지하지 않았다.

나는 그의 입술이 움직이는 모습을 볼 수 있었고 작게나마 그의 목소리도 들을 수 있었다. "보다시피 나는 여전히 자네와 함께 있다네."

그런 뒤 링쉬라 은수자도 나타나 이렇게 말했다. "산도 움직일 민음을 품게나. 그러면 그 믿음을 통해 우리가 자네를 도울 거야. 절대로 의심하지 말고 오직 행하게. 그 행함 속에서 실재가 일할 거야. 아버지의 영이 몸소 이 일을 하신다는 것을 잊지 말게나."

그런 뒤 둘은 동시에 사라졌다. 나는 몹시 기뻤다. 이제 나는 확신에 차서 그 무엇도 나를 흔들 수 없었다.

나는 내 벗에게 이렇게 말했다. "단연코 오늘이 저에게 최고의 저녁입니다. 따로 마련되었던 저녁 모임들보다도 더욱 뜻깊었습니다. 방금 전의 몇 분이 저에게는 영원 그 자체였습니다."

두말할 나위 없이 그날 밤은 세상모르고 잤다. 다음 날 아침에도 어젯밤 일어난 일이 내게 영향을 미치고 있었다. 나는 게쉬 린포체와 링쉬라 은수자의 영향력을 여전히 느낄 수 있었고, 그들이 전한 의미 전체가 더욱 중요해졌다.

시킴의 주도인 강토크로 내려갈 때, 내 발은 날개라도 달린 듯 새처럼 가벼웠고 내 가슴은 기쁨으로 충만했다. 내 마음은 영원한 침묵에 잠긴 듯했다. 그때 이후로 이 환희의 느낌은 항상 나와 남아 있었고, 계속 나를 젊게 지켜주었다.

내 친구 중에 20년 동안 나를 보지 못했다가 내가 자기가 살던 지역에 왔다는 소식을 듣고 보러 온 친구가 있었다. 그는 당연히 나도 자신처럼 늙었을 것이라고 예상했을 것이다. 나를 보자 그는 탄성을 질렀다. "세상에, 조금도 안 늙었잖아. 대체 비결이 뭐야?" 나는 이렇게 답했다. "비밀은 무슨. 나는 그냥 나야." 물론 그는 나이를 먹은 상태였다.

그날 저녁 우리는 강토크에 도착했다. 문명사회로 돌아온 것이 다소 유감이었다. 특이한 느낌이었다. 문명사회가 싫은 것은 아니었지만 히말라야 반대편에 있는 곳을 떠올리자니 울적한 마음도 조금 일었다. 그런데 곧바로 임무를 착수하고픈 열의도 동시에 솟아났다. 전과는 다르게 이제 내게는 나눠줄 무엇이 있었다. 확신이 없다는 느낌이 들 때는 내가 사기꾼인 것만 같았다. 사실 내가 제대로 알지 못한다는 느낌을 나부터 느끼고 있었기 때문이다. 하지만 이제 나는 거짓이 무엇인지 안다. 그런데 전에는 똑같은 거짓을 참으로 여기며 살았다.

우리는 그곳의 행정 관료 구드^Gould 씨에게 경의를 표한 뒤 그의 지인들과 그날 저녁 식사를 함께했다. 그들 모두가 내 근황을 궁금해했기에, 자연스레 내가 최근에 한 일을 중심으로 대화가 흘러갔다. 하지만 막상 구드 씨에게 내가 무슨 일을 했고 어디를 다녔는지 이야기하자 그는 내 말을 믿기 어려워했다.

나는 백인 중 누구도 발을 들인 적 없던 곳, 즉 티베트에서도 탐사된 적이 없는 곳에 다녀왔기 때문이다. 나 역시 티베트 전문가들과 함께 다녔기에 가능한 일이었다.

대부분의 사람들에게는 진리 자체보다 내가 어디서 지냈는지가 더 큰 관심사였다. 진리야말로 삶에서 가장 중요한 것인데 말이다.

다음 날 우리는 함께하는 여행의 종착지인 칼림퐁까지 소형 오스틴*을 운전해서 갔다.

나는 글을 쓰고 있는 지금 이 순간도 당시 내 벗에게 작별을 고할 때 느꼈던 외로움이 생생하다. 감정적으로 동요된 것이 아니었는데도 눈물이 뺨을 타고 흘러내렸다. 기댈 곳이 사라져 도저히 홀로 지

---

* Austin: 오스틴 모터 컴퍼니Austin Motor Company는 영국의 자동차 회사다.

탱할 수 없을 것만 같았다. 내 벗이 이렇게 말한 것을 보니 분명 내 생각을 읽었나 보다. "지금 내가 자네를 떠나는 것이 자네에게 최선일세. 영이 자네 안에 있고 남은 여정 동안 자네를 지탱할 거야. 자네는 혼자가 아니야. 자네를 창조하신 분께서 자네 곁에 계시거든. 그분은 만유이시기에 만유보다 위대하시네. 그분은 전체이시며, 생명 자체야. 아버지께서는 당신 안에 생명을 갖고 계시고, 아들도 당신 안에 있는 그 생명을 갖도록 허락하셨다네.

자네는 그동안 홀로서기를 배웠지만 아직도 기대려 하는군. 의존의 환상이 자네를 속박에 가두고 있는 거야. 자신에게 베푸는 다른 사람들의 도움과 용기와 희망에 목을 맨다면, 그들이 아무리 고상하다 한들, 자네는 의존과 분리 속에서 길을 잃게 될 거라네.

시작과 마침이 있는 것에 의존한다면 두려움이 따르기 마련이야. 그러나 이 사실이 참임을 이해한다면, 자네는 시작도 끝도 없는 것을 찾아낼 거야. 그것은 자네 안에 있어. 나머지는 죄다 주의를 분산시켜 무지와 환영으로 이끌 뿐이지. 실재는 자네가 의존의 환영에서 풀려날 때 들어선다네. 만약 자네가 생각-감정-반응의 과정을 식별한다면, 자네는 그것이 얼마나 거짓된 것인지 이해하게 될 거야. 그때 거짓된 것이 자네에게서 떨어져 나갈 거야. 그러면 자네는 우리 사이에 분리란 존재하지 않음도 알게 될 거야. 오직 '하나'만이 존재하고, 그분 안에는 분열도 분리도 없기 때문이지.

즉각적인 현존 안에는 분리도 구분도 없어. 분리가 있을 수 없기에 구분도 없는 거라네. 우리는 늘 현존하는 사랑의 왕국 안에 있어. 마지막에 깨달을 자는 처음 깨달은 자와 다르지 않아. 이미 모두가 왕국 안에 있기 때문이지. 다만 이를 인식하지 못할 뿐이야."

그런 다음 그는 팔로 내 어깨를 감싸면서 이렇게 말했다. "나는 세상 끝까지 자네와 함께하겠네." 이 말을 마치고 그는 돌아서서 나를 떠났다.

나는 그가 가는 모습을 지켜봤다. 그가 뒤돌아보기를 바랐지만 그는 내가 그를 처음 봤을 당시의 모습 그대로 걸어갈 뿐이었다. 그가 시야에서 사라지고 나서 나는 "혹시 이게 다 꿈이었나?"라고 혼잣말을 했다. 그렇게 얼마나 오래 서 있었을까. 그러다가 정신을 차리고 이것이 꿈이 아닌 현실임을 깨달았다. 내 사명이 무엇인지 기억났고, 그 사명이 나를 온 세상 어디로 이끌고 가더라도 내가 끝내 완수할 것임을 알았다. 그래서 이후로 나는 이끌리는 대로 세상 모든 곳에 가서 자유의 메시지를 온 세상에 전했다.

그 순간 노르부가 생각났다. 3년 안에 노르부와 내 벗을 다시 보러 오겠다는 약속이 기억났다.

나는 이렇게 혼잣말을 했다. "그래, 전부 사실이야." 이 일이 어떻게 일어났는지 모르지만 실제로 일어났다. 이를 설명할 방법도 없다. 보이지 않는 어떤 힘이 만사를 완벽히 조화롭게 인도했을 뿐이다.

✦✦✦✦✦

나는 이 책을 주로 거짓을 밝혀내려는 목적으로 썼다. 오직 거짓을 여실히 이해할 때라야 당신은 진리를 깨달을 수 있다. 그러면 진리가 당신을 해방할 것이다.

그리스도의 요가

오 전능하신 분이시여, 저 스스로는 아무것도 아니지만, 당신과 함께할 때 저는 존재하는 전부입니다. 당신은 나뉘어 있지 않습니다.

섭리에 따라 이치를 따지고 거짓을 살펴보았을 때, 저는 당신의 살아 계신 현존이 들어설 길을 마련했습니다.

당신의 살아 계신 현존 안에서 저는 악을 전혀 보지 못했습니다. 당신은 유일한 분(the only One)이시기 때문입니다. 제가 본 악은 제 마음에 속한 것이었습니다.

개체성 안에는 실재가 하나도 없음을 이해했습니다. 오직 당신만이 실재하고, 당신만이 나뉠 수 없기 때문입니다.

죄 안에도 실재가 하나도 없음을 이해했습니다. 당신 안에서 죄란 존재하지 않고 오직 당신만이 존재하시기 때문입니다. 죄는 오직 사람의 마음속에만 머물고, 사람의 마음은 거짓입니다.

진리는 존재하는 전부이며, 진리는 나뉠 수 없습니다. 진리를 나눌 다른 무엇이 존재하지 않기 때문입니다.

진리는 바뀔 수 없습니다. 진리를 바꿀 수 있는 다른 무엇이 존재하지 않기 때문입니다.

진리에 눈멀게 하던 것을 알아보았을 때, 저는 그 거짓과 함께 죽었습니다.

이제 진리가 거짓을 참으로 믿던 오류가 제 안에 있었음을 아는 저를 해방하였습니다.

자아가 죽었기에, 영원무궁토록 제 생명은 당신 것, 당신 생명은 제 것입니다. 오 복되시며 영원히 살아 계신 현존이시여.

오 복되시며 영원히 살아 계신 현존이시여.

✦✦✦✦✦

이 책의 독자 여러분께

신께서 여러분을 축복하시어 지금, 그리고 영원토록 여러분을 안전하고 건강하게 지켜주시기를 바라 마지않습니다.

진심만을 담아
M. 맥도널드-베인

✣

옮긴이의 말

청소년 시절부터 영성에 관심을 갖고 조금씩 관련 책을 찾아서 읽다 보니 20대 무렵《티벳의 성자를 찾아서》(본서의 1부)라는 책을 조우하게 되었습니다. 처음에는 저자가 무협지에나 나올 법한 여러 신기한 기술을 습득하는 과정에 관심이 쏠렸습니다. 하지만 두 번 세 번 읽으면서 저자가 스승들과 나누는 심오한 대화에 점점 빠져들었습니다. 여러 번 읽어도 항상 신선했고, 생각의 구름이 조금씩 걷히면서 마음이 맑아지는 기분이 들었습니다.

그러다가 국내에서는 '그리스도의 강론'으로 알려진 저자의 다른 책(《Divine Healing of Mind and Body》)을 원서로 구해 당시 제게 꼭 필요했던 영혼의 자양분을 제 깜냥만큼 흡수했습니다. 그 책이 참으로 좋았습니다. 그래서 부족한 영어 실력이지만,《티벳의 성자를 찾아서》의 후속작인《그리스도의 요가》(The Yoga of Christ, 본서의 2부)까지도 원서로 읽어보겠다고 결심하게 되었습니다. 그런데 원서를 읽는 일이 익숙하지 않다 보니, 차라리 번역을 하면서 읽는 편이 내용을 이해하는 데 도움이 되었습니다.

그렇게《그리스도의 요가》를 공부 삼아 번역해둔 지 10년 정도 흘렀을 때, 정신세계사에서 본래 하나의 이야기인《티벳의 성자를 찾아서》와《그리스도의 요가》를 전부 새로 번역해서 통합본으로 내면 어떻겠냐고 반갑게 제안해주셨습니다. 개인 사정으로 며칠 망설이기도 했지만, 예전에 두 책을 읽으면서 설렜던 기억이 되살아나서 번역을 냉큼 맡기로 결심했습니다.

　직장 생활과 번역 작업을 병행하는 일이 생각보다 쉽지 않았고, 체력도 예전만큼 따라주지 않다 보니 예상보다 시간이 많이 걸렸습니다. 그래도 늘어난 시간만큼 번역의 완성도가 올라가고 실수는 줄어들지 않았을까 뻔뻔하게 기대해봅니다. 10여 년 전에 시작했던 이 작업을 직접 마무리하니 기분이 좋습니다. 이 아름다운 가르침을 많은 분들과 제대로 나눌 수 있게 되어 행복합니다.

2022년 귀뚜라미 울음이 또렷한 어느 가을밤에

옮긴이 강형규 드림

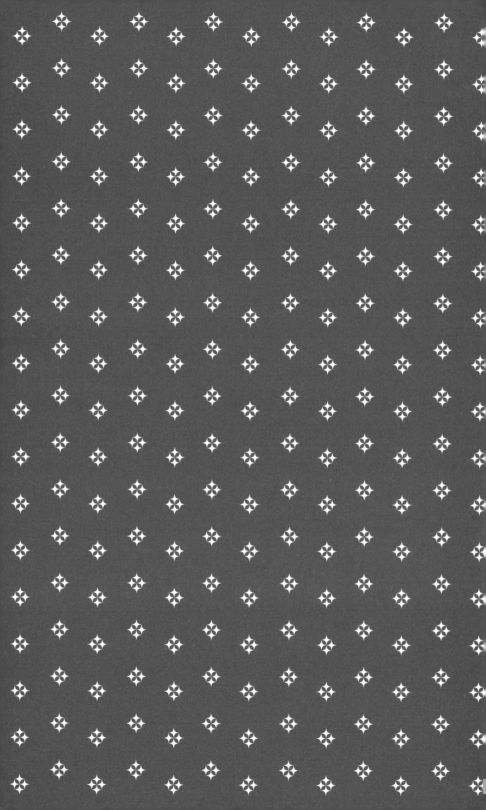

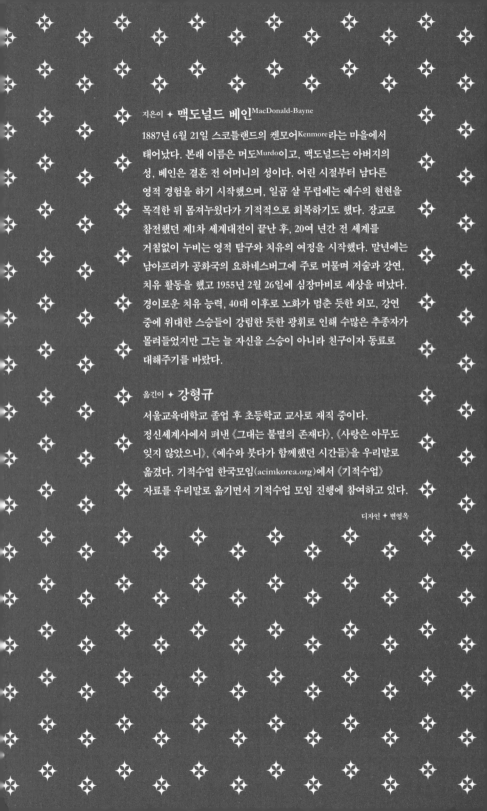

지은이 ✦ 맥도널드 베인 MacDonald-Bayne

1887년 6월 21일 스코틀랜드의 켄모어Kenmore라는 마을에서
태어났다. 본래 이름은 머도Murdo이고, 맥도널드는 아버지의
성, 베인은 결혼 전 어머니의 성이다. 어린 시절부터 남다른
영적 경험을 하기 시작했으며, 일곱 살 무렵에는 예수의 현현을
목격한 뒤 몸져누웠다가 기적적으로 회복하기도 했다. 장교로
참전했던 제1차 세계대전이 끝난 후, 20여 년간 전 세계를
거침없이 누비는 영적 탐구와 치유의 여정을 시작했다. 말년에는
남아프리카 공화국의 요하네스버그에 주로 머물며 저술과 강연,
치유 활동을 했고 1955년 2월 26일에 심장마비로 세상을 떠났다.
경이로운 치유 능력, 40대 이후로 노화가 멈춘 듯한 외모, 강연
중에 위대한 스승들이 강림한 듯한 광휘로 인해 수많은 추종자가
몰려들었지만 그는 늘 자신을 스승이 아니라 친구이자 동료로
대해주기를 바랐다.

옮긴이 ✦ 강형규

서울교육대학교 졸업 후 초등학교 교사로 재직 중이다.
정신세계사에서 펴낸 《그대는 불멸의 존재다》, 《사랑은 아무도
잊지 않았으니》, 《예수와 붓다가 함께했던 시간들》을 우리말로
옮겼다. 기적수업 한국모임(acimkorea.org)에서 《기적수업》
자료를 우리말로 옮기면서 기적수업 모임 진행에 참여하고 있다.

디자인 ✦ 변영옥